中国会计改革与会计准则研究
——会计制度

应 唯 著

中国财经出版传媒集团
中国财政经济出版社
·北京·

图书在版编目（CIP）数据

中国会计改革与会计准则研究. 会计制度 / 应唯著. —
北京：中国财政经济出版社，2025.2. — ISBN 978 – 7
– 5223 – 3675 – 6

Ⅰ. F233.2；F279.23

中国国家版本馆 CIP 数据核字第 20257HZ301 号

责任编辑：彭　波　　　　　　责任校对：胡永立
封面设计：卜建辰　　　　　　责任印制：史大鹏

中国会计改革与会计准则研究
——会计制度
ZHONGGUO KUAIJI GAIGE YU KUAIJI ZHUNZE YANJIU
——KUAIJI ZHIDU

中国财政经济出版社 出版

URL：http：//www.cfeph.cn
E – mail：cfeph@ cfeph.cn

（版权所有　翻印必究）

社址：北京市海淀区阜成路甲 28 号　邮政编码：100142
营销中心电话：010 – 88191522
天猫网店：中国财政经济出版社旗舰店
网址：https：//zgczjjcbs.tmall.com
涿州汇美亿浓印刷有限公司印刷　各地新华书店经销
成品尺寸：170mm×240mm　16 开　31.25 印张　532 000 字
2025 年 2 月第 1 版　　2025 年 2 月河北第 1 次印刷
定价：108.00 元
ISBN 978 – 7 – 5223 – 3675 – 6
（图书出现印装问题，本社负责调换，电话：010 – 88190548）
本社图书质量投诉电话：010 – 88190744
打击盗版举报热线：010 – 88191661　QQ：2242791300

谨以此丛书:《中国会计改革与会计准则研究》(企业会计准则、会计专论和会计制度),献给我爱以及爱我的人。

序

应唯同志研究会计改革和会计准则、会计制度的文稿，结集成书，形成系列，即将付梓。应唯同志约我作序，我感到非常荣幸，作为老同事、老朋友，当然也乐而为之。

应唯同志的这部书稿，完成于会计改革各个时期，其中最早的那些篇章，作于上个世纪80年代。书稿展示了应唯同志作为资深会计人，思考我国会计改革和会计准则建设问题的丰富成果，从一个侧面记录了会计事业在改革中探索、在改革中创新、在改革中发展的光荣历程。

改革开放以来，我国的企业会计准则建设和会计制度改革从大的方面讲经历了借鉴、接轨和趋同三个阶段。1984年10月，在湖南长沙，财政部会计事务管理司以会计改革为主题召开会计工作座谈会，提出会计改革的重点是企业会计改革的命题，提出适应改革开放特别是国有企业改革和吸引外资的需要，借鉴市场经济国际惯例对会计制度作局部的调整和补充的任务。我把会计工作座谈会到1993年6月这个时期，视为会计制度改革的"借鉴"阶段。1993年7月1日起，施行包括《企业会计准则——基本准则》在内的"两则两制"，实现了我国会计核算模式与市场经济国际惯例的接轨，从这个时候开始直到2006年，可以视为会计制度改革的"接轨"阶段。财政部于2005年启动会计审计标准国际趋同战略，2006年初发布体现国际趋同要求的企业会计准则体系和审计准则体系，2007年1月开始施行。从施行企业会计准则体系一直到当前仍在推进的全面持续国际趋同，是我国会计制度改革的"趋同"阶段。以上有机衔接、梯次推进的三个阶段，把会计准则建设和会计制度改革不断地引向深入，鲜明地印证了会计工作保障和促进改革开放和中国特色社会主义市场经济的崇高定位和不懈追求。

在会计司工作过的同志，包括我本人在内，都或多或少有过这三个阶段的部分经历，应唯同志则是一直坚持在企业会计准则建设和会计制度改革一线，几乎完整地经历了以上三个阶段的少数几位之一，她长期地发挥着"操盘"和组织作用，作出了突出贡献的人。

我用这么多的文字讲述历史，除了想表明应唯同志在企业会计准则建设和会计制度改革领域的经历和贡献，以及书稿背后三十多年的专业积累和理论思考，还因为读了书稿使我想起十多年前提到的，企业会计准则建设和会计制度改革进入"趋同"阶段之后面临"两个转化"的任务，即，"巩固和光大国际趋同成果，把会计和审计准则体系转化成千百万会计审计人员的自觉实践，把会计和审计准则国际趋同成果转化成会计审计信息质量成果，是当前我们推进会计和审计准则全面持续趋同这一题中应有之义。"当时作这样的表述，是因为认识到，相对于"借鉴"阶段所做的局部的、技术层面的改革，相对于"接轨"阶段所要达到的会计核算模式转换这一框架意义上的改革，"趋同"阶段的改革，是会计核算体系的全面转型，是更为深刻的改革，是更为艰巨的挑战。具体表现在，作为趋同的参照系的国际会计准则是用英文写的，是以欧美国家的制度、经济、文化、伦理为背景写的，是针对发达市场经济的交易形态和交易结构写的，要实现国际趋同战略的最终目的，我们面临一个吃透国际会计准则的文本内涵的任务，有一个认识我们自己的制度、经济、文化、伦理背景，透过中国特色的交易形态和交易结构把握经济实质的任务。从书稿中可以清晰地看到，应唯同志一直保持着对会计改革中中国国情与国际惯例的关系等深层次问题的警醒，对会计准则全面持续趋同的艰巨性、渐进性、长期性作出了深刻的阐述，对清晰地解读体现国际趋同要求的会计准则文本付出了极有成效的努力，对会计审计人员理解和运用会计准则遭遇的困惑给出了热情的回应。

合同是新的收入会计准则的核心概念，正确理解会计准则所称的合同，就成为运用新的收入会计准则的前提性工作，其中最关键的，是明确国际会计准则所称的合同，在中国的法律环境里是怎样呈现的。应唯同志无疑是看到了这个问题对于会计审计人员理解和运用会计准则的重要性，她参引了《中华人民共和国民法典》（简称《民法典》）的多个条文，引导读者理解新的收入会计准则中合同的内涵和外延。针对合同形式这个概念，书中指出，新的收入会计准则"所指的合同，其合同形式与《民法典》的规定基本一致，既包含书面订立，也包含口头约定或其他形式，如，基于商业惯例或企业以往的习惯做法形成的有法律约束力的权利义务关系的协议。"还生动地举例指出，"在餐厅就餐，在商场购物，即使没有书面合同，也与商场形成了实质上的合同关系。"针对合同内容这个概念，书中指出，新的收入会计准则所指的合同的成立，"通常应当至少包含《民法典》所规定的一般条款，即合同中明确了合同各方与所转让商品相关的权利和义务、与所转让商品相关的支付条款等。"针对合同生效这个概念，书中参引《民法典》的多个条文，用以解释标志合同生效的各种情形。类似上述的参引法律条文、解释会计准则相关概念的做法，书中有多处体现，这就使得源于国际会计准则的诸多概念，落到了中国的法律环境这个"实处"。

实质重于形式，是一个重要的会计原则。评价会计准则质量的高低，乃至评价会计信息质量的高低，其标志之一，是其体现实质重于形式这个原则的程度。在会计实务当中，会计审计人员以及监管部门经常为交易的法律形式遮蔽交易的经济实质所困扰。新的收入会计准则重视合同的经济实质对于收入确认的重要性，把合同是否改变企业未来现金流量的风险、时间分布或金额作为判断合同的经济实质的依据，这样的规则创新对于提高收入会计信息的质量，对于识别虚设交易、抵制编造收入数据，有很强的针对性。书中用相当的笔墨，包括多个事例，来阐述何谓交易的经济实质、如何识别交易的经济实质。除此之外，书中还有多处针对各类交易的经济实质的阐述和示例分析，比如，在确认合同收入时如何判断合同是否存在重大融资成分。书中体现的这方面努力，使得会计准则相关规定落到了中国的交易形态和交易结构这个"实处"。

国际会计准则是按照原则导向来写的。在很多情况下，国际会计准则并不能告诉我们特定会计事项怎么处理，而是由会计审计人员根据国际会计准则提供的原则作职业判断。前面提到的实质重于形式就是一个重要的会计原则。透过交易的法律形式识别其经济实质，是会计审计人员运用职业判断的一个典型场景。会计审计人员职业判断信心不强、职业判断经验不足，是我们借鉴市场经济国际惯例，乃至中国会计准则国际趋同给会计审计人员带来的诸多挑战之一。应唯同志对市场经济国际惯例和国际会计准则对于会计审计人员职业判断的依赖高度敏感，早在上个世纪90年代就撰文指出，"对于需要按照性质、实质和结果进行判断的交易或事项，应当由注册会计师和会计人员按照会计准则和会计制度所规定的原则，针对交易或事项的具体情况作出职业判断。注册会计师和会计人员要加强学习，不断提高业务素质，增强职业判断能力。"除了持续倡导会计审计人员重视职业判断、提高职业判断能力，书中有关会计准则和会计制度的解读，对于哪些方面、哪些情形、哪些环节需要会计审计人员进行职业判断作了提示。以上这些努力就使得市场经济国际惯例和国际会计准则落到了我国会计审计人员的职业发展阶段这个"实处"。

政策引导，是市场在资源配置中起决定性作用、更好发挥政府作用的重要体现，包括财政政策、税收政策、货币政策、外汇政策在内的经济政策，乃至环境政策、福利政策、就业政策等等社会政策，显著地发挥着调节和优化企业经营行为的作用，这就必然会影响到企业的权利和义务特征，影响到企业的交易形态和交易结构。有效地识别政策对企业经营行为的影响，充分地反映政策引导下企业资产负债权益的变动特征和企业损益的实现方式，是会计审计工作者的光荣任务。

政府补助作为在我国常见的政策工具，无疑应当按照国际趋同要求进行会计核算,但是对于广大会计审计工作者来说,有一个吃透政府补助的政策意图的问题,有一个根据特定情形判断政府补助对企业资产负债权益和损益的影响的问题。书中专题讨论政府补助的会计核算,阐述了在中国国情下怎样根据政府资源的来源的性质来识别政府补助,如何区别政府补助、政府投资、政府采购,分别讨论了如何对不同类型的政府补助进行会计核算。针对收入会计准则涉及的可变对价问题,书中举例讨论了企业享受新能源补贴政策的情形,针对金融工具会计准则涉及的现金流量测试,书中讨论了贷款市场报价利率(LPR)政策以及资管行业的监管政策的影响。书中体现的上述努力,使得国际会计准则针对特定业务的确认计量原则落到了我国的政策环境这个"实处"。

除了持续不辍地投身企业的会计制度改革和会计准则建设,应唯同志还受命承担了会计信息化体系和政府会计准则制度体系的建设工作。在这些全新的领域里,应唯同志以她一贯的探索热情,全身心地投入,都做出了标志性成果。书中有相当篇幅是研究和解读会计信息化体系和政府会计准则体系建设问题的。因为这些成果,使得应唯同志作为会计专家和资深会计人的称誉有了比字面丰富得多的份量。

人类对于任何一个领域的观察和思考,最终都会是哲学的。正如应唯同志在书中指出的,"哲学试图揭示的是关于一切事物的本质,它所探究的是一切事物的核心及其发展规律。""用哲学的观点和方法去看问题、想问题、思辨问题,也许就能从纷乱复杂的现象中抓住事物的核心内涵,别有洞天。"书中《关于会计的"矛"与"盾"》《会计的"惑"与"不惑"》《反映与异见——关于会计思想的"杂谈"》《游走在艺术与巫术之间的技术》《会计,亦需多些人文思才——改革开放30年看会计》等篇则是她对会计改革的哲学思考。读到这些哲学思考,我们就能够明白,应唯同志对会计改革的阐述为什么能够做到鞭辟入里,对会计准则和会计制度的解读为什么那么深入浅出,在企业会计制度改革、政府会计制度改革、会计信息化这些不同的"赛道"为什么能够自如地"切换"。

应唯同志在会计改革各个领域的成就和贡献得到广泛认可。她是中国注册会计师协会第一批资深会员，长期领衔会计专业技术资格考试和注册会计师考试会计辅导教材的编写和命题工作。曾任财政部第三届会计准则委员会委员、中国会计信息化委员会委员、中国会计学会常务理事、可扩展商业报告语言（XBRL）国际组织理事会理事、XBRL中国地区组织主席、国际会计准则委员会XBRL咨询委员会委员、国际会计准则委员会中小主体国际会计准则咨询委员会委员。曾获2013年中国标准创新贡献奖一等奖、2011年杨纪琬优秀会计学术专著奖、1994年财政部优秀青年、1993年中央国家机关优秀青年。在同事和朋友们看来，应唯同志兼任的这些职务、获得的这些荣誉，乃是名至实归。

应唯同志是把工作和事业放在第一位的人，当她几年前表示"结束职业生涯、回归家庭"的时候，同事和朋友们都没有信以为真，因为大家相信，有很多喜欢听她的课、读她文章的会计审计行业内外的朋友不会答应，她自己视工作和事业为生命的会计情结也不会答应。事实也确实如此。在过去的几年里，她在《财务与会计》杂志主笔"应知应会"专栏，"开坛讲经"，继续着答疑解惑的德业，响应着行业内外朋友们的咨询请求，就如我自己时常做的那样，发个短信，描述一下事情的来龙去脉，请她帮忙作个"职业判断"。我们都相信，应唯同志会继续她对会计改革和会计准则、会计制度问题的关切和思考，都期待她有新的、更多的研究成果与朋友们见面，当然，也难免会不时地就会计准则和会计制度疑点难题向她请教。

此为序。

陈毓圭

2024年3月31日

自　　序

　　我出生在上海一个平凡的工人家庭，从小过着与平常人家一样的生活。因父母十四、五岁就开始学徒或工作，他们的收入在当时的生活环境下是不错的，生活算是小康吧。父母勤快能干，家里的生活打理得井井有条。我12岁时，母亲支援内地建设远离了我们。没有了母亲护佑，不仅生活要自理，还要帮助打理家务，从小锻炼了我的自理能力。

　　中学毕业，按我家的情况，插队是我的唯一出路，我离开了城市，告别了家人，走向了广阔的农村田野。一个五谷不分、肩不能扛、手不能提的城市女孩经历了农村艰苦生活的磨练。赤脚走在田埂上，肩上挑着猪大粪，汗水夹着泪水参加双抢（抢收抢种）。白天，忍受着水稻田里蚂蝗的侵扰，夜晚，听着老鼠在蚊帐上来回踱步，难以入眠。农村让我知道了与城市不一样的生活，识别了不同的农作物和种植方法，培育了我吃苦耐劳的精神，也懂得了每一粒大米的来之不易。恢复高考和回城的政策，点燃了我重回城市的希望。父亲带来几本复习资料，告诉我，今后国家要发展经济，需要有知识、有文化的人。经过一年多的复习苦读，终于考上梦寐以求的大学。从此，我开始走向了新的梦幻之旅。

一、机遇

　　曾经有人问我，为什么当时报考大学的第一志愿是会计专业，直觉告诉我：会计职业比较适合我，我比较安静，喜欢做安静的事情，不用下地，也不用下车间，不用到处跑，坐在办公室里记记账，安安静静地生活。我的会计职业初心就是如此简单。

1983年大学毕业时，命运安排我离开了出生地，虽然有了一份不错的工作，却又背井离乡，远离父母和朋友的关爱，来到一个陌生的城市——首都北京，进入了财政部会计司工作，开启了我的会计职业旅程。

（一）亲历企业会计改革的过程

我被分配到财政部会计司制度二处。制度二处主要负责工业企业、商业企业、集体企业、铁路交通运输等行业企业会计制度的设计和制定。我参与审核的第一本会计制度是轻工业企业会计制度，作为一个新人，感到既新鲜又激动，没想到一个刚刚从大学毕业走上工作岗位的女孩还能审核会计制度，随后又参与了烟草行业会计制度的审核。记得第一次由冯淑萍带着我参加部里工交司召开的财务制度工作会议，专门研究融资租赁财务制度，由此使我懂得什么是财务制度，什么是会计制度，理解了会计制度为什么只包括会计科目和报表，因为财务制度规定会计要素的确认和计量，会计制度规定如何记录和报告，实际上将财务会计中对会计要素的确认、计量、记录和报告区分为财务制度和会计制度，分别作出制度性规定。由于我是一个女孩子，制度二处除了冯淑萍和我外，都是男同志，为方便工作，时任处长让我跟着冯淑萍，由此冯淑萍成为我的师傅，准确地说，她是我职业生涯的领路人。随后，我跟着冯淑萍修订工业企业会计制度，誊清抄写她起草的工业企业会计制度讲解稿，在她的指导下设计和布置国有企业年度决算报表，并解释填报内容和方法，一干就是八年。从中我懂得了我国会计制度的沿革和与财务制度的关系，懂得了会计制度和财务报表的内在逻辑、一套会计制度前后一致性的重要性，以及认真、仔细、谨慎地对待会计制度中规定的所有内容，避免出错，对政策、制度制定者而言是如此的重要。

自　序

改革开放初期，各种法律法规都在制订、修改过程中，企业会计制度也面临着如何适应改革开放变化的问题。

为了配合上海和深圳两家证券交易所的建立，当时的国家经济体制改革委员会发布了"两个规范意见"，即股份有限公司规范意见和有限责任公司规范意见。这两个规范意见的发布和实施，迫切要求提高企业会计信息质量，增强会计信息透明度，企业会计制度面临着重大改革机遇。1992年，在冯淑萍指导下，我参与了《股份制试点企业会计制度》的起草；1992—1993年参与了"两则两制"改革（即财务制度和会计制度改革），我国建立了财务通则和十个分行业的财务制度，以及企业会计准则和十三个分行业的会计制度，由按计划经济管理要求设计的会计核算制度改为以国际通用商业语言设计的会计核算制度，实现了中国企业会计核算模式的根本性转变。

1992年，全国人大发布了《税收征收管理法》，提出了会计处理与税收法规不一致时按照税法要求纳税调整的理念。为了适应新的税收征管法，在冯淑萍的指示下，我起草了《企业所得税会计处理的暂行规定》（以下简称《暂行规定》），并于1994年6月29日发布。该暂行规定首次将企业的所得税确认为费用，在净利润前扣除，而不再作为利润分配处理；该暂行规定首次规定了所得税法与会计处理不一致时的会计处理方法，允许企业对所得税的会计处理可以采用应付税款法，也可以采用纳税影响会计法（利润表递延法或债务法），具体方法可由企业自主选择。

1997年财政部发布了第一个具体会计准则，即我负责起草的《企业会计准则第36号——关联方关系及其交易的披露》（1997），从此确立了企业会计准则（具体准则）独立制订和发布的地位。1998年又陆续发布了由我起草的《企业会计准则第2号——投资》（1998及2001）、《企业会计准则第28号——会计政策、会计估计和会计差错更正》（1998）、《企业会计准则第29号——资产负债表日后事项》（1998）等具体准则。

1998年，我主持和组织了《股份有限公司会计制度——会计科目和会计报表》的起草和制定，将《股份制试点企业会计制度》改为《股份有限公司会计制度》。该制度解决了A股、B股、H股会计政策的统一性问题，首次提出了企业编制财务报告所提供的信息应当真实、公允的要求。1999年，面对当时上市公司资产不实等问题，我负责起草了相关文件，要求上市公司对应收款项、存货、短期投资和长期投资进行减值测试，如经减值测试后发现这些资产已发生减值的，应计提减值准备，并要求上市公司作为会计政策变更，采用追溯调整法进行会计处理。

2000年，为了配合新修订的《中华人民共和国会计法》"建立国家统一的会计制度"的要求，首先，我主持和组织了《企业会计制度》的起草制定，并于当年12月发布，该制度规定从2001年1月1日起在股份有限公司范围内实施，《企业会计制度》执行后，原来的《股份有限公司会计制度——会计科目和会计报表》同时废止。其后，要求外商投资企业全面实施《企业会计制度》，废止《外商投资企业会计制度》。由此，以《企业会计制度》为主体，配套制定了不同行业的专业核算办法，同时，组织《小企业会计制度》的起草制定并于2004年发布，2005年1月1日起在小企业范围内执行。由此，形成了中国特色的企业会计制度体系。其次，起草相关文件，要求实施《企业会计制度》的企业从2001年起对固定资产、无形资产、委托贷款、在建工程考虑减值因素，如发生减值的计提减值准备，并允许与债务重组和非货币性资产交换的会计处理一起采用追溯调整法进行会计处理。由此，与应收款项、存货、短期投资和长期投资一并形成了八项资产减值准备计提，业内简称为"八项计提"。经过一系列会计政策的调整，实施《企业会计制度》的企业所提供的财务报告基本上能够满足监管部门对信息质量的要求，上市公司对外披露的财务报告质量逐年提高。

2000年，根据国务院领导的指示，为了提升对企业财务报告质量的法律地位，我负责组织起草了《企业财务报告条例》，2000年6

月 21 日，该条例由国务院令 287 号发布。

1998 年起，针对上市公司《股份有限公司会计制度》《企业会计准则》，以及相关会计准则实施过程中出现的问题，我负责起草相关问题解答，研究解决上市公司的特定案例等问题。2007 年实施企业会计准则后，为研究解决企业实施企业会计准则后产生的相关问题，我负责主持起草相关实施企业会计准则相关问题解答和解决上市公司相关问题的特定案例，并与国际会计准则理事会积极沟通协调，研究境外上市公司实施国际财务报告准则所产生的会计问题，得到圆满的解决。

我还参与了企业会计准则国际趋同工作，针对 2007 年 1 月 1 日起实施的企业会计准则，主持内地企业会计准则与香港会计准则的等效会谈事宜。经过一年多的努力，2007 年财政部与香港会计师公会签署了会计准则等效协议，即双方认可内地企业会计准则（2006）与香港会计准则，除了个别差异外，内地与香港之间的会计准则等效。2010 年，我积极参与我国企业会计准则与国际财务报告准则持续趋同路线图的规划，明确了趋同的时间安排，将与国际会计准则理事会的进度保持同步，并根据国际财务报告准则的重大变化，同步修改中国相应的企业会计准则。

2014 年 6 月至 2019 年 5 月，中国银行间市场交易商协会请我担任该协会的会计专业委员会主任委员，主持研究解决债券市场发展中的会计信息规范披露等重大问题，为中国银行间债券市场的发展壮大奠定了扎实的基础，为企业直接融资开辟了新的市场。

（二）构建会计信息化体系

一个偶然的机会让我开始涉足会计信息化领域。2007 年 8 月 21 日下午，会计司准则二处的冷冰博士敲响了我办公室的门，他拿着部领导指名要我带助手参加当日下午由中科院研究生院组织的关于 XBRL 会议的签报，当时我很惊讶，一是会计信息化不是我分管的事；二是 XBRL 是什么意思、与会计有什么关系，我一无所知。时值我左脚骨折，只能穿着拖鞋去中科院参加会议。坐在出租车上，我一路看着签报上的内容，反复默念 XBRL 几个英文字母，努力记住这几个英文字母的中文意思。时任会议组织者也不明白为什么会计司派了一个不知道从哪里冒出的人去参加会议，临时问了名字并写了名签。会议上，专家们讨论的主题是，中国应当加入 XBRL 国际组织，并建立 XBRL 中国地区组织。会后，我立即向领导汇报会议情况，并建议尽快申请加入 XBRL 国际组织，建立 XBRL 中国地区组织。

从 2007 年至 2014 年，我国在会计信息化领域，特别是在可扩展商业报告语言（XBRL）方面，取得了显著的成绩：我国加入了 XBRL 国际组织；成立会计信息化委员会暨 XBRL 中国地区组织；财政部发布了《关于全面推进我国会计信息化工作的指导意见》；财政部牵头起草、国家标准化管理委员会作为国家标准发布的《XBRL 技术规范第 1 部分：基础》等 4 项技术标准，获得了 2013 年中国标准创新贡献奖一等奖；制定发布了基于企业会计准则的通用分类标准以及石油天然气和银行等行业分类标准，并组织部分企业实施；组织制定并发布了《企业会计信息化工作规范》（2013）。

多次参加 XBRL 国际组织的会议，结识了有关国家的同行，与日本等国家代表成为了好朋友，也了解了最新技术发展，拓宽了视野。通过组织和建设我国会计信息化工作，我深切感受到，随着信息技术的发展，会计已经不再是过去的手工操作，会计越来越依赖于现代信息技术，会计工作更多地依靠信息技术的支持，使会计从业务端即可掌握业务信息，从而提高了会计处理效率。从中也让我感受到，仅仅学会、学懂会计技术已经不能成为一个真正合格的会计人，会计人还需要根据日新月异的信息技术发展适时掌握和应用这些新技术，从而拓展会计的功能，使会计核算（账务处理）变得更加高效，使会计人能够摆脱日常繁杂的工作，有更多的时间研究新问题，参与交易，参与决策和管理。

特别需要提及的是，在我主持会计信息化工作期间，财政部财政科学研究院的杨周南教授给予了大力支持和帮助。杨周南教授凭借她扎实的计算机知识基础和实践背景，与我合作主持研究了《中国XBRL分类标准研究》，获得了2011年杨纪琬优秀会计学术专著奖。

（三）创建政府会计准则制度

党的十八届三中全会提出要建立权责发生制的政府综合财务报告制度，修改后的《中华人民共和国预算法》要求各级政府财政部门应当按年度编制以权责发生制为基础的综合财务报告，并报本级人大常委会备案，这是我国财税体制改革的一项重要举措。由于历史的原因，我国政府长期实行以收付实现制政府会计核算为基础的预决算报告制度，主要反映政府年度收入支出的预算执行情况的结果。建立权责发生制的政府综合财务报告制度，首先必须建立以权责发生为基础的政府会计准则制度，同时考虑如何与以收付实现制为基础的政府决算制度要求相衔接。机缘巧合，我当时正分管事业单位会计制度，时任楼继伟部长决定，将行政单位的会计制度由国库司管理划归会计司统一负责。

按照十八届三中全会要求，我们需要加快建设政府会计准则制度。但当时我面临着巨大的压力，一是我自进入财政部会计司工作以来，一直从事企业会计准则制度的设计制定，从未涉及行政事业单位会计制度，心里没有底气；二是我不清楚行政事业单位有哪些会计专家；三是当时制度一处只有二名干部，时间紧、人手少、任务重，需要从原来的主要以收付实现制为基础制定的会计制度，重新构建一套按照十八届三中全会要求的政府会计准则制度体系，谈何容易；四是政府会计准则制度不仅仅是会计制度的重构，还涉及其他相关制度的修订，以及相关各方的协调。面对这些压力，我首先协调司内更多的人力资源转入制度一处；其次，寻找外部资源，在各方提议和推荐下，以中南财经政法大学政府会计研究所为主要外部专家力量，结合其他方面的专家（如部门、高校、医院等），形成了外部专家队伍，为构建政府会计准则制度体系建言献策。在此基础上，主要做了以下工作：

第一，强化顶层设计。2014年12月12日，《国务院批转财政部权责发生制政府综合财务报告改革方案的通知》（国发〔2014〕63号），明确了权责发生制政府综合财务报告改革的总体目标、基本原则、具体内容、配套措施、实施步骤以及组织保障等。

第二，建立基本准则，确立政府会计准则制度的地位。2015年10月23日，财政部发布了《政府会计准则——基本准则》（财政部令第78号），建立了统一的政府会计概念框架，提出了政府会计信息质量要求，明确政府预算会计和财务会计适度分离但相互衔接的会计核算体系，全面引入权责发生制会计核算原则，规范了会计要素定义、确认标准、计量属性及应用原则。

第三，成立政府会计准则委员会。2015年12月16日，财政部政府会计准则委员会成立，由财政部相关部领导主持召开第一次全体会议。政府会计准则委员会的建立，为构建和实施我国政府会计准则制度，建立了良好的沟通协调机制。

第四，建立联系点单位。2017年7月，确定6家单位作为政府会计准则制度建设与实施工作的首批联系点，即海南省财政国库支付局、上海市静安区财政局、北京协和医院、中国农业科学院、中国人民大学、中南财经政法大学政府会计研究所。这不仅有利于切实改进工作作风，加强调查研究，而且有利于及时掌握、了解政府会计改革运行中出现的问题，积极推进政府会计准则制度建设与实施。

第五，建立政府会计咨询专家队伍，强化智库建设。2016年10月24日，财政部组建了政府会计咨询专家委员会，首批60名咨询专家。2017年1月16日，财政部与中南财经政法大学建立了政府会计部校共建项目，作为政府会计准则制度的研究平台。

第六，在大量调查研究的基础上，2016年至2019年我退休前，发布了相关具体会计准则和制度，明确权责发生制对相关会计要素的确认和计量要求，包括：《政府会计准则第 1 号——存货》《政府会计准则第 2 号——投资》《政府会计准则第 3 号——固定资产》《政府会计准则第 4 号——无形资产》《政府会计准则第 5 号——公共基础设施》《政府会计准则第 6 号——政府储备物资》《政府会计准则第 7 号——会计调整》《政府会计准则第 8 号——负债》《政府会计准则第 9 号——财务报表编制和列报》等准则和相关指南。

2017 年 10 月 24 日，财政部印发了《政府会计制度——行政事业单位会计科目和报表》，后续发布了《行政单位会计制度》《事业单位会计制度》衔接办法，以及高校、医院等行业特殊会计核算补充规定，要求行政事业单位于 2019 年 1 月 1 日起全面实施已发布的政府会计准则和制度。

《政府会计制度——行政事业单位会计科目和报表》真正体现了财务会计与预算会计的适度分离又相互衔接的指导思想，从制度设计上实现了政府会计改革的目标——双功能、双基础、双报告，即政府会计改革既有预算会计功能，又有财务会计功能；财务会计以权责发生制为基础，预算会计以收付实现制为基础；以权责发生制为基础编制的是财务报告，以收付实现制为基础编制的是决算报告。为全面实施政府会计准则制度奠定了基础。

建立统一、科学、规范的政府会计准则制度，在我国政府会计发展进程中具有划时代的里程碑意义，是服务全面深化财税体制改革的重要基础，也为提升政府治理能力和实现国家治理体系现代化奠定了基础。

通过主持政府会计改革，填补了我职业生涯中的缺憾。我长期从事企业会计准则制度的建设与改革，然而在临近退休的 5 年，遇到了政府会计改革的机会，使我有幸能够组织并直接参与其中，为建设我国政府会计准则制度作了一份贡献，也为我职业生涯画上了圆满的句号。

（四）参与会计专业技术资格考试工作

多年来，我参与了会计师、注册会计师考试相关工作。20 世纪

90年代初，我国开始建立注册会计师和会计专业技术资格考试制度，我有幸与之结缘。自此，考试的教材编写（或审核）、命题或审题、确定试题的最终标准答案等各项工作一直伴随着我的职业生涯，直至退休后，依然情系和关注这项工作。对我个人而言，30年来，通过考试教材的编写和命题，使我有机会重新审视会计准则制度的规定，并且对会计准则制度与现行实务有了更深刻的理解。原来在制定会计准则制度时，似乎理解了所制定的规则，但命题时再重新审视，常常会发现可能会有不同的理解。因此，在命题时，必须尽量避免因理解的不一致导致答案不一致的问题。命题的过程，同时也是提升自己专业能力和对会计准则制度再认识的过程，反过来，在制订、修改会计准则制度时会更加科学严谨。

参与会计技术资格考试教材编写和命题工作，客观上要求不断对自己提出更高的专业努力目标，促使自己不断学习新知识，跟踪新业务，为自己的职业生涯也增添了精彩。

二、体会

在我近四十年的职业生涯中，主要从事会计准则制度的制定和研究，帮助企业、单位解决实施会计准则和制度过程中的相关问题，获得了以下体会：

第一，认真学习，追赶前辈。冯淑萍是我开启会计实践的领路人，她手把手地教导我如何制定企业会计制度，如何针对会计实务提出解决的思路和方法，要求认真对待每一封群众来信，仔细研究回复每一个问题。作为一个大学毕业走上工作岗位的新人，仅从书本上学习了会计基本原理，会计实务几乎是空白，从抄写文案、回复来信等具体工作中，逐步了加深对会计准则制度以及实务的认识和认知。冯淑萍为人正直、专业和协调能力强，在家庭和生活、待人接物等方面也是我的楷模。还要特别提起的是莫启欧老先生(1912－1994)。莫老是宁波人，13岁就读浙江嘉兴商业学校商科，后考入上海复旦大学会计系，1953年进入财政部，一辈子从事企业会计制度的制定、修订和审订工作。莫老是中外合资企业会计制度的主要起草人，也是著名的会计专家，我入职会计司后，尽管莫老并非每天来单位，但他平易近人，具有超高的专业技术，每当我遇到难题时，通过电话或者上门请教，都能得到圆满的答复。特别是我们起草或修订企业会计制度时，总是希望送给莫老审核，可以当面聆听意见，更可以仔细学习他的亲笔修改。经莫老审核过的制度规定，绝无技术和文字差错。莫老的悉心指导，使我终身受益。

第二，紧跟市场，适时变革。改革开放后，随着外资进入，国外比较成熟的交易或事项也逐渐引入国内，企业交易事项的多样性，以及金融创新业务的层出不穷，如金融资产转移、套期、企业发行永续债或优先股等业务，当时我国已有的会计制度对这些新业务没有相应的规定，客观上要求根据改革开放的进程不断提升和制定新的会计标准，根据新业务的发展及时制定或修订相关的会计政策，为资本市场发展，为企业会计核算和财务报告编制提供统一的会计标准。

第三，渐进改革，平稳过渡。无论是企业会计改革，还是政府会计改革，为了使会计主体逐渐认识和理解会计改革的目标和方式，每次会计政策进行适度调整，保证每一次新的会计政策能够顺利实施，我国会计改革采用渐进式的方法，确保了新旧会计准则制度有序、规范的平稳过渡，走出了一条具有中国特色的会计改革之路。

第四，转变观念，调整目标。1949年中华人民共和国成立以后，我国企业会计制度基本采用规则导向，针对各项交易或事项不仅规定了会计要素的确认计量原则，也规定了每一交易或事项需要应用的会计科目的名称、账务处理以及财务报表的格式和列示方法。随着企业会计准则制度的进一步深化改革，特别是与国际财务报告准则趋同后，我国的会计准则制度更多地遵循与国际财务报告准则相同的原则导向。同时，在会计准则应用指南中，对相关会计科目和报表列示提供一些说明，辅之实务应用。但在实务中，更需要会计人员根据会计准则的原则要求，对相关交易或事项在具体应用会计准则原则时做出职业判断，建立了具有中国特色的会计准则制度体系。

第五，学习国际，提升自我。改革开放以来，会计准则制度改革也随之同步发展，并随着环境的改变而适时调整。在此过程中，必须研究国际会计准则和其他国家会计准则所遵循的会计原则和方法惯例，同时要结合我国国情制定会计准则制度。在研究国际和结合国情制定我国会计准则制度时，为适应会计变革的需要，必须不断学习，提升自我。可以说，我国会计准则制度改革的过程，也是自己的专业知识和专业能力不断提升的过程。

上大学时选择会计专业，原本以为自己会做一名简简单单的小会计，与算盘、账本、报表打一辈子交道，没想到小会计会有大作为，会有机遇和挑战，也会做一些我以前做梦都不会想到的事情。我是幸运的，遇到了改革开放带来的机遇，让我有幸亲临我国各项重大会计改革与发展的全过程。我也是荣幸的，能为我国的会计改革与发展事业尽一份力、添一块瓦、作一份贡献。同时，也是合缘的，正是会计这个专业给予我机缘。

然而，内心也有一份遗憾、一份愧疚。为迎接会计改革的挑战，除工作繁忙外，需要花费很多时间寻找参考资料，学习弄懂，并且不断补充自己的知识，提升自己的能力，晚上、周末以及节假日更是常常被占用，牺牲不少个人的休息时间，有时甚至无暇顾及孩子和家庭，以及自己的身体健康。

人生不可能圆满。回望我的大半生，父母带给我生命，养育我长大，但每个人都是一个个体，都有自身的特点，在人生旅途中充满了不确定性（欢乐与苦难、顺境与逆境）。在我的会计职业生涯中，渐渐学会在顺境中警醒自己，在逆境中磨练自己，在不断的警醒和淬炼中成长；始终保持一颗童心、善心、爱心、坚韧之心，朝着目标前行，尽管有挫折、有痛苦、有悲伤，但同时也会有欢乐。正如黄世忠教授所言，写好自己人生的三张表，主导属于你的资产让其产生最大的效益；抛弃你的负债（负面情绪、影响、环境），让你为社会提供的效益最大化。做最好的自己，一直是我内心期望的目标。

三、本丛书结构

本丛书是我会计职业生涯的论述集成，分为三个部分，一是企业会计准则，该部分主要阐述企业会计准则中值得探讨的一些重大问题，以及个人对收入准则等的理解。二是会计专论，这部分主要向读者呈现对一些会计基本概念以及我国会计改革与发展中一些专题的基本认识。三是会计制度，该部分主要阐述了改革开放以来会计制度建设和改革的基本情况，使读者对改革开放以来会计改革有一个比较连贯、完整的了解，也算是对会计年鉴的一点补充。

由于本人在会计领域中经历了由简单粗浅的认识，到不断深化的过程，而且现在依然有很多问题没有参悟，本丛书所述内容难免存在不足，敬请批评指正。

应 唯

2024 年 4 月 18 日

本书前言

纵观新中国成立以来会计改革与发展的历史，最初是在国营工业企业会计制度基础上，制定了其他行业的企业会计制度，也就是说，我国企业会计标准一直采用会计制度的形式，并成为指导我国会计实务的专业性文本。2007年起，我国全面实施企业会计准则，会计科目设置、账务处理，以及财务报表格式等原先属于会计制度的内容，完全融入了企业会计准则。无论是会计制度，还是会计准则，会计科目设置、账务处理和财务报表格式等会计核算的基础性标准总是不可或缺的，继承和创新是构建中国特色企业会计标准体系的基本原则。

我是在改革开放初期参加会计工作的，有幸参与了我国企业会计改革与发展，特别是职业生涯的前20年，一直参与制定企业会计制度。我国企业会计改革，就是从单一的以企业会计制度规范企业会计核算的会计标准体系，转变为企业会计制度与企业会计准则并行，直至目前以企业会计准则为主导的会计标准体系，在这个历史演进过程中，会计制度为会计实务提供了有效的指引，也是解决会计实务问题最佳和最简便的方式。整理并重新审视自己曾经对企业会计制度修订内容的理解所写的文章，论述在当时的特定环境下，为了提升会计信息质量，对会计制度进行的多次修改，在改变会计标准进程中如何妥善处理一些新旧衔接问题等，当时改革的情景历历在目，深感会计改革的不易。如果没有原来会计制度制定者的改革精神和智慧，以及会计人员和注册会计师的理解和支持，难以做到既推进符合我国实际的会计标准改革，又能与国际会计标准协调，通过渐进式的改革才能走到今天。将本人所经历的会计改革过程中，对企业会计制度改革的一些思考，汇编成册，也许可以作为我国改革开放以来企业会计改革沿革的有益补充，也可供会计教学、研究和实务工作者参考。

2013年11月12日中国共产党第十八届中央委员会第三次全体会议通过的《中共中央关于全面深化改革若干重大问题的决定》，明确提出建立权责发生制的政府综合财务报告制度的改革目标。在我职业生涯的最后几年，有幸主持了政府会计改革。在此之前，我国政府会计以收付实现制为主，融合了部分权责发生制，采用"双分录"方法，即以收付实现制核算收入和支出，以权责发生制核算资产、负债和净资产。这种核算方法，无法全面提供政府的资产、负债、净资产、收入、费用等财务信息，也无法编制权责发生制的政府综合财务报告，更无法评价政府受托责任的履行情况。在设计政府综合财务报告的框架体系时，由于财政总预算会计、行政单位、事业单位及其所属企业等，会计主体包罗万象，实行不同的会计制度，如何形成统一的会计标准体系，是当时面临的最大挑战。经过大量的调查研究，在相关部门、单位和专家的大力支持下，最终构建了第一个具有中国特色的政府会计准则制度体系，形成了"双功能"、"双基础"、"双报告"的政府会计标准模式。"双功能"是指，既采用财务会计核算功能，又采用预算会计核算功能，因此，必须采用财务会计与预算会计适度分离又相互衔接的技术框架；"双基础"是指，预算会计采用收付实现制，财务会计采用权责发生制；"双报告"是指，预算会计形成决算报告，财务会计形成财务报告。以这种标准创新构建的政府会计准则制度体系，于2019年1月1日起全面实施。

本书收录的《权责发生制政府综合财务报告制度改革》，是第一次将政府会计准则制度制定的相关背景、制定过程、思考等呈献给读者。这部分论述成文于2019年初，随着政府会计改革的进一步深化，有些内容作了调整和完善，为了原汁原味反映构建政府会计准则制度体系时面临的问题和抉择，不再修改原来的论述。不当之处，敬请读者批评指正。

应　唯
2025 年 1 月 10 日

目　录

谈谈几个成本概念的关系 …………………………………………… / 1
建立坏账准备金制度刍议 …………………………………………… / 5
关于汇编1990年国营工业企业年度汇总会计报表若干问题的说明 …… / 7
关于承包企业利润分配的会计处理问题的说明 …………………… / 11
国营工业企业联营会计处理的几点说明 …………………………… / 14
《工业企业会计制度》的特点及主要内容简介 …………………… / 22
怎样编制和分析财务状况变动表 …………………………………… / 74
编制1993年度国有工业企业汇总会计报表应注意的几个问题 …… / 95
试论改变营业收入确认原则后销售税金的核算 …………………… / 112
关于增值税会计处理的问题解答 …………………………………… / 120
新旧增值税会计核算的主要区别及其特点 ………………………… / 133
谈企业所得税会计处理的若干问题 ………………………………… / 149
从年报看关联方交易及信息披露 …………………………………… / 159
执行《股份有限公司会计制度补充规定》应重点关注的几个问题 … / 165
关联交易——政策及技术层面解析 ………………………………… / 171
关于营业收入实现若干问题的探讨 ………………………………… / 183
关于小企业及其会计制度建设的若干问题 ………………………… / 187
资产减值与所得税会计 ……………………………………………… / 191
中国信托业务会计核算办法简介 …………………………………… / 214
《小企业会计制度》制定中的有关问题 …………………………… / 220
编制2004年度财务报告应关注的会计问题 ………………………… / 227

所得税会计若干问题研究 ………………………………………………… /251
浅谈购买非控制权益的会计处理 ………………………………………… /260
关于权益法核算中几个问题的探讨 ……………………………………… /266
权益法核算与所得税会计 ………………………………………………… /282
所得税会计在合并财务报表中的运用 …………………………………… /291
特殊交易的所得税会计处理 ……………………………………………… /300
新旧准则就投资会计处理的主要差异 …………………………………… /311
资产负债表日后事项涉及的所得税会计处理 …………………………… /352
会计政策变更及会计差错更正的所得税处理 …………………………… /371
2008年报中值得关注的几项会计处理问题 ……………………………… /379
以非货币性资产对合营企业投资的会计处理 …………………………… /387
浅析授予限制性股票股权激励计划的会计处理 ………………………… /393
安全生产费用会计处理沿革 ……………………………………………… /405
权责发生制政府综合财务报告制度改革 ………………………………… /415
  第一章 权责发生制政府综合财务报告制度改革的启动 ……… /415
  第二章 政府会计规范体系基本问题的确定 …………………… /420
  第三章 政府会计规范体系的建立 ………………………………… /424
  第四章 需要厘清的各种关系 ……………………………………… /450
  第五章 政府会计改革的挑战与展望 …………………………… /459

后记 …………………………………………………………………………… /464

谈谈几个成本概念的关系[*]

成本管理改革作为经济体制改革的一个组成部分，正日益为人们所重视。过去的实际成本、定额成本、计划成本等已不能满足新形势的要求，不少成本管理人员正在研究和摸索目标成本、标准成本、责任成本等新的成本管理方法，为我国财务、会计工作的现代化开辟新的途径。但是，在实际工作中，一些人往往把目标成本、标准成本、计划成本、定额成本混为一谈，有的企业甚至只变名称，不改内容，这有碍于财务、会计工作的改革和发展。因此，我认为有必要对这些成本概念的关系进行一些探讨。

一、定额成本与标准成本的关系

定额成本是根据某一日期（月初或月中）所实行的各种消耗定额（即现行定额）、当期费用预算和其他有关资料计算的一种预计成本。标准成本是西方国家为了提高生产率，扩大竞争能力，通过市场调查、分析及技术测定而制订的一种预计成本。定额成本和标准成本都是一种预计成本，但它们又有区别，具体表现在：

1. 确定成本的方法不同。定额成本是根据月初（或月中）制定的现行定额计算的，是按照原材料、动力、工时等消耗定额和原材料的计划单价、计划工资率以及车间经费、企业管理费的费用计划计算出来的预计成本。标准成本是剔除了某些不该发生的费用消耗后确定的制造产品的预计成本，一般按零件、部件、制造阶段等，分别按直接材料、直接人工和制造费用制订的。

2. 内容不同。标准成本有三种，即基本标准成本、理想标准成本和现行

---

[*]《财务与会计》1986年第2期）

标准成本。基本标准成本是在现有生产条件无重大变化的情况下不予变动的一种标准成本；理想标准成本是在现有的生产条件下所能达到的最优成本水平；现行标准成本是在当前的前提下，通过有效的经营可以达到的一种标准成本。现行标准成本与定额成本的特点基本相同，区别在于现行标准成本主要是指单位成本，并包括一部分的废品损失，而定额成本一般指按项目制订的，与实际成本项目内容相一致的总成本，但有时也指单位成本，但定额成本中不包括废品损失。一般讲，现行标准成本大于定额成本。

3. 成本计算方法不同。定额成本一般与定额法相结合，在产品成本计算的定额法下，是计算产品实际成本的基础；标准成本一般与标准成本核算制度相结合。具体表现在：（1）定额法是一种实际成本的计算方法，其先决条件是在费用发生时，就把费用分为两部分，一部分是定额成本；另一部分是脱离定额的差异。标准成本在实际运用中，先用分步法、分批法等成本计算方法计算出产品的实际成本，然后，再与标准成本相比较，揭示实际与标准的差异。（2）定额法下的总账不反映定额与差异；标准成本计算则在总账中分别反映标准与差异数。（3）一般讲，定额法的定额差异由产成品与在产品共同负担；标准成本的标准差异有三种处理方法：从理论上讲，应由产成品和在产品共同负担，但在实际中运用较多的是全部由当月销售产品成本负担，另外，也可以在年底时，一次调整，由销售产品成本负担。（4）标准成本计算没有标准变动，定额法下由于采用的是现行定额，就有可能存在老定额与新定额的差别，即定额变动。

4. 作用不同。定额成本反映当期应达到的成本水平，是衡量生产费用节约或超支的尺度，通过与实际成本的比较分析，揭示实际脱离定额的差异；标准成本是评价实际成本与工作效率的尺度，是控制成本的有效方法。

二、定额成本与计划成本的关系

计划成本是年（季、月）度或工作开始前，根据计划消耗资料和单价计算的一种平均预计成本。计划成本和定额成本都是按消耗定额、工时定额等资料，按规定的与实际成本相一致的成本项目计算的，并且都是一种预计成本，但两者又有区别：

1. 期间不同。计划成本是针对计划期而言的，是计划期的平均预计成本，它往往是根据计划期各阶段的建额成本（或定额消耗水平）加以平均计算的一种预计成本；定额成本是计划期间各个时期的预计成本，是按月初（或月中）规定的定额，即现行定额计算的。

2. 定额不同。计划成本所用的定额，是计划期内平均的消耗定额，一般一年变动一次；定额成本所用的定额是现行定额，它随着生产技术的发展、劳动生产率的提高而不断变化。同样，计划成本所用的计划价格是计划期内的平均价格；定额成本所用的计划价格是不同时期的现行计划价格。一般来说，在计划期内只有一个计划成本，而却有众多不同的定额成本。只有在定额和计划价格在计划期内不调整的情况下，定额成本才与计划成本相同。

3. 对象不同。计划成本是按产成品为对象来确定的，而定额成本在通常情况下是按零件、部件与产成品为对象来确定定额成本的，即，先确定零件的定额成本，再确定部件的定额成本，最后再确定产成品的定额成本，但有时，当产品有较多零、部件组成时，为了简化核算手续，也可直接制订产成品定额成本，不再制订零件、部件的定额成本。

4. 作用不同。计划成本反映计划期内应达到的平均成本水平，通过与实际成本的比较，可以揭示产品成本计划的完成情况；定额成本是当期应达到的成本水平，通过与实际成本的比较，发现差异，寻找降低成本的途径。

三、产品成本与责任成本的区别

产品成本是指为生产一定量的产品所消耗的物化劳动和活劳动中的必要劳动的货币表现，也就是生产一定量的产品所支出的各种生产费用的总和。责任成本是按成本可控性原则进行分类，以明确部门、车间、班组对一定成本的责任，产品成本和责任成本的主要区别在于：

1. 费用归集的方法不同。产品成本是以产品为对象，费用按发生的地点对象进行归集，谁受益，谁承担；责任成本以责任者为对象，费用按责任进行归集，谁负责，谁承担。

2. 内容不同。产品成本按生产顺序可分为车间成本、工厂成本、全部成本；按计算时间和依据的资料不同，分为计划成本、定额成本和实际成本；按产品完工程度不同可分为产成品成本、自制半成品成本和在产品成本。责任成本按成本可控性原则将成本分为可控成本和不可控成本，企业可视自身组织机构的分工，确定厂级、部门、车间或班组的责任成本。责任成本就其包括的范围来说，一般不是全部成本，而往往是几个主要成本的项目。

3. 作用不同。产品成本是一项综合性指标，反映工作质量的优劣，也是制订产品价格的主要依据；责任成本是评价各责任单位和责任人的工作效果，也是成本控制的必要条件。

四、目标成本与标准成本、定频成本和计划成本的关系

目标成本是目标管理的有机组成部分，是企业在成本方面的奋斗目标。制定目标成本是为了控制生产经营过程中的物化劳动消耗和活劳动消耗，降低成本。目标成本的确定可以选择某一先进成本作为目标成本，也可以先确定目标利润，从产品计划销售收入中减去目标利润和应纳税金，就是要努力实现的目标成本。

就目标成本的形式来说，可以是标准成本、定额成本与计划成本，但以定额成本和标准成本为多，在西方国家，通常把标准成本作为一种预定的目标成本，实际成本与标准成本的差异，表现为实际成本脱离预定"目标"而向人们发出的一种信号，以此进行分析研究，发现问题，寻找措施，以实行对成本的有效控制。

但是，必须注意，以定额成本和标准成本作为目标成本时，定额成本和标准成本必须先进合理，能反映目前的消耗水平。过时的定额成本和标准成本是不能作为目标成本的，否则将失去其积极意义。

建立坏账准备金制度刍议*

坏账损失是指由于债务单位撤销，依照民事诉讼法进行清偿后，确实无法追还，或因债务人死亡，既无遗产可供清偿，又无义务承担人，确实无法追还等原因造成的债权损失。坏账损失的会计处理一般有两种方法：一种是直接转销法，即当坏账损失发生时，将实际发生的损失额直接从应收账款中转销，列入坏账损失实际发生当期的费用；另一种是备抵法，即按照非现款交易发生期的销售额的一定比例估计出坏账损失，并将坏账损失估计额列入当期费用。运用备抵法时，通常要设立"备抵坏账"账户，按期估计的坏账损失记入"备抵坏账"账户的贷方，实际发生的坏账损失记入"备抵坏账"账户的借方，"备抵坏账"账户的期末余额，在"资产负债表"上作为"应收账款"的减项，用以反映应收账款的估计可变现净值。

直接转销法的优点是会计处理比较简单，实报实销。但是，收入和费用不能正确反映，"资产负债表"上所反映的应收账款可能存在虚数。备抵法的优点在于把坏账损失估计额列作应收账款发生期的费用，使收入和费用能够正确配合；在"资产负债表"上既能保持应收款账户的原记账余额，又能反映应收账款的估计可变现净值。

在西方国家，由于周期性的经济危机以及企业之间的竞争等原因，债权人发生坏账损失的机会比较多，他们对于坏账损失的会计处理，一般都采用备抵法进行核算。我国过去一直对企业实行"全包"，一些严重亏损的企业，完全由国家予以弥补，少数难以维持的企业，才采取关停并转的措施，所以很少发生坏账损失，即使有也是极少数，并且金额都不大，因此，一直采用直接转销法进行核算。此外，由于企业长期以来实行"货出去，钱进来"的原则，不

---

* (《财务与会计》1987 年第 2 期)

存在因赊销而发生应收账款的可能性。因此一直没有建立坏账损失准备制度。

随着我国经济体制的改革，企业作为独立的经济实体，具有独立的经济利益。过去那种"货出去，钱进来"的现款销售方法，已不适应商品经济发展和经济体制改革的要求，因此，我认为建立我国坏账准备金制度也已成为一种必然趋势。这是因为：在商品经济的条件下，企业之间的竞争将日益激烈。通过企业之间的竞争，一方面，将促使企业提高经营管理水平，保证产品质量，增强应变能力；另一方面，将淘汰那些没有生存能力的企业，也就是说，对于长期严重亏损，成本高，产品质次价高，资产不足以抵补债务的企业，国家不再统包统揽，有些企业势必破产。在这种情况下，如果对于企业发生的坏账损失仍然沿用直接转销法，当债务企业破产时，债权企业的坏账损失全部列入坏账损失发生当期的费用中，势必造成债权企业各期成本不均衡，不利于企业进行成本管理和加强成本控制，也不能准确地考核和反映企业的经济效益。此外，随着金融体制的改革和商业信用的发展，赊销业务将逐步增加，企业的应收账款也将越来越多，从而发生坏账损失的风险也就越来越大。如果等坏账损失实际发生时，再列作费用，就会影响各期成本的均衡性，使收入与费用不相配合。通过建立坏账准备金制度，就可以将按期估计的坏账损失分期列入成本，作为核销坏账时的资金来源，从而保持成本的均衡性和可比性。通过提取坏账准备金，还可以预计未来坏账损失的金额，了解应收账款估计可变现净值，为企业提高内部资金计划管理水平创造有利的条件。

关于汇编1990年国营工业企业年度汇总会计报表若干问题的说明[*]

1990年的国营工业企业年度汇总会计报表格式，是在1989年报表格式的基础上，根据财务等制度的有关新规定，结合各地区、各部门对1989年报表格式和内容提出的意见，进行修改和补充后制定的。今年修改和补充的内容，归纳起来，主要有以下几个方面：

1. 为了适应增值税改革的要求，增设的项目以及一些指标口径的改变。这个方面，主要是在"利润表"中增加了一些补充资料；在"资金平衡表"和"流动资产及流动基金表"中增加了"应扣税金"等项目。

利润表中具体补充三个指标：

（1）"产品销售整体税金"。反映实行价税分流试点企业按扣除一般性减免增值税后的产品销售整体税金，即按照交纳增值税的产品销售收入乘以增值税税率计算的扣除一般性减免增值税后的产品销售整体税金余额填列。

（2）"产品销售已抵扣的增值税"，反映实行价税分流试点企业产品销售已抵扣的增值税。这个指标填起来有一定的困难，因为企业在材料、物资购进时就扣除了已纳税金部分，分不清产品销售部分已抵扣了多少增值税，特别是在产品和产成品比较多的企业，在产品和产成品是否应分摊已扣税金。对这个指标的填列，我们目前采取一种比较简单的方法，即不考虑在产品和产成品的因素，而按产品销售收入（在企业不交纳产品税、营业税的情况下）占整个销售收入的比重在产品销售和其他销售之间进行分配的办法，来大致计算填列。计算方法为：产品销售已抵扣的增值税＝产品销售收入÷（产品销售收入＋其他销售收入）×本年已抵扣的增值税。

---

[*]（《上海会计》1990年第12期）

(3)"一般性减免增值税",反映实行价税分流试点企业,经批准用于减少亏损、增加盈利的一般性减免税金。目前,减免产品税、增值税的目的、用途不同,会计处理方法也不尽相同。按现行减免产品税、增值税的情况看,不外乎有这样三个目的:一是为了减少亏损增加盈利;二是用于还贷;三是专项用于某个方面。如果减免税金是为了减少亏损增加盈利,会计处理方法,是将减免的税金体现在利润中,即"利润表"中的"销售税金"项目是按扣除免交数后的销售税金填列。如果减免税金是用于还贷或专项用于某个方面,则"利润表"中"销售税金"项目应包括减免的税金。这里"一般性减免增值税"仅指为减少亏损增加盈利而减免的税金部分,而不包括为了还贷或者为了专项使用而减免的税金。此外,企业如有自营产品出口,按规定退回的增值税,也应包括在"一般性减免增值税"项目中。

通过上述补充资料的三个指标,以及"利润表""销售税金"项目和"应上交及应弥补款项情况表"中增值税"本年已抵扣数"项目,基层企业主要可以分析如下经济内容:

(1)"产品销售整体税金"项目减去"产品销售已抵扣的增值税"项目,基本上等于产品销售实际应交增值税,即不实行价税分流购进扣税法时的一般意义上的产品销售应交增值税。

(2)"产品销售整体税金"项目加上"一般性减免增值税"项目,一般应等于不扣除一般性减免增值税的产品销售整体税金,即按产品销售收入乘以规定的增值税率计算出的产品销售整体税金。如果企业产品销售收入中还包括交纳产品税、营业税的产品销售收入,在分析时,还应将这部分产品销售收入剔除后计算。

(3)"利润表"中的"销售税金"项目减去补充资料中的"产品销售已抵扣的增值税"项目,基本上等于不实行价税分流试点时的一般意义上的产品销售实际应交的增值税、产品税、营业税和城市维护建设税。

(4)"利润表"中的"销售工厂成本"项目加上补充资料中的"产品销售已抵扣的增值税"项目,基本上等于不实行价税分流试点时的销售工厂成本,即含增值税的成本。但在产品、产成品较多的企业,产品销售已抵扣的增值税还应在在产品、产成品。销售工厂成本中进行分配,计算公式为:产品销售工厂成本应负担的已抵扣的增值税=产品销售工厂成本÷(产品销售工厂成本+在产品成本+产成品成本)×产品销售已抵扣的增值税。

(5)"利润表"补充资料中的"产品销售已抵扣的增值税"项目与"应

上交及应弥补款项情况表"中增值税的"本年已抵扣数"之间的差额，基本上等于其他销售已抵扣的增值税。

对于上述有关指标之间所反映的经济内容，只适用于基层企业进行分析时使用，主管部门和财政部门在报表汇总之后，由于报表有关指标中包括了实行价税分流试点企业和一般企业的数字，即使是全部企业都实行价税分流试点办法，但由于各个企业的具体情况不完全一样，因此，汇总后，就不能按上述分析内容进行分析。

试行价税分流购进扣税法的企业，"利润表"中的"销售税金"项目、"利润表"补充资料中的"产品销售整体税金"项目，以及"应上交及应弥补款项情况表"中增值税"本年应交数"项目三者所反映的内容是不相同的。试行价税分流购进扣税法的企业，由于购进属于扣除项目的材料、物资，其应抵扣的增值税已经直接从销售整体税金中扣除，相应产品成本是以不含增值税的成本反映，因此"利润表"中的"销售税金"项目填列按照交纳增值税的产品销售收入和规定的增值税率计算的产品销售整体税金（扣除一般性减免增值税）以及应交的产品税、营业税和城市维护建设税。"利润表"补充资料中的"产品销售整体税金"项目，根据交纳增值税的产品销售收入和规定的增值税率计算（扣除一般性减免增值税）的数额填列，不包括产品销售应交纳的城市维护建设税、营业税，以及部分产品应交纳的产品税。"应上交及应弥补款项情况表"增值税中的"本年应交数"，按企业本年销售的增值税的整体税金（扣除一般性减免增值税）后的数额填列，既包括产品销售整体税金，也包括其他销售整体税金。

2. 根据今年来财务、会计上所作的补充规定，相应增列的项目。

今年在"利润分配明细表"中增加了承包企业的有关内容。第一是在利润分配方面增加了"应由抵押金抵补的承包利润"项目，反映实行承包风险抵押方法的企业，完不成承包上交利润，按规定用风险抵押金抵补的数额，第二在企业留利的五项基金下面增加了"承包风险基金"项目。

通过"利润分配明细表"上所反映的内容，对于原实行利改税的，现在实行承包的企业，可以反映两个方面的内容：（1）反映原利改税的情况：即小计 – 应交所得税 – 应交调节税 – 应交承包费 = 按利改税办法计算的企业应留利润；（2）反映承包的情况：一方面可以反映企业承包后的实际应留利润；另一方面，可以分析、比较企业承包与实行利改税办法多交或少交税利的情况。

如前所述，89年以前实行承包经营责任制的企业，完不成承包任务，按规定由企业用专用基金自行弥补的承包上交任务不足数，是不纳入利润分配的，而是在实际交纳时，直接冲减专用基金。从89年起，改变了核算办法，企业完不成承包任务，应补交的数额，采用权责发生制，直接纳入利润分配。由于在89年决算时，考虑到新办法和老办法处理不同，为了集中反映实行新办法后的情况，决算中规定，在"应上交及应弥补款项情况表"的"应补交承包利润"项目中的"年初未交数"空置不填。即"应补交承包利润"项目中的"本年已交数"不包括本年补交上年（1988年）承包利润数字，为了便于清算，89年决算中在"应上交及应弥补款项情况表"上增加了"本年补交上年承包利润"项目。今年虽然不存在新老办法不同的问题，但是，有的企业还有没有交完1988年以前（包括1988年）承包利润，因此这个项目仍予保留，但改为"本年补交1988年以前承包利润"，反映本年补交1988年以前（含1988年）承包利润。

3. 为满足国家国有资产管理需要而增加的指标。

根据国家国有资产管理局提出的方案，经与有关部门协调，在报表上增列了一些项目。如在"资金平衡表"上增列了"已完待转专项借款工程支出"项目；在"固定资产表"上增列了"本年减少的固定基金""包括在企业固定资产原价内的职工住宅年末数"，以及"逾龄使用固定资产原价年末数"等项目。

关于承包企业利润分配的会计
处理问题的说明*

今年国务院发布了《国务院批转国家体改委关于在治理顿整中深化企业改革强化企业管理意见的通知》中规定要完善企业风险抵押承包,逐步建立风险机制。根据国务院的这个规定,财政部制定了《关于完善全民所有制企业承包经营责任制有关财务问题的意见》的通知,在财务上作了进一步的规定:承包企业应从留利中提取一定比例的资金,建立承包风险基金。有条件的企业可以试行风险抵押承包办法,承包风险抵押金的来源,主要有两个方面:一是经营者或者集团成员交纳一定数额的承包风险抵押金;二是在贯彻自愿原则的基础上,也可以由职工个人交纳一定数额的承包风险抵押金。风险基金和风险抵押金用于抵补企业未完成的承包上交利润。

企业未完成承包上交利润任务时,少交部分依次用下列资金抵补:(1)企业留利中提取的承包风险基金;(2)经营者或者经营者集团成员交纳的承包风险抵押金;(3)职工个人交纳的承包风险抵押金;(4)企业留利及其他资金结余。

过去,对于承包企业超过承包目标所得的好处以及完不成承包目标任务,按规定自行弥补的部分,是不纳入利润分配,而是以实际收到财政退回的承包多得好处,或自行弥补时直接记入"专用基金"科目,即是以实际收到或支出时,作为记账的依据。企业利润分配中的"企业留利"项目,只是反映企业部分留利数,不包括承包应退库部分或扣除应补交的部分。去年在布置年度汇总会计报表时,改变了核算办法,把承包企业由于承包多得的好处、完不成承包上交任务,应补交的承包利润,纳入企业利润分配,按照权责发生制的原

---

* (《上海会计》1990 年第 12 期)

则进行核算。

今年根据财务制度的规定，会计上相应发布了《关于完善全民所有制企业承包经营责任制有关会计处理问题的通知》，制定了承包企业的会计处理方法，主要包括以下内容：

1. 承包利润交纳的会计处理。企业实行承包后，执行中仍应按现行税法规定，缴纳产品税、所得税、调节税和其他各项税收。盈利企业完成承包上交利润后的超目标利润，也应照章缴纳所得税、调节税。企业超过年度目标多得的部分，由财政部门采取收入退库的方式返还企业，作为企业留利处理。在会计处理上，企业按照利改税办法有关规定，计算出应交的所得税、调节税，仍然在"利润分配"和"应交税金"科目核算。企业缴纳的所得税、调节税超过承包目标，应由财政采取退库方式返还企业的部分，分别在"利润分配"和"应交利润"科目下增设"应退库的超承包利润"明细科目核算。企业按规定计算出应退库的超承包利润，借（减）记"应交利润—应退库的超承包利润"科目，贷（减）记"利润分配—应退库的超承包利润"科目。企业收到退库的超承包利润，借（增）记"银行存款"科目，贷（增）记"应交利润—应退库的超承包利润"科目。企业照章缴纳的所得税、调节税不足承包目标任务，应由企业用承包风险基金、承包抵押金、企业留利及其其他自有资金抵补的部分，应分别在"利润分配—应补交的承包利润"明细科目核算。企业计算出应补交的承包利润，借（增）记"利润分配—应补交的承包利润"科目，贷（增）记"应交利润—应补交的承包利润"科目。补交时，借（减）记"应交利润—应补交的承包利润"科目，贷（减）记"银行存款"科目。

2. 承包抵押金的会计处理。试行风险抵扣承包办法的企业，在收到由经营者和经营集团成员或由职工个人交纳的承包风险抵押金，应在"其他应付款"科目下增设"承包风险抵押金"明细科目核算，并按交纳者姓名进行明细核算。收到承包抵押金时，借（增）记"现金"科目，贷（增）记"其他应付款—承包风险抵押金"科目。企业未完成承包上交利润，按照规定用承包风险抵押金抵补的承包上交数，应在"利润分配"科目下增设"应由抵押金抵补的承包利润"明细科目核算。抵押金抵补数，借（减）记"其他应付款—承包风险抵押金"科目，贷（减）记"利润分配—应由抵押金抵补的承包利润"科目。

3. 承包留利的会计处理。企业完成承包任务，按照规定计算出企业留利（包括应由财政退库的超承包利润），按照核定的比例，建立生产发展基金、职工福利基金、职工奖励基金。并从企业留利中提取一定比例的资金，建立承包风险基金。提取时，借（增）记"利润分配—企业留利"科目，贷（增）记"专用基金（有关明细科目）"科目。企业未完成承包任务，按照规定用企业专用基金抵补承包利润，借（减）记"专用基金（有关明细科目）"科目，贷（减）记"利润分配—企业留利"科目。

国营工业企业联营会计处理的几点说明[*]

为了促进企业加强横向联合，提高经济效益，财政部在1986年就对国内联营企业的财务问题作出了规定。几年来，随着企业间横向经济联合的进一步深入发展，财政部对国内联营企业的有关财务问题又作了一些补充规定；最近，财政部还发布了《关于国营工业企业联营有关会计处理问题的补充规定》。现将国营工业企业联营有关会计处理上的几个问题说明如下：

一、关于用分得利润再投资的会计处理

财政部《关于国内联营企业若干财务问题的规定》中规定，企业向能源、交通基础设施行业以及"老、少、边、穷"地区投资分得的利润，在五年内减半征收所得税；以分得的利润再投资于上述行业和地区的，暂免征收所得税。减免的所得税，应并入企业留利中作为生产发展基金。财政部还在有关国内联营企业财务问题的补充规定中明确规定："国营企业由联营分得的利润按照国家规定，用减免所得税再投资的部分，应经财政部门核准，作为企业用生产发展基金再投资。"这一规定体现了国家为了鼓励向能源、交通基础设施行业以及"老、少、边、穷"地区投资而给企业的一项优惠政策。

一般来说，企业向能源、交通基础设施行业及"老、少、边、穷"地区投资分得的利润，如果再用于投资，吸收投资企业在分配利润时就不再分回投资企业，而是转作增加"其他单位投入资金"。但是，对于投资企业来说，既要反映应分得利润这项收入的实现，又要反映投资的增加，还要反映这部分减免的所得税作为生产发展基金再投资的情况。而且对于投资企业来说，不可能

---

[*]（《上海会计》1991年第11期）

仅仅是用减免所得税再投资，一般都是用所有应分得的利润再投资。这在会计处理上就产生了这样几个问题：（1）分得利润只是获得了一种权益，而不会增加企业的现金流量，即分得的利润不会由吸收投资企业通过银行汇给投资企业，但投资企业又要体现应分得的利润，在会计处理上，可以作为一笔债权处理。（2）分得的利润如果再投资于上述行业和地区的，其分得的利润可以暂免征收所得税，暂免征收的所得税作为一项单项留利，在会计处理上在"利润分配"科目下增设"追加长期投资留给企业的利润"明细科目进行核算。这里"追加长期投资留给企业的利润"明细科目的核算内容，与"利润分配"科目下的"追加长期投资的利润"明细科目的核算内容不同。前者是企业向能源、交通基础设施行业及"老、少、边、穷"地区投资分得利润用于再投资于上述行业和地区而形成的一项单项留利；后者是联营企业用应分给投出资金企业的利润归还技措借款而相应增加投出资金企业投资的利润。但两者都是由于联营而产生的，并且，在"利润分配——其他单位转来的利润"科目中均全额反映应分回的利润。（3）由于投资分得的利润减免所得税部分已经作为一项单项留利，转入"专用基金——生产发展基金"，企业用这部分资金再投资时视同企业用"专用基金——生产发展基金"再投资。但是，企业应分得的利润扣除减免所得税后的部分同时构成了企业留利，并按企业留利中五项基金的比例作了分配。由于企业用分得利润再投资是指应分得利润的全部再投资，而不仅仅用减免所得税的部分再投资，这时，分得利润扣除减免所得税后的部分，等于是企业用其他来源取得的生产发展基金再投资。（4）吸收投资企业应分给投资企业的利润，一方面作为利润分配的一个去向，另一方面作为一笔负债，在"其他应付款"科目核算；转作联营企业投资时，冲减"其他应付款"科目。在具体会计处理方法上，吸收投资方和投出资金方，应分别作如下处理：

吸收投资方：应按应分给投出资金企业的利润，借（增）记"利润分配——分给其他单位的利润"科目，贷（增）记"其他应付款——应付联营利润"科目；按规定将应分给投出资金企业的利润转作投资时，借（减）记"其他应付款——应付联营利润"科目，贷（增）记"其他单位投入资金"科目。

投出资金企业：应按应分给本企业的利润，借（增）记"其他应收款——应收联营利润"科目，贷（减）记"利润分配——其他单位转来的利润"科目。经财政部门核准，作为企业用生产发展基金再投资时，借（增）记"利润分配——追加长期投资留给企业的利润"科目，贷（增）记"专用基金"科目；同时，借（增）记"长期投资"科目，贷（减）记"其他应收款——应收联营利润"科目。

二、关于联营企业发生亏损的会计处理

一般来说，企业对联营企业投资的目的是获得一定的收益，但投资总是要冒一些风险的。企业投资前应对投资前景作必要的预测，有利可图的才可能去投资。但预测只能是大致的测算，不可能考虑到投资以后发生的一切事项，企业投资既可能取得收益，也可能要负担损失，投资风险始终存在。如果联营企业实现利润，应按各方出资额的一定比例分配利润；如果经营亏损，投资各方也应按一定比例负担其亏损的份额。虽然国家对联营企业发生亏损有给予在以后三年用联营企业实现的利润予以弥补的规定，但是联营企业发生亏损，投资各方分配不到利润，对投资方来说本身就是一种损失。

按照财务制度规定，联营企业如发生亏损，可根据联营合同或协议，由联营企业提出申请，按照国家规定的程序报经批准后，从以后年度实现的利润中予以抵补。但连续抵补期限超过三年的，从第四年开始，应由联营企业（或联营企业投资各方）税后留用利润抵补。

按照上述规定，联营企业发生亏损，其弥补亏损的资金来源主要有：（1）用以后年度实现的利润弥补；（2）用联营企业或联营企业投资双方的税后留用利润弥补。在会计处理上，联营企业发生亏损，应按照弥补亏损的资金来源，分别处理：

1. 属于联营企业用以后三年内实现的利润弥补的，作为投资者来说，不可能分得利润，但也不需要另外再拿出资金去弥补联营亏损，因此会计上不需要作出处理；对于吸收投资者来说，这部分留待以后年度用以后年度实现的利润抵补的亏损，在"应弥补亏损——应由以后年度利润弥补的亏损"科目核算。企业按规定应由以后年度实现的利润弥补的亏损，借（增）记"应弥补亏损——应由以后年度利润弥补的亏损"科目，贷（减）记"利润分配——应由以后年度利润弥补的亏损"科目。企业用以后三年利润弥补亏损时，借（增）记"利润分配——弥补以前年度亏损"科目，贷（减）记"应弥补亏损——应由以后年度利润弥补的亏损"科目。

2. 属于由联营企业或联营企业投资各方用税后留用利润抵补的，对于投

出资金企业来说，要用本企业实现利润的税后留用利润弥补，等于是增加了一项利润分配的去向，但这个利润分配项目不是税前分配项目，而是所得税后的分配项目，在"利润分配"科目下，增设"用税后利润弥补的联营亏损"明细科目进行核算。弥补时，借（增）记"利润分配——用税后利润弥补的联营亏损"科目，贷（减或增）记"银行存款"或"其他应付款"等科目。对于吸收投资方来说，一方面要将原计入"应弥补亏损——应由以后年度利润弥补的亏损"科目的余额（即应弥补数扣除已用以后三年实现的利润弥补后的余额）转出来，转入"应弥补亏损"科目下增设的"应由投资方弥补的亏损"明细科目（这里包括应由吸收投资方弥补和应由投出资金方弥补的亏损）进行核算；另一方面，要用规定的资金来源进行抵补，并分别按吸收投资企业和投出资金企业弥补进行处理。属于由吸收投资企业用税后留用利润弥补的部分，在"利润分配"科目下增设"用税后利润弥补的以前年度亏损"明细科目，借（增）记"利润分配——用税后利润弥补的以前年度亏损"科目，贷（减）记"应弥补亏损——应由投资方弥补的亏损"科目；属于应由投出资金企业负担的部分，收到投资方弥补亏损的数额时，借（增）记"银行存款"科目，贷（减）记"应弥补亏损——应由投资方弥补的亏损"科目。

如前所述，联营企业发生亏损用以后三年实现的利润弥补不足，从第四年开始要用联营企业或联营企业投资双方的税后留用利润弥补。如果联营企业发生亏损额较大，以后三年实现利润不多，不够弥补，但第四年由于某种原因，实现利润很多，投资各方既能分得利润，又要负担以前年度的亏损。这时，在会计处理上，投资方应弥补联营企业的亏损可以从分回的利润中扣除，作为一笔应收款处理，但同时要在"利润分配——其他单位转来的利润"全额反映应分回的利润，以便全额反映企业可供分配的利润，并按规定纳税；吸收投资方将应分给投资方的利润与应由投资方弥补的亏损的差额，作为一笔应付款处理，但同时要将分出的利润在"利润分配"中全额反映。

例如：甲乙两企业联营，乙企业吸收甲企业投资。经营第一年发生亏损10万元；第二年实现利润2万元；第三年实现利润3万元；第四年实现利润1万元。假如用三年实现的利润全部弥补了亏损，到第四年底尚有4万元没有弥补，按照协议在第五年由联营各方用税后留用利润各弥补2万元。第五年乙企业实现利润15万元，按联营协议联营企业各方各分配利润的50%。

根据上述资料，甲、乙双方应编制如下会计分录（金额单位：元）。下同：

乙企业：

1. 第一年发生亏损，由以后年度利润弥补：

借（增）：应弥补亏损——应由以后年度利润弥补的亏损 100000
　　贷（减）：利润分配——应由以后年度利润弥补的亏损
　　　　　　　　　　　　　　　　　　　　　　　　　100000

2. 第二年用实现的利润弥补亏损：

借（增）：利润分配——弥补以前年度亏损　　　　20000
　　贷（减）：应弥补亏损——应由以后年度利润弥补的亏损
　　　　　　　　　　　　　　　　　　　　　　　　　20000

3. 第三年用实现的利润弥补亏损：

借（增）：利润分配——弥补以前年度亏损　　　　30000
　　贷（减）：应弥补亏损——应由以后年度利润弥补的亏损
　　　　　　　　　　　　　　　　　　　　　　　　　30000

4. 第四年用实现的利润弥补亏损：

借（增）：利润分配——弥补以前年度亏损　　　　10000
　　贷（减）：应弥补亏损——应由以后年度利润弥补的亏损
　　　　　　　　　　　　　　　　　　　　　　　　　10000

5. 第五年：（1）将"应由以后年度利润弥补的亏损"科目的余额转入"应由投资方弥补的亏损"科目：

借（增）：应弥补亏损——应由投资方弥补的亏损　40000
　　贷（减）：应弥补亏损——应由以后年度利润弥补的亏损
　　　　　　　　　　　　　　　　　　　　　　　　　40000

（2）分配投资各方的利润：

借（增）：利润分配——分给其他单位的利润　　　75000
　　贷（增）：其他应付款——应付联营利润　　　　75000

（3）支付联营利润：

借（减）：其他应付款——应付联营利润　　　　　55000
　　贷（减）：银行存款　　　　　　　　　　　　　55000

（4）由投资方弥补以前年度亏损：

借（减）：其他应付款——应付联营利润　　　　　20000
　　贷（减）：应弥补亏损——应由投资方弥补的亏损　20000

（5）用税后留用利润弥补以前年度亏损：

借（增）：利润分配——用税后利润弥补的以前年度亏损 20000

　　　　　贷（减）：应弥补亏损——应由投资方弥补的亏损　　20000

甲企业：

第一、第二、第三、第四年不作会计处理，第五年应作如下处理：

1. 反映应分得的利润：

　　借（增）：其他应收款——应收联营利润　　　　　　75000

　　　　　贷（减）：利润分配——其他单位转来的利润　　75000

2. 用应分得的利润弥补以前年度联营亏损：

　　借（增）：利润分配——用税后利润弥补的联营亏损　20000

　　　　　贷（减）：其他应收款——应收联营利润　　　　20000

3. 收到乙企业转来的利润：

　　借（增）：银行存款　　　　　　　　　　　　　　　55000

　　　　　贷（减）：其他应收款——应收联营利润　　　　55000

三、用无形资产投资的会计处理

　　企业拥有的无形资产可以本企业自用，可以转让给其他企业取得转让收入，也可以对外投资。对外投资的无形资产应如何进行会计处理，应首先明确这样几个问题。（1）投资价值的确定。企业的无形资产有这样三种价值，一种是当初为取得无形资产而发生的实际支出，一种是无形资产的摊余价值；一种是评估确定的价值。按照国家国有资产管理局的规定，为了防止国有资产在流动中受到损失，在国有资产产权变动时必须进行资产评估。即企业如用无形资产投资，应当按照国家国有资产管理局的规定，以评估确定的价值作为长期投资的入账价值。（2）用无形资产投资，按照评估确定的价值与账面价值的差额的处理问题。按照财务制度规定，评估确定的价值大于或小于账面价值的差额，作为增减固定基金处理。（3）企业所拥有的无形资产，有的已经入账核算，有的没有入账核算；有的入账核算的是无形资产的使用权，有的入账核算的是无形资产的所有权；有的用无形资产的使用权投资，有的用无形资产的所有权投资。这在会计处理上要分别情况进行。假设企业当初为取得无形资产的所有权而付出的确指支出予以本金化记入"无形资产"账户的，如果企业用该项无形资产的使用权对外投资（即只允许其他企业使用该项无形资产，投资企业仍然拥有该项无形资产的所有权），应视同尚未入账的无形资产进行处理。如果用该项无形资产的所有权投资的，等于企业已经将该项无形资产让渡给了其他单位，企业对该项无形资产的账面摊余价值也就不应再保留。在这种情况下，应按已经入账的无形资产进行核算。假如企业当初为取得无形资产的使用权而发生的确指支出予以本金化记入"无形资产"账户，如果用该项无形资产的使用权对外投资，则应按照已经入账的无形资产进行处理，在具体进行会计处理时，应区别已经入账和尚未入账的无形资产分别核算：

属于用已入账的无形资产进行联营投资的，应按确定的价值借（增）记"长期投资"科目，按账面价值贷（减）记"无形资产"科目，按确定的价值大于账面价值的差额贷（增）记"固定基金"科目（如确定的价值小于账面价值，则借（减）记"固定基金"科目）。

属于尚未入账的无形资产进行联营投资的，应按确定的价值借（增）记"长期投资"科目，贷（增）记"固定基金"科目。

四、关于联营企业解体时有关问题的会计处理

按照国家规定，在联营企业解散清算以前，应将其盈亏分配完毕（除另有规定外）。在联营企业解散清算以前，如果联营企业是盈利的，应将利润分配给投资各方。吸收投资方应作借（增）记"利润分配——分给其他单位的利润"科目，贷（增或减）记"其他应付款——应付联营利润"或"银行存款"科目；投资企业收到联营企业分来的利润，借（增）记"银行存款"或"其他应收款——应收联营利润"科目，贷（减）记"利润分配——其他单位转来的利润"科目。联营企业在解散清算前如果是亏损的，应由联营企业投资各方负担的亏损，在"应弥补亏损——应由投资方弥补的亏损"科目核算。吸收投资企业应借（增）记"应弥补亏损——应由投资方弥补的亏损"科目，贷（减）记"利润分配——应由投资方弥补的亏损"科目；收到投资企业弥补亏损的数额时，借（增）记"银行存款"科目，贷（减）记"应弥补亏损——应由投资方弥补的亏损"科目。投资企业应借（增）记"利润分配——弥补联营亏损"科目，贷（增或减）记"其他应付款——应弥补联营亏损"或"银行存款"科目。如果联营企业在解散清算时，还有未弥补的以前年度亏损（即尚未用以后三年实现的利润弥补的亏损），其"应弥补亏损——应由以后年度利润弥补的亏损"科目的余额也应转入"应弥补亏损——应由投资方弥补亏损"科目。

因联营期满或其他原因而宣告联营企业解散时，投资各方应抽回各自的投

资。但是，企业收回的投资往往与投出的资金不完全相同，而且从实物形态看也不尽相同，企业投出的可能是固定资产，收回的可能是现金。对于收回投资时发生的这些差额，国家曾作过明确的规定，即"联营企业清偿债务后的剩余财产应按照联营企业投资各方的出资比例或联营合同、协议进行分配。国营企业收回各项投资与投出资金的差额部分，报经国有资产管理部门和同级财政部门批准后，作为增减有关资金处理"。企业收回的各项投资，借（增）记"固定资产""现金""银行存款"等科目，贷（增、减）记"折旧""长期投资"等科目。企业投出的资金数额与收到发还的投资有差额时，差额部分报经批准后作为增减"固定基金""流动基金""专用基金"处理。

例如，某企业长期投资10万元，联营结束应负担亏损8万元，收到收回的投资2万元（货币资金），联营双方应作如下会计分录：

投资企业：

1. 反映应弥补联营的亏损：

借（增）：利润分配——弥补联营亏损　　　　　80000
　　　贷（增）：其他应付款——应弥补联营亏损　　　80000

2. 收回长期投资：

借（增）：银行存款　　　　　　　　　　　　　20000
借（减）：其他应付款——应弥补联营亏损　　　80000
　　　贷（减）：长期投资　　　　　　　　　　　100000

吸收投资企业：

1. 反映应由投资方弥补的亏损：

借（增）：其他应收款——应收联营弥补亏损　　80000
　　　贷（减）：应弥补亏损——应由投资方弥补的亏损　80000

2. 发还其他单位投入资金：

借（减）：其他单位投入资金　　　　　　　　　100000
　　　贷（减）：其他应收款——应收联营弥补亏损　80000
　　　贷（减）：银行存款　　　　　　　　　　　　20000

《工业企业会计制度》的特点及主要内容简介[*]

一、《工业企业会计制度》的特点

为了规范企业的会计核算,适应改革开放,对外交流的需要,财政部对企业会计制度作了一系列的重大改革。在《企业会计准则》的指导下,修定了分行业的会计制度,以指导各行业的会计核算工作。财政部于1992年12月31日制定发布的《工业企业会计制度》(以下简称"新制度")主要有以下四个方面的特点:

(一)以《企业会计准则》为制定新制度的依据。过去,我国没有统一的企业会计准则,会计制度虽然也体现了会计核算必须遵循的一些原则,但制定企业会计制度基本上以国家的财务等制度为依据。《国营工业企业会计制度》规定:制度中引用的现行有关计划、业务、统计等方面的规定。今后这些规定如有修改、废止,企业应按新的规定办理;如果会计科目和会计报表格式和内容需要作相应的变更时,由财政部统一修改。由于过去的会计制度是以国家的财务等制度为主要制定依据,所以,国家有关制度变化后,会计制度也要作相应的变化,使会计制度处于经常变化的情况下,影响了会计报表指标的可比性和会计核算的稳定性,也给基层会计工作带来了很大的困难。新制度以《企业会计准则》为制定依据,注重对会计核算方法作规定,避免了由于国家有关政策发生变化导致企业会计核算的经常变化。

(二)会计核算力求真实、客观、公允反映实际情况。过去,按照企业资

---

[*] (《会计改革与会计管理》1993年第1-6期)

金分别管理的原则，企业的会计核算要分别固定资金、流动资金和专项资金。专项资金专款专用，分别核算，专用基金的增减不影响企业的盈亏。使得会计核算不能真实反映企业的财务状况和经营成果。例如，企业购买的有价证券作为专项资金管理和核算，有价证券的收益或损失，均作为增减专用基金处理。某些有价证券的利息收入要缴纳所得税，但是这部分利息收入又不能反映在企业利润总额内，使利润总额不能反映企业实际的盈亏情况，并且企业利润分配中计算出的应交所得税不等于全业全部应交的所得税；又如，企业用专用借款购建的固定资产完工交付使用时，除了增加固定资产和固定基金外，为了保持资金的三段平衡，专项工程支出科目仍然保留已完待转的工程支出数，在会计报表上产生了重复反映的问题，等等。会计核算既复杂，又不能真实反映企业的财务状况和经营成果。新制度在核算方法上，力求保持会计核算的科学性、合理性，真实、客观地反映企业的财务状况和经济成果，如可以根据企业具体情况，对固定资产采用加快提取折旧方法计提折旧；再如，企业经营所发生的损益，不论是主营业务、附营业务，还是对外投资等，均体现在损益中。

同时，会计核算制度与国家的财政、税收政策尽量保持一致，又体现会计核算的独立性。会计制度与国家有关政策不能一致的，如果影响国家税收的，仍然应该按照会计制度规定的方法进行核算，但在纳税时可作适当的调整。

（三）新制度适用于全部工业企业。过去，会计制度是按所有制、分行业、分部门分别制定的，工业企业会计制度有《国营工业企业会计制度》《城镇集体工业企业会计制度》等，乡镇企业中的工业企业又执行乡镇企业的会计制度；从执行范围看，《国营工业企业会计制度》的适用范围限于隶属于工业主管部门和非工业主管部门所属的工业企业，但在实际工作中并不是所有的工业主管部门和非工业主管部门所属的工业企业都执行，如铁道部门的工业企业，执行《铁路工业企业会计制度》，商办工业企业执行《国营商业企业会计制度》，而不执行国营工业企业会计制度。这种按所有制，分行业和部门制定的会计制度，在核算方法及遵循的核算原则上不完全相同，使得不同所有制、不同部门的工业企业，由于执行的财务会计制度不同，核算方法以及报表指标的口径也不完全相同。新制度不分所有制、行业和部门，所有属于工业生产加工制造企业都执行，包括国有工业企业、集体工业企业以及私营工业企业等。

（四）在会计制度中，体现了统一性和灵活性相结合的原则。在会计科目的设置方面，按照科目的性质，区别资产、负债、所有者权益、成本和损益五大类，企业应按会计制度的规定设置和使用会计科目。但是，如果企业有的经济业务,而在会计制度中没有作出相应规定,或者会计制度中规定的会计科目,企业没有相应的经济业务的,在不影响会计核算要求和会计报表指标汇总,以及对外提供统一的会计报表格式的前提下,可以增设、减少或合并某些会计科目。如在会计科目表附注规定,有外购商品的企业,可以增设"外购商品"科目,采用实际成本进行材料日常核算的企业,可以不设"材料采购"和"材料成本差异"科目,增设"在途材料"科目,生产业务比较简单的企业,可以将"生产成本""制造费用"科目合并为"生产费用"科目。在会计报表的设置方面,按照向外报送的会计报表和企业内部管理所需的会计报表分别规定,企业向外报送的会计报表,按照会计制度规定的报表格式编报,企业内部管理所需的会计报表,由企业自行规定。

在具体的核算方法中,也采用了灵活的处理方法。如企业可以根据具体情况,对预收货款的核算,既可以设置"预收货款"科目进行核算,也可以在"应收货款"科目的贷方核算。例如,会计制度中对出租、出借包装物的核算,采用较简单的方法,即在出租、出借时一次或分次计入成本,但在企业的包装物出租、出借较多的情况下,也可以采用五五摊销法、净值摊销法等计算出租、出借包装物的摊销价值,等等。企业可以根据自身业务的具体情况,采用不同的核算方法进行核算,使会计制度既体现了统一性的原则要求,又具有一定的灵活性,也使会计制度更具实用性和操作性。

二、《工业企业会计制度》的主要内容

(一) 外币的核算

新制度中对企业发生的外币业务,规定按照业务发生时的国家外汇牌价,作为折合率,折合为人民币记账,同时登记外国货币金额和折合率。在核算时,需要明确这样五个问题:

1. 日常外币业务发生时,均按国家外汇牌价折合为人民币记账,不发生汇兑损益问题,待期末时,再将所有涉及外币业务的账户(外币现金、外币存款以及外币结算的各项债权、债务账户)按照期末国家外汇牌价折合的人民币金额作为外币账户的期末人民币余额,并调整有关账户的账面余额。按照期末国家外汇牌价折合的人民币金额与原账面人民币金额的差额作为汇兑损益计入"在建工程"或"财务费用"科目。

2. 企业可以根据自身的情况，按月、按季或按年调整有关账户的账面人民币余额。

3. 企业在外汇调剂市场买入外币的，也应该按照国家外汇牌价折合人民币记账，国家外汇牌价与调剂价之间的差额计入"外汇价差"科目。从外汇调剂市场买入外币时，按国家外汇牌价折合的人民币，借记"银行存款（××外币户）"科目（同时登记外币金额和折合率），按照实际支付的款项，贷记"银行存款（人民币户）"科目，按外汇调剂价与国家外汇牌价的差额，借记"外汇价差"科目。发生的调剂外汇价差，按照使用情况分别处理：属于用调入的外币购买材料、物资、支付费用的，所发生的调剂外汇价差转入有关材料、物资的成本或计入有关的费用，借记"材料采购""制造费用"等科目，贷记"外汇价差"科目，属于用买入的外汇偿还债务的，其发生的调进外汇价差，如用于偿还在建项目的债务的，计入在建工程成本，借记"在建工程"科目，贷记"外汇价差"科目。如果用于偿还已竣工投产项目的债务和其他的债务的，记入"财务费用"，借记"财务费用"科目，贷记"外汇价差"科目。

4. 如果企业在调剂中心购入外汇额度，其购入外汇额度所支付的人民币，也计入"外汇价差"科目，并同时在备查簿中登记调入的外汇额度。按上述同一原则处理。

5. 企业在外汇调剂市场卖出的外币，减少的外币存款仍应按国家外汇牌价折合为人民币记账，实际取得的人民币与按国家外汇牌价折合的人民币的差额，区别情况处理：卖出的外币如为自调剂中心买入的，冲销"外汇价差"科目，如有差额作为汇兑损益处理。卖出的外币如为其他来源取得的，应按实际取得的人民币金额，借记"银行存款（人民币户）"科目，按国家外汇牌价折合的人民币金额，贷记"银行存款（××外币户）"科目，按其差额，借记或贷记"财务费用"科目。

企业卖出的外汇额度所取得的收入，分别情况处理：属于购入外汇额度再出让的，其收入先冲减"外汇价差"，如有差额作为汇兑损益。企业应按实际收到的人民币金额，借记"银行存款（人民币户）"科目，按出让外汇额度的账面成本，贷记"外汇价差"科目，按其差额，借记或贷记"财务费用"等科目；属于企业因销售业务而取得的外汇额度，卖出所取得的收入，作为汇兑损益，计入"财务费用"科目。

（二）对外投资的核算

企业除了日常生产经营活动外，为了达到一定的目的，往往用其资产进行投资。这种投资行为一般应能为企业带来某些利益，如可取得投资收益等；或者能为企业带来某种权力，如购买某个企业的股票，达到控制该企业的目的；或者有助于企业的生产经营，如为企业生产经营建立某些协作关系。企业将其资金投资于其他单位，并通过资金的投放取得一定的经济利益的行为，称为对外投资。

企业对外投出的资金按照是否可随时变现，分为短期投资和长期投资。短期投资是指企业购入的各种能随时变现、持有时间不超过一年的有价证券以及不超过一年的其他投资。短期投资的特点：（1）一般仅限于购买的一年以内或一年以上但发行后即能转让交易的各种债券。（2）能随时变现；（3）能获得一定的投资收益，如取得债券利息收入、股利收入等。长期投资是指企业投出的不准备在一年内变现的投资，这种投资一般在短期内不准备出售或转让或收回，如购买不能上市的股票，在短期内不打算出售或转让或收回，如购买不能上市的股票，在短期内不打算出售的各种长期债券等。

过去，按照规定，企业购买各种有价证券只能用专用基金购买，用专用基金购买的各种债券，是企业的专项资产，其发生的盈亏不计入企业的损益，因此，国营工业企业会计制度中规定，企业购入的各种有价证券，无论是否能随时变现，均计入"有价证券"科目，其发生的损益，作增减专用基金处理。新制定的工业会计制度，摒弃了过去的做法，将企业投资所发生的损益，全部纳入企业的盈亏。企业对外投资所发生的损益，虽然不是企业的经营所得，但却是企业运用资金所得，也应该构成企业损益的一部分。另外，新制度中对企业的资产按照其变现能力区别为流动资产、固定资产、长期投资等，短期投资属于流动资产的性质，长期投资属于长期资产的性质。因此，会计制度中按照投资的变现能力分别设置"短期投资"和"长期投资"科目进行核算。在对外投资的核算方面，主要明确这样五个问题：

1. 无论是短期投资还是长期投资，均以实际支付的价款或转出资产时作为记账时间，并以实际支付的价款或确定的资产价值作为投资的入账金额。但如果企业购入的股票，实际支付的价款中包含已宣告发放，但尚未支取的股利，由于这部分应收的股利是即可收回的不能作为投资记入投资科目，而应作为一笔待收的款项，记入"其他应收款（应收股利）"科目。

2. 长期投资应根据具体情况，采用成本法或权益法记账。采用成本法记账的，按支付或确定的资产价值，计入"长期投资"科目，分得股利或分得利润时，作为投资收益入账；采用权益法记账的，应根据接受投资企业所有者权益的增加或减少，按持股比例（或投资比例）计算本企业所拥有权益的增加或减少，相应调整"长期投资"科目，分得股利或利润时，冲减"长期投资"科目。

3. 投资所发生的损益，全部计入"投资收益"科目，但应区别投资收益入账时间：短期投资由于一年内即变现收回投资，因此，对短期投资损益的计算，采取实际发生投资损益时，即在出售股票和债券、收到发放股利或债券到期收回本息时，计入"投资收益"科目，长期投资一般应按照权责发生制的原则，按年计算其损益。但是长期投资中股票投资和其他投资，在采用成本法记账的情况下，以实际收到股利或分得利润时，作投资收益。

4. 长期债券投资中的应计利息，有两种处理方法：一是将应计利息计入"其他应收款"科目；二是将应计利息仍然保留在"长期投资"科目中。由于我国发行的债券一般都是到期还本付息，不是按半年或按年支付利息的，因此，债券上的应计利息实际上是不能即期收回的，也是一项长期投资，不能作为流动资产处理。因此，会计制度规定，长期债券投资上的应计利息，在"长期投资（应计利息）"科目核算。如果企业购入的长期债券成本中含有一部分应计利息，应将这部分利息计入"长期投资（应计利息）"科目。

5. 企业溢价购入的债券，是企业为了未来能够多得利息而事先付出的代价，而折价购入的债券，是企业未来期期间少得利息而事先得到的补偿。企业溢价或折价购入的债券，要在债券的存续期间进行摊销，摊销方法一般采用直线法。待债券到期时，长期债券投资的账面价值只反映债券的面值和应计的利息。

例：某工业企业 19×1 年 1 月购入五年期债资，面值 150000 万元，年率 10%，不计算复利。该企业以 155000 元的价格溢价购入。5 年后收到债券的本息 225000 元，根据上述经济业务，企业应作以下会计处理（金额单位：元。下同）：

（1）购入债券时，以实际支付的价款入账

借：长期投资——债券投资　　　　　　　　　　155000

　　贷：银行存款　　　　　　　　　　　　　　　　　155000

（2）19×1 年年末，计提应收利息，摊销溢价金额

应提利息 = 150000 × 10% = 15000 元

应摊销的溢价金额 =（155000 - 150000）÷ 5 = 5000 ÷ 5 = 1000 元

借：长期投资——应计利息　　　　　　　　　　　15000
　　贷：长期投资——债券投资　　　　　　　　　　　1000
　　　　投资收益　　　　　　　　　　　　　　　　14000

（3）后4年的分录同（2）。

（4）债券到期，收到债券的本息

借：银行存款　　　　　　　　　　　　　　　　　225000
　　贷：长期投资——债券投资　　　　　　　　　150000
　　　　长期投资——应计利息　　　　　　　　　　75000

6. 对外投资在"资产负债表"上按照短期投资和长期投资的性质分别列示。短期投资包含在流动资产有关项目内，如果长期债券投资中有一年内将要到期的，在填列资产负债表时，应将其填列在流动资产项目中的"一年内到期的长期债券投资"项目内。

（三）坏账的核算

在商品交易中，往往有两种情况：一种是钱货两清的交易，即货物发出的同时收到货款的交易行为；另一种是货物发出和取得货款不是同时进行的交易行为。而发生较多的往往是后一种情况的交易。在钱货不是同时进行的交易中，卖方往往发生一些应收交易款项，而这些应收的交易款项，难免有时收不回来。作为卖方（债权人）存在着不能如期收回交易款或根本无法收回交易款项的可能性。这些不能收回的账款，称为坏账。由此而发生的损失，称为坏账损失。

坏账，在会计核算中可以有两种处理方法：直接转销法和备抵法。

（1）直接转销法。即不论应收账款数额大小，也不论应收账款的期限长短，均不承认坏账发生的可能性及估计坏账的必要性。在坏账实际发生时，才承认坏账的存在。将已确认无法收回的坏账予以转销，计入当期损益。这种方法，核算较为简单，但由于其是按应收账款的全额在资产负债表上反映的，而实际收回的款项可能要小于其账面价值，所以会虚夸企业资产的价值；同时不能反映应收账款预期可变现净值。并且由于是在发生坏账的当期，将坏账损失计入当期损益的；使坏账计入损益的时间和营业收入发生的时间不配比，也不符合会计核算中的权责发生制和审慎原则。

过去按照《国营企业成本管理条例》及其细则的规定，坏账损失要待债务单位撤销，依照民事诉讼法进行清偿后，确实无法追还，或因债务人死亡，既无遗产可供清偿，又无义务承担人，确实无法追还等原因后，并经取得债务方企业主管部门、财政部门或法院等有关单位的书面证明，报经企业主管部门审查经同级财政机关批准核销后，列入成本。因此，国营工业企业对坏账的核算，采用直接转销法。

（2）备抵法。即承认应收账款存在着收不回的可能性，按期估计坏账损失，转作费用，同时建立坏账准备账户，待实际发生坏账时，再冲销坏账准备。这种方法的优点在于，在资产负债表上能反映应收账款的可变现净值，并符合会计核算中的权责发生制和审慎原则。在实际工作中，估计坏账损失的方法主要有：

①销售百分比法。即按赊销金额的一定比例计算估计的坏账损失列作坏账备抵。这种方法是假设企业可能发生的坏账，仅与当期赊销有关，而与当期的现款销售无关。在这种方法下，首先要估计坏账百分比，以百分比乘本期赊销额即为本期应提的坏账准备数额。

②账龄分析法。即依照应收账款账龄的长短来估计坏账损失。这种方法是假设应收账款拖欠的时间越长，收不回来的可能性就越大。在这种方法下，按照应收账款期限的长短分别确定应提取的坏账准备。

③应收账款余额百分比法。即按应收账款余额的一定比例估计坏账损失。在这种方法下，应按期末应收账款的余额乘以估计的百分比来计算应提取的坏账准备。这种方法由于是以年度实际应收账款为依据的，是用的最近的数据。并且在计算本期坏账准备时，可以纠正过去由于估计的原因，多提或少提坏账准备的误差。

按照《企业会计准则》规定，应收账款可以计提坏账准备金对坏账的确认方法有：一是债务人破产或死亡，以其破产或者遗产法清偿后，仍然不能收回的应收账款；二是因债务人逾期未履行偿债义务超过三年仍然不能收回的应收款项。

新制度规定，企业可以根据具体情况，对坏账的处理分别采用直接转销法和备抵法。采用备抵法核算坏账的企业，需设置"坏账准备"科目，"坏账准备"科目属于"应收账款"科目的调整科目。"坏账准备"在"资产负债表"上作为"应收账款"项目的减项。

例：某工业企业19×1年年末应收账款余额为1000000元；19×2年和19×3年没有发生坏账损失。19×2年和19×3年年末，应收账款余额分别为2500000

元和 2200000 元，该企业 19×4 年 5 月，由于债务人逾期未履行偿债义务超过三年仍无法收回，价值 12000 元，经认可作为坏账损失，19×4 年年末应收账款余额为 2000000 元。假设该企业按照应收账款余额的 5‰ 提取坏账准备。企业应作如下会计分录：

（1）19×1 年应提坏账准备 = 1000000 元 × 5‰ = 5000 元

  借：管理费用   5000
    贷：坏账准备   5000

（2）19×2 年应提坏账准备 = 2500000 元 × 5‰ − 5000 元 = 7500 元

  借：管理费用   7500
    贷：坏账准备   7500

（注）由于 19×2 年没有发生坏账损失，原"坏账准备"科目的余额为 5000 元，19×2 年年末应提的坏账准备应考虑这一因素。

（3）19×3 年应提坏账准备 = 2200000 × 5‰ = 11000 元（由于"坏账准备"科目的余额为 12500 元，比年末应提的坏账准备 11000 元还多，应予冲回多提的数额 1500 元）

  借：坏账准备   1500
    贷：管理费用   1500

（4）19×4 年 5 月发生坏账损失，应冲销已提的坏账准备

  借：坏账准备   12000
    贷：应收账款   12000

（5）19×4 年应提坏账准备 = 2000000 元 × 5‰ + 1000 元 = 11000 元（由于至 1994 年年末在提取坏账准备前，"坏账准备"科目出现了借方余额 1000 元，还应予以补提）

  借：管理费用   11000
    贷：坏账准备   11000

已确认并已转销的坏账损失，如果以后又收回，仍然应通过"应收账款"科目核算，表明债务人企图重新确定其信誉的愿望。收回的已作为坏账核销的应收账款，应贷记"坏账准备"科目，而不直接冲减"管理费用"科目，这样处理能够从"坏账准备"科目集中反映坏账的提取及发生坏账的冲销情况。

企业在商品交易中，发生的应收票据，不能提取坏账准备。因为，应收票据有一定的付款期，到期如不能收回货款，应收票据即失去了原能据以收取货款的证明的能力。应收票据如果到期不能收回，即要转作"应收账款"处理，

企业如要提取坏账准备，可以根据应收账款的数额进行提取，如果应收票据到期未收回，转作应收账款后，经买卖双方协商确定，再采用商业汇票结算方式的，则需另外再开具一张承兑的商业汇票，这时卖方才能将其从"应收账款"科目转入"应收票据"科目。

（四）预收、预付账款的核算

预收账款是买卖双方协议商定，由购货方预先支付一部分货款给供应方而发生的一项负债，这项负债要用以后期的商品、劳务等偿付。预付账款是购买方预先支付的，由供应方用以后期的商品、劳务等偿付的一项资产。对于同一经济业务，如果采用预收账款方式的，买方为预付账款，卖方为预收账款。

对预收、预付账款的核算，国营工业企业将其归入"应收账款""应付账款"科目的贷、借方反映。这种核算方法便于与购货或供应单位进行结算，但在填列会计报表时，要根据"应收账款""应付账款"科目进行分析填列。

新的工业企业制度，对预收、预付账款的核算，采取了较灵活的方法，即预收、预付货款较多的企业，可以设置"预收账款""预付账款"科目；预收、预付货款不多的企业，也可以不设置"预收账款""预付账款"科目，直接记入"应收账款""应付账款"科目的贷、借方。在设置"预收账款""预付账款"科目的情况下，有两种处理方法：一种方法是预收、预付的货款计入"预收账款""预付账款"科目的贷、借方，待用产品、劳务偿付或销售实现时，将预收、预付的货款再转入"应收账款""应付账款"科目，预收、预付等账款与应收、应付账款之间的差额以及与购货或供应方的结算，在"应收账款""应付账款"科目反映；另一种方法是将预收、预付的账款与购货或供应方应收和预收之间的差额，以及与购货或供应方的结算关系集中在"预收账款""预付账款"科目中核算。后一种方法较之前一种方法更为简便，也便于与购货方进行对账，结算清偿。因此，新的工业会计制度采用了后一种方法。

例：某工业企业 19×1 年 5 月 1 日收到客户一批订单，价值 1000000 元。经双方协商确定预收 70% 的货款，另 30% 的货款待交货验收后再支付。购货方已支付 70% 的货款。企业 19×1 年 11 月完成订货合同交货。

（1）收到预付的货款

借：银行存款　　　　　　　　　　　　　　　700000
　　贷：预收账款　　　　　　　　　　　　　　　　700000

(2) 产品交货

借：预收账款　　　　　　　　　　　　　　1000000

　　贷：产品销售收入　　　　　　　　　　　　　1000000

(3) 购货方补付货款

借：银行存款　　　　　　　　　　　　　　300000

　　贷：预收账款　　　　　　　　　　　　　　　300000

（五）存货的核算

新制度对存货核算的规定，与《国营工业企业会计制度》的规定基本上相同，区别主要有以下三个方面：

1. 国营工业企业对出租、出借包装物的价值摊销均采用五五摊销法。这种核算方法，能从账簿记录上控制出租、出借包装物的金额和数量，便于出租、出借包装物的管理。但实际操作时有一定的难度。新制定的工业会计制度，对出租、出借包装物的核算采取在第一次领用新包装物时，一次或分次计入成本费用的方法进行核算，同时，加强对出租、出借包装物的实物管理。但是如果出租、出借包装物频繁、数量较多、金额较大的，对出租、出借包装物的成本，也可以采用五五摊销法、净值摊销法等计算出租、出借包装物的摊销价值。对逾期未退回包装物没收的押金，无论对方是否已经交足租金，都作为营业外收入处理。

2. 低值易耗品的核算，采用一次或分次摊销法，即在领用低值易耗品时，将其全部价值一次或分次摊入有关的成本费用，低值易耗品报废时，其残值作为当月低值易耗品摊销额的减少。对低值易耗品的价值损耗，不再采用五五摊销法。这种核算方法下，由于低值易耗品一经领用就成了账外财产，因此，企业应加强对低值易耗品的实物管理，并对在用低值易耗品的领用和退回情况，在备查簿上进行登记。

3. 采用计划成本进行材料日常核算的企业，国营工业企业会计制度规定，对发出材料，除了委托加工发出材料可以按上月的材料成本差异率计算差异外，其他均应按当月的材料成本差异率计算差异。在按当月的材料成本差异率计算时，需要待结出本月收入材料的计划成本和成本差异后才能计算确定。为了加快成本的核算，新制度规定，对发出材料应负担的成本差异，可以按当月的成本差异率计算，也可以按上月的成本差异率计算。企业可以根据具体情况，自行选择。确定采用上月差异率的情况下，如果方法确定后不经常变化，从长期看，也不会对企业的盈亏产生很大影响。确定计算方法后，不得随意变动，如有变动，应在会计报告中说明。

（六）固定资产的核算

固定资产从广义上理解，可以包括两类，即有形固定资产和无形固定资产，前者指具有实物形态的固定资产，如土地、机器设备、厂房、车辆等；后者指不具有实物形态，但能为企业带来某些收益或取得某项权利的固定资产。两者虽然都属于固定资产的性质，都可以通过外购、自建或投资者投入取得，并且只要取得了某项固定资产，一般情况下（非出售、转让等）可在其一定（或有效）期限内服务于企业，为企业带来预期的效益，同时，其取得时的成本支出，都应予以资本化，在效益于企业的期限内分期计入费用，从收益中得到补偿。但它们也存在着明显的区别：（1）有形固定资产处于实物状态，不同的有形固定资产，在生产经营中起着不同的作用，如机器设备和生产工具等起着把劳动者的劳动传导到劳动对象上去的作用；房屋、建筑物等则作为进行生产的必要条件而存在；运输工具在经营中起着辅助的作用。而无形固定资产是不具有实物形态的，它只表明一种权利，在未来经营中能否取得高于一般获利能力的水平含有很大的不确定性，其作用是无形的、不确定的。（2）有形固定资产通过大修、改良，可以延长其使用寿命，或者提高固定资产的效率，而无形固定资产一般具有一定的有效期限，有些无形固定资产如专利权可能在其有效期内被其他更先进的技术所淘汰。（3）取得时的成本计入费用的方法不同，有形固定资产一般以折旧的方式计入费用，无形固定资产则以摊销的方式计入费用。（4）会计核算不完全相同。通常意义上的固定资产，一般指有形固定资产。

1. 固定资产的分类

固定资产一般价值较大，近期内不打算出售或转让的，可以在较长时期内服务于企业，其价值逐渐地、部分地以折旧形式计入成本费用，通过销售的实现得到补偿。固定资产可以作不同的分类：

（1）按固定资产的价值转移方式，分为计提折旧的固定资产，如房屋、机器、工具等。不计提折旧的固定资产，如无偿划拨的土地。

（2）按照用途分为经营用固定资产、非经营用固定资产。

（3）按照使用情况，分为使用中的固定资产、未使用固定资产、不需用固定资产、出租固定资产等。

(4) 按取得时的状态划分，分为加工制造后的固定资产和自然资源。

国营工业企业会计制度中对固定资产基本是按使用情况进行分类，即分为生产用固定资产、非生产用固定资产、出租固定资产、未使用固定资产等。新的工业企业会计制度对固定资产的分类，没有作出具体的规定，企业可以针对企业固定资产管理的需要，选择适合本企业的固定资产分类标准，对固定资产进行具体的分类。

2. 固定资产价值的确定

过去，国营工业企业购建固定资产所发生的支出，可以分为两部分，一部分是构成资产价值的支出；另一部分是不构成资产价值的支出，如缴纳的固定资产投资方向调节税等。构成资产价值的支出，可以通过提取折旧方式得到补偿。不构成资产价值的部分，采取用新增利润、专用基金核销的办法，实际上这部分支出不能得到相应的补偿。从核销的办法上看，新增利润在所得税前核销，一是影响了国家税收；二是影响了所有者的权益，因为企业实现的利润纳税后的部分是投资者投入资本的使用所产生的盈余，应归投资者所有；用所得税后利润核销，也损害了投资者的利益；用专用基金核销，企业的专用基金基本上可以分为负债和所有者权益两部分，如用于职工个人的福利支出、职工奖励支出等属于负债性质，而生产发展基金、更新改造基金等，属于所有者权益的性质，用负债核销不构成资产价值的支出，损害了债权人的权益，用所有者权益核销不构成资产价值的支出，损害了所有者的权益。从资产价值的构成上看，由于为购建固定资产所发生的支出中有一部分不构成资产，少计了固定资产的价值，成本相对会降低，利润相应增加，在这种情况下反映出的盈亏状况是不真实的。企业购建固定资产的所有支出，都应从以后的收入中得到补偿，如果支出得不到补偿，等于是用资本核销了这部分支出，使投资者投入的资本不能得到保全。

固定资产应按取得时的成本记账。固定资产的成本是指为取得该项资产并将其投入使用前发生的所有支出。由于固定资产取得方式不同，其取得时成本构成也不同。新制度规定，固定资产的取得成本（原价）应按下列规定确认：

(1) 购入的固定资产，按照实际支付的买价或售出单位的账面原价（扣除原安装成本）、支付的包装费、运输费和安装成本等记账。购入的固定资产除了买价以外，还包括一些附带的支出，如包装费、运输费、保险费，有的外购固定资产不需安装就可以使用，有的需要安装后才能使用，安装需要发生一些安装费用（如人工费、材料费等），这些附带的支出，都与购置固定资产并使其投入使用有关，应计入其成本内。买价加上投入使用前发生的附带支出，构成了购入固定资产的成本，即原价。

（2）自行建造的固定资产，按在建造过程中实际发生的全部支出记账。

（3）其他单位投资转入的固定资产，按投出单位的账面原价记账，评估确认的价值作为固定资产净值；如评估确认的价值大于投出固定资产的原价，以评估确认的价值记账。

（4）融资租入的固定资产，按租赁协议确定的设备价款、运输费、途中保险费、安装调试费等支出记账。

（5）在原有固定资产基础上进行改建、扩建的固定资产，按原有固定资产价值，减去改建、扩建过程中发生的变价收入，加上由于改建、扩建而增加的支出记账。

（6）盘盈的固定资产，按重置完全价值记账。

（7）接受捐赠的固定资产，按同类资产的市场价格或者有关凭据记账。接受固定资产时发生的各项费用，应当计入固定资产价值。

在确定固定资产的成本时，还需要明确以下两个问题：

（1）建设单位转来的为购建资产所发生的支出中，有些支出不能构成资产的价值，如生产职工培训费是为职工今后能使用该项资产所发生的培训支出，与固定资产的购建成本无关，因此，不能计入固定资产的价值内。由建设单位转来的这部分不构成资产价值的支出也应该从以后的收入中得到补偿，会计上作为递延费用处理，分期摊入成本费用。

（2）企业为购建固定资产而发生的借款利息支出以及外币借款的折合差额，在固定资产尚未交付使用或已投入使用但尚未办理竣工决算前发生的，计入固定资产的价值；在此之后发生的，不再计入到固定资产的价值。因为固定资产办理竣工决算后，资产的价值已经确定，并计入了固定资产账户。而已经入账的固定资产，除了根据国家规定对固定资产价值重新评估、增加补充设备或改良装置等特殊情况外，一般不能任意变动。会计制度规定，已经购建完成交付使用并办理了竣工决算的固定资产借款所发生的利息和外币借款的折合差额，作为财务费用，计入当期损益，不再调整固定资产的价值。

3. 固定资产的折旧

固定资产的折旧是指固定资产由于损耗而转移到产品中去的那部分价值。计算固定资产折旧的方法比较多，主要有年限平均法、工作量（或产量）法，或余额递减法等加速折旧方法。企业可以根据具体情况，按有关规定，采取适用本企业的折旧计算方法计提折旧。

企业提取的固定资产折旧,国营工业企业是将提取的折旧形成更新改造基金,同时冲减固定基金的方法来核算,以达到资金分别管理的目的。新制度规定,企业提取的折旧不再形成更新改造基金,不再作为预算外资金管理。固定资产投入使用所发生的价值损耗,以提取折旧的方法计入成本,构成成本的组成部分,但这部分计入成本的折旧是不需要企业另外再付出现金的。企业生产出产品后,通过产品的销售取得收入,既能收回原来的投资(成本)、保证纳税的资金(税金),也能取得利润。计入产品成本中的这部分折旧,在产品销售实现后,其取得的收入中包含应得到补偿的固定资产折旧。由于提取的折旧不需要另外付出现金,而企业得到的收入中又包含折旧的因素,因此,固定资产的使用所取得的补偿资金(折旧),仍然沉淀在企业,不过这项资金不是以更新改造基金的形式存在,而是以货币资金的形式存在。

在会计核算中,提取的固定资产折旧,设置"累计折旧"科目。"累计折旧"科目是"固定资产"科目的备抵调整科目,期末,固定资产账户中的余额与累计折旧账户中的余额的差额,即为固定资产的净值,用以反映固定资产的新旧程度。在"资产负债表"上,累计折旧作为固定资产原价的减项。企业提取的固定资产折旧,借记"制造费用""管理费用"等科目,贷记"累计折旧"科目。

固定资产提足折旧后,即提足了该项固定资产应提的折旧总额后,不管能否继续使用,均不再提取折旧;提前报废的固定资产,也不再补提折旧。因为,固定资产提足折旧,意味着固定资产的价值已经得到补偿,也即意味着已经收回原在固定资产上的投资,使企业简单再生产有了资金保证。因此,不管该项固定资产是否能够继续使用,都不应再提取折旧,如果再继续提取折旧,将会导致其得到的补偿大于原在固定资产上的投资,这显然是不合理的。由于固定资产提前报废是经营者经营失当或自然力量造成的,与产品的生产成本无关。因此,提前报废的固定资产的折旧虽然尚未提足,也不能再补提计入成本费用。这部分尚未得到补偿的资金(未提足折旧部分),可以从企业的损益中得到补偿。

4. 固定资产修理

固定资产修理基本上为了保证固定资产的正常使用而进行的。过去,对固定资产修理所发生的支出的处理,按照修理的性质分别确定,固定资产大修理所需的费用,采用从成本中预先提取大修理费用,形成大修理基金;中、小修理费用采用发生时列入成本的办法。新制度规定，企业固定资产的中小修理，直接计入成本，大修理费用，可以采用预提或待摊的方法，但不再建立大修理基金。采用预提大修理费用办法的，预提的大修理费用计入"预提费用"科目，实际发生的大修理费用大于或小于预提数的差额，计入或冲减实际发生大修理支出期的成本。如果实际支出数大于已预提数的数额较大的，视同为待摊费用，分期摊入成本。采用待摊方法处理固定资产大修理费用的，在大修理费用发生后，根据实际发生的大修理支出，计入"待摊费用"科目，在两次大修理间隔期间内分期摊销。

5. 固定资产清理和盘盈、盘亏

过去，固定资产的出售、报废和毁损等损失，作冲减固定基金处理，而固定基金是投入的资本，等于是冲减了投入资本；同时，固定资产清理所发生的变价收入，支出的清理费用作增减更新改造基金处理。这种处理方法，将固定资产在使用过程中发生的损失视为投资者的责任，由投资者承担。而固定资产在使用过程中发生的损失，应该属于企业经营者的责任，不能由于经营者经营不当造成的损失来惩罚投资者。因此，新制度中，将企业固定资产在使用过程中发生的损益，计入当期损益。在会计核算中设置"固定资产清理"科目，核算企业因出售、报废和毁损等原因转入清理的固定资产净值及其在清理过程中所发生的清理费用和清理收入。"固定资产清理"科目属于计价对比账户，其借方反映转入清理的固定资产净值以及发生的清理费用等，贷方反映清理固定资产的变价收入、出售固定资产的价款、残料价值、保险赔款等。该项固定资产清理完毕后，发生的净损失分别情况处理：属于自然灾害造成的损失，计入"营业外支出（非常损失）"科目，属于正常的处理损失，计入"营业外支出（处理固定资产净损失）"科目。清理固定资产的净收益，计入"营业外收入（处理固定资产净收益）"科目。

盘盈、盘亏的固定资产，在新制度中设置"待处理财产损溢（待处理固定资产损溢）"科目。固定资产盘盈、盘亏的净损失或净收益，作营业外支出或营业外收入处理。

（七）负债的核算

1. 负债的定义、基本特征及其分类

国际会计准则委员会在《关于编制和提供财务报表框架》中对负债的定

义为:"负债是指由于以往事项而发生的现有义务,这种义务的结算将会引起含有经济利益的企业资源的外流"。负债具有如下特点:

(1) 负债是指已经发生的,并在未来一定时期内必须偿付的现时义务,这种偿付可以用货币、物品、提供劳务、再负债等债权人所能接受的形式(包括债权人放弃债权)来实现。例如,企业购入商品、材料,在货款未预付或商品材料取得的同时未支付货款的情况下,会产生一笔应付账款,这笔应付账款是要在待定或确定的时间内用现金或其他非现金资产偿付的。亦即负债是过去的交易或事项所产生的现存义务,与未来事项无关。如买卖双方签订了一项购货合同,合同规定在订立合同日以后的三个月内交货。在订立合同时,对于买方来说,合同中订明的条款,只是表明未来可能会发生负债,而未来经济业务(非不可撤销的)可能产生的负债,不能作为负债反映。又如,企业管理部门打算购置一项资产(土地),这只是一种意向,在这项计划尚未实施前,不会也不可能构成企业的一项现在义务。一般情况下,只有在经济负担确实产生以后,即购入的资产已经收到,或企业已经签订的合同是不可撤销的,如果不履行义务将丧失另一项资产的情况下,负债才能确定。

(2) 负债是可计量的,有确切的或可预计的金额。如借入现金,有确切的借入金额,对借入现金需承担的义务包括归还借入的资金及其利息,而利息一般也是可以计算确定的。有些负债虽然没有确切的金额,但却是可估计的,如企业提取的大修理费用,形成的负债是根据预计大修理所需的费用预提。

(3) 大部分负债有确切的债权人和到期日,如购入一台机器,采取付款期为三个月的商业汇票结算方式,在这项负债确立时,既有明确的债权人(卖方,或称销售方),又有确定的付款期(三个月)。但有些负债在其确立时,并无明确的债权人或确定的日期,但其债权人和日期是可以预计的,如售出产品保修业务,在其保修期内,购买该产品的单位和个人都可能成为其债权人。

(4) 负债只有在偿还,或债权人放弃债权,或情况发生变化以后才能消失。如用现金归还一笔应付账款、用奖品或劳务抵偿预付的货款、购入的商品入库后发现质量问题而退货或销售方给予一定的折让等。

(5) 大部分负债是交易的结果,而这种交易一般是有契约,或合同,或协议,或者法律合约为前提的,由于交易并受法律约束形成的负债,可认为是一种法定负债,即依法须履行的义务。

负债到期期限的长短,可分为流动负债和长期负债。

将负债按其偿还期限的长短区别为流动负债和长期负债，其目的是通过了解企业流动资产和流动负债的相对比例，可以大致反映企业的短期偿债能力；同时，通过对可用于支付的流动资产（如货币资金和应收账款扣除坏账准备后的余额等）与近期需支付的流动负债（如短期借款、应付账款等）的比例，可以了解企业的清算能力，为短期债权人提供所需的信息资料。另外，区别资产和负债中的流动性，有的认为，可以对一个企业的总资本中属于比较流动的部分提供一项标志，亦即是这部分资本担任了企业在正常经营活动中偿还债务的责任。但是将资产和负债分为流动和非流动的分类方法具有很大的不确定性，如作为流动资产中的某些存货并不具有在短期内变现的能力；借入的资金虽然按合同或契约的规定必须即期偿付的，但有时借贷双方由于某种默契使得短期债务可不必即期偿付。因此，上述分析指标只能了解企业大致的偿债能力和清算能力，而并不能说明企业真正具有的能力。

原国营工业企业会计制度中，没有使用负债和所有者权益的概念，而将其统一称为资金来源，这种处理方法，混淆了债权人权益和所有者权益的界限。在负债的核算方面，首先，对企业借入的资金不论借款期限的长短，统一按照借入资金的用途进行归类，分别设置不同的会计科目。属于流动资金借款的，不论期限长短，在"流动资金借款"科目中核算，属于为购建固定资产而借入的资金，分别在"专用借款"等科目核算。在"资金平衡表"上统一归入借入资金类。有些流动资金借款，其还款期限长于一年的，有些专项借款中将于一年内到期偿还的，均没有在"资金平衡表"上予以单独反映。其次，对于应付职工的工资、应付的各种税利等，作为结算资金反映；最后，对职工福利基金中用于职工个人福利方面的资金、按月提取的大修理费用，作为专用基金核算，归属为企业的专用基金，专款专用，而不作为负债。这种处理方法，是与社会主义计划经济相吻合，也符合国家对企业资金分别管理的要求。但是这种方法，已不适应社会主义市场经济和对外交流、利用外资的要求。另外，从分析的角度看，这种核算方法，不利于分折企业的流动资金情况，也不能从流动资产和流动负债的比较中分析企业的偿债能力和清算能力，不能真实反映企业的财务状况，容易使报表阅读者产生误解。因此，新制度，引用了负债和所有者权益的概念，在报表上分别反映。在"资产负债表"上，按照负债偿还期限的长短，分为流动负债和长期负债，以反映企业即期需偿还的负债和长于一年偿还的负债的情况。

2. 流动负债的核算

国际会计准则第 13 号—流动资产和流动负债的列报中明确：包括在流动负债内的项目，是依据其在债权人提出要求时即应偿付，或预期在资产负债日后一年内需要清偿的债务。我国企业会计准则则对流动负债定义为："流动负债是指将在一年或者超过一年的一个营业周期内偿还的债务，包括短期借款、应付票据、应付账款、预收货款、应付工资、应交税金、应付利润、其他应付款、预提费用等"。流动负债除了具有上述负债的各种特性以外，还有为在债权人提出要求时即期偿付的特点。关于流动负债的核算，主要说明以下两个问题：

（1）流动负债的记账价值。负债应以其现值记账，但由于流动负债的期限较短，一般不要求以现值来计量。我国《企业会计准则》明确为："各种流动负债应当按实际发生数额记账。负债已经发生而数额需要预计确定，应当合理预计，待实际数额确定后，进行调整"。

（2）短期借款利息的核算。短期借款指企业借入的期限在一年以下的各种借款。短期借款一般是企业为维持正常的生产经营所需的资金而借入的或者为抵偿某项债务而借入的。短期借款的债权人一般为银行、其他金融机构等。

企业借入的短期借款，无论用于哪个方面，只要借入了这项资金，就构成了一项负债。归还短期借款时，除了归还借入的本金外，按照货币的时间价值，还应支付利息。短期借款的利息，作为一项财务费用，计入损益。在会计核算上分别情况处理：

①如果短期借款的利息是按期支付的（按季、按半年），或者利息是在借款到期时连同本金一起归还，并且数额较大的，为了正确计算各期的盈亏，可以采用预提的办法，按月预提计入费用。预提时，按预计应计入费用的借款利息，借记"财务费用"科目，贷记"预提费用"科目；实际支付月份，按照已经预提的利息金额，借记"预提费用"科目，按实际支付的利息金额与预提数的差额（尚未预提的部分），借记"财务费用"科目，按实际支付的利息金额，贷记"银行存款"科目。

②如果企业的短期借款利息是按月支付的，或者利息是在借款到期时连同本金一起归还，但是数额不大的，可以不采用预提的方法，而在实际支付或收到银行的计息通知时，直接计入当期损益，借记"财务费用"科目，贷记"银行存款"或"现金"科目。

如果企业的货币资产较多，委托银行或其他金融机构办理贷款业务。对于这项业务，首先，企业要交存银行一笔货币资金，企业交存银行委托贷款的资金，在会计核算中可以设置"委托贷款"科目，如果时间超过一年的，应该作为一项长期资产，在资产负债中列在"其他长期资产"项目内；如果时间在一年以内的，可以在资产负债表的"流动资产"项目内增加有关的项目。其次，委托银行贷款需交银行一部分的手续费，这部分缴纳的手续费，可以作为理财费用，计入"财务费用"科目。最后，收到委托贷款的利息收入，作为其他业务收入处理。接受贷款的企业，按照时间的长短，分别作为"短期借款"或"长期借款"处理。

（3）应付票据的入账价值。应付票据按是否带息分为带息应付票据和不带息应付票据两种。由于应付票据的期限较短，无论是否带息，一般按面值记账。

①带息应付票据处理。应付票据如为带息票据，其票据的面值就是票据的贴现值。票据中应付利息，在核算中有两种方法：一是按期预提利息。企业按照票据的票面价值和票据规定的利率计算预提应付利息，计入"财务费用"和"预提费用"科目。票据到期支付本息时，冲减预提费用。这种处理方法，在"资产负债表"上，除了按票据面值列入流动负债项目外，还应将应付未付的利息部分作为另外一种流动负债（预提费用）列示。如果票据期限较长，利息较大，为便于正确计算盈亏，可以采用这种方法。二是发生时列支。如果票据期限较短，利息金额不大，为简化核算手续，可以于票据到期支付票据面值和利息时，一次计入"财务费用"科目。

由于应付票据期限较短，是否要按期预提利息并不重要，因此，新会计制度采用第二种办法进行核算。

②不带息应付票据的处理。不带息应付票据，其面值就是票据到期时的应付金额。不带息应付票据有两种情况：一种是票据面值所记载的金额不含利息；另一种是面值中已包含了部分的应计利息，但在票据上未注明利率。在第一种情况下，可以按票据面值记账；在第二种情况下，可以有两处理方法，一是对面值中所含的利息部分不单独核算，将其视为不含息应付票据，按面值记账；二是按一定的利率计算票据面值中所含的利息，将其从购入资产的成本中扣除后记账。由于第一种方法核算更为简便，而且应付票据期限最长为九个月，即使是带息的应付票据，利息也不会很大。所以，新制度采用了第一种方法进行核算，在报表上按其票面价值列示于流动负债项目内。

（4）应付账款的入账价值。应付账款一般应按应付金额入账，而不按到期应付金额的现值入账。如果购入的资产在形成一笔应付账款时是带有现金折扣的，应付账款入账金额的确定可以有两种方法：

①按发票上记载的应付金额的总值（即不扣除折扣）记账。持这种观点者认为，应付账款应按发票上记载的全部价值记账，而不能按其净值记账。如果在折扣期内支付了货款，应是企业理财有方，可以视为一项理财收益，或作为购入资产成本的减少。在这种方法下，应按发票上记载的全部应付金额，借记"有关的资产类"科目，贷记"应付账款"科目。

②按发票上记载的全部应付金额扣除折扣后的净值记账。持这种观点者认为，能否取得购货折扣，是企业资金调度能力和经营管理水平的综合体现，由于未在折扣期内支付货款而丧失的折扣，作为一项理财费用或作为购入资产的成本。在这种方法下，应按发票上记载的全部金额扣除折扣后的净值，借记有关的资产类科目，贷记"应付账款"科目，如果丧失现金折扣，应将其丧失的现金折扣，借记"财务费用"（或有关的资产类科目），按其净值，借记"应付账款"科目，按实际支付的价款，贷记"银行存款"科目。

例：某企业购入一批材料，价值35000元，付款条件为十五天内付款，给予2%的折扣。材料已验收入库（假如材料采用实际成本核算）。企业应作如下账务处理：

（1）采用第一种方法

①负债成立后，按照发票上记载的全部金额记账

借：有关材料科目　　　　　　　　　　　　　　　　35000
　　贷：应付账款　　　　　　　　　　　　　　　　　35000

②如果在折扣期内支付了货款

借：应付账款　　　　　　　　　　　　　　　　　　35000
　　贷：银行存款　　　　　　　　　　　　　　　　　34300
　　　　财务费用　　　　　　　　　　　　　　　　　　700
　　　　　　　　　　　　　　　　（或有关的材料类科目）

③如果超过折扣期支付货款

借：应付账款　　　　　　　　　　　　　　　　　　35000
　　贷：银行存款　　　　　　　　　　　　　　　　　35000

（2）采用第二种方法

①负债成立后，按照发票上记载的全部金额扣除折扣后记账

借：有关材料类科目　　　　　　　　　　　　　　　34300
　　贷：应付账款　　　　　　　　　　　　　　　　　34300

②如果在折扣期内支付了货款
借：应付账款　　　　　　　　　　　　　　　　　34300
　　贷：银行存款　　　　　　　　　　　　　　　343000
③如果超过折扣期付款
借：应付账款　　　　　　　　　　　　　　　　　34300
　　财务费用　　　　　　　　　　　　　　　　　　700
　　　　　　　　　　　　　　（或有关的材料类科目）
　　贷：银行存款　　　　　　　　　　　　　　　35000

（5）应付工资的核算。应付工资是企业对职工个人的一种负债，是企业使用职工的知识、技能、时间和精力而给予职工的一种补偿（报酬）。企业应付职工的劳动报酬，在会计上设置"应付工资"科目进行核算。应付工资科目集中反映企业应付职工的工资总额，即构成职工工资总额的内容，都应通过"应付工资"科目核算。

工资总额是各单位在一定时间内直接支付给本单位全部职工的劳动报酬。工资总额的计算应以直接支付给职工的全部劳动报酬为依据，反映在会计核算上，工资总额应为"应付工资"科目的借方发生额的合计数。工资总额组成的具体内容，按照国家统计局1989年第1号令发布的《关于职工工资总额组成的规定》执行。

（6）应付福利费的核算。应付福利费是企业准备用于企业职工福利方面的资金。这是企业使用了职工的劳动技能、知识等以后除了有义务承担必要的劳动报酬外，还必须承担的对职工福利方面的义务。

新制度，将从费用中提取的职工福利费作为一项负债，所得税后不再提取职工福利。从费用中提取的职工福利费，其工资总额的构成与统计上的口径一致，不作任何扣除，提取比例为14％。职工福利费主要用于职工的医药费（包括企业参加职工医疗保险缴纳的医疗保险费），医护人员的工资、医务经费，职工因公负伤赴外地就医路费，职工生活困难补助，职工浴室、理发室、幼儿园、托儿所人员的工资等。

从费用中提取的职工福利基金，单独设置"应付福利费"科目进行核算。提取的福利费，按照职工所在的岗位分别列支，从事生产经营人员的福利费，计入成本；行政管理人员的福利费，计入管理费用等，实际偿还这项负债时，作冲减应付福利费处理。期末应付福利费的结余或超支，在"资产负债表"的流动负债项目中单独反映。

(7) 应交税利。企业应交、应付的款项，主要包括：①企业依法缴纳的税金；②按合同或协议或章程规定，应分配给投资各方的利润；③应交国家各种费用和特种基金。新制度中，企业应交的各种税金，设置"应交税金"科目进行核算；企业应分配给投资者的利润，设置"应付利润"科目进行核算；企业应交的各种费用、基金等，设置"其他应交款"科目核算。在具体运用上述科目时，还需明确以下四个问题：

①"应交税金"科目核算企业应缴纳的各种税金，如产品税、增值税、营业税、城市维护建设税、房产税、车船使用税、所得税、资源税、盐税、烧油特别税、特别消费税等。"应交税金"科目虽然是核算企业应向国家缴纳的各种税金，但并不是所有应向国家缴纳的税金都必须通过"应交税金"科目核算。只有必须预计应交税金数额，并与税务部门发生清算或结算关系的应缴税金，才需要通过"应交税金"科目核算。不需要预计应交税金数额，应交纳的税金计入当期损益，也不需与税务部门发生清算或结算关系的应缴税金，可以不通过"应交税金"科目核算。另外，由企业代收代缴的税金，也应通过"应交税金"科目核算。

②企业应缴的固定资产投资方向调节税，也需要通过"应交税金"科目核算。原会计制度中企业缴纳的固定资产投资方向调节税是不通过"应交税金"科目核算的。因为，企业缴纳的固定资产投资方向调节税是为进行专项工程而发生的支出，而专项工程支出属于专项资金的概念，专项资金的核算与企业的盈亏无关，在核算时不需要采用权责发生制，而是采用收付实现制的原则，即于实际缴纳税款时，直接计入"专项工程支出"科目，减少企业的货币资金。新制度对企业的资金，不再分别固定资金、流动基金和专项基金，企业缴纳的各种税金，无论是否与企业的盈亏有关，只要必须预计税额或与税务机关定期结算或清算，不是一次性缴纳的，都必须通过"应交税金"科目核算。固定资产投资方向调节税是按固定资产投资项目的单位工程年度计划投资额预缴。年度终了后，按年度实际完成投资额结算，多退少补；项目竣工后，按全部实际完成投资额进行清算，多退少补。即缴纳的固定资产投资方向调节税存在着与税务机关结算和清算的问题，因此，必须通过"应交税金"科目核算。

企业缴纳的耕地占用税，由于是按实际占用的耕地面积计税，按照规定税额一次性征收的，不存在与税务机关结算和清算的问题，因此，可以不通过"应交税金"科目核算。

③应付利润包括应付国家、其他单位以及个人的投资利润。企业与其他单位或个人的合作项目，如按协议或合同规定，应支付给其他单位或个人的利润，也应通过"应付利润"科目核算。

④其他应交款包括应交的教育费附加、能源交通建设基金和预算调节基金等。

（8）应付短期债券的核算。发行债券是筹资的一种方式。发行的债券有长期和短期，即发行的不超过一年的债券为短期债券，超过一年的为长期债券。企业发行的短期债券，构成了一项流动负债，这项流动负债所要承担的义务包括两部分，一是债券的票面金额；二是债券上的应计利息。企业发行短期债券筹集的资金，应设置"应付短期债券"科目进行核算，发行长期债券在"应付债券"科目核算。

企业发行债券，从认购、付款到收到债券款之间有一段间隔时间，会计上对企业发行的短期债券以收到发行债券时作为其入账时间，并按实际收到的债券款作为入账金额。由于发行债券受利率、兑付期限，以及市场供求关系等的影响，企业有可能按高于或低于票面价值的价格发行，即溢价或折价发行。无论是溢价还是折价发行的短期债券，都应按实际收到的金额入账。债券上应计利息以及溢价或折价摊销的核算，可以采用两种方法：

第一种方法：如果发行的债券金额不大，应计的利息费用不多，其应计利息可以于债券到期时一次计入财务费用，债券的溢价或折价于付款时一次摊销。采用这种方法核算的企业，在"应付短期债券"科目下设置"债券本金"和"应计利息"两个明细科目。

例：某企业 19×1 年 1 月 1 日，发行 10 个月的债券，共发行 1150000 元，票面价值 100 元，企业按高于债券票面价值的金额 101 元发行。债券票面利率为年率 6%。根据上述经济业务，企业应作如下会计处理：

①企业收到债券款 = $1150000 \div 100 \times 101$ 元 = 1161500 元

借：银行存款　　　　　　　　　　　　　　　　1161500

　　贷：应付短期债券（债券本金）　　　　　　　　　1161500

② 19×1 年 10 月底

计算应计利息 = 1150000 元 $\times 6\% \div 12 \times 10$ = 57500 元

摊销的溢价金额 = 1161500 - 1150000 = 11500 元

应由财务费用负担的应计利息 = 57500 - 11500 = 46000 元

借：财务费用　　　　　　　　　　　　　　　　46000

应付短期债券（债券本金）　　　　　　　　　　11500
　　　贷：应付短期债券（应计利息）　　　　　　　57500
③19×1年偿还短期债券本息时
　　借：应付短期债券（债券本金）　　　　　　　1150000
　　　　应付短期债券（应计利息）　　　　　　　　57500
　　　贷：银行存款　　　　　　　　　　　　　　1207500

　　上述处理方法，在"应付短期债券"科目中也可以不设置明细科目进行核算。收到债券时与上述（1）分录相同。计算由财务费用负担的应计利息，应作借记"财务费用"46000元，贷记"应付短期债券"46000元。实际偿还债券款时，借记"应付短期债券"1207500元，贷记"银行存款"1207500元。

　　第二种方法：如果发行的债券金额较大，应计利息较多的，其应计利息也可以按期预提计入损益，并分期摊销溢价或折价金额。如上例，假如企业按季预提利息。

①3月末应预提利息 = 1150000元×6%÷12×3 = 17250元

　3月末应摊销的溢价金额 = 11500÷10×3 = 3450元

　3月末实际应计入财务费用的应计利息 = 17250元 − 3450元 = 13800元
　　借：财务费用　　　　　　　　　　　　　　　　13800
　　　　应付短期债券（债券本金）　　　　　　　　 3450
　　　贷：应付短期债券（应计利息）　　　　　　　17250

②6月、9月预提利息分录同上，略。

③10月预提利息摊销债券溢价
　　借：财务费用　　　　　　　　　　　　　　　　 4600
　　　　应付短期债券（债券本金）　　　　　　　　 1150
　　　贷：应付短期债券（应计利息）　　　　　　　 5750

④实际偿还债券时
　　借：应付短期债券（债券本金）　　　　　　　1150000
　　　　应付短期债券（应计利息）　　　　　　　　57500
　　　贷：银行存款　　　　　　　　　　　　　　1207500

　　企业如有短期应付债券，在"资产负债表"的流动负债项目下增设"应付短期债券"项目，反映尚未到期偿还的短期债券的本息。

　　（9）或有负债。负债是对已经发生的交易或事项所承担的现时义务，而对尚未确定的未来事项可能承担的义务则为或有负债。即或有负债是指将来可能需要承担的潜在的债务。这种负债的特点为：

①不是过去发生的事项引起的负债，而是尚未正式发生的某种事项的潜在的可能发生的负债；

②发生这种负债的可能性很小。

在我国，或有负债主要有：

①应收票据贴现。贴现的商业承兑汇票到期，如果付款人或承兑人不能支付票款的，贴现企业负有连带的清偿责任。因此，商业承兑汇票的贴现，成为一项或有负债。

②待决诉讼。尚未正式定论的诉讼事项，有可能使企业承担赔偿责任。这项待决的诉讼可能会引起的赔偿，形成了企业的一项或有负债。

③尚未确定的欠交款项。如税务机关与企业在纳税问题上的意见不一致，尚未定论的应交税款，也形成了一项或有负债。

或有负债，在会计上一般不单独设置科目进行核算，而采用在"资产负债表"上用括弧、附注说明（补充资料）、报表说明等方法予以充分揭示，并估计或有负债的金额。新制度对商业承兑汇票贴现可能产生的或有负债，在"资产负债表"的补充资料中反映。如果还有其他或有负债的，应在报表附注中加以说明。

（10）流动负债在资产负债表上的列示

流动负债在资产负债表上一般情况下不能作为某一项流动资产的抵减项目，因为：

①一项流动负债的发生与一项流动资产的发生往往不是同一项经济业务引起的，如果互相抵销，不能全面反映企业流动资产和流动负债的状况；②如果流动资产与流动负债互相抵销，报表阅读者可能会产生误解。当然，并不是所有的资产和负债都不能在资产负债表上予以抵销，如有些流动资产和流动负债抵减后可以表示资产的预期变现价值或负债的预期偿还金额的，也可以采取抵销的办法。如备抵坏账应作为一项负债，但在报表的列示上是作为应收账款的抵减项目，这样反映主要是为了反映其应收账款的可变现净值。各项流动负债在资产负债表上按照流动负债的各项目单独列示，如应收账、应收票据等，一年内到期的长期负债应在流动负债项目下单列项目反映。

3. 长期负债的核算

长期负债按其性质属于非流动负债，即不需要即期支付的债务，我国的《企业会计准则》将长期负债定义为："长期负债是指偿还期限在一年或者超过一年的一个营业周期以上的债务"。长期负债除了具有负债的共同特点外，还具有如下特点：（1）债务偿还的期限较长，一般可以超过一年或者一个营业周期以上；（2）债务的金额较大；（3）这项债务可以采用分期偿还的方式，或者分期偿还利息，待一定日期后再偿还本金，或者确定债务的日期已满时一次偿还本息。

企业生产经营所需的能够长期占用的资金，主要有两项来源，一是投资人投入的资本；二是举借长期债务。在企业正常经营的情况下，如果采用第一种方式取得长期占用的资金，需要变更注册资本，并通过投资人的追加投资，增加投入资本。企业的生产经营除了必需的投入资本外，举借长期债务是很重要的一项资金来源，而举借长期债务，主要是为了购置机器设备、厂房、购入土地使用权等进行扩大再生产所必要的投资，而这些投资仅仅靠企业本身的经营资金是远远不够，倘若待企业通过自身的资本积累筹措到足够的资金后再去投资，可能会错失良机。因此，通过举借长期债务来筹措长期占用的资金，对于投资者来说具有更多的利益，也是经营者经常选择的途径。

举借长期债务，对于投资者来说，一方面可以保持其投资比例，不因筹措长期资本而影响投资者的投资比例。如股份制企业，倘若采用增发股票的方式筹集长期资本，可能会影响原有股东的持股比例（除非原有股东按其所持股的比例认购新股票），从而影响原股东对被投资企业影响或控制的能力或权限。而采取举借长期债务的方式筹集长期资本，不会影响原股东的持股比例，既不会削弱原股东对企业的影响或控制能力，同时，又能取得长期占用的资金。另一方面，举借长期债务，债权人只具有按期取得偿还的本金和利息权利外，不享有任何其他的权利。对于债务人而言，这项债务的本金和利息一般是固定的，债务人只需按期偿还举借的本金和固定的利息外，不具有任何其他的义务，即不需要支付股利或利润。在企业的投资利润率高于长期债务的固定利率的情况下，投资者可以享受其剩余的盈余。另外，举借长期债务，其债务的利息可以在交纳所得税时扣除，即这项利息作为一项费用支出，在计算经营所得（利润总额）中扣除并在应纳税所得额中扣除，而增加投入资本所应支付的股利或利润在交纳所得税时是不予扣除的。

企业选择举债经营还是增资来筹集长期资本，取决于不同的因素，应视企业的具体情况而论。如果采用增资方式筹措长期资本，没有到期日，不需要偿还（除非企业清算），而举借长期债务要按期偿还本息；另外，如果长期债务采用分期偿还方式清偿的，则企业实际占用的资金水平会随着债务的清偿而逐渐降低。在企业经济效益不佳的情况下，债务的利息仍然需要偿还，而采用增资方法下，如果经济效益不好可以少分或不分股利或利润。如果企业的负债太多，对于债权人来说，需要考虑其偿债能力，这时，如果采用增资的方式，为以后期间可以获得较多的借款创造了条件。

长期负债可以分为长期借款、应付债券和长期应付款。

（1）长期负债费用的处理方法

长期负债费用是指企业由于举借长期债务而发生的利息、外币折合差额、发行债券的折价或溢价的摊销以及其他费用（如手续费等）。长期负债所发生的费用是否予以资本化，存在着两种不同的观点：

一种观点认为，由于举借长期债务所发生的费用，是企业筹资过程中必然要发生的，与举借长期债务的运用或者说与举借长期债务所购置的资产价值无关。例如，利息费用是与企业的借款金额和利率有关，而不受所购资产的影响；外币折合差额是由于汇率变动所引起的，也与所购资产无关。假如将长期负债的费用予以资本化，会使同类资产由于筹资方式不同其资产账面价值也不同。因此，主张长期负债费用不应资本化，计入资产的价值内，而应计入当期损益，作为当期利润的减项。

另一种观点认为，长期负债费用是由于某项长期投资的需要而借入的，与所购资产有紧密的联系，这项费用与其他列为资本支出的费用没有本质上的差异。从外部购入的资产价值中也常常含有一部分负债的利息和外币折合差额等费用，只是这种费用往往以一个买价列示而不单独反映出来，较为常见的是分期付款方式下，一般买价中包含利息等费用，如果不将长期负债费用资本化，会使由于采用的付款方式不同而使资产的账面价值不同。另外，将长期负债费用列作当期费用，会影响企业的当期损益。因此，持这种观点者认为，长期负债费用应是能够直接或间接地构成资产成本的一部分，应将其资本化，计入所购资产的价值。

虽然上述观点各有所长，但是在实务中，许多国家的公用事业和建筑业一般采用将长期负债费用资本化的处理方法，而且这种方法在其他行业也在逐渐兴起。新的会计制度也采取将长期负债费用资本化的处理方法。在这种方法下，将企业的长期负债与其运用相联系，长期负债相应的费用支出，作为所购资产成本的组成部分。

但是，并不是所有的借款费用都需资本化，计入资产的价值内，应视其借款费用的性质分别处理。一般情况下，属于流动负债性质的借款费用不能资本化计入资产的价值内,包括短期借款费用、短期应付票据、短期应付债券利息以及其他属于流动负债性质的借款费用(如外币折合差额等)。但不等于说属于长期负债性质的借款费用能全部予以资本化计入资产的价值内。只有那些属于长期负债性质,并使用这项长期负债购置某项资产尚未交付使用或已投入使用但尚未办理了竣工决算手续(下同)前所发生的借款费用,才能予以资本化。即属于流动负债性质的借款费用,以及虽然属于长期负债性质的借款费用,但在所购资产达到可使用状态后发生的借款费用,均不能资本化计入有关资产的价值内,而应列作当期损益。这项原则规定主要出于这样两方面的考虑:

①就某一项长期负债而言,如果借入资金的目的是为购置某项资产,则一旦这项资产购建完成办理竣工决算交付使用后,即与这项负债相脱离,负债上发生的一切费用不能再构成资产的成本。

②资产完工办理竣工决策手续并交付使用后至借款全部偿还前会发生一些借款费用,如借款利息、外币折合差额等。由于资产价值确定后,除特殊情况外,一般不再调整其账面价值,因此,资产完工办理了竣工手续后所发生的借款费用,不再计入资产的价值。

借款费用资本化的时间一般是在借款费用发生或资产的支出发生时。例如企业融资租入一台机器,在协议商定租赁费用后,再收一部分的租赁手续费,这项租赁手续费如果采取于协议签订后一次性支付,应在支付手续费时予以资本化;又如,企业用外币借款购建固定资产,实际发生的外币支出如果按照业务发生时的国家外汇牌价记账,期末调整外币借款的账面人民币金额时发生的汇兑损益计入在建资产的价值。

企业取得的各项长期债务,形成了企业一项重要的资金来源,同时,也带来了会计核算的问题。

(2) 长期借款的核算

企业向金融机构等借入的长期借款,在新制度中单独设置"长期借款"科目核算。长期借款所发生的利息支出,应按照权责发生制的原则按期预提计入在建项目的成本或计入当期财务费用,提取时,借记"在建工程"或"财务费用"科目,贷记"长期借款"科目,待偿还利息和本金时,再借记"长期借款"科目,贷记"银行存款"科目。这里长期借款的利息之所以要计入"长期借款"科目,其目的是在长期借款科目内反映企业借入长期借款的总额以及偿还的情况。

企业借入的长期外币借款，待期末时按照期末时的国家外汇牌价折合的人民币金额与账面人民币金额的差额，作为汇兑损益，计入在建工程成本或计入当期财务费用。

（3）应付债券的核算

债券是企业筹集长期使用资金而发行的一种书面凭证。通过凭证上所记载的利率、期限等，表明发行债券企业允诺在未来某一特定日期还本付息或未来某一特定日期偿付利息、到期偿还本金。企业发行的超过一年期以上的债券，构成了一项长期负债。

企业发行的长期债券，在新制度中设置了"应付债券"科目，核算企业为筹集长期资金而实际发行的债券及应付的利息。在"应付债券"科目下设置了"债券面值""债券溢价""债券折价"和"应计利息"四个明细科目。

债券的发行价格受同期限银行存款利率的影响较大，一般情况下，债券的票面利率高于银行利率，可按超过债券票面价值的价格发行，按超过票面价值的价格发行，称为溢价发行。溢价发行表明企业以后期间多付利息而事先得到的补偿；如果债券的票面利率低于银行利率，可按低于债券票面价值的价格发行，按低于票面价值的价格发行，称为折价发行。折价发行表明企业以后期间少付利息而预先给投资者的补偿；如果债券的票面利率与银行利率一致，可按票面价值发行，按票面价值的价格发行称为按面值发行。溢价或折价是发行债券企业在债券存续期内对利息费用的一种调整。

无论是按面值发行，还是溢价或折价发行，均按债券面值计入"应付债券"科目的"债券面值"明细科目，实际收到的价款与面值的差额，计入"债券溢价"或"债券折价"明细科目。债券的溢价或折价，在债券的存续期间内进行摊销，摊销方法一般可采用直线法。债券上的应计利息，应按照权责发生制的原则按期预提，一般可按年预提。

例1：某企业19×1年1月1日发行5年期面值为500万元的债券，票面利率为年率10%，企业按510万元的价格发行。根据上述经济业务，企业应作如下会计处理：

（1）收到发行债券款

借：银行存款　　　　　　　　　　　　　　　　　5100000

　　贷：应付债券——债券面值　　　　　　　　　　5000000

　　　　应付债券——债券溢价　　　　　　　　　　100000

（2）19×1 年底计提利息和摊销溢价时

每年应计债券利息 = 500 万元 × 10% = 50 万元

每年应摊销溢价金额 = 10 万元 ÷ 5 = 2 万元

每年的利息费用 = 50 万元 − 2 万元 = 48 万元

借：在建工程或财务费用　　　　　　　　　　　　480000
　　应付债券——债券溢价　　　　　　　　　　　 20000
　　贷：应付债券——应计利息　　　　　　　　　 500000

（3）后四年计提利息和摊销溢价的分录同上（2）。

例 2：某企业 19×1 年 1 月 1 日发行 5 年期面值为 400 万元的债券，票面利率为年率 6%，企业按 380 万元的价格发行。根据上述经济业务，企业应作如下会计处理：

（1）收到发行债券款

借：银行存款　　　　　　　　　　　　　　　　　3800000
　　应付债券——债券折价　　　　　　　　　　　 200000
　　贷：应付债券——债券面值　　　　　　　　　 4000000

（2）年末计提利息并摊销折价时

每年应计债券利息 = 400 万元 × 6% = 24 万元

每年应摊销折价金额 = 20 万元 ÷ 5 = 4 万元

每年应负担的利息费用 = 24 万元 + 4 万元 = 28 万元

借：在建工程或财务费用　　　　　　　　　　　　280000
　　贷：应付债券——债券折价　　　　　　　　　 40000
　　　　应付债券——应计利息　　　　　　　　　 240000

（3）后四年计提利息和摊销折价的分录同上（2）。

应付债券的核算还需要说明这样两个问题：

第一，如果发行债券筹集的资金是用于购建固定资产，则应付债券上的应计利息、溢价和折价的摊销，以及支付债券代理发行手续费及印刷费，在项目尚未竣工投产以前计入在建工程的成本；在项目已经竣工并办理了竣工决算手续后计入财务费用。

第二，债券到期时，"应付债券"科目中的"债券面值"和"应计利息"两个明细科目，反映债券的票面价值与按票面价值和票面利率计算的应计利息。

（4）长期应付款的核算

企业发生的除了长期借款和应付债券以外的长期负债，应设置"长期应付款"科目进行核算。在核算时应注意这样两个问题：

第一，采用补偿贸易方式引进国外设备，以及融资租入固定资产，如果需要安装的，应通过"在建工程"科目归集所发生的费用，如果不需要安装即可交付使用的，可不通过"在建工程"科目核算，发生的费用作为固定资产的原价，直接增加固定资产和长期应付款。

第二，由于引进设备和融资租入固定资产而发生的长期负债，其借款费用在资产尚未完工交付使用以前应予以资本化，计入资产的价值；在资产已经办理了竣工决算手续后发生的，不再计入资产的价值内。

（八）所有者权益的核算

负债和所有者权益都属于权益范畴，在资产负债表上都反映在右方。但是，负债和所有者权益之间又存在着明显的区别：

（1）对象不同。负债是对债权人负担的经济责任，所有者权益是对投资人负担的经济责任。

（2）性质不同。负债是在经营过程中发生的一项债务，是债权人对其债务的权利；所有者权益是投资者对投入的资本及其投入资本的运用所产生的盈余（或亏损）的权利。

（3）偿还的责任不同。负债必须于一定时期（特定日期或确定的日期）偿还；所有者权益只有在企业解散清算时，其破产财产在偿付了破产费用、债权人的债务等以后，如有剩余财产，才可能还给投资者，在企业持续经营的情况下，一般不可收回投资。

（4）享受的权利不同。债权人只享有收回债务本金和利息的权利，所有者权益一般情况下，除了可以获得利益外，还可参与经营管理。

所有者权益是企业投资人对企业净资产的所有权，包括企业投资人对企业的投入资本以及形成的资本公积、盈余公积和未分配利润等。新制度中规定的所有者权益类科目主要包括：实收资本、资本公积、盈余公积、利润分配等。

1. 实收资本的核算

实收资本是企业实际收到投资人投入的资本。企业实际收到投资人投入的资本，在会计制度中设置"实收资本"科目进行核算，在"实收资本"科目下应按投资人设置明细账。

企业收到投资人投入的资本，有的是以货币形式投入的，有的是以各种物资、或无形资产等投入的。收到投资人投入的现金，应以实际收到或者存入企业开户银行的金额,借记"现金""银行存款"科目,贷记"实收资本"科目;收到投资人投入的房屋、机器设备等实物,应按投出单位的账面原价,借记"固定资产"等科目,按确认的价值,贷记"实收资本"科目,按账面原价大于确认价值的差额,贷记"累计折旧"科目。如果确认的价值大于投出单位的账面原价,应按确认的价值,借记"固定资产"等科目,贷记"实收资本"科目。收到投资人投入的无形资产、材料物资等,应按确认的价值,借记"无形资产""原材料"等科目,贷记"实收资本"科目。

2. 资本公积的核算

企业取得的资本公积设置"资本公积"科目进行核算。资本公积的主要来源包括:接受的捐赠、资本溢价、法定财产重估增值等。资本公积可以用于转增资本。

企业接受的现金捐赠,应按实际收到的捐赠款,借记"现金""银行存款"科目,贷记"资本公积"科目,接受的实物捐赠,应按同类资产的市场价格或根据所提供的有关凭据所确定的价值,借记"固定资产"等科目,贷记"资本公积""累计折旧"科目。

如果企业投资人缴付的出资额大于注册资本而产生的差额,作为资本溢价。企业应按投资人实际缴付的出资额,借记"银行存款""固定资产"等科目,按投资人在新增注册资本中应占的份额,贷记"实收资本"科目,借贷方的差额,贷记"资本公积"科目。

企业按规定对财产价值进行重估产生的增值,借记"原材料""固定资产"等科目,贷记"资本公积"科目。以资本公积转增资本时,借记"资本公积"科目,贷记"实收资本"科目。

3. 盈余公积的核算

盈余公积是指按照国家有关规定从利润中提取的公积金。盈余公积可以用以弥补亏损、转增资本等。企业从利润中提取的盈余公积,在新制度中单独设置"盈余公积"科目进行核算。提取盈余公积时,借记"利润分配"科目,贷记"盈余公积"科目。用盈余公积弥补亏损时,借记"盈余公积"科目,贷记"利润分配"科目。以盈余公积转增资本时,借记"盈余公积"科目,贷记"实收资本"科目。

(九) 损益的核算

损益是企业生产经营结果的综合反映,是企业会计核算的重要组成部分。

工业企业通过加工生产,生产出产品,通过销售过程将产品卖给需求方,实现收入,收入扣除当初生产投入的成本,以及其他一系列的费用,再加减一些非经营性质的收支,及投资收益,即为企业的经营损益(或称利润总额或亏损总额)。损益的核算主要包括以下七个方面的内容:

(1) 收入,指销售产品、提供劳务等取得的收入。

(2) 成本,指为取得收入而相应的投入。

(3) 费用,指为取得收入而支出的管理、筹资、销售等费用。

(4) 税金,指企业必须依法缴纳的流转税金等。

(5) 非经营性收支,指企业取得或支出的与生产经营没有直接关系的收支。

(6) 投资收益,指企业投资所发生的收益或损失。

(7) 利润(或亏损)。收入、成本、费用、税金、非经营性收支和投资收益的核算过程,也是利润的计算和形成过程。工业企业生产经营的最大目的是取得经营收益,利润(或亏损)是企业经营成果的最终体现。

在损益的核算方面,与原国营工业企业核算的区别,主要有:

(1) 科目设置和营业利润的核算方法不同。原国营工业企业核算损益,设置"销售"和"利润"两个科目。企业对外(包括本企业建设单位)销售产品、材料、提供劳务等所发生的销售收入、销售税金、销售工厂成本、销售及其他费用和销售利润(或亏损),统一在"销售"科目的贷借方反映。每月终了,将"销售"科目的借方发生额和贷方发生额的差额,结转"利润"科目。新制度在收入、成本、费用等的核算方面,凡是收入的,按性质分别设置有关科目,如产品销售收入、其他业务收入;支出按性质分别设置有关支出科目,如产品销售成本、产品销售费用等。期末时,所有的收入科目转入"本年利润"科目的贷方,所有的支出科目转入"本年利润"科目的借方,"本年利润"科目的借贷差额,即为企业本期实现的利润(或亏损)总额。新制度的核算方法,较原国营工业企业核算更直观、更简便。

(2) 利润(或亏损)总额的构成不同。原国营工业企业计算利润总额的公式为:利润(或亏损)总额=产品销售利润+其他销售利润+营业外收入-营业外支出

产品销售利润=产品销售收入-产品销售税金-销售工厂成本
    -销售及其他费用

其他销售利润=其他销售收入-其他销售税金-其他销售成本
    -其他销售及其他费用

新制度利润总额的计算公式为：利润（或亏损）总额＝产品销售利润＋其他业务利润－管理费用－财务费用＋（或－）投资收益＋营业外收入－营业外支出

产品销售利润＝产品销售收入－产品销售成本－产品销售费用
　　　　　　－产品销售税金及附加

其他业务利润＝其他业务收入－其他业务成本－其他业务费用
　　　　　　－其他业务税金及附加

（3）产品销售成本与原销售工厂成本的构成不同。原销售工厂成本指企业销售产品的完全成本，包括生产成本和管理费用。新制度中的营业成本（产品销售成本），是指产品的生产成本，不包括管理费用。管理费用作为期间费用，在当期损益中扣除。

（4）投资收益的核算不同。原国营工业企业制度规定的投资收益，采用不同的核算方法：属于有价证券投资的，其损益体现在专用基金中；属于长期投资的损益，计入"利润分配"科目，与企业实现的利润总额一并构成企业可供分配的利润。新制度将企业投资所发生的损益，单独设置"投资收益"科目，投资收益或投资损失，构成企业的利润总额。

（5）资源税的核算方法不同。原制度对资源税的核算是作为利润的抵减项目。因为，过去资源税的征收方法，是按照产品销售利润率为依据计算缴纳的，虽然以后改为按销量或产量或使用量计算征收，但为了保持会计核算的稳定性，一直没有作变动，仍然作为利润的抵减项目。考虑到企业缴纳的资源税虽然与流转税不同，但为了核算简便，并便于理解，新制度中将企业缴纳的资源税，无论是按照销量还是按照产量计算缴纳的，均计入"产品销售税金及附加"科目。另外，教育费附加原来作为销售及其他费用的核算内容，考虑到教育费附加是按流转税的一定比例计算并与流转税一并缴纳，企业日常也将其视为流转税的一种附加，因此，新制度将其归入"产品销售税金及附加"科目进行核算。

（6）管理费用和财务费用作为期间费用，在营业利润中扣除。原国营工业企业核算中，管理费用构成产品成本；而财务费用中的利息收支净额，是管理费用的一项内容。财务费用中的汇兑损益，支付银行的手续费等，按照不同的开支渠道分别列支。新制度将管理费用和财务费用均作为期间费用，计入当期损益。

关于损益的核算，主要介绍这样几个问题：

1. 营业收入的确认

工业企业的收入来源于不同的渠道，大致可以包括三种类型：一是与企业的生产经营有关的收入，如企业销售产品、向其他单位或个人提供某项劳务、转让某项技术等取得的收入，这些收入属于经营性质的收入；二是与企业生产经营没有直接关系的收入，如罚款收入、确实无法支付的应付款项等，这些收入与企业的经营没有直接关系，属于非经营性质的收入；三是投资收入，如股利收入、投资分得利润等。上述三种类型的收入，一般都能形成企业的货币资产，但并不是所有的货币资产都是营业收入，如捐赠收入，与企业的经营基本上是毫不相关的，因而不将其作为收入，现行制度中将其作为资本公积处理。

《国际会计准则》18号"收入的确定"中，对收入定义为："收入指企业在正常活动过程中由于销售商品、提供劳务，以及由于他人使用企业能产生利息、使用费和股利的资财所形成的现金、应收款项或其他代价的总流入"。我国的《企业会计准则》将收入定义为："收入是企业销售商品或提供劳务等经营业务中实现的营业收入，包括基本业务收入和其他业务收入"。按照我国《企业会计准则》的定义以及新制度的规定，营业收入指上述收入中的第一种。营业收入一般具有如下特点：

（1）营业收入是可计量的，并具有可变现性；

（2）营业收入是流入企业的一项资产或债务的抵销，是以商品、劳务等换取的货币资产，或换取的一项收取货币资产的权利（如应收票据），或偿付了一笔负债（预收款项）后取得的。此外，还有非货币性资产，如购货方以营业收入的等价物，如某项固定资产、原材料或其他物品等抵补应付的款项，这些非货币性资产，具有可变现的性质；

（3）营业收入是企业生产经营的成果；

（4）营业收入既是对原始投资的收回，又是资本积累的主要来源。

营业收入中的基本业务收入，是指企业的主营业务收入，工业企业主要包括销售产品、自制半成品、提供工业性作业等所取得的收入；其他业务收入，是指主营业务以外的，企业附带经营的业务收入，工业企业主要包括出租固定资产租金收入，转让技术取得的收入，销售材料取得的收入等。

营业收入的确认问题，实际上是如何确定营业收入的入账时间。营业收入是企业在一定时期内经营成果的集中体现，是由于企业经营而流入的资产，由于企业的生产经营活动是持续不断的，确定营业收入的实现，也可以有各种选择。常见的有生产法，即营业收入在生产期中实现；销售法，即营业收入在销售产品或提供劳务时实现；收款法，即营业收入在收到现金时实现。不同的行业，不同的经营方式，选择营业收入实现的标志也不同。

原国营工业企业确认营业收入实现的标志是按照实行不同的结算方式分别确定的：即采用托收承付结算方式销售产品、材料，在收到货款时作为销售。已经发出并已办理托收手续，但尚未收到货款的产品、材料，作为"发出商品"处理，已经发出，但尚未办理托收手续的产品、材料，视同库存产品、材料处理；采用分期收款结算方式销售产品，在收到相当于一个计量单位价款时作销售。已经发出但尚未收到货款的产品，作为"分期收款发出商品"处理，收到不足于一个计量单位的价款，作为递延收益处理；采用其他结算方式销售产品、材料，在发出产品、材料时作为销售，尚未收到的货款，作为应收销货款处理。

《国际会计准则第18号——收入的确认》中，对外销售商品或提供劳务的收入的确认归纳为，按规定的"对工作成果的要求业已完成，并且在完成工作成果时有理由预期最终能够收到价款，就应确认销售商品或提供劳务所产生的收入。如果在销售商品或提供劳务时无法预期最终能够收到价款，则收入的确认应予推迟"。在商品销售的交易中，如果卖方的商品生产过程已经全部完成，并已将所有权上的风险和报酬转给买方，货物的所有权已自卖方转移至买方，卖方不再依据所有权对该项货物进行管理或控制，售价、成本和销售退回的条件等也已基本确定，即为营业收入的实现，在提供劳务的交易中，收入和所发生的成本已经基本确定时，即为营业收入的实现。

我国的《企业会计准则》确认营业收入实现的标志为："企业应当在发出商品：提供劳务，同时收取价款或取得索取价款的凭据时，确认营业收入"。

新制度按照我国《企业会计准则》的规定，作为确认营业收入实现的标志。在销售商品时，如果发出商品与收取货款同时进行的，这时，由于销售已经成立，即货款已经收到，商品已经发出，钱货两清，销售行为已经完成（除销货退回外），卖方可以据以确认营业收入的实现；如果发出商品与收取货款不是同时进行的，由于卖方发出商品后，没有同时收到货款。这时，商品的所有权已经自卖方转移至买方，卖方或是得到了买方付款的承诺或取得了索取货款的权利。如经买卖双方协商采用商业汇票结算方式，卖方收到了签发并经承兑的商业汇票，这是卖方得到买方付款的承诺，即在票据到期时予以付款；例如，由于结算关系，货款不能马上收回，但卖方可以凭发出商品的证明据向买方索取货款。在此情况下，虽然货款尚未收回，但企业取得了一定的证据，可以以此索得货款，应确认为营业收入已经实现。

采用分期收款销售方式的，由于货款是分期收回的，在确认营业收入的实现时，可以在发出商品或者提供劳务后，按合同约定的各期应收款项，作为营业收入的实现。

2. 销售退回以及折扣、折让的处理

企业销售的产品，由于产品质量等原因会发生已销售的产品退回的问题。发生的销售退回一般有两种情况：一是本月销售的产品本月退回；二是以前月份（或以前年度，下同）销售的产品本月退回。在前一种情况下，由于产品的生产成本尚未结转，只需要从本月销售的产品收入中扣除退回的产品销售收入即可；在后一种情况下，在一个年度内销售并退回的产品，由于不影响本年度的损益，可以作为退回月份的收入的抵减。以前年度销售退回的产品，由于以前年度的账已经结清，再调整以前年度的收入和成本已无必要。因此，对于销售退回的产品，不论是属于本年度还是以前年度销售的，都冲减退回月份的销售收入。对于以前月份或以前年度销售退回产品成本的确定，可以采用以下两种方法：

（1）本月退回的产品，如本月有同种或同类产品销售的，销售退回产品，可以直接从本月的销售数量中减去，得出本月销售的净数量，然后计算应结转的销售成本。

（2）单独计算本月退回产品的成本。退回产品成本的确定，可以按照退回本月销售的同种或同类产品的实际销售成本计算，也可以按照销售月该种产品的销售成本计算确定，然后从本月销售产品的成本中扣除。

例：某工业生产企业 19×1 年 12 月销售甲产品 100 件，每件销售成本为 10 元，该批产品于 19×2 年 5 月因质量问题发生退货 10 件。该企业 19×2 年 5 月销售甲产品 150 件，每件成本 11 元。按上述已知条件，分别采用两种方法计算退回产品的成本。

第一，从当月销售数量中扣除已退回产品的数量。

19×2 年 5 月实际销售甲产品的数量 = 150 件 – 10 件 = 140 件

19×2 年 5 月实际销售甲产品的成本 = 140 件 × 11 元 = 1540 元

结转当月销售产品成本：

借：产品销售成本　　　　　　　　　　　　　　　　　1540

　　贷：产成品　　　　　　　　　　　　　　　　　　　　1540

第二，单独计算本月退回产品的成本，假如退回产品的销售成本按照退回月份的成本计算。

19×2 年 5 月销售甲产品的实际成本 = 150 件 × 11 元 = 1650 元

结转当月销售产品成本：

借：产品销售成本　　　　　　　　　　　　　　1650
　　贷：产成品　　　　　　　　　　　　　　　　　　1650

19×2 年 5 月退回产品的实际成本 = 10 件 × 11 元 = 110 元

企业应作会计分录为：

借：产成品　　　　　　　　　　　　　　　　　110
　　贷：产品销售成本　　　　　　　　　　　　　　　110

如果用销售月份的产品实际成本计算，退回产品的实际成本为 100 元（10 件 × 10 元）。

可见，如果采用第二种方法，即用销售月份的同类或同种产品的实际成本计算退回产品的成本，上述两种计算方法的结果是相同的。如果退回的产品本月没有销售或没有同种或同类产品销售的，则按销售月份的产品实际成本计算退回产品的成本，两者计算销售成本的金额会出现差异。

为了鼓励买方尽早支付货款，销售方往往规定在一定期限内付款时予以买方一定的折扣或折让，对于现金折扣或折让的核算有两种方法，一种方法是单独设置有关科目核算这部分现金折扣或折让，在会计报表上作为销售收入的抵减项目；另一种方法是从销售收入中扣除。新制度采用了后一种方法，即在发生销售折扣和折让时直接冲减产品销售收入。

3. 成本、费用的核算

过去国营工业企业会计制度中的产品成本是指工厂成本（全部成本），既包括为制造产品而发生的直接材料、直接工资和车间经费，还包括企业管理部门为管理和组织企业生产所发生的费用以及财务费用。这种方法存在以下三个方面的问题：一是增加了成本核算的复杂性，在计算产品成本时，不仅要计算直接用于产品生产的材料、工资的成本，计算分配应由产品负担的车间经费，还需要将企业行政管理部门所发生的费用分配计入产品成本，增加了成本核算的工作量；二是由于存货中包含有与产品生产成本没有直接关系的管理费用和财务费用，只有待这部分存货实现销售后才能收回原垫付资金，资金回收缓慢，不利于加速资金的周转，增加了企业的潜亏因素，在市场上缺乏竞争能力；三是存货中反映的成本过高，使报表阅读者容易产生误解。

工业企业生产产品所发生的费用包括构成产品实体的材料、支付的人工费用以及其他为产品的生产而发生的间接费用。而管理费用是企业的行政管理部门为组织和管理生产经营活动而发生的费用，如提取的工会经费、缴纳的税金等，财务费用是企业为筹集生产经营所需资金等而发生的费用，如利息收支净额等，这些费用与企业的生产成本没有直接的关系，如果将这些费用计入产品生产成本，会使人误解为这些支出都与产品的生产成本有关。新制度在产品成本的核算方面，采用制造成本法，即企业生产成本是制造该产品所发生的直接材料、直接工资和制造费用，不包括管理费用和财务费用。

企业为进行工业生产所发生的各项费用，设置"生产成本"科目，并在"生产成本"科目下分别基本生产和辅助生产设置明细科目，为生产产品和提供劳务而发生的各项间接费用，设置"制造费用"科目进行核算。企业为生产产品而发生的各项直接生产费用，借记"生产成本"科目，贷记"原材料""现金""银行存款""应付工资""应付福利费"等科目；发生的各项制造费用，借记"制造费用"科目，贷记"应付工资""应付福利费""累计折旧"等科目。月份终了，制造费用应该受益对象分配计入有关的成本核算对象，借记"生产成本"科目，贷记"制造费用"科目。已经生产完成并已验收入库的产成品以及入库的自制半成品，应于月终按实际成本，借记"产成品"科目，贷记"生产成本"科目。

成本核算采用制造成本法后，企业仍然可以按照本企业生产的特点，选择适合于本企业的成本核算对象、成本项目及成本计算方法（如品种法、分步法等）。

4. 产品销售税金及附加的核算

产品销售税金及附加指企业销售产品、提供劳务等负担的税金，包括产品税、增值税、营业税、城市维护建设税、资源税和教育费附加等。企业缴纳的税金和附加，通过"产品销售税金及附加"科目核算，其借方反映企业销售产品等应缴纳的销售税金、资源税和教育费附加；贷方反映退回或转入"本年利润"科目的税金及附加。在核算中应注意两个问题：

（1）缴纳的中间产品税。以自制产品用于本企业生产的企业，在上一道工序生产的半成品移送下一道工序继续加工时，应计算缴纳自制半成品的税金，由于这部分半成品还需送交下一道工序继续加工，产品还没有生产完成，不可能实现销售。因此，对于此部分应交的中间产品税的核算，原国营工业企业是单独设置"待摊税金"科目进行核算，即在已缴纳的税金尚未取得补偿资金前，作为待摊税金处理，待该部分产品完工销售时，再分摊已缴纳的中间产品税。由于这部分待分摊的税金,对企业来说可以视同为一笔递延费用,因此,在新制度中没有单独设置"待摊税金"科目,而是将其归入"待摊费用"科目的核算内容。月份终了,根据移交下一道工序继续加工的自制半成品计算应交税金,借记"待摊费用"科目,贷记"应交税金"科目;再按已销产品应分摊的中间产品税,借记"产品销售税金及附加"科目,贷记"待摊费用"科目。

(2) 出口产品退税。出口产品退回的税金,由于其退回的税金可以大于或小于当初缴纳的税金,并且一般情况下出口产品退税的时间间隔期较长,为了简便起见,不论是以前年度出口还是本年度出口的产品,其退回的税金一律以退回税金的当月抵减当月产品销售税金。但是,对于退回的税金,在账务处理上还需通过"应交税金"科目,以便反映企业缴纳税金的结算情况。企业收到出口产品退回的税金,借记"银行存款"科目,贷记"应交税金"科目;同时,借记"应交税金"科目,贷记"产品销售税金及附加"科目。

5. **本年利润的核算**

新制度对企业本年实现的利润或亏损单独设置"本年利润"科目进行核算。企业日常销售业务所取得的收入,与收入相配比的成本、费用、税金,以及投资收益,发生的营业外收支业务等,均在相应的科目中核算。期末,结转利润时,将"产品销售收入""其他业务收入""营业外收入"科目的余额以及"投资收益"科目的净收益转入"本年利润"科目的贷方;将"产品销售成本""管理费用""财务费用""产品销售费用""产品销售税金及附加""营业外支出"等科目的余额以及"投资收益"科目的净损失转入"本年利润"科目的借方。年度终了,企业应将本年收入和支出相抵后结出的本年实现的利润总额或亏损总额,全部转入"利润分配"科目,结转后"本年利润"科目应无余额。

在核算本年利润时,应如何确定结转本年利润的时间。结转本年利润的时间有两种方法:一种方法是月份终了,将所有的收入科目和支出科目转入"本年利润"科目,从"本年利润"科目中结出本月实现的利润或亏损总额,并据以编制"损益表";另一种方法是采用表结账不结的方法,即月份终了时,所有收入和支出科目都不转入"本年利润"科目,仅仅在"损益表"上根据有关科目的记录填列并计算出本月的利润或亏损总额。在新制度中没有具体规定应该采用哪一种方法,企业可以根据具体情况,从上述两种方法中选择一种方法进行核算。但如果企业月份终了采用表结账不结的方法,在年度终了时必须将有关收入和支出科目转入"本年利润"科目。

6. 利润分配的核算

新制度在利润分配的核算方面主要有以下四方面的特点：

（1）规范了利润分配内容。将企业实现的利润的分配分为两部分，一部分是属于应上交国家的，如应交的所得税、能源交通重点建设基金和预算调节基金等；另一部分是所有者应享有的权利，包括应分给投资各方的利润、提留的盈余公积等。新制度规定"利润分配"科目应设置"应交所得税""提取盈余公积""应付利润""应交特种基金"等明细科目，反映企业利润分配中应上交国家和分配给投资各方的利润以及企业提取的盈余公积。企业发生利润分配业务时，借记"利润分配（应交所得税、提取盈余公积、应付利润、应交特种基金）"，贷记"应交税金""盈余公积""应付利润""其他应交款"等科目。

（2）企业如果发生亏损，可由盈余公积进行弥补，用盈余公积弥补的亏损，在"利润分配"科目下设置"盈余公积补亏"明细科目。用盈余公积弥补的亏损，借记"盈余公积"科目，贷记"利润分配（盈余公积补亏）"科目。

（3）在"利润分配"科目下设置了"未分配利润"明细科目，年度终了，尚未分配的利润或尚未弥补的亏损保留在"未分配利润"明细科目内，即"利润分配"科目到年度终了时可以保留余额，这种处理方法与原国营工业企业处理方法不同，原国营工业企业会计制度规定，企业实现的利润到年度终了时都应分配完毕，"利润分配"科目在年度终了时不留余额。

企业应于年度终了时，将全年实现的利润总额，自"本年利润"明细科目转入"利润分配（未分配利润）"科目，借记"本年利润"科目，贷记"利润分配（未分配利润）"科目；如为亏损总额，作相反的会计分录。同时，将"利润分配"科目下的其他明细科目的余额转入"利润分配（未分配利润）"明细科目，结转后"未分配利润"明细科目的借方余额为未弥补的亏损，贷方余额为未分配的利润。

（4）企业年终结账后发现的以前年度会计事项，如果涉及以前年度损益的，均在"未分配利润"明细核目核算，调整增加的上年利润或调整减少的上年亏损，借记有关科目，贷记"利润分配（未分配利润）"科目；调整减少的上年利润或调整增加的上年亏损，借记"利润分配（未分配利润）"科目，贷记有关科目。由于调整以前年度利润而相应涉及的其他利润分配项目的数字,均与本年度的利润分配数额一并反映。

三、会计报表

会计报表是综合反映企业一定时期财务状况和经营成果的书面文件。会计报表是会计核算得出的结果,是企业经营活动的缩影。企业通过日常的记账、算账工作,使企业在一定日期的财务状况和一定时期内的经营成果能够通过会计记录得到反映,但是这些记录是分散的、部分地提供会计信息。通过编制会计报表将日常记录中分散的经济信息系统地进行整理,把企业的财务状况和经营成果集中地在会计报表中体现出来,为债权人、投资者以及会计报表其他阅读者提供总括性的信息资料。这也是会计核算工作的重要方面。

企业的会计报表可以进行不同的分类。按照编报时间划分,可以分为月报、季报、年报;按照会计报表反映的内容,可以分为动态会计报表和静态会计报表;按照编制单位分类,还可以分为单位报表和汇总报表(或合并报表),按照会计报表服务对象分,可以分为内部报表和外部报表。在新制度中,对企业向外报送的会计报表,由会计制度规定其格式和编制方法;企业内部管理所需要的会计报表由企业根据管理要求自行设计有关的会计报表,国家对此不作统一规定。

按照企业会计准则和新制度的规定,企业的会计报表主要包括资产负债表、损益表和财务状况变动表,以及其他附表。为了便于会计报表的使用者理解会计报表的内容,企业在编制资产负债表、损益表和财务状况变动表的同时,必须对会计报表中有关内容和重要项目作出说明。

会计报表的各个组成部分是相互联系的,他们从不同的角度说明企业的财务状况和经营成果。在资产负债表中主要提供财务状况的资料;在损益表中主要提供企业的经营业绩,即利润或亏损的情况;而财务状况变动表则反映企业流动资金的来源、运用以及增减变动的原因等。因此,资产负债表、损益表和财务状况变动表是企业基本的会计报表,通过对这些报表的阅读、分析,可以为有关方面提供所需的会计信息资料。

对会计报表资料的需要,不同的报表使用者其侧重点也不同:对投资者而言,通过对会计报表的阅读和分析,重点了解其投资的完整性、投资报酬、资本结构的变化以及企业未来的获利能力和利润分配政策等,对短期债权人而言,所关心的是其债权的保障及利息的获取,因此,在阅读会计报表时,重点了解企业的短期偿债能力；长期债权人所关心的是长期债权的保障，即企业长期还本付息的能力。不同的财务报表使用者虽然目的不同、侧重点不同，但他们都需要了解企业全面的财务状况和经营成果。

编制会计报表的基本目的，是向会计报表的使用者提供有关财务方面的信息资料，保证会计表提供的信息能及时、真实、完整地反映企业的财务状况和经营成果。因此，编制会计报表应以客观、真实、全面、及时地反映企业的财务状况和经营成果为基本要求。

（一）资产负债表

资产负债表反映企业一定时期财务状况的会计报表，它是根据"资产＝负债＋所有者权益"的会计平衡公式，按照一定的分类标准和一定的顺序，把企业在一定日期的资产、负债、所有者权益项目予以适当排列编制而成的。它表明企业在某一特定日期所拥有或控制的经济资源、所承担的现有义务和所有者在企业中所享有的权益。并通过对资产负债表的分析，了解企业的偿债能力、企业未来经济前景等。

资产负债表和原资金平衡表虽然两者都是反映企业某一待定日期的财务状况，但两者却有较大的区别：

1. 遵循的平衡原理不同。资金平衡表按照资金占用等于资金来源的会计平衡公式，为其平衡原理，将企业的资产以及权益分为资金占用和资金来源两部分，并以企业每项资产的取得都必须有其相应的资金来源为依据，在资金平衡表上每项资产都必须与其相应的资金来源相应对，即固定资产等于固定基金、流动资产等于流动基金、专项资产等于专项基金，也就是三段平衡，虽然1989年修改国营工业企业会计制度时打破了三段平衡，实行总额平衡，但只是形式上的打破，实质内容并没有改变，这是与国家对企业资金实行分别管理、专款专用的原则相适应的。

资产负债表以资产＝负债＋所有者权益的会计平衡公式，为其平衡原理，资产负债表的左方反映为企业的资产构成及其资产总额，右方反映企业负债和所有者权益，资产减负债后的余额即为企业的净资产（所有者权益）。

2. 报表项目排列不同。首先，从资金平均表的资金占用方进行分析：原资金占用方分为固定资产、流动资产和专项资产三大类，从专项资产的内容看，既有流动资产性质的资产，如专项存款，又有非流动资产性质的资产，如专项工程支出，也有流动资产和非流动资产混合的资产，如有价证券。资金平衡表中的专项资产将流动与非流动资产混为一体,不利于分析企业流动资产实际占用资金的情况。

其次,从资金平衡表的资金来源方看,将债权人的权益和所有者的权益统统称为资金来源,并分为固定及流动基金、借入资金、结算资金、专项资金,而借入资金中包括长期借款和短期借款,专项资金中既有负债性质还有所有者权益的性质,并将负债与所有者权益混为一体,如用专用借款购建的固定资产完工交付使用时不仅仅资金占用形态要发生变化,即增加固定资产,而且在资金来源方作为增加固定基金(资本)。这种排列方式,使报表阅读者很难从资金平衡表中了解企业的投入资本以及投入资本的使用所产生的盈余和债权人的长期或短期债权,从而不能从流动资产和流动负债的比例中分析企业的短期偿债能力,也不能反映企业净资产的情况。

最后,从报表项目的排列顺序上看,资金平衡表按照资产和资金的比重大小排列,以侧重反映企业资产规模的大小,如将固定资产排在资金占用方的第一位,这种排列顺序,体现了计划经济体制下国家对企业固定资产规模的重视。

资产负债表按照资产和负债的流动性质的大小排列,以侧重反映企业的偿债能力,并通过资产总额减负债总额,反映企业净资产的数额,便于投资者了解投入资本的完整以及增减的情况。

3. 报表格式不完全相同。资金平衡表一般为账户式,左方反映企业资金占用,右方反映资金来源,资金占用等于资金来源。资产负债表的格式,目前国际上采用的主要有账户和报告式(或垂直式)两种。账户式资产负债表是将资产项目列在报表的左方,负债和所有者权益项目列在报表的右方,从而使资产负债表左右两方平衡。我国《企业会计准则》规定,我国的资产负债表一般采用账户式资产负债表的格式。

资产负债表另外一种格式为报告式,它是资产负债表的项目自上而下排列,首先列示资产的数额,然后列示负债,最后再列示所有者权益的数额。它所使用的是"资产-负债=所有者权益"的会计平衡公式。

在填列资产负债表时应注意以下三个问题:

1. 资产负债表反映的是企业一定日期财务状况的报表,是静态的会计报表,在填列资产负债表的有关项目时,基本上是根据企业的总分类账的期末余额填列,或者根据总分类账中有关明细科目填列的,但有些项目则不能直接根据有关科目的期末余额填列,而必须对有关科目所提供的资料进行分析计算填列,如一年内到期的长期债券投资必须根据"长期投资"科目中的"债券投资"和"应计利息"明细科目的余额进行分折计算填列。

2. "一年内到期的长期债券投资"和"一年内到期的长期负债"应作为流动资产和流动负债分别在流动资产和流动负债项目中单独反映。这样反映的目的是可以从资产负债表中完整反映企业流动资产和流动负债的全貌。但这仅仅是在资产负债表中的反映，对于这部分将于一年内到期的长期债券投资和将于一年内到期的长期负债，在账务处理上仍然在"长期投资"或长期负债有关科目中核算，不需要将其转入相关流动资产或流动负债科目。

3. 企业如果发生上年利润调整事项，应相应调整资产负债表有关项目的年初数。

（二）损益表

损益表是反映企业在一定期间内利润（或亏损）的实现情况的报表，通过损益表反映企业一定时期实现的营业收入以及与收入相配比的成本费用等情况，并计算出企业的利润或亏损总额，可以考核企业利润计划的完成情况，分析企业利润增减变动的原因，关于新制度设计的损益表的格式及编制方法，需要说明这样四个问题：

1. 过去国营工业企业会计制度中的利润实际上包括两部分内容，一部分是利润的构成情况；另一部分是对实现利润的分配情况。按照《企业会计准则》的规定，损益表既可以反映企业利润的构成和利润分配各项目，也可以设置利润分配表单独反映利润分配的情况。新制度采用了后一种办法，即损益表仅仅反映企业利润的构成情况，而利润分配部分单独设置利润分配表进行反映。这样设置的目的是企业一般应按月计算出利润，按月编制利润表，而利润分配在年度中间一般只计算上缴国家的税、费，其他分配内容要到年终时才根据企业的全年经营情况进行分配。因此，将利润分配表单独作为损益表的附表，按年编报更具有实际意义。

2. 新制度规定的损益表主要包括三方面的内容，一是产品销售利润的形成；二是营业利润的形成；三是利润（或亏损）总额的形成。这里的产品销售利润相对于以前的国营工业企业中的产品销售利润在内容上有所区别：原利润表中的产品销售利润是真正的主要经营业务和其他业务所实现的利润，就产品销售业务来说，是产品销售收入扣除了所有与收入相关的成本、费用、税金，其成本、费用、税金，包括销售工厂成本（包括管理费用、财务费用）、销售及其他费用、销售税金；而新制度中的产品销售利润是没有扣除产品销售应分摊的管理费用和财务费用的利润,即可视为是毛利润的概念,但这个毛利润与商品流通企业的毛利概念又不完全相同,商品流通企业的毛利是指商品销售收入减去进价后的余额。新制度中为什么对企业管理费用和财务费用不再在产品销售和其他业务中分配,主要原因是,企业的管理费用和财务费用的多少与企业生产成本的高低没有必然的因果关系,如果将其计入产品销售业务中,不能真实反映企业产品销售利润的情况。

3. 报表中对其他业务只反映了其他业务的利润,而没有反映其他业务的收入、成本、税金等情况,由于其他业务是企业附带经营的业务,根据会计上重要性的原则,在损益表中仅反映其实现利润的结果,而不将其收入、成本等一一列示。按照新的行业会计制度规定,如某行业企业的其他业务经营规模较大、收入较多,可以参照相应行业会计制度的规定,自行增设相关资产、收入、成本、费用、税金等科目进行核算。但在填列会计报表时仍以其他业务利润项目总括反映。

4. 关于投资收益项目,以前企业的长期投资收益作为利润分配,而购买有价证券的收益作为增减专用基金。在社会主义市场经济体制下,企业作为独立核算的法人,具有自主运用、调度资金的权利,企业可以用其资金直接用于生产经营,也可以将其对外投资,由此而产生的损益,应构成企业的利润总额。新制度中按照企业会计准则的规定,将投资收益全部纳入利润总额。

(三) 财务状况变动表

财务状况变动表又称资金表或资金来源和运用表。它是根据企业一定时期内各种资产、负债和所有者权益各项目的增减变动,据以分析反映资金的取得来源和资金的流出用途。而企业的资产、负债和所有者权益各项目之所以会发生增减变化,不外乎由于企业的投资及理财活动而发生的。因此,财务状况变动表是以资金的来源(流入)与运用(流出)说明企业在一定期间的投资及理财活动,及其所引起的资产、负债及所有者权益的增减变动。

财务状况变动表不仅反映每项资金的来源及其总数,而且反映每项资金的用途及其总数。这种来源称为理财活动,而用途则称为投资活动,编制财务状况变动表的主要目的在于帮助债权人、投资者,以及其他会计报表的使用者分析企业未来的现金流量提供有关依据。这些依据主要包括:

(1) 企业在一定期间的投资及理财活动;

(2) 企业资金的主要来源,包括营业所得、借入资金(举债)、增资及变卖资产等；

（3）企业资金的主要用途，包括用于经营活动、用于投资、偿还债务等；

（4）其他不影响资金变动的重要投资及理财活动。财务状况变动表应反映企业一切重要的理财及投资活动，而不论这种活动是否直接影响企业的资金流入或流出。如企业发行股票换取的固定资产，这项活动，一方面增加企业的一项固定资产，另一方面增加企业的投入资本，与资金的流入与流出没有直接关系。但是由于这是企业一项重要的理财活动，可将这项活动视为现金的流入与流出，可以假设发行股票先收到现金，然后用现金购买固定资产。

财务状况变动表能向会计报表的使用者提供企业一定时期内财务状况变动的全貌，能说明资金变化的原因及其企业在报告期内的重要财务事项，并对资产负债表和损益表起到了补充说明的作用。

1. 财务状况变动表的编制基础

财务状况变动表反映的是企业在一定期间资金来源和资金运用情况的会计报表。编制财务状况变动表，首先必须确定其编制基础，即是以什么资金的概念为编制基础的。以不同的资金概念为基础可以编制出不同类型的财务状况变动表。目前，对资金的概念，主要有以下五种：

（1）现金概念。即以现金代表资金。这里的现金不仅指库存现金，还包括各种存款和其他货币资金。以现金为基础编制的财务状况变动表，也可称为现金流量表。

（2）营运资金（或称流动资金）概念。营运资金即为流动资金来源和流动资金运用及其净额。以营运资金为基础编制的财务状况变动表，主要以流动资产和流动负债的增减变化情况来反映企业的财务状况。

（3）货币性流动资产概念。货币性流动资产概念中的资金指流动资产中的现金、应收账款与有价证券，即只用这三个项目的增减，编制财务状况变动表。

（4）净货币性流动资产概念。其资金指现金、应收账款与有价证券等货币性流动资产减货币性流动负债的净额。

（5）全部资金概念。这种概念以营运资金为基础，再补充其他不影响现金或流动资金增减的资金变动事项。即，凡是重大项目，不管是否涉及现金或流动资金的增减，都应列入财务状况变动表。

上述（1）、（2）资金概念为传统的概念，用得较多。我国《企业会计准则》规定的财务状况变动表主要是以营运资金（或流动资金）为基础编制的，但对一些特殊行业,如银行、保险、证券等金融企业规定可以编制现金流量表。而大部分企业应当编制以营运资金为基础的财务状况变动表。以营运资金为基础编制的财务状况变动表虽然只反映涉及流动资产和流动负债变动为基础的,但是对于一些企业重要的财务事项,也在报表中反映出来,如用固定资产对外投资,并不涉及营运资金的变化,但由于属于企业重要的投资事项,在报表中以一增一减的方式反映出来,这种反映方式不影响以营运资金为编制基础。

以营运资金为基础编制的财务状况变动表,必须首先分析哪些事项的发生才能引起营运资金的增减变化。一般来说日常发生的经营业务,主要涉及这样四种类型:

(1) 流动资产各项目之间的增减变化、流动负债各项目之间的增减变化,只会影响流动资产和流动负债各项构成的变化,而不改变流动资产或流动负债的总额,也不会影响流动资金的变化。如收到购货单位偿还的购货款。

(2) 流动资产与流动负债各项目之间的增减变化,只会影响流动资产和流动负债的同增同减,而不影响流动资金的变化。例如,支付所欠的购货款,一方面减少银行存款,另一方面减少应付账款,对这一项经济业务只涉及流动资产总额的减少和流动负债总额的减少,而不影响流动资金的增减。

(3) 非流动资产各项目之间的增减变化、非流动负债各项目之间的增减变化,以及非流动资产和非流动负债项目之间的同增同减,都不影响流动资产和流动负债的总额,如在建工程完工交付使用的固定资产、接受捐赠的固定资产,也不会影响流动资金的变化。

(4) 流动资产与非流动资产之间、流动负债与非流动负债之间,以及流动资产与流动负债之间、非流动资产及流动负债之间的增减变动,才会直接影响流动资金的变化。例如,发行债券收到现金、用银行存款购买固定资产等。

因此。企业编制财务状况变动表时,只需考虑影响营运资金变动的各项因素,而不包括所有的经济业务。其中对于企业直接生产经营活动的经济业务对营运资金的影响,已经总括到当期利润总额中,所以不需要对此进行逐一分析。

2. 财务状况变动表的结构以及编制方法

编制以营运资金为基础的财务状况变动表的结构包括流动资金的来源和用途,以及不涉及流动资金的重要理财业务。财务状况变动表采用账户式的结构,包括左、右两方,左方反映企业流动资金的来源及其运用,右方反映流动资金各项目增减变动的情况。

财务状况变动表左边项目包括流动资金来源各项目和流动资金运用各项目。流动资金来源与流动资金运用各项目的差额，反映企业流动资金增减净额。

（1）流动资金来源。流动资金的来源包括经营所得和其他来源。企业日常经营所得的收益，扣除所费后的余额，为流动资金的增加或减少。一般情况下，企业经营活动取得了利润而使流动资金有所增加，因经营亏损而使流动资金减少，即利润总额是企业流动资金的一个重要来源；反之，亏损则等于流动资金的一种用途。

由于利润总额反映企业流动资金的一项增减因素，因此，损益表中的利润总额，作为财务状况变动表据以分析说明财务状况变动原因的出发点。但是，利润总额并不等于流动资金实际增减的数额，因为在利润总额中包括正常项目和非正常项目中的一部分不影响流动资金的费用和损失，如固定资产折旧，无形资产、递延资产摊销。固定资产盘亏（减盘盈），清理固定资产损失（减收益）等项目不需要支出流动资金，即流动资金并没有因为提取折旧，处理固定资产损失等而减少，但在利润总额中作为扣除因素。因此，应该将这部分不减少流动资金的费用和损失加以调整。

流动资金的其他来源是企业在经营活动以外取得的流动资金，主要指那些在经营活动以外由于非流动资产减少，长期负债和所有者权益增加等，如增加长期负债可以增加流动资金、收回长期投资可以增加流动资金等。但是，并不一定所有的非流动资产的减少、长期负债和所有者权益的增加都能增加流动资金，如提取盈余公积，并不增加流动资金，但这是企业重要的财务事项，应在财务状况变动表中反映出来。

对流动资金的来源各项目说明以下几个问题：

第一，关于固定资产清理收入问题。在新制度中将固定资产由于出售、报废、毁损而发生的损益，作为营业外收支项目。即清理固定资产产生的净收益或净损失增加利润总额或减少利润总额，但处理固定资产净收益或净损失中有些费用支出项目是不减少流动资金的，如固定资产的净值转入"固定资产清理"科目时是不减少流动资金的，但固定资产在清理过程中发生的清理收入以及支付清理固定资产的费用会影响流动资金的增减变动。因此，对于这项业务，先将清理固定资产的净收益或净损失作为不减少流动资金的费用或损失项目调整增加利润总额，然后再将清理收入减去清理费用后的实际流动资金的增减额作为流动资金的其他来源反映。

第二，关于长期债券投资的溢价和折价摊销及应计利息问题。按照新制度规定，长期债券的溢价和折价及应计利息在长期投资科目核算，长期投资的溢价和折价摊销由于已经与当期的应计利息一起计入了利润总额，但是长期投资的溢价和折价摊销以及应计利息不影响流动资金变化的，为什么其溢价或折价的摊销和应计利息不作为"不减少流动资金的费用和损失"项目，因为溢价和折价的摊销及应计利息已经计入利润总额，而折价和溢价摊销额及应计利息又作为"增加长期投资"在流动资金运用部分反映，这样来源和运用正好相抵等于零。

第三，关于应付债券的溢价和折价摊销以及应计利息也属于不影响流动资金变化的因素，为什么也不作为本年利润的调整项目。其理由与长期投资相同。即，应付债券的溢价和折价摊销以及应计利息已经从利润总额中扣除，而折价、溢价摊销和应计利息之和又作为其他资金来源的内容，计入"增加长期负债"项目中，这样两边同时反映，增减相抵以后正好等于零。

第四，关于一年内到期的长期资产和长期负债的填列方法。将于一年内到期的长期债券投资在资产负债表中作为流动资产的一项内容，而将于一年到期的长期负债在资产负债表中作为流动负债的一项内容，即将于一年到期的长期资产和长期负债虽然不直接增减流动资金，但由于在资产负债表中作为流动资产和流动负债处理，而在财务状况变动表的右方将会反映这项资产和负债的内容。因此，在填列增加"长期负债"项目时应将于一年内到期的长期负债从该项目中扣除，并在右方的"流动负债本年增加数"有关项目中反映。在填列"增加长期投资"项目时，应将于一年内到期的长期投资从该项目中扣除，并在右方的"流动资产本年增加数"有关项目中反映。

(2) 流动资金运用。流动资金运用包括利润分配以及其他运用。反映企业非流动资产的增加、非流动负债和所有者权益的减少对流动资金的影响，表明从各种来源取得的流动资金用到哪里去了。利润分配中有些项目的运用也并不影响流动资金的变动，如提取盈余公积，是不减少流动资金的，但在运用中反映是为了说明企业重要的财务事项，同时将这部分提取的盈余公积在流动资金来源部分反映，两者相抵后等于零。

财务状况变动表的右方，反映各项流动资产和流动负债的本年增加数，应根据"资产负债表"中各项流动资产、流动负债的年初数和年末数的差额填列。年末数大于年初数用正数反映，年末数小于年初数的，以负号反映。流动资产本年增加数减去流动负债本年增加数等于流动资金增加净额。与左方的流动资金增加净额相符。

财务状况变动表的编制方法可以采用 T 型账户法和工作底稿法这两种基本方法。企业可以根据自身的情况选择适合的方法进行编制。为了全面反映企业流动资金增减变动的产生原因，企业可以根据实际情况，在报表中增加或减少必要项目。

（四）利润分配表

利润分配表反映企业在一定期间实现利润分配或亏损弥补的情况以及年末未分配利润的结余情况。利润分配表作为损益表的附表，按年编报。在编制利润分配表时还应明确以下两个问题：

1. 报表中的上年实际数栏，应该按照上年年末利润分配表中的本年实际数栏填列。如果上年度利润分配表与本年度利润分配表的项目名称和内容不一致，应对上年度报表项目的名称和数字按本年度的规定进行调整，填入本表的上年实际数栏。如果企业有上年利润调整事项，则上年实际数栏中的"利润总额"和"应交所得税"项目应作相应的调整。

2. 在填列"本年实际"数栏时，利润总额应该按照损益表利润总额的数字填列，应缴所得税项目反映本年应缴所得税，本年实际数栏的利润总额减去应缴所得税后的余额反映为本年缴所得税后的利润。

（五）主营业务收支明细表

主营业务收支明细表反映企业各项主营业务的收入、成本、费用、税金以及实现营业利润的情况。主营业务收支明细表的填报范围，由企业根据实际情况自行决定，并相应在各项目中填列。需要说明的是，对于其他业务部分，如果企业的其他业务比较稳定，收入、支出、利润数额较大的，也可视作主营业务，在主营业务项下另行分行填列。

怎样编制和分析财务状况变动表[*]

财政部发布的分行业会计制度规定企业必须向外报送的会计报表包括三张主要报表和两张附表。三张主要报表为资产负债表、损益表与财务状况变动表。

资产负债表、损益表和财务状况变动表是一有机整体，它们从不同的侧面反映了企业的财务状况和经营成果。资产负债表反映企业某一特定日期的资产、负债和所有者权益的状况，属于静态的会计报表，它提供的是某一时点上企业拥有多少经济资源、需要承担多少现有的义务以及所有者享有多少净资产权利的概况；损益表是反映企业一定时期的收入、费用、利润的累计结果，是一张动态的会计报表，它有助于解释资产负债表上未分配利润等项目的变动原因。但是这两张报表都不能反映企业资金的流入与流出的真正原因，同时也不能反映企业一定时期的投资及理财事项以及其他不涉及流动资金增减变动的重要财务事项，如企业以融资租赁方式租入不需要安装即可投入使用的机器、企业发行股票换取固定资产等，这些财务事项从资产负债表和损益表上是无法反映的，而编制财务状况变动表的目的，就是要把企业一定时期内影响和不影响流动资金增减变动的原因充分揭示，以便让投资者、债权人，以及报表其他阅读者全面了解企业财务状况和经营成果，以及资金的流入渠道和流出的方向，并通过对会计报表的分析，了解企业的投资、理财政策，未来现金的流量、偿债能力、企业未来前景等信息资料。

财务状况变动表是反映企业一定时期内资金来源和运用的动态会计报表，这张表从资金的取得来源（流入）以及资金的使用去向（流出）的角度，反映企业资产、负债和所有者权益的增减变动的原因。

---

[*]（《会计改革与会计管理》1993 年第 9–11 期）

除了金融、保险等特殊行业外，一般企业的财务状况变动表都是以流动资金（营运资金）作为其编制基础，亦即以流动资产和流动负债的增减变动及其净额来反映企业的资金流入和流出。以流动资金为基础编制的财务状况变动表，同时还包括一些不涉及流动资金增减变动的因素，如发行股票换取固定资产，这一财务事项本身并不涉及流动资金的增减变动，但由于这是企业重要的财务事项，也应在财务状况变动表中加以反映。

以流动资金为基础编制的财务状况变动表，必须首先分析哪些事项的发生能引起流动资金的增减变化。一般来说，在日常发生的经营业务中，流动资产与非流动资产之间、流动负债与非流动负债之间，以及流动资产与非流动负债之间、非流动资产与流动负债之间的增减变动，才会直接影响流动资金的变化。例如，发行债券收到现金、用银行存款购买固定资产等。因此，企业编制财务状况变动表时，只需考虑影响流动资金变动的各项因素，而不包括所有的经济业务。其中涉及企业生产经营活动的经济业务对流动资金的影响，已经总括到当期利润总额中，所以不需要对此进行逐一分析。

财务状况变动表主要反映三部分内容（以工业企业会计制度中规定的财务状况变动表的格式为例），一是反映流动资金的来源渠道；二是反映流动资金的用处去向；三是反映流动资产和流动负债各项目结构的增减变动情况。财务状况变动表的编制方法，可以根据有关账户的记录直接分析填列，也可以采用T型账户法或工作底稿法进行编制。下面采用这三种方法分别介绍怎样编制财务状况变动表。

一、根据账户记录编制

（一）流动资金来源各项目的填列方法

1. "本年利润"及其调整事项的填列

企业一定时期内流动资金的来源主要有经营所得和其他所得两部分构成。由于经营所流入企业的资金，是流动资金的最主要来源，如果是经营利润，即损益表上反映的利润总额为正数的，表明企业由于经营而增加流动资金；反之，如果是经营亏损，即损益表上反映的利润总额为负数，可视为资金的运用。所以，经营是否取得利润，是流动资金增减的一项重要因素。因此，财务状况变动表编制的起点是营业所得。

需要取得由于营业而流入企业的流动资金总额，一般有两种方法，一种是以营业收入作为计算起点，将所得的营业收入扣除相应的成本、费用后得出真正的营业所得的流动资金。另一种是以利润总额作为计算起点（新制度采用第二种方法）。在填列"本年利润"项目时，根据"损益表"上"利润总额"项目的"本年累计数"栏的数字填列。利润总额虽然是企业经营所得的资金，但并不是营业所取得的全部流动资金，必须对其进行相应的调整，即利润总额需要加上不减少流动资金的费用和损失。需要调整的内容包括以下四个方面：

（1）固定资产折旧。计提固定资产折旧计入费用的过程实际上是固定资产价值转移的过程，并不影响企业的流动资金，但是折旧是利润的抵减因素，因此，必须将其作为利润总额的调整因素。在填列固定资产折旧项目时，应根据"累计折旧"科目的贷方发生额分析填列。这是因为，"累计折旧"科目的贷方不仅反映提取的折旧数，还反映盘盈固定资产的折旧，购入旧的固定资产的已提折旧等，而在填列固定资产折旧项目时，仅仅需要从"累计折旧"科目贷方发生中选择本年已提的折旧数额，不包括其他的内容。

（2）无形资产、递延资产摊销。企业取得的无形资产计入无形资产账户，按照一定的期限分摊计入费用，从收入中补偿。递延资产是指不能全部计入当期损益，应当在以后年度内分期摊销的各项费用。无形资产和递延资产的摊销作为利润的减项，从利润总额中扣除，但不会使企业的资金流出，即不会减少流动资金，因此，无形资产和递延资产摊销作为利润总额的调整因素。在填列这个项目时，由于无形资产科目的贷方不仅反映摊销数，还反映转让、投资转出的无形资产，因此，应该根据"无形资产""递延资产"科目的贷方发生额分析填列，即应根据"无形资产"和"递延资产"科目的本年贷方发生额中的摊销数（包括转让）填列。

（3）固定资产盘亏（减盘盈）。固定资产的盘盈、盘亏本身并不会影响流动资金的增加或减少，但是它们是增加或减少利润总额的因素。为了反映企业实际经营所得流动资金，应该将固定资产盘盈、盘亏作为利润的调整因素。在填列这个项目时，应根据"营业外收入"科目中的"固定资产盘盈"项目和"营业外支出"科目中的"固定资产盘亏"两个项目的差额填列，盘盈大于盘亏的，用负数反映，盘盈小于盘亏的，用正数反映。

（4）清理固定资产损失（减收益）。在新制度中将固定资产由于出售、报废、毁损而发生的损益，作为增减利润总额的因素，但处理固定资产净收益或净损失中有些费用支出是不减少流动资金的，如固定资产的净值转入"固定资产清理"科目时是不减少流动资金的,而清理过程中发生的清理收入以及支付清理固定资产的费用则影响流动资金的增减变动,因此,对于这项业务,先将清理固定资产的净收益或净损失,作为不减少流动资金的费用和损失项目调整减少或增加利润,然后再将清理收入减去清理费用后的实际流动资金的增减额,作为流动资金的其他来源反映。

例:出售某项固定资产,出售收入 50 万元,固定资产净值 30 万元,清理费用为 5 万元,清理后的净收益为 15 万元。假如该企业的营业利润为 100 万元,加上清理固定资产的净收益 15 万元后的利润总额为 115 万元,但实际上固定资产的净值是不影响流动资金变化的因素,而出售收入和清理费用影响流动资金的变化,那么,真正影响流动资金变化的是出售收入 50 万元和清理费用 5 万元,因此,流动资金的实际来源应该为营业利润 100 万元(在不考虑其他因素的情况下)加上出售收入和清理费用的差额 45 万元,即 145 万元。为了得出流动资金的实际增减金额,必须先对利润总额中已经增加的清理固定资产净收益调整减少利润总额(115 万~15 万元),然后再将清理收入和清理费用的差额 45 万元,作为流动资金的其他来源,因为清理固定资产而增加的流动资金属于经营资金取得的,在"固定资产清理收入(减清理费用)"项目中反映。

在填列"清理固定资产损失(减收益)"项目时,应根据"营业外收入"科目中的"处理固定资产净收益"明细科目和"营业外支出"科目中的"处理固定资产净损失"明细科目的记录填列。净收益大于净损失的,用负数反映;净收益小于净损失的,用正数反映。而其他来源中的"固定资产清理收入(减清理费用)"项目,则应根据"固定资产清理"科目的贷方发生额(清理收入,包括清理固定资产发生的变价收入、出售固定资产的价款收入以及因固定资产损失而向过失人或保险公司收回的赔偿款等)减去借方发生额中的清理费用后的差额填列。

除了上述利润调整事项外,企业如果还有其他调整事项的,可以在"其他不减少流动资金的费用和损失"项目反映。

经过上述调整以后,可以取得企业经营所得的流动资金。

2. 流动资金其他来源的填列方法

流动资金的其他来源,不外乎是由于资产的减少、负债和所有者权益的增加而引起的,除了上述所述的固定资产清理净收入外,还包括以下四个方面:

(1)增加长期负债。企业筹措长期占用的资金除了增加投入资金外,举

借长期借款也是一项很重要的途径。因此,增加长期负债是流动资金的重要来源。增加长期负债主要涉及以下三个方面的内容:

①从银行和其他金融机构借入资金。借入的资金是资金的流入,一方面增加货币资金;另一方面增加长期负债。

②融资租入固定资产和补偿贸易引进设备形成的长期负债。这项负债的形成本身并不影响流动资金的增减变动,但由于这是企业重要的财务事项,为了充分反映企业的资金流出、流入的情况,可以假设先借入货币资金,然后再用货币资金购建固定资产。在财务状况变动表左边,一方面作为一项来源;另一方面作为一项运用处理。来源方反映在"增加长期负债"项目内,运用方反映在"固定资产和在建工程净增加额"项目内,来源和运用相抵以后正好等于零,即不影响流动资金的增减变动。

③发行债券取得的长期负债。发行债券取得的货币资金是企业流动资金的一项流入,应作为流动资金的一项来源反映。另外,应付债券的利息要按期预提,计入当期损益,而预提债券利息并没有实际支付利息,从预提应付债券利息业务上看,是不会减少流动资金的。预提利息时,一方面作为利润的减项或计入在建工程成本;另一方面作为应付债券的增加。例如,企业提取 10 万元的长期债券利息,在会计核算时应作借记"财务费用"或"在建工程"10 万元,贷记"应付债券——应计利息"10 万元。从这一项业务上看,如果利息计入财务费用,在财务状况变动表中的"本年利润"项目,应反映负的 10 万元,而其他来源中的"增加长期负债"项目,填列正的 10 万元,正、负相抵以后为零;如果利息计入在建工程,则作为一项运用,在"固定资产和在建工程净增加额"项目中反映 10 万元,在"增加长期负债"项目中增加 10 万元,来源和运用相抵以后等于零,即提取长期债券利息不影响流动资金的增减变动。

在填列"增加长期负债"项目时,一般应根据"长期借款""应付债券""长期应付款"科目的贷方本年发生额合计填列。但应注意以下两个问题:

第一,如果"长期借款""应付债券""长期应付款"科目中有一年内到期的长期负债,应将其扣除后填列。企业在年度内归还的长期负债,不从这个项目中扣除。

第二,如果应付债券有溢价摊销的,则应扣除溢价摊销金额。

(2)收回长期投资。收回长期投资主要包括:①收回流动资产和收回非流动资产,收回流动资产会增加企业的流动资金,因此,收回长期投资如为流动资产，应作为流动资金的一项来源。②收回非流动资产。不影响流动资金的增减变动。在填列"收回长期投资"项目时，应根据"长期投资"科目的贷方本年发生额（不包括长期债券溢价摊销部分）填列。

(3) 对外投资转出固定资产和无形资产。企业对外投出固定资产和无形资产，不会使企业的流动资金发生增减变动，但是由于本年对外投资在流动资金运用方的"增加长期投资"项目中反映，为了使其反映为不影响流动资金的增减变动，在流动资金来源方作为一项来源，即对外投资转出的固定资产和无形资产视同流动资金的流入和流出，在来源和运用方分别反映。"对外投资转出的固定资产"项目，应根据"固定资产"科目的贷方发生额中本年投资转出的固定资产原价，减去"累计折旧"科目借方发生额中本年投资转出的固定资产相应转出的折旧数填列；"对外投资转出的无形资产"项目，应根据"无形资产"科目的本年贷方发生额中的对外投资转出无形资产的数字填列。

(4) 资本净增加额。在填列"资本净增加额"项目时，应根据"实收资本""资本公积""盈余公积"科目的年末余额与年初余额差额的合计数填列。

（二）流动资金运用各项目的填列

流动资金运用包括对实现利润的分配和其他运用，其填列方法如下：

1. 利润分配各项目，应根据"利润分配"科目所属的"应付所得税""提取盈余公积""应付利润""应交特种基金"明细科目的本年借方发生额填列。

2. 固定资产和在建工程净增加额。这个项目反映企业年度内增加固定资产净值和建造固定资产而支出的资金累计数。这个项目主要包括以下四个方面的内容：（1）用货币资金买入的固定资产净值；（2）收回长期投资增加的固定资产净值；（3）融资租入不需要安装即可投入使用的固定资产；（4）年度内在建工程发生的实际支出。一般情况下，上述第（1）、（2）项，应根据"固定资产"科目的本年借方发生额中购入固定资产和投资收回固定资产的原价，减去"累计折旧"科目的本年贷方发生额中相应的折旧数额填列。第（3）项，应根据"固定资产"科目本年借方发生额中的融资租入固定资产的原价填列。第（4）项，应根据年度内"在建工程"科目的借方发生额合计填列。年度内领用工程物资的数额不包括在本项目数字之内，如果工程物资转为材料，应将转为材料的工程物资的数字从本项目内扣除。年度内完工的项目，从"在建工程"科目转入"固定资产"和"递延资产"科目，不包括在本项目数字之内。

3. 增加无形资产、递延资产及其他资产。这个项目反映企业年度内无形资产、递延资产及其他资产增加累计数。这个项目应根据"无形资产""递延资产"科目的借方发生额（不包括固定资产改良工程完工转入递延资产的数字）分析填列，企业如有其他资产的，应根据其他有关科目的记录分析填列。

4. 偿还长期负债。企业本年度偿还的长期负债会使企业的流动资金流出，所以，偿还长期负债作为流动资金的一项运用。这个项目应根据"长期借款""应付债券""长期应付款"科目的本年借方发生额合计填列（不包括应付债券的溢价摊销）。

5. 增加长期投资。企业本年度增加长期投资，是企业资金的一项运用，这个项目应根据"长期投资"科目的本年借方发生额合计数（扣除贷方发生额中的长期债券溢价摊销部分、一年内到期的长期债券投资）填列。

上述的流动资金来源合计减去流动资金运用合计（财务状况变动表的左边）应等于流动资金增加净额。

（三）流动资产和流动负债各项目的填列方法

财务状况变动表的右方，反映各项流动资产和流动负债的本年增加数，应根据"资产负债表"中各项流动资产、流动负债的年初数和年末数的差额填列。年末数大于年初数用正数反映，年末数小于年初数的，以负数反映。流动资产本年增加数减去流动负债本年增加数等于流动资金增加净额。与左方的流动资金增加净额相等。

例：某企业19×2年12月31日的资产负债表（见表1）。

表1　　　　　　　　　　　资产负债表

会工01

编制单位：××单位　　　　　19×2年12月31日　　　　　　单位：万元

资产	行次	年初数	期末数	负债及所有者权益	行次	年初数	期末数
流动资产：				流动负债：			
货币资金	1	250	1393	短期借款	46	130	150
短期投资	2	40	40	应付票据	47	80	80
应收票据	3	15	15	应付账款	48	50	60
应收账款	4	20	10	预收账款	49	2	2
减：坏账准备	5	5	3	其他应付款	50	1	1
应收账款净额	6	15	7	应付工资	51		

续表

资产	行次	年初数	期末数	负债及所有者权益	行次	年初数	期末数
预付账款	7	1	1	应付福利费	52	2	5
其他应收款	8	2	2	未交税金	53	90	109.5
存货	9	120	42	未付利润	54		
待摊费用	10			其他未交款	55	15	11.4
待处理流动资产净损失	11			预提费用	56		
一年内到期的长期债券投资	12	12	50	一年内到期的长期负债	57	30	40
其他流动	13			其他流动负债	58		
流动资产合计	20	455	1550	流动负债合计	65	400	458.9
长期投资：				长期负债：			
长期投资	21	100	168	长期借款	66	200	160
固定资产：				应付债券	67	100	106
固定资产原价	24	1500	2470	长期应付款	68		
减：累计折旧	24	300	150	其他长期负债	75		
固定资产净值	26	1200	2320	长期负债合计	76	300	266
固定资产清理	27			所有者权益：			
在建工程	28	85	65	实收资本	78	1000	1000
待处理固定资产净损失	29			资本公积	79		
固定资产合计	35	1285	2385	盈余公积	80	80	1316.1
无形及递延资产：				未分配利润	81	70	1070
无形资产	36	10	8	所有者权益合计	85	1150	3386.1
递延资产	37						
无形及递延资产合计	40	10	8				
其他资产：							
其他长期资产	41						
资产总计	45	1850	4111	负债及所有者权益总计	90	1850	4111

该企业 19×2 年内发生的有关经济业务、资料及账务处理如下：

1. 19×2 年实现利润 4450 万元。结转本年利润（结转分录略）。

2. 1 月 1 日购入甲企业发行的 3 年期债券，面值 100 万元，利率 10%。企业按 112 万元的价格购入。款项已用银行存款支付。年终按规定计提债券利息。

3. 提取折旧 50 万元。其中，应计入制造费用的折旧为 30 万元，应计入管理费用的折旧为 20 万元。

4. 用银行存款购入不需要安装的固定资产，原价 1000 万元。款项已经支付。设备已交付使用。

5. 出售设备一台，原价 550 万元，已折旧 200 万元，出售所得收入 300 万元，发生清理费用 10 万元。款项均以银行存款收支。设备已清理完毕。

6. 用银行存款支付出包工程款 500 万元。

7. 无形资产摊销 2 万元。

8. 提取已完工项目的应付债券利息 6 万元。

9. 在建工程完工交付使用，价值 520 万元。

10. 实现利润的分配数字如下：应交所得税 1468.5 万元；应交特种基金 745.4 万元；提取盈余公积 1236.1 万元，共计 3450 万元。结转利润分配，并将利润分配各明细科目的余额转入"未分配利润"明细科目。

11. 19×2 年 12 月 31 日，长期投资科目中有一年内到期长期债券投资 50 万元。

12. 19×2 年 12 月 31 日，长期借款科目中有一年内到期长期借款 40 万元。

根据上述经济业务，作如下的会计分录（金额单位：元）：

1. 借：本年利润　　　　　　　　　　　　　　44500000
　　　贷：利润分配——未分配利润　　　　　　　　44500000

2. 借：长期投资——债券投资　　　　　　　　1120000
　　　贷：银行存款　　　　　　　　　　　　　　　1120000
　　借：长期投资——应计利息　　　　　　　　100000
　　　贷：投资收益　　　　　　　　　　　　　　　60000
　　　　　长期投资——债券投资　　　　　　　　　40000

3. 借：制造费用　　　　　　　　　　　　　　300000
　　　　管理费用　　　　　　　　　　　　　　200000
　　　贷：累计折旧　　　　　　　　　　　　　　　500000

4. 借：固定资产 10000000
　　　贷：银行存款 10000000
5. 借：固定资产清理 3500000
　　　累计折旧 2000000
　　　贷：固定资产 5500000
　　借：银行存款 3000000
　　　贷：固定资产清理 3000000
　　借：固定资产清理 100000
　　　贷：银行存款 100000
　　借：营业外支出 600000
　　　贷：固定资产清理 600000
　　借：本年利润 600000
　　　贷：营业外支出 600000
6. 借：在建工程 5000000
　　　贷：银行存款 5000000
7. 借：管理费用 20000
　　　贷：无形资产 20000
8. 借：财务费用 60000
　　　贷：应付债券——应计利息 60000
9. 借：固定资产 5200000
　　　贷：在建工程 5200000
10. 借：利润分配——应交所得税 14685000
　　　贷：应交税金——应交所得税 14685000
　　借：利润分配——应交特种基金 7454000
　　　贷：其他应交款 7454000
　　借：利润分配——提取盈余公积 12361000
　　　贷：盈余公积 12361000
　　借：利润分配——未分配利润 34500000
　　　贷：利润分配——应交所得税 14685000
　　　　　　　——应交特种基金 7454000
　　　　　　　——提取盈余公积 12361000

长期投资		累计折旧	
初 100	（2）4	（5）200	初 300
（2）112			（3）50
10			
余 218			余 150

固定资产		固定资产清理	
初 1500	（5）550	（5）350	（5）300
（4）1000		10	60
（9）520			
余 2470			

在建工程		无形资产	
初 85	（9）520	初 10	（8）2
（6）500			
余 65		余 8	

应付债券		盈余公积	
	初 100		初 80
	（8）6		（10）1236.1
	余 106		余 1316.1

利润分配——未分配利润		营业外支出	
（10）3450	初 70	（5）60	（5）60
	（1）4450		
	余 1070		

财务状况变动表

编制单位：××单位　　　　　19×2 年度　　　　　单位：万元

流动资金来源和运用	行次	金额	流动资金各项目的变动	行次	金额
一、流动资金来源：			一、流动资产本年增加数：		
1. 本年利润	1	4450	1. 货币资金	41	1143
加：不减少流动资金的费用和损失：			2. 短期投资	42	
（1）固定资产折旧	2	50	3. 应收票据	43	
（2）无形资产、递延资产摊销	3	2	4. 应收账款净额	44	−8
（3）固定资产盘亏（减盘盈）	4		5. 预付账款	45	
（4）清理固定资产损失（减收益）	5	60	6. 其他应收款	46	
（5）其他不减少流动资金的费用和损失	6		7. 存货	47	−78
小计	12	4562	8. 待摊费用	48	
2. 其他来源			9. 待处理流动资产净损失	49	
（1）固定资产清理收入（减清理费用）	13	290	10. 一年内到期的长期债参投资	50	38
（2）增加长期负债	14	−34	11. 其他流动资产	51	
（3）收回长期投资	15		12. 流动资产增加净额	52	1095
（4）对外投资转出固定资产	16		二、流动负债本年增加数：		
（5）对外投资转出无形资产	17		1. 短期借款	53	20
（6）资本净增加额	18	1236.1	2. 应付票据	54	
小计		1492.1	3. 应付账款	55	10
流动资金来源合计	22	6054.1	4. 预收账款	56	
二、流动资金运用：	23		5. 其他应付款	57	

续表

流动资金来源和运用	行次	金额	流动资金各项目的变动	行次	金额
1. 利润分配:			6. 应付工资	58	
（1）应交所得税	24	1468.5	7. 应付福利费	60	3
（2）提取盈余公积	25	1236.1	8. 未交税金	61	19.5
（3）应付利润	26		9. 未付利润	62	
（4）应交特种基金	27	745.4	10. 其他未交款	63	-3.6
小计	32	3450	11. 预提费用	64	
2. 其他运用:			12. 其他流动负债	65	
（1）固定资产和在建工程增加净额	33	1500	13. 一年内到期的长期负债	66	10
（2）增加无形资产、递延资产及其他资产	34				
（3）偿还长期负债	35				
（4）增加长期投资	36	68			
小计	38	1568			
流动资金运用合计	39	5018	流动资金增加净额	69	58.9
流动负债增加净额	40	1036.1	流动资金增加净额	70	1036.1

二、T型账户法

在采用T型账户法编制以流动资金为基础的财务状况变动表时，需要开立"流动资金"账户，同时登记流动资金的期初余额和期末余额。然后再开立一个"营业所得流动资金"账户，并为所有非流动资产和非流动负债类科目各设一个T型账户，同时过入期初、期末余额。然后将本年各种经济业务予以重现，把各个账户结平，以便据以编制财务状况变动表。例：资料如上例。根据上述资料，企业应作如下会计分录：

1. 结转本年利润

   借：营业所得流动资金　　　　　　　　　　　44500000
   　　贷：利润分配——未分配利润　　　　　　　　44500000

2. 购入债券及计提债券利息

   借：长期投资——债券投资　　　　　　　　　　1120000

贷：流动资金	1120000
借：长期投资——应计利息	100000
贷：长期投资——债券投资	40000
流动资金	60000

3. 计提折旧

借：营业所得流动资金	500000
贷：累计折旧	500000

4. 购入固定资产

借：固定资产	10000000
贷：流动资金	10000000

5. 出售设备

借：流动资金	2900000
营业所得流动资金	600000
累计折旧	2000000
贷：固定资产	5500000

6. 支付出包工程款

借：在建工程	5000000
贷：流动资金	5000000

7. 无形资产摊销

借：营业所得流动资金	20000
贷：无形资产	20000

8. 提取应付债券利息

借：流动资金	60000
贷：应付债券	60000

9. 在建工程完工交付使用

借：固定资产	5200000
贷：在建工程	5200000

10. 实现利润分配

借：利润分配——未分配利润	34500000
贷：流动资金	34500000
借：流动资金	12361000
贷：盈余公积	12361000

11. 一年内到期长期债券投资

借：流动资金　　　　　　　　　　　　　　　　500000

　　贷：长期投资　　　　　　　　　　　　　　　　500000

12. 一年内到期长期借款

借：长期借款　　　　　　　　　　　　　　　　400000

　　贷：流动资金　　　　　　　　　　　　　　　　400000

13. 将营业所得流动资金转入流动资金账户

借：流动资金　　　　　　　　　　　　　　　　45620000

　　贷：营业所得流动资金　　　　　　　　　　　　45620000

来源		流动资金	运用	
期初余额		55	期末余额	1091.1
（5）出售设备收入		290	（2）购入长期债券	112
（8）提取债券利息		6	长期债券利息及摊销	6
（10）提取盈余公积		1236.1	（4）购入固定资产	1000
（12）一年内到期的长期借款		−40	（6）支付出包工程款	500
（15）营业所得流动资金转入		4562	（10）利润分配	3450
			其中：应交所得税	1468.5
			应交特种基金	745.4
			提取盈余公积	1236.1
			（11）一年内到期的长期债券	−50
		6109.1		6109.1

营业所得流动资金			
（1）本年利润	4450	转入流动资金账户	4562
（3）计提折旧	50		
（5）出售设备损失	60		
（7）无形资产摊销	2		
	4562		4562

固定资产			
期初	1500	期末	2470
(4)	1000	(5)	550
(9)	520		
	3020		3020

在建工程			
期初	85	期末	32
(6)	500	(9)	520
	585		585

无形资产			
期初	10	期末	8
		(7)	2
	10		10

长期投资			
期初	100	期末	168
(2)	112	(2)	4
	10	(11)	50
	222		222

累计折旧			
期末	150	期初	300
(5)	200	(3)	50
	350		350

应付债券			
期末	106	期初	10
		(8)	6
	106		106

长期借款			
期末	160	期初	200
(12)	40		
	200		200

利润分配——未分配利润			
期末	1070	期初	70
(10)	3450	(1)	4450
	4520		4520

盈余公积			
期末	1316.1	期初	80
		(10)	1236.1
	1316.1		1316.1

四、工作底稿法

在工作底稿法下，资产账户的增加净额与权益账户的减少净额，都列为工作底稿上净变化栏的贷项，资产账户的减少净额与权益账户的增加净额都列为工作底稿上净变化栏的借项。如用上述有关资料编制的财务状况变动表工作底稿如下：

财务状况变动表工作底稿

19×2年12月31日

（营运资金基础）

××单位　　　　　　　　　　　　　　　　　　　　　　　　　　　　单位：万元

借方余额账户	12月31日余额		净变化		会计事项		资金		营运资金变动	
	19×2年	19×1年	借	贷	借	贷	来源	用途	减少	增加
流动资产：										
货币资金	1393	250	1143							1143
短期投资	40	40								
应收票据	15	15								
应收账款净额	7	15	8						8	
预付账款	1	1								
其他应收款	2	2								
存货	42	120	78						78	
一年内到期的长期债券投资	50	12	38							38
长期投资：										
长期投资	168	100	68		②⑪68					
固定资产原价	2470	1500	970		④⑨1520	⑤550				
在建工程	65	85		20		⑥⑨20				
无形及递延资产：										
无形资产	8	10		2		⑦2				
资产总计	4261	2150								
流动负债：										
累计折旧	150	300	150		⑤200	③50				
短期借款	150	130	20						20	
应付票据	80	80								
应付账款	60	50	10						10	
预收账款	2	2								
其他应付款	1	1								
应付福利费	5	2	3						3	
未交税金	109.5	90	19.5						19.5	

续表

借方余额账户	12月31日余额		净变化		会计事项		资金		营运资金变动	
	19×2年	19×1年	借	贷	借	贷	来源	用途	减少	增加
其他未交款	11.4	15		3.6						3.6
一年内到期的长期负债	40	30	10						10	
长期负债：										
长期借款	160	200		40	⑫240					
应付债券	106	100	6			⑧6				
所有者权益：										
实收资本	1000	1000								
资本公积										
盈余公积	1316.1	80	1236.1			⑩1236.1				
未分配利润	1070	70	1000		⑩ {1468.5 / 1236.1 / 745.4}	①4450				
负债及所有者权益总计	4261	2150	2412.6	2412.6						
营业所得流动资金：										
本年利润					①4450		4450			
加（减）：非流动资金项目对本年利润的影响：										
（1）固定资产折旧					③50		50			
（2）无形资产摊销					⑦2		2			
（3）清理固定资产损失					⑤60		60			
流动资金其他来源：										
（1）固定资产清理收入（减清理费）					⑤290		290			
（2）增加长期负债					⑧6	⑫240	-34			
（3）资本净增加额					⑩1236.1		1236.1			
流动资金运用：										
1. 利润分配：										

续表

借方余额账户	12月31日余额		净变化		会计事项		资金		营运资金变动	
	19×2年	19×1年	借	贷	借	贷	来源	用途	减少	增加
（1）应交所得税						⑩1468.5		1468.5		
（2）提取盈余公积						⑩1236.1		1236.1		
（3）应交特种基金						⑩745.4		745.4		
2. 其他运用：										
（1）固定资产和在建工程净增加额					⑨20	④⑨1520		1500		
（2）增加长期投资						②⑪68		68		
流动资金增加数								1036.1	1036.1	
					11392.1	11392.1	6054.1	6054.1	1184.6	1184.6

五、财务状况变动表的运用

编制财务状况变动表的目的，是为了让报表阅读者了解企业一定时期流动资金情况，包括流动资金增减变动的原因、企业投资和理财活动的方针、政策及其成果，并为预测未来的资金流量提供依据。通过财务状况变动表，可以大致了解如下情况：

1. 流动资金流入的渠道。企业流动资金的流入主要来源于营业和筹资，而营业取得的流动资金是最为主要的资金流入。从偿债角度看，营业流入的流动资金是稳定和可靠的偿债保证，需要增加营业流入的资金，必须以盈利为前提条件。一般情况下，盈利能力比资产的变现能力更为重要，因为只有较好的盈利能力，才是营业资金流入的可靠来源，才能给债权人提供偿债的安全保障。

筹资取得的流动资金，表明企业的筹资能力、筹资政策，即企业的筹资是靠增加资本，还是靠举借长期债务或收回长期投资取得。如果靠增加资本取得，可能未来期要增加分给投资者的利润，如果靠举借长期债务取得，则可能未来期的借款费用（包括利息和外币折合差额等）要增加；但如果举借长期债务以带来未来较大的经济利益，则举债是可行的；如果是靠收回长期投资取得的流动资金，则未来的投资收益可能会减少。将营业所得流动资金与举借长期债务相比，如果两者相差微小，则说明企业的财务不稳定，有一定的风险；

但是，如果举借长期债务能够带来未来较丰厚的获利能力，则并不表明企业的财务会发生困难。

2. 流动资金的运用。流动资金的运用去向主要包括分配和投资，企业实现的利润，在分配过程中会使流动负债增加，如应上交国家部分（包括所得税和特种基金），分配给投资者的部分。在企业盈利状况不佳的情况下，如果分配给投资者较多的利润，则表明企业是用以前年度的盈余（包括未分配利润和盈余公积）分派了利润。

企业的投资包括：（1）购建固定资产。通过财务状况变动表，说明企业是否注重厂房、设备的更新，以增加其生产能力，继而为增加未来的获利能力创造条件。如果企业添置设备，则可以分析企业购入新资产的资金来源，是靠本身的营业流入和自身内部的积累，还是靠举借长期债务或增加资本。如上例中固定资产增加额1520万元，从财务状况变动表上看，企业本年未举借长期债务，也没有增加投资者的投入，说明是靠企业自身的经营及积累购置的资产，而不是靠其他来源购置的。（2）增加无形资产，表明企业在本年内取得的无形资产，可能为企业带来未来较高的获利能力。（3）表明企业的投资政策。企业投资是选择购置固定资产、无形资产，买入土地等，还是作长期投资（包括购买长期债券，购买股票、联营投资）。如果企业用非流动资产投资，一般不会使企业的流动资产减少，通过"对外投资转出的固定资产""对外投资转出的无形资产"和"增加长期投资"两个项目的分析，可以了解企业是用流动资产，还是用固定资产或无形资产投资。如上例中，本年底内增加长期投资68万元（年度内增加的长期投资112＋10－4－一年内到期的长期债券投资50），而流动资金来源方的"对外投资转出固定资产""对外投资转出无形资产"项目没有数字，说明企业是用流动资金投资，而没有用固定资产、无形资产投资。（4）偿债情况。通过财务状况变动表，可以了解企业是否提前偿还了长期负债，为什么要提前偿还长期债务，是经营情况良好，为今后少付利息而提前偿还，还是另有图谋。

3. 不影响流动资金变动的投资和筹资事项。企业的某些投资和筹资事项本身并不影响流动资金的增减变动，如融资租入固定资产，对外投资转出的固定资产、无形资产，提取盈余公积等，这些不影响流动资金增减变动的因素，是企业重要的投资和筹资事项，通过在财务状况变动表中反映，能够使报表阅读者了解企业的财务状况全貌。借以分析投资和筹资政策；为债权人和投资者提供有用的信息资料。

4. 流动资金结构的变化。通过分析财务状况变动表流动资产和流动负债的增减变动情况，了解企业年度内各项流动资产和流动负债的结构变化对流动资金的影响，如企业年度内如果货币资金增加，说明可能是企业年度内从经营中取得的，或者是举借债务取得，或者是收回应收账款等取得的；如果年度内货币资金减少，应收账款增加太多，说明企业本期的收入大部分形成应收账款，而投资和经营活动大部分用的是货币资金，也可能有一部分应收账款不能如期收回；如果年度内存货增加很多，在该存货销路极好的情况下，不会影响变现能力。在存货滞销的情况下，可能会影响未来期存货的变现能力。如果企业年度内应付账款、未交税金增加，说明企业未来一定时期内需要用货币资金支付账款、交付税金，货币资金将会因此减少等。

分析企业财务状况的好坏，必须根据该企业提供的会计报表、会计报表附注说明，以及企业的未来前景，历史情况等因素综合考虑。正确地编制财务状况变动表，为这种分析提供了可靠的依据。通过对会计报表的分析，使债权人、投资者、潜在的债权人和投资者，以及报表其他阅读者能够正确地判断企业的财务状况和经营成果，为其决策提供所需的信息。

编制 1993 年度国有工业企业汇总会计报表应注意的几个问题[*]

年度汇总会计报表，是综合反映企业在年度内的财务状况和经营成果的会计报表。通过一年一度汇编上报的年度汇总会计报表，为国家有关部门进行宏观调控提供所需要的信息数据，以便作出正确的决策。因此，认真做好布置和编报年度汇总会计报表，是财务会计工作的一项重要内容。

从 1992 年开始，财政部对我国的财务会计制度进行了一系列重大的改革（"两则两制"改革），改革后的会计核算模式发生了重大变革，由原来与计划经济体制相适应的会计核算模式，改为与国际惯例相一致、与市场经济相适应的会计核算模式，使我国的会计核算向世界通行的做法迈出了可喜的一步。由于从 1993 年 7 月 1 日起执行新制度，7 月 1 日以前已经发生的经济事项仍然按照原会计制度规定进行会计处理，这对编制 1993 年度汇总会计报表而言增加了一定的难度，现就如何编制 1993 年度国有工业企业汇总会计报表，谈谈个人的一些体会。

一、汇编范围

汇编范围是指汇编国有工业企业年度汇总会计报表的企业类型、企业范围，这一范围是统驭整套报表，是汇编年度汇总会计报表的前提。汇编范围也可以理解为哪一类型的企业应属于汇总会计报表应包括的对象。

新的财务会计制度从今年 7 月 1 日起执行，按照新的财务会计制度规定，所有企业不再分所有制、部门，统一执行行业财务会计制度。执行新制度后，

---

[*]（《会计改革与会计管理》1993 年第 11 期）

年度汇总报表的汇编范围如何确定？原企业年度汇总会计报表是分部门、所有制和行业分别汇总的，如国有工业企业年度汇总会计报表编报的范围，是隶属于工业主管部门的国有工业生产企业，隶属于工业主管部门的非国有工业生产企业，以及隶属于非工业主管部门的国有工业企业，均不汇编在内。这一汇编范围是与原财务管理体制相适应的。执行新制度以后，既然所有企业都执行分行业的财务会计制度，并按照会计制度的要求，无论什么性质的企业，均应向财政部门报送会计报表，则汇总会计报表应该包括所有企业的数字，即不分部门和所有制，按行业汇总，以取得全社会分行业的汇总会计数据。但由于目前财务管理体制尚未理顺。原非国有企业归口财政部门内的哪一职能部门管理，其会计报表由哪一职能管理部门汇总等问题尚未解决，也就是在目前财务管理体制尚未理顺的情况下，要汇总所有企业的会计报表，势必存在着很大的困难。因此，今年国有工业企业年度汇总会计报表的汇编范围，仍然为原口径。这一汇编范围为：从所有制性质上看，仅包括国有工业生产企业；从隶属关系上看，包括所有隶属于工业主管部门的工业生产企业，不包括隶属于其他主管部门的国有工业生产企业，也不包括隶属于工业主管部门的商业、外贸、供销等非工业生产企业，从经营情况看，包括生产经营企业和尚未投产的企业。在确定汇编范围时，还必须注意以下五个问题：

1. 以独立核算单位为一个汇编单位，而不是以清算口径作为一个汇编单位。

2. 联营企业，无论采取哪种联营形式，也不论是国内联营还是与中外合资企业联营，只要投资各方仍然保留其法人资格，并要进行有关的会计核算的，投资各方仍然包括在年度会计报表的汇编范围内。同时，联营合并后组成的总厂或公司，或者投资各方投资后新建的企业，只要是国有工业生产企业，也应包括在汇编范围内。但如果企业在联营前均为国有工业企业，并且同属于一个主管部门，联营后，不再按各自投资分配利润，或总厂或公司统一交税交利的，这类企业等于是合并后丧失了法人资格，在汇编年度会计报表时，则不包括在汇编范围内。

3. 被兼并（或被出售，下同）企业，在办理产权转让手续以前，无论该企业是否继续生产经营，均应包括在汇编范围内。在办理了产权转让手续以后，如已丧失法人资格，则不包括在汇编范围内，如尚未丧失法人资格，只是改变了产权转让企业实体，转变实体后仍然是国有工业生产企业的，也应包括在汇编范围内；如果转变实体后不再是国有工业生产企业，则不应包括在汇编范围内。

4. 汇编范围中应包括控股公司和控股企业。但为了避免重复，汇总报表的有关数据中，仅包括控股公司本身的数据，而不包括合并报表的数据。

5. 关停企业（包括本年度关停和以前年度关停的企业），不包括在汇编范围内。这次财务会计改革，只是对持续经营企业的财务会计做出了规定，关停企业的财务会计制度没有涉及，即关停企业仍然执行原财务会计制度。因此，关停企业的有关数据不能汇编在汇总报表的有关指标内。同时，为了反映关停企业的情况，在"主要指标表"（会工地年汇06表）中，设置了关停企业的户数、资产总值、国家基金等指标，单独反映关停企业的有关情况，其他会计报表中均不包括关停企业的数字。

二、指标的可比性

由于今年新的财务会计制度是自7月1日起执行的，而7月1日以前已经发生的经济业务在调账时不再进行调整，即今年的企业会计数据，7月1日以前是按照原财务会计制度规定的核算方法取得的，7月1日以后是按照新的财务会计制度规定的核算方法计算取得的。这就存在着一个会计年度内执行两种不同的财务会计制度的问题。而年度汇总会计报表的有关指标是反映全年的数字，由于上半年和下半年指标口径不一致，造成了年度内会计指标的不可比，也使得年度汇总会计报表数据不便于分析利用。因此，今年的年度汇总会计报表除了规定的几张报表以外，为了便于分析利用，还增加了一些主要指标和因素分析指标。

三、"利润分配表"的编制

"利润分配表"的编制方法，相对于其他报表来说，具有一定的难度。我认为，编好这张报表，主要应注意以下几个问题：

（一）指标口径

"利润分配表"是反映企业利润分配和年末未分配利润（或未弥补亏损）情况的报表。按照规定，从7月1日执行新制度时，对上半年按照原会计制度规定的利润分配项目已经作了分配的事项，仍然保留在利润分配有关的明细账户中，到年底办理决算时，再进行处理。7月1日执行新制度以后，原有的一些利润分配政策不再执行，而按照新制度规定的利润分配项目进行分配。因此，在利润分配表中，既要反映上半年的利润分配项目，又要反映下半年按照新制度规定的利润分配项目，使得"利润分配表"各项指标的口径不同，有的仅仅反映上半年的数据，有的仅仅反映下半年的数据，还有部分指标反映全年的数据，在填列利润分配各个项目时，应区别情况分别填列。

1. 反映上半年数据的项目有："其他单位转来的利润""中外合资企业转来的利润""应由预算弥补的亏损""提前还清基建借款留给企业的利润""分给其他单位的利润""向中外合资企业投资应上交的场地使用费""追加长期投资的利润""弥补以前年度亏损""弥补联营亏损""应交调节税""应交承包费""分给承租方的利润""用税后利润弥补的以前年度亏损""用税后利润弥补的联营亏损""上半年企业预留利润"等项目。

2. 反映下半年数据的项目有："盈余公积补亏""应交特种基金""提取盈余公积""转作奖金的利润"等项目。

3. 反映调账时转入的项目有，"调账转入应弥补亏损"项目，这个项目反映调账时将原已计入"应弥补亏损——应由以后年度利润弥补的亏损和应由投资方弥补的亏损"科目转入"利润分配——未分配利润"科目，留待以后年度用利润弥补亏损。

4. 反映全年数据的项目有："归还借款的利润（包括其中数项目）""单项留用的利润（包括其中数中的留给企业的治理"三度"产品净利润、国外来料加工装配业务留给企业的利润、留给企业的技术转让利润）""应交所得税""应交（付）利润"等项目。

（二）承包企业

承包企业在填列"利润分配表"时，应着重注意以下两个问题：

1. 在利改税基础上实行承包经营责任制的企业，按照原规定，必须按照规定的所得税率和调节税率计算出企业应交的所得税（调节税，下同）并作相应的利润分配。核定的承包上交利润与按规定计算的所得税、调节税之间的差额，或作为应退库的超承包利润，或作为应补交的承包利润处理。

执行新制度以后，实行承包经营责任制的企业，按规定应交的承包利润，在"利润分配——应付利润"科目核算，收到的超承包退库利润，作为"利润分配——应付利润"的减项处理。会计处理方法为：期末，企业按规定计算出应交的承包利润，借记"利润分配——应付利润"科目，贷记"应付利润"科目，收到返还的超承包利润，借记"银行存款"等科目，贷记"利润分配——应付利润"（超承包所得中扣除应付给经营者的奖励部分）、"应付工资"（超承包所得中应付经营者奖励部分）科目。

由于今年 7 月 1 日以前已经按照原规定的税率计算的所得税作了相应的利润分配，在会计报表上仍然应如实反映。下半年，按照规定计算的应交所得税，借记"利润分配——应交所得税"科目，贷记"应交税金"科目。核定的承包上交利润大于按规定计算的应交所得税的部分，在"利润分配——应付利润"科目核算，借记"利润分配——应付利润"科目，贷记"应付利润"科目，在"利润分配表"上，其差额部分，填列在"应交（付）利润"项目内；核定的承包上交利润小于按规定计算的应交所得税的部分：如果采取抵留办法的，直接作为应交所得税的减项；如果采用先上交后退库的办法，则收到的退库数作为应付利润的抵减因素处理。

2. 实现的利润不足以缴纳承包利润的企业，如有用抵押金抵补或用盈余公积抵补的，在"利润分配"科目下设置"应由抵押金抵补的承包利润"和"用盈余公积补交的承包利润"两个明细科目进行核算。企业用抵押金或盈余公积补交承包利润时，借记"其他应付款"或"盈余公积"科目，贷记"利润分配"科目。

（三）提取法定盈余公积

由于上半年按原规定已经预留了 80% 的利润，转入了专用基金。为了体现上半年和下半年利润分配政策的不同，对于上半年已经预留的利润，仍然如实反映，在下半年提取法定盈余公积时，按下半年实现的税后利润与规定的比例提取的数额，再加上上半年尚未留用利润的 75% 作为提取法定盈余公积的数额。

（四）其他问题

1. 留给企业技术转让利润处理。按照国家规定，留给企业的技术转让利润中可以提取 5%—10% 奖励有关人员。企业在会计处理时，应将留用的技术转让利润中的属于奖励部分，转入"应付工资"科目。即，按照规定留用的技术转让利润，借记"利润分配——单项留用的利润"科目，转作奖励的部分，贷记"应付工资"科目，差额部分，贷记"盈余公积"科目。

2. 向中外合资企业投资应上交的场地使用费的处理。企业向中外合资企业投资应上交的场地使用费,原制度是在"利润分配"科目下设置明细科目核算的,执行新制度后,如果企业向中外合资企业投资分得的利润仍然要上交场地使用费的,在"利润分配——应付利润"科目核算。企业按规定计算出应上交的场地使用费,借记"利润分配——应付利润"科目,贷记"应付利润"科目。

3. 分给承租方的利润的处理。实行租赁经营的小型工业企业,按规定计算的应分给承租方的收入,原在"利润分配"科目下设置"分给承租方的利润"明细科目进行核算。执行新制度后,租赁经营企业分给承租方的利润,在"利润分配——应付利润"和"专项应付款"科目核算。期末,企业按照合同规定计算的应分给承租方的收入,借记"利润分配——应付利润"科目,贷记"专项应付款"科目;企业按规定计算缴纳租金、抵扣承租方预支的生活费、分给承租方时,借记"专项应付款"科目,贷记"银行存款"等科目,租赁期满后,对留给企业的部分,转作盈余公积,借记"专项应付款"科目,贷记"盈余公积"科目。

(五)举例

下面举例说明如何填列"利润分配表"。

例1:某利改税企业,适用的所得税率为33%。1993年全年实现利润500万元,其中,上半年实现利润200万元。该企业按税后利润的10%和8%提取法定盈余公积和公益金,按15%缴纳能源交通建设基金,按10%缴纳预算调节基金。该企业会计处理如下(金额单位:元。下同):

1. 上半年应交所得税 = 200 × 33% = 66 万元

  借:利润分配——应交所得税   660000

    贷:应交税金——应交所得税   660000

2. 上半年预留利润 = (200 - 66) × 80% = 107.2 万元

  借:利润分配——企业留利   1072000

    贷:专用基金   1072000

3. 上半年尚未分配的利润 = 200 - 66 - 107.2 = 26.8 万元

4. 下半年应交所得税 = 300 × 33% = 99 万元

  借:利润分配——应交所得税   990000

    贷:应交税金——应交所得税   990000

5. 计算缴纳"两金" = (500 - 66 - 99 - 107.2) × 25% = 227.8 × 25%

    = 56.95 万元

借：利润分配——应交特种基金　　　　　　　　569500
　　　贷：其他应交款　　　　　　　　　　　　　569500
6. 计提法定盈余公积 =（300 - 99）× 10% + 26.8 × 75% = 40.2 万元

　　计提公益金 =（300 - 99）× 8% = 16.08 万元

借：利润分配——提取盈余公积　　　　　　　　562800
　　　贷：盈余公积　　　　　　　　　　　　　　562800
7. 结转利润和未分配利润

借：利润　　　　　　　　　　　　　　　　　　2000000
　　本年利润　　　　　　　　　　　　　　　　3000000
　　　贷：利润分配——未分配利润　　　　　　5000000
借：利润分配——未分配利润　　　　　　　　　3854300
　　　贷：利润分配——应交所得税　　　　　　1650000
　　　　　　　——应交特种基金　　　　　　　　569500
　　　　　　　——提取盈余公积　　　　　　　　562800
　　　　　　　——企业留利　　　　　　　　　1072000

8. 年末未分配利润 = 500 - 165 - 56.95 - 56.28 - 107.2 = 114.57 万元

例2：某利改税企业，1990年实行承包。核定的承包上交利润100万元。该企业1993年实现利润280万元，其中7月1日以前实现的利润为100万元。1993年7月1日以前的利润分配各项目为：收到其他单位转来的利润20万元（采用先分后税办法）；留给企业的技术转让净收入10万元，税前归还专项借款（固定资产借款）的利润为15万元。该企业下半年用所得税前利润归还非拨改贷借款10万元。该企业适用的所得税率为33%。企业按税后利润8%提取公益金，按10%提取法定盈余公积，按25%缴纳能源交通建设基金和预算调节基金。根据上述资料，企业应作如下会计处理：

1. 7月1日以前的会计处理如下：

（1）借：银行存款　　　　　　　　　　　　　　200000
　　　　贷：利润分配——其他单位转来的利润　　200000
（2）应交所得税 =（100 + 20 - 10 - 15）× 33% = 31.35 万元

　　借：利润分配——应交所得税　　　　　　　　313500
　　　　贷：应交税金——应交所得税　　　　　　313500
（3）借：利润分配——留给企业的技术转让利润　100000
　　　　贷：专用基金　　　　　　　　　　　　　100000

(4) 借：利润分配——归还专项借款的利润　　　　　150000
　　　　贷：专项工程支出　　　　　　　　　　　　　　150000
　　　借：专用借款　　　　　　　　　　　　　　　　150000
　　　　贷：银行存款　　　　　　　　　　　　　　　　150000
(5) 上半年企业预留利润 =(100+20-10-15-31.35)×80%
　　　　　　　　　　　 =50.92万元
借：利润分配——企业留利　　　　　　　　　　　　509200
　　贷：专用基金　　　　　　　　　　　　　　　　　509200
(6) 上半年未留利润 =100+20-10-15-31.35-50.92=12.73万元
2. 7月1日以后的会计处理如下：
(1) 借：利润分配——归还借款的利润　　　　　　　100000
　　　　贷：盈余公积　　　　　　　　　　　　　　　　100000
(2) 借：长期借款　　　　　　　　　　　　　　　　100000
　　　　贷：银行存款　　　　　　　　　　　　　　　　100000
(3) 应交所得税 =(180-10)×33% =56.1万元
借：利润分配——应交所得税　　　　　　　　　　　561000
　　贷：应交税金——应交所得税　　　　　　　　　　　561000
(4) 借：利润分配——应付利润（100-31.35-56.1）　125500
　　　　贷：应付利润　　　　　　　　　　　　　　　　125500
(5) 计算应交特种基金 =(280+20-10-15-10-100-50.92)×25%
　　　　　　　　　　 =114.08×25% =28.52万元
借：利润分配——应交特种基金　　　　　　　　　　285200
　　贷：其他应交款　　　　　　　　　　　　　　　　285200
(6) 提取法定盈余公积 =(180-10-56.1-12.55)×10% +12.73×75%
　　　　　　　　　　 =19.69万元
提取公益金 =(180-10-56.1-12.55)×8% =8.11万元
借：利润分配——提取盈余公积　　　　　　　　　　278000
　　贷：盈余公积　　　　　　　　　　　　　　　　　278000
3. 结转本年利润和未分配利润
借：利润　　　　　　　　　　　　　　　　　　　1000000
　　本年利润　　　　　　　　　　　　　　　　　　1800000
　　贷：利润分配——未分配利润　　　　　　　　　　2800000

借：利润分配——其他单位转来的利润	200000	
贷：利润分配——未分配利润		200000
借：利润分配——未分配利润	2422400	
贷：利润分配——归还专项借款的利润		150000
归还借款的利润		100000
留给企业的技术转让利润		100000
应交所得税		874500
应付利润		125500
企业留利		509200
提取盈余公积		278000
应交特种基金		285200

4. 年末未分配利润 = 280 + 20 − 242.24 = 57.76 万元

例3：某利改税企业，1990年农实行承包。核定的1993年承包上交利润120万元。1993年实现利润100万元，其中上半年实现利润20万元。按规定用押抵金抵补承包利润10万元，用盈余公积弥补10万元。该企业适用的所得税率为33%。根据上述资料，应作如下会计处理：

1. 上半年会计处理：

（1）计算应交的所得税 = 20 × 33% = 6.6 万元

借：利润分配——应交所得税	66000	
贷：应交税金——应交所得税		66000

（2）计算企业预留利润 = (20 − 6.6) × 80% = 10.72 万元

借：利润分配——企业留利	107200	
贷：专用基金		107200

（3）上半年未留利润 = 20 − 6.6 − 10.72 = 2.68 万元

2. 下半年会计处理：

（1）计算企业应交所得税 = 80 × 33% = 26.4 万元

借：利润分配——应交所得税	264000	
贷：应交税金——应交所得税		264000

（2）计算企业应交利润 = 120 − 6.6 − 26.4 = 87 万元

借：利润分配——应付利润	870000	
贷：应付利润		870000
（3）借：其他应付款——应付承包抵押金	100000	

　　　　盈余公积　　　　　　　　　　　　　　　　100000
　　　　　贷：利润分配——应由抵押金抵补的承包利润　100000
　　　　　　　　用盈余公积补交的承包利润　　　　　100000
3. 结转利润及未分配利润
（1）借：利润　　　　　　　　　　　　　　　　　200000
　　　　本年利润　　　　　　　　　　　　　　　　800000
　　　　　贷：利润分配——未分配利润　　　　　　1000000

表1　　　　　　　利润分配表（简单格式）　　　　（单位：万元）

项目	例1	例2	例3
一、利润总额	500	280	100
加：其他单位转来的利润		20	
应由抵押金抵补的承包利润			10
用盈余公积补交的承包利润			10
减：归还借款的利润		25	
单项留用的利润		10	
其中：留给企业的技术转让利润		10	
二、小计	500	265	120
减：应交所得税	165	87.45	33
应交（付）利润		12.55	87
上半年企业预留利润	107.2	50.92	10.72
应交特种基金	56.95	28.52	
提取盈余公积	56.28	27.8	
其中，公益金	16.08	8.11	
三、未分配利润	114.57	57.76	-10.72

（2）借：利润分配——未分配利润　　　　　　　1307200
　　　　贷：利润分配——应交所得税　　　　　　330000
　　　　　　　　企业留利　　　　　　　　　　　107200
　　　　　　　　应付利润　　　　　　　　　　　870000
（3）借：利润分配——应由抵押金抵补的承包利润　100000

——由盈余公积补交的承包利润　100000
　　贷：利润分配——未分配利润　　　　　　200000

4. 年末未分配利润 = 100 + 10 + 10 - 130.72 = - 10.72 万元

四、调整固定资产折旧年限后有关会计处理问题

新的财务制度缩短了固定资产的折旧年限。执行新制度后，企业应按国家规定新的折旧年限，重新计算折旧率，并在有关"固定资产卡片"上进行登记。已达新的折旧年限尚未提足折旧的固定资产，如果可以继续使用的，继续提取折旧，直至提足该项固定资产应提的折旧总额为止；如果不能继续使用需要报废处理的，按照固定资产清理的会计处理方法进行处理。

例：（1）某工业企业某项固定资产原价为 100 万元，1989 年 12 月 31 日购入，到 1993 年 6 月 30 日止已使用 3.5 年，按原折旧年限规定使用 10 年，按照新的折旧年限规定使用 8 年。假如该项资产的净残值为 0.4 万元。（2）假如该项固定资产于 1985 年 6 月 20 日购入。该企业应做如下会计处理：

1. 该固定资产于 1989 年 12 月 31 日购入

（1）原年折旧额 = （100 - 0.4）÷ 10 = 9.96 万元

原折旧率 = 9.96 ÷ 100 × 100% = 9.96%

新的年折旧额 = （100 - 0.4）÷ 8 = 12.45 万元

新折旧率 = 9.96 ÷ 100 × 100% = 12.45%

7 ~ 12 月提取的折旧额 = 12.45% ÷ 12 × 6 × 100 = 6.225 万元

　　借：有关费用科目　　　　　　　　　　　　62250
　　　贷：累计折旧　　　　　　　　　　　　　　62250

（2）由于调整固定资产折旧年限多提的折旧额 = 9.96% ÷ 12 × 6 × 100 + 6.225 - 9.96 = 4.98 + 6.225 - 9.96 = 1.245 万元

2. 该项固定资产到 1993 年 6 月 30 日，按照新的折旧年限使用期已满。则应区别情况处理：

（1）如果还能继续使用，尚未提足的折旧仍然可以提取，直到提足该项固定资产应提的折旧总额。

按照原折旧率已经提取的折旧 = 8 × 9.96% × 100 = 79.68 万元

按照新的折旧率应提取的折旧 = 8 × 12.45% × 100 = 99.6 万元

尚未提足的折旧 = 99.6 - 79.68 = 19.92 万元

对于这部分已达使用年限继续使用并能仍然提取折旧的固定资产,下半年按照新折旧率提取折旧。

下半年提取的折旧累计数 = 12.45% ÷ 12 × 6 × 100 = 6.225 万元。

(2) 如果不能继续使用需要报废的,尚未提足折旧的 19.92 万元不再提取,将固定资产净值直接转入固定资产清理,按照清理固定资产的会计处理方法进行处理。

五、清产核资的会计处理

从去年开始,国家对部分国有企业进行清产核资试点工作,以核实企业的家底,处理一些潜亏因素等。关于清产核资主要涉及以下四个会计问题:

1. 固定资产评估。按照清产核资办法规定,企业主要固定资产价值重估后,经过验收核实,相应调整固定资产账面价值(包括原值和净值),并按重估后的固定资产价值以新制度规定的折旧率计提折旧。这里要注意三个问题:一是重估资产经核实后,无论是增值还是减值,均调整固定资产的账面价值;三是固定资产重估后;其固定资产净值按重估后的固定资产原值的升值幅度作相应的调整;三是固定资产重估后增值或减值部分,相应调整资本公积。

例:某国有工业企业进行清产核资试点评估固定资产的价值。某台固定资产原账面价值为 2000 万元,评估后原价为 2500 万元。已提折旧为 1000 万元。根据上述资料,应作如下处理:

(1) 评估后固定资产账面原价调整为 2500 万元;

(2) 评估后固定资产净值 = 2500 − (1000 + 500 ÷ 2000 × 1000) = 1250 万元;

(3) 评估固定资产应相应调增的资本公积 = 500 − (500 ÷ 2000 × 1000) = 250 万元。企业应作如下会计分录:

借:固定资产 5000000
 贷:累计折旧 2500000
  资本公积 2500000

如果为评估减值,作相反的会计处理。

2. 处理潜亏。潜亏是指企业没有纳入年度损益决算,而实际发生的各项费用开支和流动资产损失。主要包括:各种存贷盘亏和损失、应收账款的坏账损失、未处理的各种挂账损失、少转少摊的各种费用,以及库存产成品成本高于现价的损失。处理潜亏涉及的会计问题主要包括:

一是对清理出来的属于 1991 年以前发生的库存各种材料、燃料、低值易耗品、在产品等的盘亏和损失，少转少摊的待摊费用、材料价格差异、销售费用、停工损失费用等，转入"待处理财产损溢"科目，经企业主管部门审核、报同级财政部门批准，分期摊入成本，借记"管理费用——潜亏摊销"科目，贷记"待处理财产损溢"科目。如果仍然无法自行消化的企业潜亏，经各级财政部门（资产管理部门）审核批准，由企业冲销公积金和实收资本，借记"盈余公积""资本公积""实收资本"科目，贷记"待处理财产损溢"科目。如果用资本冲销仍然不够的，从"待处理财产损益"账户转入"利润分配——未分配利润"账户，用以后年度的利润予以处理。

二是对清理出来的预算内国有工业企业 1991 年以前产成品损失，包括产成品报废、毁损、盘盈、盘亏以及库存产成品成本高于销售价格部分的损失，先计入"待处理财产损溢"科目，借记"待处理财产损溢"科目，贷记"产成品"科目。产成品损失（包括清查前已转入"待处理财产损溢——待处理流动资产损溢"账户的产成品损失）要制订出分年消化计划，分期列入营业外支出，处理时，借记"营业外支出——处理产成品潜亏损失"科目，贷记"待处理财产损溢"科目。

3. 清理客观原因造成的资产损失。对于清理出来的因客观原因造成的企业固定资产、流动资产等损失，先转入"待处理财产损溢"科目，按现行批准权限，经审核后，区别情况处理：

一是冲减企业的公积金。借记"盈余公积""资本公积"科目，贷记"待处理财产损溢"科目。

二是用公积金冲减不够的部分，冲销实收资本。借记"实收资本"科目，贷记"待处理财产损溢"

4. 贷款损失。对清理出来的 1991 年以前的由于不可抗拒的客观原因造成的企业贷款损失，企业确实难以归还，已实际成为呆账的，按有关程序批准后，这部分贷款可以不用偿还，先用于抵补其损失，借记"长期借款"等科目，贷记"在建工程"等科目，多余部分转作营业外收入，借记"长期借款""短期借款"科目，贷记"营业外收入——清理贷款收入"。

六、住房基金的会计处理

为了保证和促进住房制度改革的顺利进行，实现住房商品化，加快住房建设,国家先后发布了一系列文件,对住房改革作了有关的规定。同时,财政部也先后发布了有关企业住房方面的财务会计办法。企业住房基金的财务和会计问题主要涉及以下几个方面:

(一) 企业住房基金的来源

按照目前国家有关政策规定,企业的住房基金的来源主要有四个方面:一是企业住房提取的折旧;二是从税后利润中提取的用于集体福利方面的公益金;三是借入资金;四是住房资金的其他来源(住房周转金)。

从第一项来源看,住房作为企业的固定资产,按其属性及核算方法而言,企业住房可以提取折旧。提取的折旧表明由于使用职工住房而转移的那部分价值,职工住房的原价减去已提折旧为职工住房的净值,表明职工住房的新旧程度。从会计核算角度看,固定资产提取的折旧计入成本、费用,构成成本费用的重要组成部分;从现金流量的角度看,提取的固定资产折旧作为一项流动资金的来源,从归属的资产角度看,从收入中得到补偿的固定资产折旧,包括在企业的流动资产内,或者表现为货币资金,或者表现为应收账款等。因此,住房提取的折旧与其他固定资产提取的折旧一样,在会计核算上不可能分离出来单独核算。提取折旧时无论是什么类型的固定资产,均增加费用,增加累计折旧,但由于住房提取的折旧有其专门的用途,为了反映这部分住房提取的折旧以及相应的支出,在会计核算上只有采用备查登记的方法进行处理。提取的住房折旧在备查簿中登记,使用时注销备簿登记。

从第二项来源看,企业实现利润扣除缴纳的所得税和特种基金后的净利润从理论上说是所有者权益。但按照新的财务制度规定,企业所得税后的分配中可以按照税后利润的一定比例提取公益金,提取的公益金用于集体福利设施。由于从税后利润中提取的公益金其性质仍然归属于所有者权益,只是被提出来供作特定的用途。在会计核算上,提取的公益金作为所有者权益的组成部分,在"盈余公积"科目下设置明细科目核算。在用公益金购建职工住宅或购建了托儿所等,在增加固定资产的同时,即公益金已经用于职工集体福利设施支出后,公益金作为具有专门用途的职能已经消失,应该转为一般盈余公积。

第三项来源可作为一笔负债来看,在"长期借款"科目核算。

第四项来源可作为除了职工住房折旧和公益金以及借入资金以外的其他来源,包括:

(1) 自管和委托代管住房的租金收入;

（2）企业取得的公有住房出售净收入；

（3）经财政部门核定在成本中列支的资金；

（4）上级主管部门下拨的住房资金；

（5）城市住房基金拨入；

（6）企业住房基金的利息收入；

（7）其他住房资金。

上述这些其他来源，在会计核算上设置"住房周转金"科目，核算除了职工住房折旧和公益金以及借入资金以外的，从各种来源取得的用于职工住房方面的资金。

（二）企业住房基金的用途

企业从各方面取得的住房基金（包括职工住房的折旧、提取的公益金、借入资金和住房周转金）主要用于以下六个方面：

1. 发放提租补贴；
2. 缴纳住房公积金；
3. 代管住房的维修和管理；
4. 住房改造和建设；
5. 归还住房借款本息和住房租赁保证金；
6. 房改方面的其他支出。

企业公益金中用于住房方面的资金，一般应用于住房建设，不得发放住房提租补贴和缴纳公积金。企业安排用于住房方面的支出，不得超过企业住房基金总额。

（三）住房基金的核算

企业从各种来源取得的住房基金，在会计制度中分别在有关科目中核算：

1. 公益金。提取的公益金在"盈余公积"科目下设置"公益金"明细科目，用公益金购建职工住宅后，将公益金转作一般盈余公积。

2. 设置"住房周转金"科目，核算企业除了公益金、借入资金和住房折旧以外从其他来源取得的住房基金，"住房周转金"科目界乎于负债和所有者权益中间性质的科目，其贷方反映住房周转金的来源，包括调账时从专用基金——住房基金"转入的住房基金结余，不包括企业收取的住房租赁保证金和借入的住房资金；借方反映住房周转金的使用，包括购建住房或购入住房使用权、代管住房的维修和管理费用、发放提租补贴和缴纳住房公积金等，期末贷方余额，反映住房周转金的结余。

企业住房周转金的使用包括两部分内容：一是消耗性质的支出，如发放提租补贴、缴纳住房公积金、住房的维修费用等。这部分支出在实际发生时直接冲减住房周转金；二是能形成固定资产（或无形资产，下同）的支出，主要是购建或购买职工住宅的所有权或使用权，由于这部分支出形成固定资产，为了反映企业用住房周转金购置固定资产而减少的住房周转金，企业在用住房周转金购置固定资产交付使用后，应将住房周转金转作资本公积。

3. 收取的住房租赁保证金，属于暂收款项，待一定时期后还要偿还给职工的，因此，在核算上应作为其他应付款处理。

4. 为了反映所有住房基金的来源和运用，企业还应设置"住房基金"备查簿，辅助登记企业取得的各项可用于住房方面的资金。辅助登记中的贷方反映：公益金中用于住房方面的资金；职工住房提取的折旧，自管和委托代管住房的租金收入，经财政部门核定在成本、费用中列支的资金；企业公有住房出售净收入，上级主管部门下拨的住房周转金，城市住房基金拨入，企业住房周转金存款的利息收入，以前年度结余的住房基金转入住房周转金的数额；企业收取的住房租赁保证金，借入的资金以及其他住房基金来源等。

辅助登记中的借方反映：发给职工的住房提租补贴和缴纳的住房公积金，用于代管住房的维修和管理支出，应由住房基金负担的购建住房或住房使用权的支出，应负担的出售住房净损失，归还住房借款本息，归还住房租赁保证金以及其他住房基金的使用等。

辅助登记中的贷方余额为可用于住房方面的资金。

例1：某企业购入一栋职工住宅的所有权，实际支付款项 5000 万元，款项已经支付。其中，动用公益金支付 1200 万元，用原职工住宅提取的折旧支付 1500 万元，用借款支付 300 万元，其余用住房周转金支付。企业应作如下会计分录：

（1）借：固定资产　　　　　　　　　　　　　　　50000000
　　　　贷：银行存款　　　　　　　　　　　　　　50000000
（2）借：盈余公积——公益金　　　　　　　　　　12000000
　　　　贷：盈余公积——一般盈余公积　　　　　　12000000
（3）借：住房周转金　　　　　　　　　　　　　　20000000
　　　　贷：资本公积　　　　　　　　　　　　　　20000000

(4) 在住房基金备查簿的借方登记 5000 万元。

例 2：某工业企业出售一栋公有住房的所有权，该住房原价 350 万元，已提折旧 50 万元，出售收入 400 万元，另出售一栋公有住房使用权，该住房原价 350 万元，已提折旧 150 万元，出售所得收入 250 万元。出售收入均已收入，存入银行。根据上述资料，编制如下会计分录：

1. 出售住房所有权：
(1) 借：固定资产清理　　　　　　　　　　3000000
　　　　累计折旧　　　　　　　　　　　　 500000
　　　贷：固定资产　　　　　　　　　　　 3500000
(2) 借：银行存款　　　　　　　　　　　　4000000
　　　贷：固定资产清理　　　　　　　　　 4000000
(3) 借：固定资产清理　　　　　　　　　　1000000
　　　贷：住房周转金　　　　　　　　　　 1000000
出售住房的使用权：
借：银行存款　　　　　　　　　　　　　　2500000
　　贷：住房周转金　　　　　　　　　　　 2500000

2. 在备查簿的贷方登记 350 万元。

例 3：某工业企业从成本、费用中提取的住房补贴 150 万元；收到上级主管部门拨入的住房周转金 50 万元；用住房周转金发放提租补贴和缴纳住房公积金 400 万元；支付代管住房维修费 30 万元；从银行借入 100 万元用于购置职工住宅。

(1) 借：管理费用——住房补贴　　　　　　1500000
　　　　银行存款　　　　　　　　　　　　 500000
　　　贷：住房周转金　　　　　　　　　　 2000000
(2) 借：房住周转金　　　　　　　　　　　4300000
　　　贷：应付工资（银行存款）　　　　　 4000000
　　　　　银行存款　　　　　　　　　　　 300000
(3) 借：银行存款　　　　　　　　　　　　1000000
　　　贷：长期借款　　　　　　　　　　　 1000000
(4) 在备查簿的贷方登记 300 万元，借方登记 430 万元。

试论改变营业收入确认原则后销售税金的核算[*]

营业收入是企业在一定时期内经营成果的集中体现,是由于经营而流入的资产。《企业会计准则》把收入定义为:收入是企业在销售商品或提供劳务等经营业务中实现的营业收入,包括基本业务收入和其他业务收入。改革营业收入的确认标志是这次会计改革的一项重要内容。

营业收入的确认问题,原国有工业企业会计制度是以实行不同的结算方式分别确认的:采用托收承付结算方式的,以收到货款作为营业收入的实现;采用分期收款销售方式的,以收到一个计量单位的价款时作为营业收入的实现;采用其他结算方式,以发出商品作为营业收入的实现。原国有工业企业营业收入的确认与营业收入纳税时间的确认是一致的,按照产品税和增值税条例规定:纳税人销售应税产品,其纳税义务的发生,采用托收承付结算方式的,为收到货款的当天;采用其他结算方式的,为发出商品的当天。由于以前工业企业大量采用托收承付结算方式,而托收承付结算方式是以收到货款确认为营业收入的实现,与税收确认的时间是一致的。由于"两则两制"改革,执行新会计制度后,营业收入的确认标志发生了变化。营业收入按照权责发生的原则予以确认,也就是无论采用什么结算方式,均以发出商品、提供劳务,同时收讫价款或者取得了索取价款的凭据时,确认为营业收入的实现。

改变营业收入确认标志后,意味着在采用托收承付结算方式下,在货款未收回时,就应按权责发生制的原则确认为营业收入的实现,并计入"产品销售收入"科目,如果销售收入的实现(未收到货款)与纳税时间一致,会导致企业用流动资金垫交税金,使企业流动资金周转发生一定的困难。为了避免

---

[*] (《会计改革与会计管理》1993 年第 12 期)

改变营业收入确认标志后企业垫交税金，保证企业流动资金的正常运转，可以考虑采用托收承付结算方式销售的工业企业，会计上确认营业收入的时间与纳税时间不一致的方法：一是会计上按权责发生制确认营业收入的实现，税收上按收付实现制纳税；二是会计上按权责发生制确认营业收入的实现，税收上按照《税收征收管理法》第二十条："纳税人因有特殊困难，不能按期缴纳税款的，经县以上税务局（分局）批准，可以延期缴纳税款，但最长不得超过三个月"的规定，以规定确定的纳税期限纳税。

如果采取会计上确认营业收入时间与纳税时间不一致的方法进行会计核算和进行纳税的，在会计核算上：（1）为了便于提供计算缴纳产品税、增值税的依据，在应收账款"科目下，设置"托收承付"明细科目，并按应收账款单位设置明细账。企业本年应纳产品税或增值税的营业收入，一般情况下，应等于"产品销售收入"科目的贷方本年发生额合计，减去"应收账款——托收承付"科目的本年借方发生额合计，加上"应收账款——托收承付"科目的本年贷方发生额合计；或者企业本期应纳产品税或增值税的营业收入等于"产品销售收入"科目的贷方本年发生额合计，减去"应收账款——托收承付"科目的本年借方发生额合计，加上规定确定的纳税期限到期的托收承付应收账款金额；（2）会计上当期的营业收入实现和当期应纳的产品税、增值税，均按照权责发生制的原则计算，以遵循收入和费用配比原则，但缴纳税金时，按照收付实现制或按照规定确定的纳税期限缴纳。为了反映会计上计算税金与税收上实际缴纳税金在时间上的差异所产生的影响，企业应在"应交税金——应交产品税、应交增值税"科目下，设置"递延应交数"和"实际应交数"两个明细科目进行核算。期末时，企业按照权责发生制原则计算应交的税金，借记"产品销售税金及附加"科目，按照当期纳税营业收入计算应交的产品税、增值税，贷记"应交税金——产品税或增值税（实际应交数）"科目，按其差额，贷记"应交税金——产品税或增值税（递延应交数）"科目。待以后各期收到货款或按规定确定的纳税期限到期时，再逐渐转销递延应交数。（3）城市维护建设税和教育费附加按上述同一原则核算。

为使上述核算具体化，笔者试举以下3例，予以进一步说明。

例1：某工业企业1993年7月产品销售收入1000万元（假如均采用托收承付结算方式）。7月已收回货款400万元。8月该企业产品销售收入200万元（全部采用支票结算方式），同时，收回上个月采用托收承付结算方式销售货款200万元。9月该企业产品销售收入500万元（均采用托收承付结算方式），收回采用托收承付结算方式销货款 600 万元。该企业适用的产品税税率为 10%，按应交产品税的 7% 和 2% 缴纳城市维护建设税和教育费附加。假如以收到货款作为纳税时间。根据上述资料，企业各月应作如下会计处理（金额单位：元。下同）：

1. 7 月：

(1) 借：应收账款——托收承付　　　　　　　　10000000
　　　贷：产品销售收入　　　　　　　　　　　　　10000000

(2) 借：银行存款　　　　　　　　　　　　　　　　4000000
　　　贷：应收账款——托收承付　　　　　　　　　　4000000

(3) 纳税营业收入 = 1000 - 1000 + 400 = 400 万元

实际应交产品税 = 400 × 10% = 40 万元

会计上实现的营业收入应纳的产品税 = 1000 × 10% = 100 万元

递延应交产品税 = 100 - 40 = 60 万元

借：产品销售税金及附加　　　　　　　　　　　　1000000
　　贷：应交税金——应交产品税（递延应交数）　　　600000
　　　　　　　　——应交产品税（实际应交数）　　　400000

(4) 纳税营业收入应交的城市维护建设税 = 40 × 7% = 2.8 万元

会计上营业收入应纳的城市维护建设税 = 100 × 7% = 7 万元

递延应交数 = 7 - 2.8 = 4.2 万元

借：产品销售税金及附加　　　　　　　　　　　　　70000
　　贷：应交税金——应交城市维护建设税（递延应交数）　42000
　　　　　　　　——应交城市维护建设税（实际应交数）　28000

(5) 纳税营业收入应交的教育费附加 = 40 × 2% = 0.8 万元

会计上营业收入应交的教育费附加 = 100 × 2% = 2 万元

递延应交数 = 2 - 0.8 = 1.2 万元

借：产品销售税金及附加　　　　　　　　　　　　　20000
　　贷：其他应交款——应交教育费附加（递延应交数）　12000
　　　　　　　　——应交教育费附加（实际应交数）　　8000

2. 8 月：

(1) 借：银行存款　　　　　　　　　　　　　　　　4000000
　　　贷：产品销售收入　　　　　　　　　　　　　　2000000
　　　　　应收账款——托收承付　　　　　　　　　　2000000

（2）纳税营业收入 = 200 - 0 + 200 = 400 万元

实际应交产品税 = 400 × 10% = 40 万元

按会计上实现收入应交的产品税 = 200 × 10% = 20 万元

递延应交产品税 = 20 - 40 = -20 万元

借：产品销售税金及附加　　　　　　　　　　　　　　200000

　　应交税金——应交产品税（递延应交数）　　　　　200000

　　　贷：应交税金——应交产品税（实际应交数）　　　　400000

（3）纳税营业收入应交的城市维护建设税 = 40 × 7% = 2.8 万元

会计上营业收入应交的城市维护建设税 = 20 × 7% = 1.4 万元

递延应交数 = 1.4 - 2.8 = -1.4 万元

借：产品销售税金及附加　　　　　　　　　　　　　　14000

　　应交税金——应交城市维护建设税（递延应交数）　14000

　　　贷：应交税金——应交城市维护建设税（实际应交数）　28000

（4）纳税营业收入应交的教育费附加 = 40 × 2% = 0.8 万元

会计上营业收入应交的教育费附加 = 20 × 2% = 0.4 万元

递延应交数 = 0.4 - 0.8 = -0.4 万元

借：产品销售税金及附加　　　　　　　　　　　　　　4000

　　其他应交款——应交教育费附加（递延应交数）　　4000

　　　贷：其他应交款——应交教育费附加（实际应交数）　8000

3. 9月：

（1）借：应收账款——托收承付　　　　　　　　　　5000000

　　　　贷：产品销售收入　　　　　　　　　　　　　5000000

（2）借：银行存款　　　　　　　　　　　　　　　　6000000

　　　　贷：应收账款——托收承付　　　　　　　　　6000000

（3）纳税营业收入 = 500 - 500 + 600 万元 = 600 万元

实际应交产品税 = 600 × 10% = 60 万元

会计上实现营业收入应交产品税 = 500 × 10% = 50 万元

递延应交产品税 = 50 - 60 = -10 万元

借：产品销售税金及附加　　　　　　　　　　　　　　500000

　　应交税金——应交产品税（递延应交数）　　　　　100000

　　　贷：应交税金——应交产品税（实际应交数）　　　　600000

（4）纳税营业收入应交的城市维护建设税 = 60 × 7% = 4.2 万元

会计上营业收入应交的城市维护建设税 = 50 × 7% = 3.5 万元

递延应交数 = 3.5 − 4.2 = −0.7 万元

借：产品销售税金及附加　　　　　　　　　　　　　　35000
　　应交税金——应交城市维护建设税（递延应交数）　7000
　　　贷：应交税金——应交城市维护建设税（实际应交数）　42000

（5）纳税营业收入应交的教育费附加 = 60 × 2% = 1.2 万元

会计上营业收入应交的教育费附加 = 50 × 2% = 1 万元

递延应交数 = 1 − 1.2 = −0.2 万元

借：产品销售税金及附加　　　　　　　　　　　　　　10000
　　其他应交款——应交教育费附加（递延应交数）　　2000
　　　贷：其他应交款——应交教育费附加（实际应交数）　12000

经过上述处理，"应交税金——应交产品税（递延应交数）"科目的贷方余额为30万元；"应收账款——托收承付"科目的借方余额300万元，300 × 10% = 30 万元，等于"递延应交数"科目的贷方余额。"应交税金——应交城市维护建设税（递延应交数）"科目的余额为 2.1 万元，与"应交税金——应交产品税（递延应交数）"科目的余额30万元乘以7%的数额相等；"其他应交款——应交教育费附加（递延应交数）"科目的余额为 0.6 万元，与"应交税金——应交产品税（递延应交数）"科目的余额30万元乘以2%的数额相等。

例2：某工业企业缴纳增值税。1993年7月产品销售收入2000万元（全部采用托收承付结算方式），本月收回货款500万元，本月购入材料应抵扣的增值税为60万元。8月产品销售收入1500万元（其中采用托收承付结算方式销售1000万元，采用支票结算方式500万元），当月购入材料应抵扣的增值税为50万元。当月已收回托收承付货款1200万元。该企业适用的增值税率为14%。假如：（1）不考虑城市维护建设税和教育费附加的因素；（2）以收到货款作为纳税时间。根据上述资料，企业应作如下会计处理：

1. 7月：

（1）借：应收账款——托收承付　　　　　　　　　　20000000
　　　　贷：产品销售收入　　　　　　　　　　　　　20000000

（2）借：银行存款　　　　　　　　　　　　　　　　 5000000
　　　　贷：应收账款——托收承付　　　　　　　　　 5000000

（3）纳税营业收入 = 2000 − 2000 + 500 = 500 万元

实际应交增值税 = 500 × 14% − 60 = 10 万元

会计上营业收入应交的增值税 = 2000 × 14% − 60 = 220 万元

递延应交增值税 = 220 − 10 = 210 万元

借：产品销售税金及附加   2200000

    贷：应交税金——应交增值税（实际应交数）   100000

          ——应交增值税（递延应交数）   2100000

2.8月：

（1）借：银行存款   5000000

      应收账款——托收承付   10000000

    贷：产品销售收入   15000000

（2）借：银行存款   12000000

    贷：应收账款——托收承付   12000000

（3）纳税营业收入 = 1500 − 1000 + 1200 = 1700 万元

实际应交增值税 = 1700 × 14% − 50 = 238 − 50 = 188 万元

会计上营业收入应交的增值税 = 1500 × 14% − 50 = 160 万元

递延应交增值税 = 160 − 188 = −28 万元

借：产品销售税金及附加   1600000

    应交税金——应交增值税（递延应交数）   280000

    贷：应交税金——应交增值税（实际应交数）   1880000

如果例2：7月应抵扣的增值税为120万元，8月应抵扣的增值税为100万元，其他资料如例2，则企业应作如下会计处理：

1.7月：

纳税营业收入应交的增值税 = 500 × 14% − 120 = −50 万元

会计上营业收入应交的增值税 = 2000 × 14% − 120 = 160 万元

递延应交增值税 = 160 − (−50) = 210 万元

借：产品销售税金及附加   1600000

    应交税金——应交增值税（实际应交数）   500000

    贷：应交税金——应交增值税（递延应交数）   2100000

2.8月：

纳税营业收入应交的增值税 = 1700 × 14% − 100 = 138 万元

会计上营业收入应交的增值税 = 1500 × 14% − 100 = 110 万元

递延应交增值税 = 110 − 138 = −28 万元

借：产品销售税金及附加   1100000

　　　　应交税金——应交增值税（递延应交数）　　　　280000
　　　　　贷：应交税金——应交增值税（实际应交数）　　1380000
其他分录同例2。

例3：某工业企业缴纳增值税。1993年7月产品销售收入1000万元（其中，用支票结算方式销售800万元；采用托收承付结算方式销售200万元，货款均未收到），本月购入材料应抵扣的增值税为150万元。8月产品销售收入1200万元（其中采用托收承付结算方式销售400万元，采用支票结算方式800万元），当月收回托收承付货款300万元，当月购入材料应抵扣的增值税为150万元。9月，产品销售收入1500万元（其中，采用托收承付结算方式销售400万元，采用支票结算方式1100万元），当月已收回托收承付货款600万元，当月购入材料应抵扣的增值税为100万元。该企业适用的增值税率为14%。假如：(1) 不考虑城市维护建设税和教育费附加；(2) 以收到货款作为纳税时间。根据上述资料，企业应作如下会计处理：

1. 7月：
(1) 借：银行存款　　　　　　　　　　　　　　　8000000
　　　　应收账款——托收承付　　　　　　　　　2000000
　　　　　贷：产品销售收入　　　　　　　　　　　10000000
(2) 纳税营业收入 = 1000 - 200 + 0 = 800万元
实际应交增值税 = 800 × 14% - 150 = - 38万元
会计上营业收入应交的增值税 = 1000 × 14% - 150 = - 10万元
递延应交增值税 = - 10 - (- 38) = 28万元
借：应交税金——应交增值税（实际应交数）　　　380000
　　贷：应交税金——应交增值税（递延应交数）　　280000
　　　　待扣税金　　　　　　　　　　　　　　　　100000

2. 8月：
(1) 借：银行存款　　　　　　　　　　　　　　　8000000
　　　　应收账款——托收承付　　　　　　　　　4000000
　　　　　贷：产品销售收入　　　　　　　　　　　12000000
(2) 借：银行存款　　　　　　　　　　　　　　　3000000
　　　　贷：应收账款——托收承付　　　　　　　　3000000
(3) 纳税营业收入 = 1200 - 400 + 300 = 1100万元
实际应交增值税 = 1100 × 14% - 150 = 4万元

会计上营业收入应交的增值税 = 1200 × 14% – 150 = 18 万元

借：待扣税金　　　　　　　　　　　　　　　　　　100000
　　产品销售税金及附加　　　　　　　　　　　　　　80000
　　贷：应交税金——应交增值税（实际应交数）　　　40000
　　　　　　——应交增值税（递延应交数）　　　　 140000

3.9 月：

（1）借：银行存款　　　　　　　　　　　　　　　11000000
　　　　应收账款——托收承付　　　　　　　　　　 4000000
　　　　贷：产品销售收入　　　　　　　　　　　　15000000

（2）借：银行存款　　　　　　　　　　　　　　　 6000000
　　　　贷：应收账款——托收承付　　　　　　　　 6000000

（3）纳税营业收入 = 1500 – 400 + 600 = 1700 万元

实际应交增值税 = 1700 × 14% – 100 = 138 万元

会计上营业收入应交的增值税 = 1500 × 14% – 100 = 110 万元

递延应交增值税 = 110 – 138 = –28 万元

借：产品销售税金及附加　　　　　　　　　　　　　1100000
　　应交税金——应交增值税（递延应交数）　　　　 280000
　　贷：应交税金——应交增值税（实际应交数）　　1380000

关于增值税会计处理的问题解答

一、实行增值税以后，依据什么凭证记入"应交税金——应交增值税（进项税额）"科目？

实行增值税以后，如何做到在会计上价与税的分离，重要的是确定记账依据。企业购入货物或接受应税劳务取得的原始凭证是重要的记账依据，因此，首先必须取得有关的凭证，证明其购进货物或接受劳务已支付了增值税，有了切实的证明以后，这部分已支付的增值税才能予以抵扣。按照规定，企业购入货物或接受劳务必须具备以下条件，其进项税额才能予以扣除：

1. 增值税专用发票。实行增值税以后，国家相应改革了发票制度，即实行增值税的一般纳税企业销售货物或者提供应税劳务均应开具增值税专用发票，增值税专用发票记载了销售货物的售价、税率以及税额等，购货方以增值税专用发票上记载的购入货物已支付的税额，作为记账依据，计入"应交税金——应交增值税（进项税额）"科目。

2. 完税凭证。企业进口货物必须交纳增值税，其交纳的增值税在完税凭证上注明。进口货物交纳的增值税根据从海关取得的完税凭证上注明的增值税额记入"应交税金——应交增值税（进项税额）"科目。

3. 购进免税农产品，按照凭证（发票或有关凭证）注明的买价和10%的扣除率计算进项税额，按照计算出的进项税额，记入"应交税金——应交增值税（进项税额）"科目。

按照规定，企业购进货物或者接受应税劳务，没有按照规定取得并保存增

---

* 《广西会计》1994年第6期）

值税扣税凭证，或者增值税扣税凭证上未按照规定注明增值税额及其他有关事项的，其进项税额不能从销项税额中抵扣。会计核算上，如果不能取得有关的证明，则购进货物或接受应税劳务支付的增值税额不能记入"应交税金——应交增值税（进项税额）"科目，只能记入购入货物或接受劳务的有关成本。

二、实行增值税以后，企业应如何设置有关的会计科目？

新的增值税办法扩大了征税范围、改变了税基、简化了税率，并对不同类型的企业实行不同的征收方法。办法改变以后，涉及的会计科目及账户设置上的问题主要有：

1. 收入、成本的内含。实行增值税后，除了涉及小规模纳税企业的业务外，企业购入货物或接受劳务的成本中不再含增值税，销售货物或提供劳务收取的增值税额不构成销售额，即销售额中也不含税。这一改变使会计核算中原存货、销售收入的内含发生变化，即由含税改为不含税。由此，存货与销售收入的核算均应按不含税的金额入账。由于只改变了存货成本和销售收入的内含，并没有改变存货和销售收入的经济意义，因此，仍然可以按照会计制度中规定的会计科目进行日常会计核算。

2. 购入货物或接受劳务已支付的增值税如何核算，这是增值税会计核算中首先要考虑的问题。现行会计制度中的"应交税金——应交增值税"科目核算交纳增值税的企业应交、已交、未交税金等情况，反映企业与国家之间的一种结算关系，其借方反映已交纳的增值税，贷方反映应交的增值税，期末贷方余额反映尚未交纳的增值税，期末借方余额反映多交的增值税。实行新的增值税办法后，由于企业这部分已支付的进项税额是企业暂时垫付的，可视为已交尚待扣抵的税金，因此．仍然可以通过"应交税金——应交增值税"科目的借方进行反映。

3. 销项税额如何核算。企业销售货物或提供应税劳务收取的增值税额，由于与原增值税应交税金的概念相似（只是改变了税基和税率），在会计核算上也仍然可以通过"应交税金——应交增值税"科目的贷方核算。

4. 出口退税如何核算。按照增值税办法规定，出口增值税应税货物实行零税率，由于出口货物购进时已含增值税，货物出口后企业可以申请出口货物的进项税额的退税，因此，出口货物退回的增值税也可以通过"应交税金——应交增值税"科目的贷方核算。

按照上述设想，企业实行增值税后，可以不必增设新科目，仍按现行制度规定的有关科目核算，即可解决增值税的会计核算问题。但某些会计科目反映的经济内容需要适当改变。变化最大的为"应交税金——应交增值税"科目，其借、贷方相应增加了很多核算内容，其期末余额反映的经济内容与过去也不完全相同："应交增值税"明细科目的借方发生额反映企业购进货物或接受应税劳务支付的进项税额和实际已交纳的增值税；贷方发生额，反映销售货物或提供应税劳务应交纳的增值税额、出口货物退税、转出已支付或应分担的增值税；期末借方余额，反映企业多交或尚未抵扣的增值税；期末贷方余额，反映企业尚未交纳的增值税。

三、实行增值税以后，企业应如何设置"应交税金——应交增值税"明细账户？

实行增值税以后，由于"应交增值税"明细科目的借、贷方增加了很多经济内容，"应交增值税"明细科目的借方既反映已交税金，又要反映进项税额；贷方既要反映销项税额，又要反映出口退税、进项税额转出等情况。"应交增值税"明细科目增加核算内容后，如果仍沿用三栏式账户，很难完整反映企业增值税的抵扣、交纳、退税等情况。为了配合税制改革，从会计上完整、真实反映企业的进项税额、销项税额、出口退税等情况，便于正确计算企业实际应交的增值税，同时也为了便于税务部门的征收管理，在账户设置上采用多栏式账户的方式，在"应交税金——应交增值税"账户中的借方和贷方各设若干个专栏加以反映。主要设置以下几个栏：

1. "进项税额"专栏，记录企业购入货物或接受应说劳务而支付的、准予从销项税额中抵扣的增值税额。企业购入货物或接受应税劳务支付的进项税额，用蓝字登记；退回所购货物应冲减的进项税额，用红字登记。

2. "已交税金"专栏，记录企业已交纳的增值税额。企业已交纳的增值税额用蓝字登记；退回多交的增值税额用红字登记。

3. "销项税额"专栏，记录企业销售货物或提供应税劳务应收取的增值税额。企业销售货物或提供应税劳务应收取的销项税额，用蓝字登记；退回销售货物应冲销的销项税额，用红字登记。

4. "出口退税"栏，记录企业出口适用零税率的货物，向海关办理报关出口手续后，凭出口报关单等有关凭证，向税务机关申报办理出口退税而收到退回的税款。出口货物退回的增值税额，用蓝字登记；出口货物办理退税后发生退货或者退关而补交已退的税款，用红字登记。

5."进项税额转出"专栏，考虑到有些企业在购进货物时按照增值税专用发票上记载的进项税额已经记录到"进项税额"专栏，但具体使用时又用于非应税项目；或者发生非正常损失；或者其他原因，按照税收条例规定，这些进项税额不能从销项税额中抵扣，而必须由有关的承担者承担，相应转入有关的科目，因此，设置了"进项税额转出"专栏，记录企业的购进货物、在产品、产成品等发生非正常损失以及其他原因而不应从销项税额中抵扣，按规定转出的进项税额。"应交税金——应交增值税"账户的规范格式如下：

应交税金——应交增值税

略	借　方		
	合计	进项税额	已交税金

应交税金——应交增值税

贷　方			借或贷	余额
合计	销项税额	出口退税	进项税额转出		

按照会计制度规定，企业可以在不影响会计核算要求和会计报表指标汇总，以及对外提供统一的会计报表的前提下，根据实际情况自行增设、减少或合并某些会计科目。根据这一原则，在增值税会计处理办法中也明确规定，企业可以根据需要，将"应交增值税"明细科目中的各个专栏提升为二级科目进行核算，发生的进项税额、销项税额、出口退税等分别在"进项税额""销项税额""出口退税"等明细科目中核算，月末时再将有关的明细科目转入"应交增值税"明细科目。在这种情况下，企业仍可沿用三栏式账户核算。

四、实行增值税以后，一般纳税企业应如何进行会计处理？

实行增值税后，国家改革了发票制度，制定了增值税专用发票，企业购入货物（包括劳务，下同）支付的增值税记载在增值税专用发票上，会计核算真正实行了价、税分离。实行价、税分离后，会计处理方法也相应发生了一些变化，主要涉及购入和销售两个环节，一般纳税企业的账务处理的主要特点为：

（1）在货物购进阶段，会计处理上就实行价与税的分离，价与税分离的依据为增值税专用发票上注明的增值税额和价款。属于价款部分，计入购入货物的成本，属于增值税额部分，计入进项税额。

（2）在销售阶段，销售价格中不再含税，如果定价时含税，应还原为不含税价格作为销售收入。向购买方收取的增值税作为销项税额。

例1：某国有工业企业购入一批原材料，增值税专用发票上注明的原材料价款470万元，增值税额为79.9万元。双方商定采用商业承兑汇票结算方式支付货款，付款期限为三个月，材料尚未到达。根据上述经济业务，企业应作如下会计处理（金额单位：元。下同）：

（1）借：材料采购　　　　　　　　　　　　　　　4700000

　　　　应交税金——应交增值税（进项税额）　　799000

　　　　贷：应付票据　　　　　　　　　　　　　5499000

例2：某物资企业销售商品，销售收入为1200万元（不含税），按规定计算收取的增值税额为204万元。货款尚未收到。根据上述经济业务，企业应作如下会计处理：

　　借：应收账款　　　　　　　　　　　　　　　14040000

　　　　贷：商品销售收入　　　　　　　　　　　12000000

　　　　　　应交税金——应交增值税（销项税额）　2040000

五、库存商品采用售价核算的企业，实行增值税以后应如何进行会计处理？

商业企业库存商品采用售价核算的，为了不改变企业原核算办法，库存商品仍然可采用原售价（含税价格）核算，进价与售价（含价格）之间的差额，作为"商品进销差价"处理。这里所指的进销差价，实际包含两个差额，一是进价与不含税价格之间的差额；二是应向消费者收取的增值税额。另外，零售商业企业一般情况下销售货物不开具增值税专用发票，其销售额中含向消费者收取的增值税额，因此，在计算企业商品销售收入时应将含税的销售额还原为不含税的销售额,并根据不含税的销售额计算销项税额。

例:某商业零售企业库存商品实行售价核算,当期购进商品的进货原价为 6500 万元,按照增值税专用发票上注明的增值税额为 1105 万元,商品已经验收入库,货款已经支付。该批购进商品的售价为 10000 万元(含税价格)。当期销售商品取得的收入 8000 万元,该商品增值税率为 17%。假如该企业库存商品无期初余额。要求:计算该企业的商品销售收入以及收取的增值税,计算企业当期应交纳的增值税,根据上述经济业务,企业应作如下会计处理:

(1) 借:商品采购　　　　　　　　　　　　　　65000000
　　　　应交税金——应交增值税(进项税额)　　11050000
　　　　贷:银行存款　　　　　　　　　　　　　76050000
(2) 借:库存商品　　　　　　　　　　　　　　100000000
　　　　贷:商品采购　　　　　　　　　　　　　65000000
　　　　　　商品进销差价　　　　　　　　　　　35000000
(3) 商品销售收入 = 8000 ÷ (1 + 17%) = 6837.6 万元
增值税额(销项税额) = 6837.6 × 17% = 1162.4 万元
应交增值税 = 1162.4 - 1105 = 57.4 万元
　　借:银行存款(或现金)　　　　　　　　　　80000000
　　　　贷:商品销售收入　　　　　　　　　　　68376000
　　　　　　应交税金——应交增值税(销项税额)　11624000
(4) 借:商品销售成本　　　　　　　　　　　　80000000
　　　　贷:库存商品　　　　　　　　　　　　　80000000
(5) 分摊销售商品的进销差价 = 3500 ÷ (2000 + 8000) × 8000 = 2800 万元
　　借:商品进销差价　　　　　　　　　　　　　28000000
　　　　贷:商品销售成本　　　　　　　　　　　28000000

六、一般纳税企业购入免税产品应如何进行账务处理?

按照增值税暂行条例规定,部分项目免征增值税,包括:
(1) 农业生产者销售的自产农业产品;
(2) 避孕药品和用具;
(3) 古旧图书;

(4) 直接用于科学研究、科学试验和教学的进口仪器、设备；

(5) 外国政府、国际组织无偿援助的进口物资和设备；

(6) 来料加工、来件装配和补偿贸易所需进口设备；

(7) 由残疾人组织直接进口供残疾人专用的物品；

(8) 销售的自己使用过的物品。

企业销售免征增值税项目的货物，不能开具增值税专用发票，只能开具普通发票。企业购进免税产品，一般情况下，不能扣税。但对于购入的免税农业产品可以按买价和百分之十的扣除率计算进项税额，并准予以销项税额扣除。这里的买价是指企业购进免税企业产品支付给农业生产者的价款和按规定代代缴的农业特产税。在会计处理上：一是按购进免税农业产品普通发票或有关凭证上确定的金额（买价）扣除10%的进项税额，作为购进农业产品的成本；二是扣除的10%部分作为进项税额，待以后用销项税额抵扣。

例：某供销社收购农业产品，实际支付的价款为100万元，企业应作如下会计处理。

计算进项税额 = 100 × 10% = 10 万元

借：商品采购   900000
    应交税金——应交增值税（进项税额）   100000
    贷：银行存款   1000000

七、小规模纳税企业如何进行账务处理？

增值税暂行条例将纳税人分为一般纳税人和小规模纳税人。小规模纳税人会计核算健全，能够提供准确税务资料，经主管税务机关批准，可以不视为小规模纳税人。小规模纳税企业有以下几个特点：

(1) 小规模纳税企业销售货物或者提供应税劳务，只能开具普通发票，不能开具增值税专用发票。但凡能够认真履行纳税义务的小规模企业，经批准其销售货物或应税劳务可由税务所代开增值税专用发票。

(2) 小规模纳税企业销售货物或提供应税劳务，实行简易办法计算应纳税额，计算公式为：应纳税额 = 销售额 × 征收率。征收率为6%；

(3) 小规模纳税企业的销售额不包括其应纳税额。采用销售额和应纳税额合并定价方法，按以下公式计算销售额：

销售额 = 含税销售额 ÷ (1 + 征收率)；

(4) 小规模纳税企业一经认定为一般纳税企业后，不得再转为小规模纳税企业。

根据上述小规模纳税企业的特点，会计处理上规定：

(1) 小规模纳税企业购入货物无论是否具有增值税专用发票，其支付的增值税额均不计入进项税额，不得由销项税额抵扣，而计入购入货物的成本，其会计处理方法按现行会计制度规定办理。相应地，其他企业从小规模纳税企业购入货物支付的增值税额，如不具有增值税专用发票，也不能作为进项税额抵扣，而应计入货物的成本；

(2) 小规模纳税企业的销售收入按不含税价格计算；

(3) 小规模纳税企业仍然使用"应交税金——应交增值税"科目，仍沿用三栏式账户，不需要在"应交增值税"账户中设置专栏。

例：某工业企业核定为小规模纳税企业，本期购入原材料，按照增值税专用发票上记载的原材料成本为 100 万元，支付的增值税额为 17 万元，企业开出、承兑的商业汇票，材料尚未到达；该企业本期销售产品，含税价格为 90 万元，货款尚未收到。根据上述经济业务，企业应作如下会计处理：

(1) 购进货物

借：材料采购　　　　　　　　　　　　　　1170000

　　贷：应付票据　　　　　　　　　　　　　　1170000

(2) 销售货物

不含税价格 = 90 ÷ (1 + 6%) = 84.9 万元

应交增值税 = 84.9 × 6% = 5.1 万元

借：应收账款　　　　　　　　　　　　　　900000

　　贷：产品销售收入　　　　　　　　　　　　8490000

　　　　应交税金——应交增值税　　　　　　　510000

八、实行增值税办法以后，企业进出口货物如何进行会计处理？

按照增值税暂行条例规定，企业进口货物，按照组成计税价格和规定的增值税率计算应纳税额。组成计税价格和应纳税额的计算公式为：

组成计税价格 = 关税完税价格 + 关税 + 消费税

应纳税额 = 组成计税价格 × 税率

在会计核算上：（1）进口货物交纳的增值税，根据从海关取得的完税凭证作为记账依据；（2）根据海关取得的完税凭证上注明的增值税额，记入"应交税金——应交增值税（进项税额）"科目，其具体会计处理方法与国内购进货物的处理方法相同，只是扣税依据不同。

企业出口货物一般适用零税率。即出口货物的销项税额为零，但企业购入货物时有进项税额，这部分进项税额如何抵扣？按照增值税暂行条例规定："纳税人和适用税率为零的货物，向海关办理出口手续后，凭出口报关单等有关凭证，可以按月向税务机关申报办理该项出口货物的退税"，这部分出口货物退回的税款，用于抵扣出口货物购进时的进项税额。

在会计核算上：（1）出口货物购进时支付的增值税额，仍然记入"应交税金——应交增值税（进项税额）"科目；（2）出口货物退税采用收到时记账的方法，记入"应交税金——应交增值税（出口退税）"科目。企业在收到和货物退回的税款时，借记"银行存款"科目，贷记"应交税金——应交增值税（和退税）"科目。出口货物办理退税后发生的退货或者退关补交已退回的税款的，作相反的会计分录。

九、实行增值税后，企业用货物对外投资应如何进行会计处理？

按照增值税暂行条例实施细则的规定，对于企业下列行为，视同销售货物计算交纳增值税：

（1）将货物交付他人代销；

（2）销售代销货物；

（3）设有两个以上机构并实行统一核算的纳税人，将货物从一个机构移送其他机构用于销售，但相关机构设在同一县（市）的除外；

（4）将自产或委托加工的货物用于非应税项目；

（5）将自产、委托加工或购买的货物作为投资，提供给其他单位或个体经营者；

（6）将自产、委托加工或购买的货物分配给股东或投资者；

（7）将自产、委托加工的货物用于集体福利或个人消费；

（8）将自产、委托加工或购买的货物无偿赠送他人。

对于上述视同销售货物的行为，会计处理方面需要解决以下几个问题：一是视同销售是否全部通过销售核算。考虑到企业有些视同销售的行为，如对外投资，实际上不是一种销售行为，企业不会由于对外投资而取得销售收入，增加货币流量，因此，会计上对某些视同销售的行为不作为取得销售收入处理；二是视同销售计算出的应交税金，是作为"销项税额"还是作为"进项税额转出"处理。考虑到既然视同销售行为，在发生时也必须开具增值税专用发票，而增值税专用发票上记载的税率和税额是销项税额，这与一般的进项税额转出的意义不同，为了便于征收管理，会计上作为"销项税额"处理；三是视同销售行为的价格（税基）如何确定，这应根据国家的有关政策规定，有的按照确认的价值，有的按经税务部门认可的价格确定，有的按实际销售额确定，会计上按照国家的有关规定执行。

企业将自产、委托加工或购买的货物作为投资的，投资方视同销售，吸收投资方视同购入处理，分别计算货物的进项税额和销项税额。

例：甲企业用原材料对乙企业投资，双方协议按成本作价。该批原材料的成本为 200 万元。假如该原材料的增值税率为 17%。根据上述经济业务，甲、乙（假如甲、乙企业原材料均采用实际成本进行核算）企业应分别作如下会计处理：

甲企业：对外投资转出原材料应交纳的增值税 $=200 \times 17\% = 34$ 万元

借：长期投资　　　　　　　　　　　　　　　2340000
　　贷：原材料　　　　　　　　　　　　　　　2000000
　　　　应交税金——应交增值税（销项税额）　 340000

乙企业：收到投资时

借：原材料　　　　　　　　　　　　　　　　2000000
　　应交税金——应交增值税（进项税额）　　　340000
　　贷：实收资本　　　　　　　　　　　　　　2340000

十、实行增值税后，企业将货物分配给个人应交的增值税应如何进行会计处理？

实行增值税后，按规定企业将自产、委托加工或购买的货物分配给股东或投资者也视同销售，这一行为虽然没有直接的货币流出，但是事实上将货物出售后取得货币资产，然后再分配利润给股东，与将货物直接分配给股东，从严格意义上来说并无大的区别，只是这里没有货币的流入流出，而直接以货物流出的形式体现,并且体现的是企业内部与外部的关系。因此,这一视同销售行为,应通过销售处理。

例:某国有工业企业以自己生产的产品分配利润,产品的成本为 50 万元,销售价格为 80 万元(不含税),该产品的增值税率为 17%。企业应作如下会计处理:

计算销项税额 = 80 × 17% = 13.6 万元

借:应付利润　　　　　　　　　　　　　　　 936000
　　贷:产品销售收入　　　　　　　　　　　　 800000
　　　　应交税金——应交增值税(进项税额)　 136000
借:利润分配——应付利润　　　　　　　　　　 936000
　　贷:应付利润　　　　　　　　　　　　　　 936000
借:产品销售成本　　　　　　　　　　　　　　 500000
　　贷:产成品　　　　　　　　　　　　　　　 500000

十一、实行增值税后,按规定不予抵扣项目的进项税额如何进行会计处理?

按照规定,下列项目的进项税额不得从销项税额中抵扣:

1. 购进固定资产;
2. 用于非应税项目的购进货物或者应税劳务;
3. 用于免税项目的购进货物或者应税劳务;
4. 用于集体福利或者个人消费的购进货物或者应税劳务;
5. 非正常损失的购进货物;
6. 非正常损失的产品、产成品所耗用的购进货物或者应税劳务。

对于按规定不予抵扣的进项税额,账务处理上采用不同的方法:

1. 购入货物时即能认定其进项税额不能抵扣的,如购进固定资产,购入货物直接用于免税项目,或者直接用于非应税项目,或者直接用于集体福利和个人消费的,其增值税专用发票上注明的增值税额,记入购入货物及接受劳务的成本,其会计处理方法按照现行有关会计制度规定办理。

2. 购入货物时不能直接认定其进项税额能否抵扣的,其增值税专用发票上注明的增值税额,按照增值税会计处理方法记入"应交税金——应交增值税(进项税额)"科目,如果这部分购入货物以后用于按规定不得抵扣进项额项目的，应将原已记入进项税额并已支付的增值税转入有关的承担者予以承担，通过"应交税金——应交增值税（进项税额转出）"科目转入有关的"在建工程""应付福利费""待处理财产损益"等科目。属于转作待处理财产损失的部分，应与遭受非正常损失的购进货物、在产品、产成品成本一并处理。

十二、实行增值税后，企业如何调整期初库存？

实行增值税办法以后，改变了过去的做法，相应以前已经记入存货的税金等问题需要作相应的调整，以达到公平税赋，平等竞争的目的，关于调账主要涉及以下几个问题：

（一）"待扣税金"科目的处理。原实行增值税的企业，在会计上单独设置"待扣税金"科目，核算交纳增值税的企业，当期销售货物应纳增值税小于按规定应予扣抵的税金而少扣的税金，这部分少扣的税金可以留待以后各期从应交纳的增值税中继续扣抵。在这种核算方法下，存货中仍然含税，购进货物中支付的增值税采用账外记录的方法进行核算，只有当期的应交增值税整体税金小于当期应扣的增值税的差额部分，才记入"待扣税金"科目。例如，某实行增值税的国有工业企业，1993年购进货物上应扣的增值税为100万元，1993年销售货物应交纳的增值税整体税金为80万元，假如该企业按购进法扣税，以前年度"待扣税金"科目无余额，1993年企业应作的会计分录为：借记"应交税金——应交增值税"20万元，贷记"待扣税金"20万元。

在会计处理上，对于1993年12月31日"待扣税金"科目的余额，为了避免重复扣税，应将"待扣税金"科目的余额按原渠道冲回，转入"应交税金——应交增值税"科目。如上例，借记"待扣税的"20万元，贷记"应交税金——应交增值税"20万元，同时取消"待扣税金"科目。

（二）期初存货中所含税金的调整。实行增值税以后，1994年期初库存存货中含有的已征税款的处理，关系到国家和企业分配关系的一个重大问题。企业应实事求是地核实期初存货，并将存货中的已征税款从存货成本中分离出来，按照规定，凡认定为增值税一般纳税人的企业，期初存货中所含的已征税款（除外贸企业另行规定外），按以下原则计算确定：

1. 原实行"价税分流购进扣税法"的增值税企业，其已征税款为实行"价税分流购进扣除法"时核定的期初存货应扣税金减去以后动用库存并已扣除部分后的余额。

2. 其他企业按存货的实际采购成本乘以扣除率计算确定。外购农业产品的扣除率为 10%；其他外购项目的扣除率为 14%。

3. 企业在 1994 年 1 月 1 日以前购进货物，在 1994 年 1 月 1 日以后才收到进货发票的，在 1994 年 2 月 1 日以前报经主管税务机关审核后，该项购进货物可作为 1994 年期初存货计算已征税款，但不得作为 1994 年当期购进货物计算进项税额。上述进货发票在 1994 年 2 月 1 日以前未报主管税务机关审核的，不得为 1994 年期初存货，也不得作为 1994 年当期购进货物计算进项税额。

1994 年 1 月 1 日以前销售的货物，在 1994 年发生退货的，报经税务机关审核后，销售方或退货方属于一般纳税人的，应根据此项退货额调整期初存货的有关数字。

4. 商业企业期初存货中含有的已征税款的处理，原则上与其他企业一样，凡动用的部分，即年末库存余额小于年初库存余额的差额，准予作为当年进项税额予以抵扣。但 1994 年 1、2 月份，商业企业期初存货动用部分可按月计算，即月末库存余额小于月初库存余额的差额准予作为当月进项税额抵扣。1994 年后十个月存货动用部分，按年末库存余额小于三月初库存余额的差额计算，在年底一次予以扣除。

在会计处理方面，应区别情况处理：

1. 将期初存货中所含的税金，按规定从各类存货（包括在途材料、在途商品、原材料、产成品、包装物、低值易耗品、在产品、自制半成品、库存商品等）中单独划出，计入"待摊费用——期初进项税额"科目。这部分列作"待摊费用——期初进项税额"科目的已征税款，按规定允许抵扣当期销项税额的，再转入进项税额，借记"应交税金——应交增值税（进项税额）"科目，贷记"待摊费用——期初进项税额"科目。

2. 原实行增值税"价税分流购进扣税法"的企业，如果未按照新的财务制度规定将"应扣税金"科目还原的，其"应扣税金"科目的余额转入"待摊费用——期初进项税额"科目，待按规定可以抵扣，再转入"应交税金——应交增值税（进项税额）"科目。

3. 采用计划成本进行材料日常核算，以及库存商品采用售价核算的企业，期初存货中调出的已征税款，调整"材料成本差异"或"商品进销差价"科目。

新旧增值税会计核算的主要区别及其特点[*]

一、概述

增值税是就其货物或劳务的增值部分征税的一种税种。增值税相对于其他流转税而言更为科学,因为它是就货物或劳务的增值部分纳税,避免了重复征税。增值税的主要形式是对货物或劳务的最终消费支出征税,虽然征收时表现在各个中间环节,但由于采取了抵扣办法。实际上中间环节不负担任何税收,企业购入货物或接受劳务的成本以及销售货物或提供劳务的价格中不含税,最终的实际税收是落在最终消费者身上。

1993年12月13日以中华人民共和国国务院令第134号发布的《中华人民共和国增值税暂行条例》(以下简称《暂行条例》)以及财政部发布的《中华人民共和国增值税暂行条例实施细则》(以下简称《实施细则》)已于1994年1月1日起施行。《暂行条例》以及《实施细则》的发布,取代了1984年国务院发布的《中华人民共和国增值税条例(草案)》(以下简称《条例(草案)》)以及财政部发布的《中华人民共和国增值税条例(草案)实施细则》。《暂行条例》与《条例(草案)》的主要区别在于:

1. 扩大了征收的范围。《条例(草案)》只对在中华人民共和国境内从事生产和进口的单位和个人征收增值税,不包括流通环节,也不包括外商投资企业。《暂行条例》规定,生产、流通企业,除了农业生产、销售不动产、转让无形资产、提供某些非应税劳务等业务外,均实行增值税,即增值税的实施范

---

[*] (《会计改革与会计管理》)1994年第3期

围不仅仅包括国内企业,还包括外商投资企业;不仅仅包括销售货物,还包括提供加工、修理修配劳务和进口货物;不仅仅包括生产企业,还包括批发、零售企业。

2. 简化了税率。以前税率档次比较多,税率为12档,基本税率为14%,最高税率为45%,最低税率8%。《暂行条例》简化了税率,将税率分为三档:基本税率为17%;销售或者进口粮食、食用植物油,自来水、暖气、热水、煤气、石油液化气、天然气、沼气、居民用煤炭制品,图纸、报纸、杂志,饲料、化肥、农药等,税率为13%;出口货物税率为零(除国务院另有规定外)。

3. 改变了增值税的税基。《条例(草案)》规定的税基是按照实现的销售收入额,这里的销售收入额指的是含税价格。《暂行条例》的税基为不含税销售额,即以销售货物或者应税劳务向购买方收取的全部价款和价外费用作为计算依据,不包括向消费者收取的增值税额。

4. 改变了税收的负担者。《条例(草案)》的计税依据为含税价格,企业缴纳的增值税作为税金支出从损益中扣除,即企业缴纳增值税多少与企业的经济效益发生直接的关系。《暂行条例》的计税依据为不含税价格,增值税是按照不含税价格计算并向消费者收取的,可称为价外税,缴纳的增值税一般情况下与企业的损益没有直接的关系。虽然纳税义务人是企业,但是负担者是消费者。

5. 将不同类型的企业划分为一般纳税企业和小规模纳税企业,实行不同的征收方法,一般纳税企业按上述三档税率分别征税;小规模纳税企业按6%的征收率征收。

二、计税方法

《条例(草案)》规定了两种计税方法,一是"扣额法",即以产品销售收入额扣除税法规定的"扣除额"后的余额作为增值额据以计税的方法;二是"扣税法",即以产品销售收入额计算出的税额扣除按税法规定"扣除项目"已纳税款据以征税的方法。从1987年1月1日起,全部按照"扣税法"计税,不再采用"扣额法"。在具体实施时,"扣税法"又有两种方法:"购进扣税法"和"实耗扣税法"。"购进扣税法"是以本期扣除项目的实际购进和支付的金额为依据计算本期扣除税额的一种方法;"实耗扣税法"是以本期生产或销售的增值税应税产品所实际耗用的扣除项目金额为依据,计算本期扣除税款的一种方法。《暂行条例》规定增值税的计税方法全部采用"购进扣税法"。"购进扣税法"计算简便、数据准确、符合增值税税款抵扣的原则。

《暂行条例》规定，企业销售货物或者提供应税劳务，应纳税额为当期销项税额抵扣当期进项税额后的余额，应纳税额计算公式为：

应纳税额 = 当期销项税额 − 当期进项税额

销项税额 = 销售额 × 税率

如果当期销项税额小于当期进项税额不足抵扣时，其不足部分可以结转下期继续抵扣。

三、扣税和记账依据

按照增值税暂行条例规定，企业购入货物或接受应税劳务支付的增值税（以下简称"进项税额"），可以从销售货物或提供劳务按规定收取的增值税（以下简称"销项税额"）中抵扣，实行增值税以后，如何确定扣税依据和记账依据，是关系到国家税收的重大问题。从会计核算角度看，做到在会计上价与税的分离，重要的是确定记账依据。企业购入货物或接受应税劳务取得的原始凭证是重要的记账依据，因此，首先必须取得有关的凭证，证明其购进货物或接受劳务已支付了增值税，有了切实的证明以后，这部分已支付的增值税才能予以抵扣。按照规定，企业购入货物或接受劳务必须具备以下凭证，其进项税额才能予以扣除。

1. 增值税专用发票。实行增值税以后，国家相应改革了发票制度，即实行增值税的一般纳税企业销售货物或者提供应税劳务均应开具增值税专用发票，增值税专用发票记载了销售货物的售价、税率以及税额等，购货方以增值税专用发票上记载的购入货物已支付的税额，作为扣税和记账的依据。

2. 完税凭证。企业进口货物必须缴纳增值税，其缴纳的增值税在完税凭证上注明。进口货物缴纳的增值税根据从海关取得的完税凭证上注明的增值税额作为扣税和记账的依据。

3. 购进免税农产品，按照凭证（发票或有关凭证）注明的买价和10%的扣除率计算进项税额，按照计算出的进项税额作为扣税和记账的依据。

按照规定，企业购进货物或者接受应税劳务，没有按照规定取得并保存增值税扣税凭证，或者增值税扣税凭证上未按照规定注明增值税额及其他有关事项的，其进项税额不能从销项税额中抵扣。企业销售商品、提供劳务计算的增值税销项税额，不能抵扣这部分进项税额，只能记入购入货物或接受劳务的有关成本费用。

四、会计处理

由于原增值税办法没有相应的增值税专用发票配套，其扣税以及记账均缺乏必要的依据，因此原增值税会计核算没有实行价与税的分离，其核算的主要特点为：

1. 企业购入货物已支付的增值税不单独核算，计入购入货物的成本，即企业库存存货以及销售货物的成本中均含税。

2. 由于企业销售货物的价格含税，企业应缴纳的增值税计入销售税金，构成经营损益。

3. 应交增值税的计算不纳入账内，采取账外计算的方法，即企业按照含税的销售收入和规定的增值税率计算的增值税整体税金，扣除按规定准予扣除项目的税额后的差额作为应交的增值税，计入损益。

4. 如果企业当期的销售整体税金小于当期准予扣除项目的税额，这部分尚未抵扣的税金在会计核算上设置了"待扣税金"科目，核算缴纳增值税的企业，当期销售货物应纳增值税小于按规定应予扣抵的税金而少扣的税金，这部分少扣的税金可以留待以后各期从缴纳的增值税中予以抵扣。

例：某国有工业企业 19×1 年 2 月产品销售收入为 250 万元，本期购进项目按规定准予抵扣的税额为 80 万元；3 月该企业产品销售收入为 800 万元，按规定准予抵扣的税额为 30 万元。假如该产品适用的增值税率为 14%。根据上述经济业务，企业应作如下会计处理（金额单位：元。下同）：

1.2 月：

产品销售整体税金 = 250 万元 × 14% = 35（万元）

增值税进项税额为 80 万元

该企业当期的"产品销售税金及附加"为 0。

借：应交税金——应交增值税　　　　　　　450000

　　贷：待扣税金　　　　　　　　　　　　　　　　450000

2.3 月：

产品销售整体税金 = 800 × 14% = 112（万元）

尚未抵扣的增值税额 = 112 − 30 − 45 = 37（万元）

借：产品销售税金及附加　　　　　　　　　370000
　　待扣税金　　　　　　　　　　　　　　450000
　　贷：应交税金——应交增值税　　　　　　　　820000

在这种核算方法下，存货中仍然含税，购进货物中支付的增值税采用账外记录的方式进行核算，只有当期的应交增值税整体税金小于当期应扣的增值税的差额部分，才记入"待扣税金"科目。

《暂行条例》实施以后，增值税由价内税改为价外税，同时改革了发票制度，使会计核算做到价与税的分离有了准确可靠的依据，因此，如果仍然沿用原来的会计核算办法已不能适用。增值税实行价外税以后，首先存货成本中不再含税，购入货物中已支付的增值税额有确切的证明，为会计上单独核算提供了准确的依据。其次销售收入中不再含税，缴纳的增值税一般不再计入损益，与企业的经济效益不挂钩。为此带来了一系列的会计核算问题。

（一）科目及账户的设置

新的增值税办法扩大了征税范围、改变了税基、简化了税率，并对不同类型的企业实行不同的征收方法。办法改变以后，涉及的会计科目及账户设置上的问题主要有：

1. 收入、成本的内含。实行增值税后，除了涉及小规模纳税企业的业务外。企业购入货物或接受劳务的成本中不再含增值税，销售货物或提供劳务收取的增值税额不构成销售额，即销售额中也不含税。这一改变使会计核算中原存货、销售收入的内含发生变化，即由含税改为不含税，由此，存货与销售收入的核算均应按不含税的金额入账。由于只改变了存货成本和销售收入的内含，并没有改变存货和销售收入的经济意义，因此，仍然可以按照会计制度中规定的会计科目进行日常会计核算。

2. 购入货物或接受劳务已支付的增值税如何核算，这是增值税会计核算中首先要考虑的问题。现行会计制度中的"应交税金——应交增值税"科目核算缴纳增值税的企业应交、已交、未交税金等情况，反映企业与国家之间的一种结算关系，其借方反映已缴纳的增值税，贷方反映应交的增值税，期末贷方余额反映尚未缴纳的增值税，期末借方余额反映多交的增值税。实行新的增值税办法后，由于企业这部分已支付的进项税额是企业暂时垫付的，可视为已交尚待扣抵的税金，因此，仍然可以通过"应交税金——应交增值税"科目的借方进行反映。

3. 销项税额如何核算。企业销售货物或提供应税劳务收取的增值税额，由于与原增值税应交税金的概念相似（只是改变了税基和税率），在会计核算上也仍然可以通过"应交税金——应交增值税"科目的贷方核算。

4. 出口退税如何核算。按照增值税办法规定，出口增值者应税货物实行零税率。由于出口货物购进时已含增值税，货物出口后企业可以申请出口货物的进项税额的退税，因此，出口货物退回的增值税也可通过"应交税金——应交增值税"科目的贷方核算。

按照上述设想，企业实行增值税后，可以不必增设新科目，仍按现行制度规定的有关科目核算，即可解决增值税的会计核算问题，但某些会计科目反映的经济内容需要适当改变。变化最大的为"应交税金——应交增值税"科目，其借、贷方相应增加了很多核算内容，其期末余额反映的经济内容与过去也不完全相同。"应交增值税"明细科目的借方发生额反映企业购进货物或接受应税劳务支付的进项税额和实际已缴纳的增值税；贷方发生额，反映销售货物或提供应税劳务应缴纳的增值税额、出口货物退税、转出已支付或应分担的增值税；期末借方余额，反映企业多交或尚未抵扣的增值税；期末贷方余额，反映企业尚未缴纳的增值税。

在这种情况下，"应交增值税"明细科目的借方既要反映已交税金，又要反映进项税额；贷方既要反映销项税额，又要反映出口退税、进项税额转出等情况。"应交增值税"明细科目增加核算内容后，如果仍沿用三栏式账户，很难完整反映企业增值税的抵扣、缴纳、退税等情况。为了配合税制改革，从会计上完整、真实反映企业的进项税额、销项税额、出口退税等情况，便于正确计算企业实际应交的增值税，同时也为了便于税务部门的征收管理，在账户设置上采用多栏式账户的方式，在"应交税金——应交增值税"账户中的借方和贷方各设若干个专栏加以反映。主要设置以下五个专栏：

1. "进项税额"专栏，记录企业购入货物或接受应税劳务而支付的、准予从销项税额中抵扣的增值税额。企业购入货物或接受应税劳务支付的进项税额，用蓝字登记；退回所购货物应冲销的进项税额，用红字登记。

2. "已交税金"专栏，记录企业已缴纳的增值税额。企业已缴纳的增值税额用蓝字登记；退回多交的增值税额用红字登记。

3. "销项税额"专栏，记录企业销售货物或提供应税劳务应收取的增值税额。企业销售货物或提供应税劳务应收取的销项税额，用蓝字登记；退回销售货物应冲销的销项税额，用红字登记。

4. "出口退税"专栏，记录企业出口适用零税率的货物，向海关办理报关出口手续后，凭出口报关单等有关凭证，向税务机关申报办理出口退税而收到退回的税款。出口货物退回的增值税额.用蓝字登记；出口货物办理退税后发生退货或者退关而补交已退的税款，用红字登记。

5. "进项税额转出"专栏，考虑到有些企业在购进货物时按照增值税专用发票上记载的进项税额已经记录到"进项税额"专栏，但具体使用时又用于非应税项目；或者发生非正常损失，或者其他原因，按照税收条例规定，这些进项税额不能从销项税额中抵扣，而必须由有关的承担者承担，相应转入有关的科目。因此，设置了"进项税额转出"专栏，记录企业的购进货物、在产品、产成品等发生非正常损失以及其他原因而不应从销项税额中抵扣，按规定转出的进项税额。

企业也可以在不影响会计核算要求和会计报表指标汇总，以及对外提供统一的会计报表的前提下，根据实际情况，将"应交增值税"明细科目中的各个专栏提升为二级科目进行核算，发生的进项税额、销项税额、出口退税等分别在"进项税额""销项税额""出口退税"等明细科目中核算，月末时再将有关的明细科目转入"应交增值税"明细科目。在这种情况下，企业仍可沿用三栏式账户核算。

（二）账务处理

实行增值税价、税分离后，账务处理方法也相应发生了一些变化，主要涉及购入和销售两个环节。

1. 一般纳税企业的账务处理

实行增值税后，一般纳税企业从税务上看，一是可以使用增值税专用发票，企业销售货物或提供劳务可以开具增值税专用发票；二是购入货物取得的增值税专用发票上注明的增值税额可以用销项税额抵扣；三是如果企业销售货物或者提供劳务采用销售额和销项税额合并定价方法的，按公式"销售额＝含税销售额÷（1＋税率）"还原为不含税销售额，并按不含税销售额计算销项税额；四是如果企业会计核算不健全，或者不能够提供准确税务资料或者虽然符合一般纳税人条件，但不申请办理一般纳税人认定手续的，按照销售额和规定的增值税率计算应纳税额，不能抵扣进项税额，也不能使用增值税专用发票。根据上述特点，一般纳税企业在账务处理上主要特点为：

（1）在货物购进阶段，会计处理上就实行价与税的分离，价与税分离的依据为增值税专用发票上注明的增值税额和价款,属于价款部分,计入购入货物的成本,属于增值税额部分,计入进项税额。

(2) 在销售阶段,销售价格中不再含税,如果定价时含税,应还原为不含税价格作为销售收入,向购买方收取的增值税作为销项税额。

例:某国有工业企业购入一批原材料,增值税专用发票上注明的原材料价款 600 万元,增值税额为 102 万元,货款已经支付,材料尚未到达。该企业当期销售产品收入为 1200 万元(不含税价格),货款尚未收到,假如该产品适用的增值税率为 17%。根据上述经济业务,企业应作如下会计处理:

①借:材料采购　　　　　　　　　　　　　　　　6000000
　　　应交税金——应交增值税(进项税额)　　　1020000
　　贷:银行存款　　　　　　　　　　　　　　　　7020000

②计算销项税额 = 1200 × 17% = 204 万元
　借:应收账款　　　　　　　　　　　　　　　　14040000
　　贷:产品销售收入　　　　　　　　　　　　　12000000
　　　　应交税金——应交增值税(销项税额)　　 2040000

2. 库存商品采用售价核算企业的账务处理

商业零售企业的库存商品一般都采用售价(含税价格)核算,实行增值税后,由于在商品购进阶段就做到价与税的分离,库存商品如果按照不含税价格核算,势必影响零售企业售价(含税价格)金额核算、实物负责制办法的继续执行。考虑到零售企业核算的特点以及售价金额核算、实物负责制办法有其自身的优点,为了不打乱售价金额核算办法,在会计核算上:(1) 零售商业企业的库存商品仍然按照含税价格核算;(2) 进货商品的进价与售价(含税价格)之间的差额,作为"商品进销差价"处理。这里所指的进销差价,实际包含两个差额,一是进价与不含税价格之间的差额;二是应向消费者收取的增值税额。(3) 由于零售企业一般情况下不开具增值税专用发票,其取得的销售额一般是含税的,因此,在计算企业商品销售收入时,应按扣除收到增值税后的净收入计算。

例:某商业零售企业库存商品实行售价核算,当期购进商品的进货原价为 6500 万元,按照增值税专用发票上注明的增值税额为 1105 万元,商品已经验收入库,货款已经支付。该批购进商品的售价为 10000 万元(含税价格)。当期销售商品取得的收入为 8000 万元,该商品适用的增值税率为 17%。假如该企业库存商品无期初余额。根据上述经济业务,企业应作如下会计处理:

(1) 借：商品采购　　　　　　　　　　　　　　65000000
　　　应交税金——应交增值税（进项税额）　11050000
　　　贷：银行存款　　　　　　　　　　　　　76050000
(2) 借：库存商品　　　　　　　　　　　　　　100000000
　　　贷：商品采购　　　　　　　　　　　　　65000000
　　　　　商品进销差价　　　　　　　　　　　35000000
(3) 商品销售收入 = 8000 ÷ (1 + 17%) = 6837.6 万元
增值税额 = 8000 - 6837.6 = 1162.4 万元
应交增值税 = 1162.4 - 1105 = 57.4 万元
借：银行存款（或现金）　　　　　　　　　　　80000000
　　贷：商品销售收入　　　　　　　　　　　　68376000
　　　　应交税金——应交增值税（销项税额）　11624000
(4) 借：商品销售成本　　　　　　　　　　　　80000000
　　　贷：库存商品　　　　　　　　　　　　　80000000
(5) 分摊销售商品的进销差价 = 3500 ÷ (2000 + 8000) × 8000 = 2800 万元
借：商品进销差价　　　　　　　　　　　　　　28000000
　　贷：商品销售成本　　　　　　　　　　　　28000000

3. 一般纳税企业购入免税产品的账务处理

按照增值税暂行条例规定，部分项目免征增值税，包括：

(1) 农业生产者销售的自产农业产品；

(2) 避孕药品和用具；

(3) 古旧图书；

(4) 直接用于科学研究、科学试验和教学的进口仪器、设备；

(5) 外国政府、国际组织无偿援助的进口物资和设备；

(6) 来料加工、来件装配和补偿贸易所需进口的设备；

(7) 由残疾人组织直接进口供残疾人专用的物品；

(8) 销售的自己使用过的物品。

企业销售免征增值税项目的货物，不能开具增值税专用发票，只能开具普通发票。企业购进免税产品，一般情况下，不能扣税。但对于购入的免税农业产品可以按买价和10%的扣除率计算进项税额，并准予从销项税额扣除。这里的买价是指企业购进免税农业产品支付给农业生产者的价款和按规定代收代缴的农业特产税。在会计处理上：一是按购进免税农业产品普通发票或有关凭证上确定的金额（买价）扣除10%的进项税额，作为购进农业产品的成本；二是扣除的10%部分作为进项税额，待以后用销项税额抵扣。

例：某供销社收购农业产品，实际支付的价款为200万元，企业应作如下会计处理。

计算进项税额 = 200 × 10% = 20 万元

借：商品采购　　　　　　　　　　　　　　　　1800000

　　应交税金——应交增值税（进项税额）　　　　200000

　　贷：银行存款　　　　　　　　　　　　　　　　2000000

4. 小规模纳税企业的账务处理

增值税暂行条例将纳税人分为一般纳税人和小规模纳税人。小规模纳税人的标准为：（1）从事货物生产或提供应税劳务的纳税人，以及以从事货物生产或提供应税劳务为主，并兼营货物批发或零售的纳税人，年应征增值税销售额在100万元以下；（2）从事货物批发或零售的纳税人，年应征增值税销售额在180万元以下的；（3）年应征增值税销售额超过小规模纳税人标准的个人、非企业性单位、不经常发生应税行为的企业，视同小规模纳税人纳税。小规模纳税人会计核算健全，能够提供准确税务资料，经主管税务机关批准，可以不视为小规模纳税人。小规模纳税企业有以下四个特点：

（1）小规模纳税企业销售货物或者提供应税劳务，只能开具普通发票，不能开具增值税专用发票。但凡能够认真履行纳税义务的小规模纳税企业，经批准，其销售货物或应税劳务可由税务所代开增值税专用发票；

（2）小规模纳税企业销售货物或提供应税劳务，实行简易办法计算应纳税额，计算公式为：应纳税额 = 销售额 × 征收率。征收率为6%；

（3）小规模纳税企业的销售额不包括其应纳税额。采用销售额和应纳税额合并定价方法的，按以下公式计算销售额：

销售额 = 含税销售额 ÷ （1 + 征收率）；

（4）小规模纳税企业一经认定为一般纳税企业后，不得再转为小规模纳税企业。

根据上述小规模纳税企业的特点，会计处理规定：

（1）小规模纳税企业购入货物无论是否具有增值税专用发票，其支付的增值税额均不计入进项税额，不得由销项税额抵扣，而计入购入货物的成本，其会计处理方法按现行会计制度规定办理。相应地，其他企业从小规模纳税企业购入货物支付的增值税额，如不具有增值税专用发票，也不能作为进项税额抵扣，而应计入购入货物的成本；

（2）小规模纳税企业的销售收入按不含税价格计算；

（3）小规模纳税企业仍然使用"应交税金——应交增值税"科目，仍沿用三栏式账户，不需要在"应交增值税"账户中设置专栏。

例：某工业企业核定为小规模纳税企业，本期购入原材料，按照增值税专用发票上记载的原材料成本为100万元，支付的增值税额为17万元，企业开出承兑的商业汇票，材料尚未到达；该企业本期销售产品，含税价格为90万元，货款尚未收到。根据上述经济业务，企业应作如下会计处理：

（1）购进货物

借：材料采购　　　　　　　　　　　　　　　　1170000
　　贷：应付票据　　　　　　　　　　　　　　　　1170000

（2）销售货物　　不含税价格 = 90 ÷ （1 + 6%） = 84.9 万元

应交增值税 = 84.9 × 6% = 5.1 万元

借：应收账款　　　　　　　　　　　　　　　　900000
　　贷：产品销售收入　　　　　　　　　　　　　849000
　　　　应交税金——应交增值税　　　　　　　　51000

5. 进出口货物的账务处理

企业进口货物，按照组成计税价格和规定的增值税率计算应纳税额。组成计税价格和应纳税额的计算公式为：

组成计税价格 = 关税完税价格 + 关税 + 消费税应纳税额
　　　　　　 = 组成计税价格 × 税率

在会计核算上：（1）进口货物缴纳的增值税，根据从海关取得的完税凭证作为记账依据；（2）根据海关取得的完税凭证上注明的增值税额，记入"应交税金——应交增值税（进项税额）"科目，其具体会计处理方法与国内购进货物的处理方法相同，只是扣税依据不同。

企业出口货物一般适用零税率。即出口货物的销项税额为零，但企业购入货物时有进项税额，这部分进项税额如何抵扣？按照增值税暂行条例规定："纳税人出口适用税率为零的货物，向海关办理出口手续后，凭出口报关单等有关凭证，可以按月向税务机关申报办理该项出口货物的退税"，这部分出口货物退回的税款，用于抵扣出口货物购进时的进项税额。

在会计核算上：（1）出口货物购进时支付的增值税额，仍然记入"应交税金——应交增值税（进项税额）"科目；（2）出口货物退税采用收到时记账的方法，记入"应交税金——应交增值税（出口退税）"科目。

6. 视同销售的账务处理

按照增值税暂行条例实施细则的规定，对于企业下列行为，视同销售货物计算缴纳增值税：

（1）将货物交付他人代销；

（2）销售代销货物；

（3）设有两个以上机构并实行统一核算的纳税人，将货物从一个机构移送其他机构用于销售，但相关机构设在同一县（市）的除外；

（4）将自产、委托加工的货物用于非应税项目；

（5）将自产、委托加工或购买的货物作为投资，提供给其他单位或个体经营者；

（6）将自产、委托加工或购买的货物分配给股东或投资者；

（7）将自产、委托加工的货物用于集体福利或个人消费；

（8）将自产、委托加工或购买的货物无偿赠送他人。

对于上述视同销售货物的行为，会计处理方面需要解决以下几个问题：一是视同销售是否全部通过销售核算。考虑到企业有些视同销售的行为，如对外投资，实际上不是一种销售行为，企业不会由于对外投资而取得销售收入，增加货币流量，因此，会计上对某些视同销售的行为不作为取得销售收入处理；二是视同销售计算出的应交税金，是作为"销项税额"还是作为"进项税额转出"处理。考虑到既然视同销售行为，在发生时也必须开具增值税专用发票，而增值税专用发票上记载的税率和税额均是销项税额，这与一般的进项税额转出的意义不同，为了便于征收管理，会计上作为"销项税额"处理；三是视同销售行为的价格（税基）如何确定，这应根据国家的有关政策规定，有的按照确认的价值，有的按经税务部门认可的价格确定，有的按实际销售额确定，会计上按照国家的有关规定执行。在具体会计处理方面，对于视同销售采取了不同的会计处理方法：

（1）投资。企业将自产、委托加工或购买的货物作为投资的，投资方视同销售，吸收投资方视同购入处理，分别计算货物的进项税额和销项税额。

例：甲企业用原材料对乙企业投资，双方协议按成本作价。该批原材料的成本为200万元。假如该原材料适用的增值税率为17%。根据上述经济业务，甲、乙（假如甲、乙企业原材料均采用实际成本进行核算）企业应分别作如下会计处理：

甲企业：对外投资转出原材料应缴纳的增值税 = $200 \times 17\%$ = 34 万元。

借：长期投资　　　　　　　　　　　　　　　　　　2340000
　　贷：原材料　　　　　　　　　　　　　　　　　　2000000
　　　　应交税金——应交增值税（销项税额）　　　　340000

乙企业：收到投资时

借：原材料　　　　　　　　　　　　　　　　　　　2000000
　　应交税金——应交增值税（进项税额）　　　　　　340000
　　贷：实收资本　　　　　　　　　　　　　　　　　2340000

（2）用于非应税项目或用于集体福利。企业将自产或委托加工的货物用于非应税项目或作为集体福利的，也应视同销售计算应交的增值税。因为这些货物当初购进时根据增值税专用发票上注明的增值税额计入了"进项税额"，待由以后的销项税额抵扣，但由于这些货物使用时用于非增值税应税项目或用于集体福利设施，因此，这部分进项税额按规定不能由其他销项税额抵扣，而应由非应税项目或集体福利负担。会计处理上，按照视同销售计算出销项税额和货物的成本，借记"在建工程"等科目，按计算出的销项税额，贷记"应交税金——应交增值税（销项税额）"科目，按货物的成本，贷记"原材料""产成品"等科目。

（3）捐赠。企业将自产、委托加工或购买的货物无偿赠送他人，也视同销售货物计算应交的增值税。会计核算原则与上述投资相同，即不通过销售核算，捐赠支出作为营业外支出，捐赠收入作为资本公积处理。

例：甲企业将自产的产品价值520万元赠与乙企业，该产品适用的增值税率为17%。根据这项经济业务，甲、乙双方应作如下会计处理：

甲企业：捐赠资产应交的增值税 = 520 × 17% = 88.4万元

借：营业外支出　　　　　　　　　　　　　　　　　6084000
　　贷：产成品　　　　　　　　　　　　　　　　　　5200000
　　　　应交税金——应交增值税（销项税额）　　　　884000

乙企业：收到捐赠的资产按确认的价值以及增值税专用发票上注明的增值税额记账

借：原材料　　　　　　　　　　　　　　　　　　　5200000
　　应交税金——应交增值税（进项税额）　　　　　　884000
　　贷：资本公积　　　　　　　　　　　　　　　　　6084000

（4）将货物分配给个人。按规定，企业将自产、委托加工或购买的货物分配给股东或投资者也视同销售，这一行为虽然没有直接的货币流出，但是事实上将货物出售后取得货币资产,然后再分配利润给股东,与将货物直接分配给股东,从严格意义上来说并无区别,只是这里没有货币的流入流出,而直接以货物流出的形式体现,并且体现的是企业内部与外部的关系。因此,这一视同销售行为,应通过销售处理。

例:某国有工业企业以自己生产的产品分配利润,产品的成本为 50 万元,销售价格为 80 万元(不含税),该产品适用的增值税率为 17%。企业应作如下会计处理:

计算销项税额 = 80 × 17% = 13.6 万元

  借:应付利润   936000
    贷:产品销售收入   800000
      产品税金——应交增值税(销项税额) 136000
  借:利润分配——应付利润   936000
    贷:应付利润   936000
  借:产品销售成本   500000
    贷:产成品   500000

(三)不予抵扣项目的账务处理

按照规定,下列项目的进项税额不得从销项税额中抵扣:

1. 购进固定资产;
2. 用于非应税项目的购进货物或者应税劳务;
3. 用于免税项目的购进货物或者应税劳务;
4. 用于集体福利或者个人消费的购进货物或者应税劳务;
5. 非正常损失的购进货物;
6. 非正常损失的在产品、产成品所耗用的购进货物或者应税劳务。

对于按规定不予抵扣的进项税额,账务处理上采用不同的方法:

1. 购入货物时即能认定其进项税额不能抵扣的,如购进固定资产,购入货物直接用于免税项目,或者直接用于非应税项目,或者直接用于集体福利和个人消费的,其增值税专用发票上注明的增值税额,记入购入货物及接受劳务的成本,其会计处理方法按照现行有关会计制度规定办理。

2. 购入货物时不能直接认定其进项税额能否抵扣的,其增值税专用发票上注明的增值税额,按照增值税会计处理方法记入"应交税金——应交增值税(进项税额)"科目,如果这部分购入货物以后用于按规定不得抵扣进项税额项目的,应将原已记入进项税额并已支付的增值税转入有关的承担者予以承担,通过"应交税金——应交增值税(进项税额转出)"科目转入有关的"在建工程""应付福利费""待处理财产损溢"等科目。

(四)会计报表

为了配合税制改革,全面了解实施增值税企业税金的抵扣和纳税等情况,同时便于税收征管工作,在会计制度中增加了一张"应交增值税明细表"作为"资产负债表"的附表。从该表上能够全面反映企业本期以及本年累计缴纳增值税的情况,并可计算本月和全年累计应交增值税:即:本月实际应交增值税=本月发生的销项税额+本月收到的出口退税+本月进项税额转出数-本月发生的进项税额(如果上月有多交、未抵扣增值税,则在计算时应考虑这个因素);本年累计实际应交的增值税=年初未交增值税(多交或未抵扣的增值税,以负号表示)+本年发生的销项税额+本年实际收到的出口退税+本年进项税额转出-本年发生的进项税额。这里要注意一点:小规模纳税企业、零星少量缴纳增值税的企业,可以不填列这张报表。

(五)期初库存的调整

实行增值税办法以后,改变了过去的做法,相应以前已经记入存货的税金等问题需要作相应的调整,以达到公平税赋,平等竞争的目的。企业1994年期初库存存货中含有的已征税款的处理,关系到国家和企业分配关系的一个重大问题。企业应实事求是地核实期初存货,并将存货中的已征税款从存货成本中分离出来,按照规定,凡认定为增值税一般纳税人的企业,期初存货中所含的已征税款(除外贸企业另行规定外),按以下原则计算确定:

1. 原实行"价税分流购进扣税法"的增值税企业,其已征税款为实行"价税分流购进扣税法"时核定的期初存货应扣税金减去以后动用库存并已予扣除部分后的余额。

2. 其他企业按存货的实际采购成本乘以扣除率计算确定。外购农业产品的扣除率为10%;其他外购项目的扣除率为14%。

3. 企业在1994年1月1日以前购进货物,在1994年1月1日以后才收到进货发票的,在1994年2月1日以前报经主管税务机关审核后,该项购进货物可作为1994年期初存货计算已征税款,但不得作为1994年当期购进货物计算进项税额。上述进货发票在1994年2月1日以前未报主管税务机关审核的,不得作为1994年期初存货，也不得作为1994年当期购进货物计算进项税额。

1994年1月1日以前销售的货物，在1994年发生退货的，报经税务机关审核后，销售方或退货方属于一般纳税人的，应根据此项退货额调整期初存货的有关数字。

4. 商业企业期初存货中含有的已征税款的处理，原则上与其他企业一样，凡动用的部分，即年末库存余额小于年初库存余额的差额，准予作为当年进项税额予以抵扣。

在会计处理上，关于调账主要涉及以下五个问题：

1. "待扣税金"科目的处理。对于1993年12月31日"待扣税金"科目的余额，为了避免重复扣税，应将"待扣税金"科目的余额按原渠道冲回，转入"应交税金——应交增值税"科目。借记"待扣税金"科目，贷记"应交税金——应交增值税"科目，同时取消"待扣税金"科目。

2. 将期初存货中所含的税金，按规定从9类存货（包括在途材料、在途商品、原材料、产成品、包装物、低值易耗品、在产品、自制半成品、库存商品）中单独划出，计入"待摊费用——期初进项税额"科目（包括实行购进扣税法的企业，从库存中转出的尚未扣税的部分），借记"待摊费用——期初进项税额"科目，贷记各类存货科目。

3. 原实行增值税"价税分流购进扣税法"的企业，如果未按照新的财务制度规定将"应扣税金"科目还原的，其"应扣税金"科目的余额转入"待摊费用——期初进项税额"科目。

4. 原实行购进扣税法的企业，其"待扣税金"科目的余额按照规定可以转作1994年的进项税额继续予以抵扣，但由于这部分尚未扣税的金额已经从存货中转作"待摊费用——期初进项税额"科目，因此，结转时，应借记"应交税金——应交增值税（进项税额）"科目，贷记"待摊费用——期初进项税额"科目。除此之外，企业其他已经转入"待摊费用——期初进项税额"科目的期初未抵扣的税额，如果按照规定可以抵扣的，再转入"应交税金——应交增值税（进项税额）"科目。

5. 采用计划成本进行材料日常核算，以及库存商品采用售价核算的企业，期初存货中调出的已征税款，调整"材料成本差异"或"商品进销差价"科目。

谈企业所得税会计处理的若干问题[*]

1994年是我国经济体制改革迈出重大步伐的一年。随着改革开放的进一步深入,适应社会主义市场经济体制的需要,国家推出了包括财税体制、外贸、外汇体制、建立现代企业制度等在内的一系列改革措施,作为财税体制改革重要内容的税制改革更是对整个经济的发展,对国家财政收入,对国家和企业之间的利益分配等将会产生重大的影响。为配合新税制的实施,财政部先后制定下发了增值税、营业税、消费税等会计处理办法,最近又制定下发了"企业所得税会计处理的暂行规定"(以下简称"所得税会计处理规定"),现就企业所得税会计处理的若干问题谈点个人的看法。

一、为什么要制定"所得税会计处理规定"

在经济领域中,会计和税收是两个不同的分支,分别遵循不同的原则,规范不同的对象。但是,在会计制度改革以前,由于过去过分强调会计要依附于财政、财务、税收等其他法规,使会计缺乏相应的独立性、规范性和科学性。由于会计与税收对纳税(主要是所得税)计算的有关规定基本上是一致的,不存在国外所说的财务会计与税收会计相分离的问题,因而,单独制定有关所得税会计处理规定的要求也不是十分迫切。

在会计制度改革以后,我们制定了《企业会计准则》和分行业的企业会计制度,并注意按照国际会计惯例对企业的会计核算进行规范。适应社会主义市场经济的要求,国家又对税制进行了一系列重大的改革,颁布了包括《中华人民共和国所得税暂行条例》及其实施细则在内的一系列税收法规,对企

---

[*] (《财务与会计》1994年第10期)

业的纳税行为进行规范。在新的会计制度和新的税收法规中，均体现了会计和税收各自相对的独立性和适当分离的原则。如《中华人民共和国所得税暂行条例》（以下简称《所得税条例》）第九条规定：纳税人在计算应纳税所得额时，其财务、会计处理办法同国家有关税收的规定有抵触的，应当按照国家有关税收的规定计算纳税。就是说企业的会计核算和纳税计算可能存在和出现差异，这种差异主要体现在对企业损益的确认和计算上。即企业按照会计核算的原则等计算的缴纳所得税前的利润总额或亏损总额（以下简称"税前会计利润"或"税前会计亏损"），与按照税法（主要指《所得税条例》及其实施细则等）的有关规定计算的一个时期的利润或亏损总额（以下简称"纳税所得"或"纳税亏损"）之间由于包括的内容和时间不同而产生差异，由此而导致税收和会计上对应纳所得税的计算也出现差异。正是由于税前会计利润与纳税所得之间存在差异，而企业在缴纳所得税时，要以税前会计利润为基础，按照税法的有关规定和要求加以调整计算出纳税所得，据此计算和缴纳所得税。因此，就需要通过一定的方法对企业税前会计利润和纳税所得之间差异的产生、调整、转销等作出规定，"所得税会计处理规定"正是基于此种目的而提出和制定的。

二、税前会计利润与纳税所得之间产生差异的原因和性质

税前会计利润与纳税所得之间产生的差异，就其原因和性质的不同可分为两类：

第一，两者计算的口径不同。即企业按会计原则计算的税前会计利润与按税法规定计算的纳税所得，所确认的收支口径、包括的收支内容不同。如新的《所得税条例》及其实施细则规定：企业违法经营的罚款和被没收财物的损失等在计算应纳税所得额时不得从中扣除。但从会计核算的角度看，这些支出均属企业发生的费用支出的范畴，应当体现在其经营损益中，当然也应在计算税前会计利润时予以扣除，因而，在这种情况下两者之间就产生了差异。企业购买债券等取得的利息收益，从会计核算上讲，无论是何种债券的利息收入均属于企业的一种收益，构成税前会计利润的组成内容；而税收上出于某种考虑（比如为了鼓励购买国债等），可能规定企业的某些债券取得的利息收入（如购买国库券和特种国债取得的利息收入）可以从纳税所得额中扣除，这样，会计上计算的税前会计利润与税收上计算的纳税所得之间也会产生差异。这种

由于企业一定时期的税前会计利润与纳税所得之间包括的内容不同所产生的差异一般称为"永久性差异"。这种差异在本期产生，并不能够在以后期间转回。

第二，两者的计算时期不同。企业的某些收入或支出，虽然在计算税前会计利润和纳税所得时，计算的口径一致，但由于两者确认的时间不同也会产生差异。如企业的某些固定资产，会计上估计其经济使用寿命为10年，按直线法计提折旧，每年提取10%的折旧。而国家出于鼓励投资，从而刺激经济的增长、增加就业、扩大税源等目的，在税收上规定企业可以对固定资产采用加速折旧的方法，假设上述固定资产在税收上规定其使用期限为5年，按直线法计算每年应提取20%的折旧。这样，从一个会计年度看，由于会计核算和税收计算所采用的固定资产折旧年限和年折旧率不同，使计入费用的折旧和税收上允许扣除的折旧费用产生差额，从而使得按会计原则计算的税前会计利润和按税法规定计算的纳税所得产生差异，并由此导致从当期损益中扣除的所得税和当期应交所得税计算的差异。这种企业一定时期的税前会计利润和纳税所得之间由于时间不同所产生的差异一般称之为"时间性差异"，这种差异在某一时期产生以后，可以在以后一期或若干期内转回。

三、会计上对所得税属性的确定

关于所得税的属性（即是作为一种费用支出还是作为收益的分配），在过去几十年中，我国的会计制度（包括新发布的《企业会计准则》和行业会计制度），一直是把其作为企业利润分配的一项内容来处理。而在其他国家和地区以及国际会计准则委员会的有关准则或规定中，基本上是作为企业发生的一项费用支出处理。

是把所得税作为一项费用看待还是将其作为收益的分配看待，在采用"应付税款法"进行所得税核算的情况下，问题并不突出，或者说无论是将所得税作为费用还是作为收益分配处理并没有很大的矛盾。但在采用"纳税影响会计法"的情况下，就会出现收入与费用不配比的现象。"纳税影响会计法"可以说是权责发生制原则和收入与费用配比原则的综合体现，即当期的所得税费用支出与当期实现的收益相配比，属于当期的所得税支出应从本期损益中扣除，而不应反映在以后各期；相应，不属于当期的所得税支出，也不应当从本期的损益中扣除。

把所得税作为费用处理主要有以下理由：

其一，从其属性上讲，所得税一般应作为企业的一项费用支出。费用是指企业生产经营过程中的所有耗费，那么企业向国家缴纳的所得税即可理解为一项费用耗费。而利润分配应是企业对一定时期的净利润（即所得税后利润）进行的分配，其性质属于所有者权益。而所得税是国家依法对企业的生产经营所得课征的税，它具有强制性、无偿性，无论国家对企业是否有投资（即无论国家是否是企业的投资者），只要企业有收入，均要依法纳税。

其二，把所得税作为费用处理，更符合收入与费用配比的原则。配比原则是指营业收入要与其相对应的成本、费用相互配合。而所得税是企业要取得收入（即过去所说的税后利润）所必须花费的代价，即为取得收入所发生的费用支出，没有收入自然也不须花费这笔费用支出。因此，从这个意义上讲，把所得税作为企业的费用处理，更符合于收入与费用配比的原则。

其三，适应会计改革的深入，与国际会计惯例接轨。从国外的情况看，基本上是把所得税作为费用支出处理的，在我们制定的"所得税会计处理规定"中这样处理，便于与国际会计惯例一致，同时，也为下一步颁布执行具体会计准则打下基础。

因此，"所得税会计处理规定"改变了过去的做法，把所得税作为费用处理。

四、会计科目的设置

按照"所得税会计处理规定"的规定，企业应对按照行业会计制度的规定设置的会计科目进行适当的调整。

首先，企业应在损益类科目中设置"所得税"科目，核算企业按规定从当期损益中扣除的所得税。并且取消"利润分配"科目中的"应交所得税"明细科目。

其次，企业应在负债类科目中增设"递延税款"科目，核算企业由于时间性差异造成的税前会计利润与纳税所得之间的差异所产生的影响纳税的金额以及以后各期转销的金额。"递延税款"科目的贷方发生额，反映企业本期税前会计利润大于纳税所得产生的时间性差异影响纳税的金额，以及本期转销已确认的时间性差异对纳税影响的借方金额；其借方发生额，反映企业本期税前会计利润小于纳税所得产生的时间性差异影响纳税的金额，以及本期转销已确认的时间性差异对纳税影响的贷方金额；期末贷方（或借方）余额，反映尚未转销的时间性差异影响纳税的金额。采用"负债法"时，"递延税款"科目的借方或贷方发生额，还反映税率变动或开征新税调整的递延税款金额。

五、所得税会计运用的主要方法

税前会计利润与纳税所得之间存在的永久性差异和时间性差异，会计核算上通常可采用两种方法。

（一）应付税款法

应付税款法是将本期税前会计利润与纳税所得之间的差异所造成的影响纳税的金额直接计入当期损益，而不递延以后各期。

在采用应付税款法的情况下，企业要以按税法规定计算的纳税所得为依据计算应缴纳的所得税，并列作所得税费用处理。即对于税前会计利润与纳税所得之间的差异的处理，是通过按税法的规定对税前会计利润进行调整解决的。

企业应按纳税所得计算的应缴所得税，借记"所得税"科目，贷记"应交税金——应交所得税"科目。实际上缴所得税时，借记"应交税金——应交所得税"科目，贷记"银行存款"科目。期末，应将"所得税"科目的借方余额转入"本年利润"科目，结转后"所得税"科目应无余额。

举例说明如下：

例1：甲企业19×1年核定的全年计税工资为150万元，企业当年实际发放的工资为160万元。本企业当年按会计核算原则计算的税前会计利润为2000万元，所得税税率为33%。假设甲企业当年无其他纳税调整因素。

企业有关的会计处理如下（金额单位：元。下同）：

纳税调整数 = 实发工资 − 计税工资 = 160 − 150 = 10（万元）
应纳税所得额 = 税前会计利润 + 纳税调整数 = 2000 + 10 = 2010（万元）
应纳所得税额 = 2010 × 33% = 663.3（万元）

借：所得税　　　　　　　　　　　　　　　　　　6633000
　　贷：应交税金——应交所得税　　　　　　　　　　　6633000

实际上缴所得税时，

借：应交税金——应交所得税　　　　　　　　　　　6633000
　　贷：银行存款　　　　　　　　　　　　　　　　　　6633000

年末,将"所得税"科目余额结转"本年利润"科目

借:本年利润　　　　　　　　　　　　　　　　6633000
　　贷:所得税　　　　　　　　　　　　　　　　6633000

(二) 纳税影响会计法

纳税影响会计法是将本期税前会计利润与纳税所得之间的时间性差异造成的影响纳税的金额递延和分配到以后各期。

纳税影响会计法又可以具体分为"递延法"和"债务法"两种。

1. 递延法。递延法是把本期由于时间性差异而产生的影响纳税的金额,保留到这一差异发生相反变化的以后期间予以转销。当税率变更或开征新税,不需要调整由于税率的变更或新税的征收对"递延税款"余额的影响。发生在本期的时间性差异影响纳税的金额,用现行税率计算,以前各期发生的而在本期转销的各项时间性差异影响纳税的金额,按照原发生时的税率计算转销。

企业采用递延法时,应按税前会计利润(或税前会计利润加减发生的永久性差异后的金额)计算的所得税,借记"所得税"科目,按照纳税所得计算的所得税,贷记"应交税金——应交所得税"科目,按照税前会计利润(或税前会计利润加减发生的永久性差异后的金额)计算的所得税与按照纳税所得计算的所得税之间的差额、作为递延税款,借记或贷记"递延税款"科目。本期发生的递延税款待以后期转销时,如为借方余额应借记"所得税"科目,贷记"递延税款"科目;如为贷方余额应借记"递延税款"科目,贷记"所得税"科目。实际上缴所得税时,借记"应交税金——应交所得税"科目,贷记"银行存款"科目。

举例说明如下:

例:某股份有限公司有关资料如下:

某项设备按照税法和财务制度的规定使用年限为10年,公司自己选定的折旧年限为5年,即从第6年起,该项固定资产不再提取折旧。该项固定资产的原价为100万元(不考虑净残值的因素)。假设该公司前5年每年实现利润1000万元,后5年每年实现利润1100万元。1至4年公司所得税税率为33%,从第五年起,所得税税率改为30%。

根据上述资料,公司应作以下会计处理:

第一年:

按税法规定的折旧年限(10年)计算每年应提折旧额 $=100\div10=10$(万元)

按公司选定的折旧年限（5年）计算每年应提折旧额＝100÷5＝20（万元）

时间性差异＝20－10＝10（万元）

按照税前会计利润计算的应交所得税＝1000×33%＝330（万元）

按照纳税所得计算的应交所得税＝（1000＋10）×33%＝333.3（万元）

时间性差异影响纳税的金额＝333.3－330＝3.3（万元）

会计分录为：

借：所得税　　　　　　　　　　　　　　　　　　　3300000

　　递延税款　　　　　　　　　　　　　　　　　　　33000

　　　贷：应交税金——应交所得税　　　　　　　　　　3333000

第二、三、四年的有关处理同上。

第五年：

按照税前会计利润计算的应交所得税＝1000×30%＝300（万元）

按照纳税所得计算的应交所得税＝（1000＋10）×30%＝303（万元）

时间性差异影响纳税的金额＝303－300＝3（万元）

会计分录为：

借：所得税　　　　　　　　　　　　　　　　　　　3000000

　　递延税款　　　　　　　　　　　　　　　　　　　30000

　　　贷：应交税金——应交所得税　　　　　　　　　　3030000

第六年：

按照纳税所得计算的应纳所得税＝（1100－10）×30%＝327（万元）

在转销时间性差异时，仍然按33%的税率计算，即应转销的时间性差异为10×33%＝3.3（万元）

会计分录为：

借：所得税　　　　　　　　　　　　　　　　　　　3303000

　　贷：递延税款　　　　　　　　　　　　　　　　　33000

　　　　应交税金——应交所得税　　　　　　　　　　3270000

第七、八、九年的处理同上。

第十年：

按照纳税所得计算的应交所得税仍为327万元。

但在转销时间性差异时，要按30%的所得税率计算，即应转销的时间性差异为10×30%＝3（万元）

会计分录为：

借：所得税　　　　　　　　　　　　　　　　　　　3300000
　　贷：递延税款　　　　　　　　　　　　　　　　　　30000
　　　　应交税金——应交所得税　　　　　　　　　　3270000

由于在采用递延法的情况下，产生的时间性差异对纳税的影响不因以后税率变动或开征新税进行调整，所以递延法在转销时间性差异时比较简单。这种方法的缺点是，在税率变动或开征新税之后，资产负债表上列示的递延所得税可能不表示所得税的实际结果，即企业在以后年度承受的将于以后年度转回的现存的时间性差异的结果。由于这个原因，在递延法下，资产负债表上列示的递延所得税额，通常称为递延所得税贷项或借项，而不称为递延所得税资产和负债。

2. 债务法。债务法是把本期由于时间性差异而产生的影响纳税的金额，保留到这一差额发生相反变化时转销。在税率变更或开征新税，递延税款的余额要按照税率的变动或新征税款进行调整。"递延税款"科目余额也可按预期今后税率的变更进行调整。

仍以上例加以说明。

第一、二、三、四年的处理不变。

第五年的有关处理如下：

按照税前会计利润计算的应交所得税 = 1000 × 30% = 300（万元）

按照纳税所得计算的应交所得税 = (1000 + 10) × 30% = 303（万元）

时间性差异影响纳税的金额 = 303 - 300 = 3（万元）

调整由于前四年按33%的所得税率计算对纳税的影响 = 40 × 33% - 40 × 30% = 1.2（万元）

会计分录如下：

借：所得税　　　　　　　　　　　　　　　　　　　3012000
　　递延税款　　　　　　　　　　　　　　　　　　　18000
　　贷：应交税金——应交所得税　　　　　　　　　3030000

同时，记

借：所得税　　　　　　　　　　　　　　　　　　　12000
　　贷：递延税款　　　　　　　　　　　　　　　　　12000

第六年：

按税前会计利润计算的应交所得税 = 1100 × 30% = 330（万元）

按纳税所得计算的应交所得税 = (1100 - 10) × 30% = 327（万元）

时间性差异影响纳税的金额 = 330 − 327 = 3（万元）

会计分录为：

借：所得税　　　　　　　　　　　　　　　　3300000

　　贷：递延税款　　　　　　　　　　　　　　　30000

　　　　应交税金——应交所得税　　　　　　　3270000

第七、八、九、十年的处理同上。

由于采用"债务法"时，在税率变动或开征新税时，对递延税款科目的余额要进行相应的调整，因此在资产负债表上所列示的递延所得税资产或负债相应也就比较符合实际．比较准确。相应其缺点是它的运用要比递延法难，主要原因是因为每次税率的变动或开征新税都必须重新计算递延所得税资产或负债。

六、会计报表的列示

由于"所得税会计处理规定"把所得税作费用处理，并且又采用了"纳税影响会计法"，相应对企业会计报表也有影响，企业应对现行会计报表进行相应的调整。

1. 对"资产负债表"的调整

企业应在"资产负债表"中的"资产"部分增加"递延税项"类，并在"递延税项"类下设置"递延税款借项"项目，反映企业期末尚未转销的递延税款的借方余额；在"负债及所有者权益"部分增加"递延税项"类，并在"递延税项"类下设置"递延税款贷项"项目，反映企业期末尚未转销的延递税款的贷方余额。

2. 对"损益表"的调整

企业应在"损益表"中的"利润总额"项目下设置"减：所得税"项目，反映企业从当期损益中扣除的所得税；并在"所得税"项目下增设"净利润"项目，反映企业缴纳所得税后的利润。

3. 对"财务状况变动表"的调整

企业应将"财务状况变动表"中的"本年利润"项目改为"本年净利润"项目，反映企业年度内实现的净利润（如为净亏损用"−"号表示）。取消"利润分配"部分中的"应交所得税"项目。并在"本年净利润"类"加：

不减少流动资金的费用和损失"项目下增设"递延税款"项目，反映企业年度内发生的递延税款。本项目应根据"递延税款"科目的贷方发生额填列（如为借方发生额用"－"号填列）。如企业当期"递延税款"科目既有贷方发生额，又有借方发生额，本项目应按借贷方相抵后的净额填列（如借方发生额大于贷方发生额用"－"号填列）。

4. 对"利润分配表"的调整

企业应取消"利润分配表"中的"利润总额"和"减：应交所得税"两个项目。

七、其他有关问题

企业在执行"所得税会计处理规定"时，还应注意以下两个问题：

一是原来对于时间性差异采用"应付税款法"进行核算的企业会计核算方法的调整。在财政部下发"所得税会计处理规定"以前，有些企业对于发生的时间性差异采用了"应付税款法"进行核算，按照"所得税会计处理规定"的要求应调整为采用"纳税影响会计法"，但为了简化会计核算手续，减少有关的调账工作，这些企业对原来发生的时间性差异已按"应付税款法"进行核算的事项，可不再调整，仍按原来办法进行处理；新发生的时间性差异再按"纳税影响会计法"进行核算。

二是对企业会计报表的调整。按照财政部"所得税会计处理规定"的要求，企业应从 1994 年 1 月 1 日起执行，考虑到企业上半年的会计报表已经报出，因此，对上半年的会计报表不必再进行调整，以后的报表应按"所得税会计处理规定"的要求填报。企业在编制年度会计报表时，应将上半年作为利润分配处理的所得税调整计入损益。

从年报看关联方交易及信息披露*

关联方及其交易在《企业会计准则——关联方关系及其交易的披露》（以下简称"关联准则"）发布以前，在我国会计领域基本上是一个全新的概念；虽然税法对关联企业的概念及纳税提出了要求，有关证券法规也要求披露关联交易，但是，这些法规都未对会计领域中所指的关联方、关联方的交易类型及披露原则作出定义或明确规则。自琼民源利用关联方交易虚构利润等案例发生后，关联方及其交易的信息披露被提到议事日程，并使关联准则得以顺利发布和实施。1998年是关联准则发布并实施的第二个年度，我们欣喜地看到，上市公司的财务报告基本上能够按照关联准则的要求披露关联方关系及其交易的情况，上市公司已开始考虑关联交易对公司财务状况及公司形象的影响程度；财务报告使用者也从不理解到理解，开始关注上市公司的关联方及关联方交易的信息，并把它作为进行投资、融资等决策的重要财务信息予以考虑。

一、从年报披露看关联方交易的特点

从近期陆续公布的上市公司年报披露可见，上市公司或多或少地都存在关联方交易，其交易的主要特点表现在以下几个方面：（一）母子公司的交易占较大比重。母子公司的交易包括上市公司与其母公司、上市公司与其子公司及上市公司与受同一母公司控制的子公司之间的交易。由于上市公司大多是从原国有企业中分离出来的，与其母公司以及同一母公司下的子公司在业务上有着密切的联系；同时，上市公司在以后的经营中又通过合并、重组等方式购买了其他企业的股权，使之拥有不少的子公司、合营企业或联营企业。因此，母子

---

* 《财务与会计》1999 年第 4 期）

公司的交易占较大比重。（二）交易形式多样。关联准则给出了部分关联方交易的例子，从上市公司披露的关联方交易的形式来看，几乎涵盖了所有的交易类型，除了关联准则给出的购买或销售商品，购买或销售除商品以外的其他资产外，还包括：（1）上交管理费。（2）将子公司改为分公司。（3）签订技术开发合同。（4）长期债权投资协议。（5）综合服务。（6）收购或转让股权。（7）广告代理。等等。（三）关联方相互形成的往来未结算项目所占比重较大。（四）收取资金占用费的形式越来越普遍。（五）受托或委托管理资产的现象逐渐增多。（六）为关联方担保已成为上市公司重要的或有事项。

二、关联方及其交易在年报披露中存在的问题

总体而言，上市公司已充分认识到关联方关系及其交易的披露是财务报告必须披露的重要信息，并且基本上能够按照关联准则的要求披露。但应当看到，在对关联方关系及其交易披露中仍然存在一些问题：

（一）关联方关系及其交易的披露不完整

从近期已经公布的上市公司年报来看，披露的关联方关系几乎均属母子公司、公司与其联营企业和合营企业，以及同受母公司控制的各个子公司之间的关系，关联方交易的披露也是建立在上述已披露的各关联方之间的交易，似乎关联方关系及其交易仅仅存在于母子公司、子公司与子公司、联营企业和合营企业之间，而没有其他情形。按照关联准则规定：受企业的主要投资者个人、关键管理人员或与其关系密切的家庭成员直接控制的其他企业，以及企业与其主要投资者个人、关键管理人员或与其关系密切的家庭成员也视为关联方，但在信息披露中除了关键管理人员工资外，未见有其他的披露，不知是不存在关联方交易，还是有交易不披露。

在披露关联方关系时，有的上市公司对于本年度内购买的子公司未作为关联方关系披露；有些上市公司在披露不存在控制关系的关联方性质时，只说明了关联方公司的名称和本公司在实质上构成关联方，未说明与本公司的关系；等等。有些上市公司在关联方交易中披露了与非控制的关联方的交易，但在关联方关系中未披露非控制的关联方的性质。还有些上市公司在重大事项中披露了本年度购买和转让子公司的事项，但同时说明，本年度内无重大关联方交易发生。按照关联准则，关联交易类型中包括了购买和转让子公司事项。

（二）关联方交易披露的透明度和明晰性还有待提高

主要表现在以下几个方面：

1. 交易价格的披露不完备。关联准则没有提供交易的计价方法，因为在日常商业活动中，除国家对部分商品有特殊定价政策外，交易价格通常由交易各方协商确定。在披露交易价格时，应当按照实际情况披露。但有的上市公司的交易价格披露不明晰，使财务报告使用者不能明了关联方之间的交易价格是否公正、与市场价格是否存在差异。如，某上市公司披露，该上市公司的子公司从其母公司租赁的生产线和厂房的年租金，按使用的厂房及生产线计提的折旧额计算，以现金方式按年支付。这一信息，一是没有说明租赁费是否按公允价值确定；二是没有说明1998年度实际支付多少租金。如果信息中相应提供租赁的厂房及生产线的原价及折旧率，会计报表使用者可以据以计算所支付的租金，但遗憾的是信息中未予提供。

2. 披露详简程度不一。有的上市公司年报中披露的关联方关系及其交易，无论是否影响重大都分别予以披露，对于销售、购买交易和未结算项目，既披露金额又披露相应比例，甚为详尽。但有的上市公司对于按规定应当披露两年期比较数据的信息，只披露本年度的数据，未披露比较数据；有的上市公司转让股权仅披露转让价格，未披露所获得的利润；等等。

3. 存在或有负债的关联方交易披露不完整。从已公布的年报来看，上市公司为关联方（特别是为其母公司）提供担保或被关联方所担保的情况较普遍，担保已成为关联方交易的主要形式。但在上市公司年报中，企业为关联方贷款担保的披露，往往只披露提供担保的金额，而未注明是以其信誉担保，还是以其资产担保。有的上市公司将对关联方的担保作为或有事项披露，但未注明是否属于为关联方的担保。

三、关联方及其交易披露应注意的几个问题

关联方及其交易的披露，关联准则已经在准则正文、指南中详细作了要求，并举例予以说明。在实务中，关联方及其交易的披露，还需注意以下几个问题：

(一) 充分披露，增强关联方及交易披露的真实性和可靠性

一些企业，特别是上市公司，为了向投资者提供好的业绩，或出于其他目的，往往利用财务报告提供虚假信息，包括提供关联方交易方面的虚假信息。在不存在关联方关系的情况下，企业之间发生交易时，往往会从各自的利益出发，一般不会轻易接受不利于自身的交易条款。这种在交易各方互相了解的、自由的、不受相互之间任何关系影响的基础上商定条款而形成的交易，视为公平交易。企业对外提供的财务报告一般被认为是建立在公平交易基础上的，但在存在关联方关系时，关联方之间的交易就可能不是建立在公平交易基础上，因为关联方之间交易时，不存在竞争性的、自由市场交易的条件，而且常常以一种微妙的方式进行交易，有的甚至制造虚假关联方交易。即使关联方交易是在公平交易基础上进行的，重要关联方交易的披露也是有用的，因为它提供了未来可能再发生，而且很可能以不同形式发生的交易类型的信息。因此，对关联方交易的充分、真实披露，有助于财务报告使用者了解关联方交易的实质、企业对关联方交易的依赖程度，从而利用所提供的充分、真实可靠的信息判断风险程度，并作出分析和决策。

(二) 正确判断关联方关系，并确认和计量关联方交易

正确判断关联方关系是否存在，是实施关联准则的关键。判断是否属于关联方交易，首先应当判断是否存在关联方关系。关联准则规定了判断关联方的标准为："在企业财务和经营决策中，如果一方有能力直接或间接控制、共同控制另一方或对另一方施加重大影响，本准则将其视为关联方；如果两方或多方同受一方控制，本准则也将其视为关联方"。从这一判断标准可见：

1. 关联准则所给出的判断关联方关系是否存在的标准，包括了横向和纵向之间存在关联方关系的主要形式。从纵向的关联方关系看，主要指一方能够控制、共同控制另一方，或能对另一方施加重大影响；从横向的关联方关系看，当两方或多方同受一方控制，则该两方或多方之间视为关联方。

2. 关联方关系的存在是以控制、共同控制或重大影响为前提条件的。但横向和纵向存在关联方关系的侧重点不同，纵向的关联方关系在控制、共同控制和重大影响三种情况下均视为关联方；横向的关联方关系仅仅指控制的情况，而不包括共同控制和重大影响的情形。在运用这项判断标准时，控制、共同控制和重大影响应当视关系的实质，而不仅仅是持股比例。

在运用关联方关系是否存在的判断标准时,除了应当视关系的实质以外,还应当视交易的实质和结果,并结合各项因素加以综合考虑。在某些情况下,表面上看似乎不存在关联方交易,但实质上却是一种关联方交易,只是这种交易以其他形式出现而已。

在确定存在关联方关系后,对于关联方交易还应当审视是否符合会计的确认和计量标准。关联方交易是指在关联方之间发生转移资源或义务的事项,而不论是否收取价款。这表明,在关联方关系已经存在的情况下,关联各方之间的交易是以资源或义务的转移为主要特征的,随着资源或义务的转移,相关的风险和报酬也相应转移。

会计人员以及注册会计师在判断各方是否存在关联方关系时,不能简单地理解关联方的判断标准,而应当遵循实质重于形式和重要性原则,对涉及的各方关系应当透过现象看本质。同时,对于关联方交易的实质及结果还应当运用会计核算原则,加以正确的确认和计量。

(三) 增强关联方交易价格的透明度

关联方之间资源或义务的转换价格是了解关联方交易的关键。关联方交易通常而言能在一般商业条款中使参与双方受益。一般商业条款是指那些不会比与非关联方交易可望合理受益更多或更少的商业条款。母公司与其子公司之间的交易在使用其他条款没有利益可图时,经常以这种条款进行。但在某些情况下,关联方交易是为了使交易的一方受益而进行的,例如,某一公司的董事可能影响销售给他本人的一项资产的价格,使之低于市价,或是一方为另一方提供便利而参与交易等等。在另外一些情况下,如果不存在关联方之间的关系,交易就不会发生,如子公司销售给母公司的产品按照成本计价,因为如果母公司不买这些产品,子公司的产品可能就没有买主,此时,关联方之间的交易采取按成本计价的方法;还有某些情况下,关联方之间的交易采取不计价的方法,例如,免费提供管理服务、劳务运输等。

会计上确认资源或义务的转换通常是以风险和报酬的转移为依据,并以各方同意的价格为计量标准。关联方在确定价格时可能有一定程度的弹性,而在非关联方之间的交易中则没有这种弹性,非关联方之间的价格是公平价格。关联方交易价格的披露是财务报告使用者最为关注的问题。国际会计准则提供了关联方交易中确定价格的几种方法,如可比不可控价格、转售价格、成本加利润法等。关联准则中虽然未提供交易的计价方法,但企业应当说明交易价格的确定原则，是否与公允价值一致，与公允价值的差异等等，以加强关联方交易价格的披露。

　　国际货币基金组织总裁康德苏认为，高质量的信息及其分析对于政策制定者和市场参与者而言都具有十分重要的意义。为了保证市场更为有效地运行，市场参与者必须提供更具透明度的信息。他认为，透明度堪称黄金定律。关联准则的发布和实施正是增强信息透明度的重要举措，通过关联方关系及其交易的披露，可让广大的会计报表使用者了解关联方交易对企业财务状况和经营成果的影响程度、企业对关联方交易的依赖程度，以及如果不存在关联方之间的关系，交易是否会发生，或者是否有如此大的利润等。因此，上市公司应当提高关联方关系及其交易披露的透明度，真实可靠地披露与关联方相关的信息，为提高财务报告的有用性作出一份努力。

执行《股份有限公司会计制度补充规定》应重点关注的几个问题*

为了加强会计信息的可比性，财政部近日又发布了《股份有限公司会计制度补充规定》（以下简称"补充规定"），要求所有的股份有限公司统一执行计提坏账、计提短期投资和长期投资以及存货损失准备的会计政策，这是新修订的《会计法》颁布后的又一新举措。股份有限公司在运用制度允许的会计政策以及在相关信息披露时，应当关注如下几个问题：

一、正确理解和合理运用会计政策

会计政策是指公司在会计核算时所遵循的具体原则以及公司所采纳的会计处理方法。具体原则是指公司按照会计准则和国家统一的会计制度规定的原则所制定的、适合于本公司的会计制度中所采用的会计原则；具体会计处理方法是指公司在会计核算时对于诸多可选择的会计处理方法中所选择的、适合于本公司的会计处理方法。公司在选择并运用会计政策时，应当遵循以下原则：

（一）在国家规定可运用的会计政策中选择适用的会计政策。例如，"补充规定"要求公司对坏账损失只能采用备抵法核算，即公司在对坏账损失核算时只能在采用备抵法的核算基础上，选择按应收账款余额百分比法、账龄分析法或其他合理的方法计提坏账准备，而不能采用直接转销法。1998年发布并实施的《股份有限公司会计制度》实际上已经要求企业采用备抵法核算坏账损失，但在制度中未特别指明。很多公司误以为会计制度对坏账损失的核算依然允许在备抵法和直接转销法中选择。

* （《财务与会计》2000年第1期）

（二）公司一旦选择了适用的会计政策，一般情况下不能随意变更。会计政策是指导公司进行会计核算的基础，选择的会计政策不同，对公司的财务成果、财务状况的影响也不同。因此，公司一旦选择适用的会计政策后，除法律或会计准则等行政法规、规章的要求，以及为了能够提供有关公司财务状况、经营成果和现金流量等更可靠、更相关的会计信息而允许变更会计政策外，不得随意变更，如需变更，应当按照《企业会计准则—会计政策、会计估计变更和会计差错更正》进行相关会计处理，并在会计报表附注中说明变更的内容、理由以及变更的影响数等。

（三）公司不能运用会计政策作为调节利润的手段。新修订的《会计法》对会计信息的真实性提出了更高的要求，并规定随意变更会计处理方法的有关责任人员要承担相应的法律责任。1999年上市公司披露的会计信息看，上市公司利用会计政策变更调节利润的现象比比皆是。例如，按照会计制度规定，对于股份制改组过程中资产评估增值已经折成股份的公司，其固定资产按评估后的原价计提折旧；股份制改组过程中资产评估增值未折成股份的公司，其固定资产折旧可按评估后的原价计提，也可按原账面原价计提。据了解，绝大部分公司在改组时均已将评估增值折成股份。但这一规定实施后，很多上市公司无论评估增值是否已折成股份，均由原按评估后的固定资产原价计提折旧改为按原账面原价计提。从公司角度出发，由原按评估后的固定资产原价计提折旧改按原账面原价计提，既不需要纳税调整，又增加了当期利润，何乐而不为呢？但这种变更实质上与会计制度规定的初衷是相悖的。

"补充规定"要求所有股份公司按照《股份有限公司会计制度》中对境外上市公司、香港上市公司、境内发行外资股的公司（以下简称"境外上市公司"）规定的提取坏账准备、短期投资跌价准备、存货跌价准备，以及长期投资减值准备的要求，计提相关资产的损失准备。财政部为什么在目前股市低迷、一些上市公司业绩不好的情况下提出新的要求，我认为主要从两个方面考虑：一是按照新修订的《会计法》要求强化会计信息的真实性。要做到会计信息的真实性，首先会计制度的规定应当符合真实性的要求，财政部在新修订的《会计法》发布之际，及时审视《股份有限公司会计制度》是否符合会计信息真实性的要求，并及时作出修正，对规范证券市场的信息披露，提高会计信息的有用性具有重要意义。据了解，目前上市公司资产不实，利润虚增的情况比较普遍，原因是多方面的，其中会计制度规定的不合理也是主要原因之一。二是加强会计信息的可比性。《股份有限公司会计制度》对境外上市公司要求计提存货跌价准备、短期投资跌价准备、长期投资减值准备、坏账准备的计提方法可由公司根据具体情况确定,而对国内上市公司则规定可以选择执行。从国内上市公司披露的1998年度财务报告看,只有几家公司对存货、短期投资、长期投资等计提了减值准备,对应收账款按概率计提了坏账准备,而绝大部分国内上市公司未计提短期投资,存货和长期投资减值准备,并且仍然按应收账款余额的3‰—5‰计提坏账准备,有的上市公司仍按直接转销法核算坏账损失。在一定程度上造成了会计信息不可比,对既在境外上市,又在国内上市的公司,对国内披露的财务状况、经营成果与对国外披露的信息仍有较大差异,这不符合会计信息可比性的原则。此次补充规定要求所有股份公司执行相同的会计政策,即对坏账损失、存货、短期投资、长期投资均要求计提相应的损失准备,满足了会计信息质量特征中的可比性要求。

值得注意的是,"补充规定"要求公司因此次会计政策的变更而采用追溯调整法。这种处理方法,一是符合国际惯例。按照国际上通行的做法,会计政策变更的基准处理方法是追溯调整法,即将会计政策变更产生的累积影响数调整年初留存收益和其他相关项目,而不影响公司当年的业绩。采用追溯调整法,也符合我国企业会计准则有关会计政策变更的处理原则和可比性原则。二是鼓励公司采用新的会计政策。由于有些公司经营业绩不佳,对计提损失准备存有疑虑,恐影响公司的业绩和对外形象。采用追溯调整法,视同新的会计政策在一开始就采用,既不影响公司的当年业绩,又保证了信息披露的真实性。但是,公司不能借此机会任意确定损失金额,任意提取损失准备,借机计提秘密准备,用以调节以后各期的利润。从1998年年报披露的信息了解到,有的上市公司利用会计制度给予的会计政策,大量计提坏账准备,年报过后又对已计提的坏账准备进行债务重组,从而实现收益。这种人为操纵利润,计提秘密准备的现象是《会计法》以及会计准则和会计制度所不允许的。公司会计人员、会计主管、董事会、监事会、股东大会应当各司其职,对公司计提各项资产损失准备的金额的合理性提出意见,注册会计师、证券监管部门也应当对公司估计的损失金额以及处理办法发表意见。对于无确凿证据表明计提损失准备金额具有合理性的,或者无任何证据表明资产已经发生减损而计提损失准备的,或资产确已减损,但仍未计提损失准备的,应当作为会计差错,按《企业会计准则——会计政策、会计估计变更和会计差错更正》的规定处理,如属于重大差错,应当调整前期留存收益和其他相关项目。三是从理论上讲,因计提坏账准备的比例发生变更,属于会计估计变更,应当采用未来适用法。但补充规定要求对原采用备抵法核算坏账损失的公司，由原按应收账款余额的3‰—5‰计提坏账准备的改按其他计提方法或仍按应收账款余额百分比法但改变计提比例的，此次改变仍然作为会计政策变更处理。主要考虑到原按应收账款余额的3‰—5‰计提坏账准备是按财务制度规定的，不是根据公司的具体情况按概率计算的结果，3‰—5‰的计提比例提取坏账准备视同按直接转销法核算，而坏账损失由直接转销法改为备抵法核算，作为会计政策变更。按会计制度规定统一采用备抵法核算后，如公司再改变坏账准备的计提方法和比例，则作为会计估计变更处理。

二、正确运用职业判断，提高职业判断能力

在我国，职业判断是近几年，特别是具体会计准则发布后才提倡的。由于历史原因，我们不可能要求所有会计师一夜之间都具备职业判断的能力，这需要集会计专业知识以及其他相关知识、经验积累等才能达到。但是，目前应当大力提倡，并且通过各种途径提高会计师的职业判断水平。例如，可以通过会计制度所作的指引，引导会计师提高自身的职业判断能力，也可以通过宣传、案例分析等方式逐渐引导会计师向职业判断方向发展；同时，会计师也应当通过后续教育以及执业，从实践中积累经验，以增强自身的职业判断能力。

"补充规定"对应收款项是否应当计提坏账准备，以及坏账准备的计提比例提出了判断的指南，要求会计师首先要判断应收款项（含应收账款和其他应收款）是否符合资产的定义，对不符合资产定义的应收款项应当计提坏账准备。其次，规定了计提坏账准备的方法、提取比例等由公司自行确定，但在确定坏账准备的计提比例时，应当根据公司以往的经验、债务单位的实际财务状况和现金流量的情况以及其他相关信息合理地估计。除有确凿证据表明该项应收款项不能收回，或收回的可能性不大外（如债务单位破产、资不抵债、现金流量严重不足、发生严重的自然灾害等导致停产而在短时间内无法偿付债务的，以及其他足以证明应收款项可能发生损失的证据和应收款项逾期5年以上），对于当年发生的应收款项以及未到期的应收款项、计划对应收款项进行债务重组，或以其他方式进行重组的，与关联方发生的应收款项，特别是母子公司交易或事项产生的应收款项、其他已逾期但无确凿证据证明不能收回的应收款项等，不能全额计提坏账准备。最后，"补充规定"要求对公司没有把握能够收回的应收款项，不能不计提坏账准备。

补充规定之所以规定得如此详细，其目的在于：（1）为适应我国目前经济环境及会计师执业的需要，在会计制度中提供计提坏账准备的基本判断标准，为会计师执业提供依据；（2）防止过度计提或不计提坏账准备，也为防止利用计提坏账准备调节利润等案件的再次发生，可见，在由计划经济向市场经济转换过程中，会计制度也在逐渐由制度"一包到底"的状况向提供确认、计量标准的方向发展，会计师也由过去的"照本（制度）执业"向职业判断方向迈进。但是，在这个过渡时期，会计制度仍然担负着转换过程中的重要角色，它一方面起着引导会计师向合格会计师方向转换的作用，为会计师尽快融入市场、适应市场经济发展的需要而发挥其效用；另一方面起着规范新的经济事项所带来的会计问题的作用，为会计师执业创造好的会计核算环境。

三、规范信息披露，提高会计信息透明度

会计信息是否透明、规范，直接影响会计信息使用者的决策。证监会近期发布的《关于提高上市公司财务信息披露质量的通知》，对上市公司信息披露质量提出了进一步的规范性要求，特别是对会计政策和会计估计变更的合理性，要求公司内部各部门和外部监督部门各司其职。公司会计人员应当对会计政策和会计估计变更的合理性及处理方法提出意见，公司经理应向董事会提交书面材料，详细说明变更的依据、原因以及对公司财务状况和经营成果的影响，公司董事会应对此做出专门决议。公司监事会应对董事会的决议提出专门意见，并形成决议。公司聘请的注册会计师在审计时应对公司作出的处理与披露，尤其是对变更的理由及处理方法的合理性予以适当关注，并恰当地表示审计意见。证券监管部门也应当对公司所提出的变更理由和处理方法予以关注，对公司会计政策和会计估计变更，有关各方应当履行职责，以切实保证会计政策和会计估计变更的合理性及会计处理的正确性。据了解，上市公司通过变更会计政策和会计估计，以及采用其他方式（如大量计提关联企业之间应收款项的坏账准备，或核销关联企业之间的应收款项）侵害中小股东利益的案件时有发生，为了防止此类事件的再发生，补充规定要求除了此次会计政策变更需按《企业会计准则——会计政策、会计估计变更和会计差错更正》处理和披露外，对坏账准备的计提比例等提出了更透明的披露要求，包括：（1）说明公司本年度全额计提坏账准备，或计提坏账准备的比例较大的（计提比例一般超过40%，下同）理由；（2）公司以前年度已全额计提坏账准备，或计

提坏账准备的比例较大的,但在本年度又全额或部分收回的,或通过重组等其他方式收回的,应说明其原因、原估计计提比例的理由,以及原估计计提比例的合理性;(3)对公司某些金额较大的应收款项不计提,或计提坏账比例较低(一般为5%或低于5%)的理由;(4)公司本年度实际冲销的应收款项及其理由,其中,实际冲销的关联交易产生的应收款项应单独披露。补充规定要求披露上述信息,其目的在于:一是通过信息披露,让广大的会计信息使用者共同关注公司计提坏账准备或核销应收款项的合理性,以保证会计政策的合理运用;二是为防止公司随意计提或不计提坏账准备,或随意核销关联交易产生的应收款项,以保护中小股东的利益。

总之,公司应当正确运用会计制度所赋予的权利,合理运用会计政策,规范信息披露,为我国证券市场的健康发展而共同努力。

关联交易[*]

——政策及技术层面解析

关联方之间交易价格的公允性已经日益引起资本市场的关注，并引起了社会各界的极大反响，从琼民源到目前上市公司存在的大量公司重组、债务重组等，绝大部分是在关联方之间进行的，其目的是保护上市公司的壳资源，避免上市公司因业绩不良而退市，或进入 ST、PT 行列。据了解，目前资本市场的会计做假行为有相当部分与关联交易有关，某些上市公司利用关联交易突击重组，并通过关联交易之间不公允的交易条件、交易价格实现利润。从我国的资本市场信息披露看，关联方交易可谓名目繁多，且交易频繁，涉及面之广，亟待规范。本文试就其中的若干重要问题，谈点自己的意见。

关注焦点：交易价格的公允性

由于关联方之间存在着各种内在的、实质性的相互联系，因此，关联方之间交易价格的公允性往往成为人们普遍关注的焦点，国际会计准则以及其他主要国家均要求对关联交易进行充分披露，以便使会计信息使用者了解上市公司关联交易条件、交易价格等的公允性，以及对其财务状况、经营成果的影响程度。在我国，1997年发布的《企业会计准则——关联方关系及其交易的披露》（以下简称"关联交易准则"），首次对关联方的范围进行了界定，即以控制、共同控制和重大影响作为判断是否存在关联方关系的主要依据，同时规定上市公司应当在会计报表附注中披露关联方关系，以及关联交易的各项要素，包括交易的金额或相应比例、未结算项目的金额或相应比例、定价政策等。通过在会计报表附注中充分披露关联交易的性质、交易价格是否与非关联方交易价格

---

[*]《财务与会计》2002年第3期）

一致以及其他各项交易要素，由会计报表使用者根据披露的内容对该公司的经营和财务状况作出合理的评价和决策。

存在的问题：交易欠公允，披露欠规范

关联交易准则是建立在充分披露基础上，由信息使用者根据披露的信息判断某一上市公司对关联交易的依赖程度、交易条件和交易价格的公允性，关联交易准则的发布和实施，在一定程度上遏制了通过关联交易做假的行为。但是，近期以来，一方面上市公司未充分披露关联方交易的经济实质，或者披露含糊其词，或者披露不真实，会计信息使用者无法对披露的关联交易价格的公允性做出合理的判断；另一方面，信息使用者对会计报表附注信息的关注，远不如对利润表净利润的数字更关注，即信息使用者更关注上市公司的利润，因为上市公司实现利润多少，直接关系到对股东利润的分配、关系到能否配股或增发、关系到上市公司能否继续挂牌交易，等等。

因各种利益驱动，关联交易种类也越来越多，显失公允的交易价格的情况也越来越普遍。显失公允的交易主要是指在非公平基础上所进行的交易，这种交易所显示的交易条件、交易价格等存在着明显的不公平，而且这种交易通常是以牺牲另一方的利益为前提。例如，上市公司以远低于市场价格的价格从其母公司或其他关联方购入原材料，同时又以远高于市场价格的价格出售商品给其母公司或其他关联方，通过远远高于或低于市场价格的价格购入或出售资产给关联方，由此使得上市公司以良好的业绩展示在公众面前；又如，上市公司某些不良资产高价出售给其母公司，从而实现处置资产收益，在这项关联交易中，上市公司因以远高于市场价格的价格出售不良资产而获得了出售资产收益，上市公司的母公司以显然明显高于市场价格的价格购入的不良资产，因其所购置资产的可收回金额远远低于购买价格，而形成实质上的资产损失，这些损失将由母公司承担。再如，上市公司的母公司通过大量占据上市公司的募股资金，然后通过大大高于公允价值的价格将其拥有的商标权等资产抵偿对上市公司的债务，从而损害上市公司中小股东的利益。

另外，关联企业对上市公司的重组，通过购买上市公司的壳资源，或者通过与上市公司的母公司控制下的另一子公司之间资产或者净资产的交换，以解上市公司的燃眉之急，即通过企业重组，关联方让出一部分利润给上市公司，或者将优质资产置换上市公司的不良资产，或者关联方为上市公司承担费用和债务，或关联方购买上市公司的债权，等等，名目繁多、形式多样不公平的关联交易，或者损害了国家的利益，或者损害了中小股东的利益，使上市公司的业绩缺乏真实性；同时，也违反了会计核算原则和资本市场"公平、公正、公开"的"三公"原则，长此下去，必将影响证券市场的健康有序发展。

实质重于形式：正确理解关联方关系的判断标准是否存在关联方关系，关联交易准则提供了判断标准，即"在企业财务和经营决策中，如果一方有能力直接或间接控制、共同控制另一方或对另一方施加重大影响，本准则将其视为关联方；如果两方或多方同受一方控制，本准则也将其视为关联方"。上述关联方关系的判断标准从纵向横向两方面说明了存在关联方关系的情况。从纵向看，当一方控制另一方，或一方与其他方共同控制另一方，或对另一方施加重大影响时，他们之间即构成关联方关系；从横向看，如果两方或多方同受一方控制，则受同一方控制的各方之间也构成关联方关系。但是，在实际工作中，是否存在关联方关系，应当视交易的实质而不仅仅是法律形式，即应当根据实质重于形式原则进行合理判断。例如，A 公司是上市公司，1998 年将其拥有 B 企业 50% 的股权转让给 A 公司持有 10% 股份的 C 企业，D 企业为 A 公司的子公司，A 公司将拥有 B 企业的股份转让给了 C 企业后，D 企业又将 A 公司已转让的股份从 C 公司买回，通过这样的转让程序，原由 A 公司拥有的 B 企业 50% 股份，变为由 A 公司的子公司（D 公司）持有 B 企业 50% 的股份。从这一交易看，虽然按照持股比例，A 公司与 C 企业不存在关联方关系，A 公司将拥有 B 企业股份转让给 C 企业不属于关联方交易，但从该项交易的实质和结果看，A 公司将股权转让给 C 企业是为了达到最终转让给 D 企业的目的，即 A 公司与 C 企业的交易并没有真正完成，只有将股权转让给了 D 企业，该项交易才算完成。由于 D 企业受 A 公司控制，D 企业从 C 企业购回的对 B 企业的股权完全是受 A 公司操纵所为。从该项交易的结果看，A 公司将拥有的 B 企业的股份转让给了其子公司 D 企业，因此，上述 A 公司转让 B 企业股权的交易仍属于母子公司之间的交易。在这项交易中，由于 A 公司未将股权直接转让给 D 企业，而是通过 C 企业转手，使问题变得复杂。同时，从另一角度看，C 企业从 A 公司购入 B 企业的股份，然后再转让给 D 企业，C 企业为什么愿意在这项交易中起桥梁作用，也可能是由于 A 公司对 C 企业具有重大影响所致。因此，是否属于关联方交易，应当按照实质重于形式原则加以判断，对于上述该项交易，应当视为关联方交易予以披露。又如，2000 年 12 月 20 日，甲上市公司的母公司与乙企业（乙企业为甲公司的常年客户，其与甲公司及其母公司不存在任何关联方关系）协商，将甲公司的库存商品按超过市价 50% 的价格出售给乙企业，其后，甲公司的母公司将所持甲公司股权中 20%

的股权以较低价格出售给乙企业。在这一案例中，如果仅从甲公司出售库存商品给乙企业的交易看，由于甲公司与乙企业不存在关联方关系，该项交易不属于关联交易。但从实质上看，乙企业为何愿意出高价从甲企业购入商品，其目的是今后从甲公司的母公司处以较低的价格获得甲公司的股份。因此，从实质上看，甲公司与其母公司和乙企业之间存在关联方关系。

核心所在：充分披露关联交易的定价政策

充分披露关联交易的定价政策，特别是对显失公允的关联交易的定价政策进行充分、详细的披露，有助于帮助会计信息使用者了解因关联交易定价政策的公允性对上市公司财务状况、经营成果的影响。通常情况下，企业与非关联方之间的交易是建立在公平的、交易双方均独立地站在自身利益基础上进行的交易，因此，与非关联方之间的交易所确定的价格通常认为是公允的。而与非关联方之间的交易带有一定的灵活性，交易价格的公允性往往引起人们的关注，因而，要对关联交易的定价政策进行充分的披露。

值得说明的是，披露关联交易的定价政策是至关重要的，按照关联交易准则的规定，关联交易的定价政策应当说明关联方之间交易时是如何定价的，即，应当说明关联方之间交易的定价政策是否采取与非关联方之间交易相同的定价政策，如果不同，应当说明关联方之间是如何定价的，与非关联方之间交易定价的差异。而有些上市公司在披露关联交易价格时，往往只说明定价方法，即协议定价、国家定价等，而未说明与非关联方之间定价政策是否一致，以及差异的金额，由此引起社会公众对关联交易准则的披露要求提出意见，并普遍认为我国关联交易准则未规定关联交易的定价政策，而国际会计准则作了规定。笔者认为，国际会计准则就国际上普遍存在的交易定价方法提供一些例子，如可比不可控价格、转售价格、成本加利润法等，并不表明仅存在这几种定价方法。在实际工作中，因交易的特殊性，其定价方法也各异，而准则不可能涵盖所有的定价方法，在披露关联交易定价政策时，应当说明定价方法，即关联交易采取何种定价方法，是采取成本加利润，还是市场价格，或是其他明确的方法，并强调与非关联方交易价格的差异，据以表明其交易价格的公允性。

同时，有关各方应对关联交易价格的公允性作出各自的判断，例如，公司管理当局应对其关联交易的公允性作出说明、注册会计师从审计角度对公司关联交易的公允性作出判断，而证券监管部门从监管角度也应对关联交易的公允性作出估计，社会公众对上市公司披露的关联交易及其定价政策的公允性也有自己的评判。如何评判关联交易价格的公允性，主要应当看与非关联交易之间的交易条款、交易方式、交易价格的确定、付款方式等是否一致，如果存在明显有失公允的，则可认为是显失公允的关联交易。但在某些情况下，不存在公平的与非关联方之间交易的情况，此时，关联交易价格的公允性应当利用所掌握的资料、经验等作出判断。

遏制措施：显失公允的关联交易价格部分不允许确认收益

对显失公允的关联交易价格，不同的国家采取不同的处理方法，例如，美国《SAB48——对发起人、股东转让非货币性资产》规定："公司首次公开发行股票时或在此之前，大股东、发起人若以非货币性资产投入公司，通常应根据该资产在大股东、发起人的账面价值入账"。加拿大《CICA3840——关联交易》规定：对正常生产经营活动中的关联方交易，视同非关联方间交易，按实际交易价格进行确认和计量；对于关联方之间非正常经营活动过程中的交易，只有在满足两个条件时，才能以实际价格计量，这两个条件为：资产的转让、服务的提供具有实质性。实质性通常是指资产、服务上利益的20%以上转让给非关联方；交易价格有独立证据支持。如果不满足上述条件的，关联方之间的交易应以账面价值作价。还有的国家将关联方为上市公司支付费用、承担债务等视为对上市公司的捐赠。通常而言，国际上在会计实务中，如果企业与股东之间的关联交易价格明显缺乏公允性的，往往视为股东出资或对股东的分配。在我国，对显失公允的关联交易也作出了特别规定，对上市公司与其关联方之间的交易，如果没有确凿证据表明交易价格是公允的，对显失公允的交易价格部分，一律不得确认为当期利润，而作为关联方对上市公司的捐赠，计入资本公积，并单独设置"关联交易差价"明细科目进行核算。对显失公允关联交易价格形成的资本公积，不得用于转增资本或弥补亏损。

技术透析：重要的关联方交易确认及账务处理释例

1. 上市公司出售资产给关联方的交易

对上市公司出售资产给关联方的交易，区别正常的商品销售（含提供劳务）交易与非正常商品销售（含除商品销售以外出售的其他资产）。

正常商品销售主要是指与企业日常经营业务有关的商品销售或劳务提供，例如，工业制造企业生产并销售其生产的产品、零售商业企业销售商品、房地产开发企业销售其建造的商品房、施工企业承接劳务等。正常商品销售通常其交易的频率历年无大的波动，即使有较大的波动也完全是由于市场、经济或政治环境变化所致。非正常商品销售是指除正常商品销售以外的商品销售、转移应收债权、出售其他资产（例如，出售固定资产、无形资产、长期股权投资等）。这里的"除正常商品销售以外的商品销售"主要是指偶然的、非经常性发生的，并且销售收入占全部销售收入比重较大的（例如，销售收入占全部销售收入达到或超过了重要性标准的），以及不属于企业经营业务范围内所实现的商品销售收入等。可见，除商品销售区别为正常和非正常外，企业出售固定资产、无形资产、股权或债权投资、转移或出售债权等，均属于非正常销售行为。

（1）正常的商品销售

上市公司对关联方进行正常商品销售的，分别按以下规定处理：

①当期对非关联方的销售量占该商品总销售量的较大比例的（通常为20％及以上），应按对非关联方销售的加权平均价格作为对关联方之间同类交易的计量基础，并据以确认为收入；实际交易价格超过确认为收入的部分，计入资本公积。在这种情况下，因上市公司对非关联方的商品销售达到较大的比例，用对非关联方销售的加权平均价格作为对关联方之间同类交易的计量基础通常比较公允，因此，以此价格计算的金额确认为商品销售收入。例如，甲上市公司2001年度销售5000辆小轿车给联营企业，每辆小轿车的售价为30万元（不含增值税额，下同），当年度甲公司销售给非关联企业的小轿车分别为：按每辆25万元价格出售3000辆；按每辆28万元价格出售5000辆。假定符合收入确认条件。甲公司出售给关联方5000辆小轿车按每辆30万元价格计算共获得收入15亿元；按对非关联方销售的加权平均价格计算，销售每辆小轿车的价格为26.875万元〔（3000×250000+5000×280000）÷（3000+5000）〕，甲公司当年度销售给关联方应确认的销售收入为13.4375亿元（5000×26.875），甲公司当年度销售给关联方不能确认收入的金额为1.5625亿元（5000×30－134375），该部分作为关联方对甲公司的捐赠，计入资本公积（关联交易差价）。

②商品的销售仅限于上市公司与其关联方之间，或者与非关联方之间的商品销售未达到商品总销售量的较大比例的（通常为20％以下），在这种情况下，通常表明不存在与非关联方之间商品销售或虽存在与非关联方之间商品销售，但因交易量较小，与非关联方之间的交易价格不足以表明价格的公允性，因此，应当分别情况处理：

第一，实际交易价格不超过商品账面价值120％的，按实际交易价格确认为收入。例如，甲上市公司2001年度生产的产品全部销售给子公司，所销售产品的账面价值为12000万元，未计提减值准备。甲公司按照13800万元的价格出售，假定符合收入确认条件。因甲公司销售给关联方的产品销售价格未超过该产品账面价值120%（13800＜12000×120%），则按实际交易价格13800万元确认为主营业务收入。

第二，实际交易价格超过所销售商品账面价值120%的，将商品账面价值的120%确认为收入，实际交易价格超过确认为收入的部分，计入资本公积（关联交易差价）。例如，甲公司2001年度生产的产品全部销售给子公司，所销售产品的账面价值为44000万元，未计提减值准备。甲公司按照61600万元的价格出售，假定符合收入确认条件。因甲公司销售给关联方的产品销售价格超过该产品账面价值的120%（61600＞44000×120%），则按52800万元确认为主营业务收入，实际交易价格61600万元大于确认为主营业务收入的部分8800万元，计入资本公积（关联交易差价）。

如果有确凿证据（例如，历史资料、同行业同类商品销售资料等）表明公司销售该商品的成本利润率高于20%的，则应按合理的方法计算的金额确认为收入，例如，按商品账面价值加上最近2年历史资料等确定的加权平均成本利润率与账面价值的乘积计算的金额确认为收入（计算公式为：销售商品账面价值＋确定的加权平均成本利润率×销售商品账面价值），实际交易价格超过确认为收入的部分，计入资本公积（关联交易差价）。这里的成本利润率是指商品销售毛利与商品销售成本计算的比率，计算公式为：

成本利润率＝（商品销售收入－商品销售成本）÷商品销售成本

（2）非正常商品销售及其他销售

①非正常商品销售。上市公司销售商品给关联方，如果没有确凿证据表明交易价格是公允的，应按出售商品的账面价值确认为收入，实际交易价格超过出售商品账面价值的部分，计入资本公积（关联交易差价）。

②转移应收债权。上市公司将应收债权转移给关联方，应按实际交易价格超过应收债权账面价值的差额，计入资本公积（关联交易差价）。例如，甲上市公司应收其他单位款项的账面余额为8000万元，已提坏账准备6000万元，2001年12月22日，甲公司的母公司以8000万元购入甲公司的应收债权，款项已经支付。在这项关联交易中，甲公司账面应收债权的可变现净值估计为2000万元，而甲公司的母公司却愿意以应收债权账面余额8000万元购买该债权，如果没有证据表明该交易是公允的，则可能表明甲公司的母公司为解决其现金流量所给予的支持；同时，甲公司的母公司按照甲公司应收其他单位的债权的账面余额购买后，甲公司以前年度已计提的坏账准备可以转回，转回的坏账准备可以增加当年利润6000万元。因此，企业会计制度规定，上市公司将

应收债权转移给其关联方的,不能转回已计提的坏账准备,而应按实际转移价格超过应收债权账面价值的差额 6000 万元,作为关联方对上市公司的捐赠,计入资本公积(关联交易差价)。

③出售固定资产、无形资产、长期投资和其他资产,或者同时出售资产、负债(即净资产)。上市公司将其持有的固定资产、无形资产、长期投资和其他资产出售给关联方,或者将净资产出售给关联方,按照上述转移债权同一原则处理,即,实际交易价格超过相关资产、负债账面价值的差额,计入资本公积(关联交易差价)。例如,甲上市公司将部分固定资产、无形资产出售给子公司,出售固定资产的账面原价 500 万元,已提折旧 400 万元,已计提减值准备 50 万元,出售价格 300 万元;无形资产账面价值 300 万元,未计提减值准备,出售价格 500 万元。甲公司应将出售固定资产、无形资产所得价款 800 万元,与其账面价值 350 万元的差额 450 万元,计入资本公积(关联交易差价)。

2. 关联方之间承担债务或费用(不包括债务重组)

关联方之间一方为另一方承担债务或费用主要包括:(1)一方为另一方偿还债务,例如,甲公司的母公司为其偿还银行借款;(2)一方为另一方支付货款,例如,甲公司的子公司为其购买商品支付货款;(3)一方为另一方支付费用,例如,甲公司的母公司为其支付广告费用;(4)关联方以其他方式为上市公司承担债务或支付费用。

从会计核算原则看,上市公司的债务应当由上市公司承担偿还义务,而上市公司支付的各项费用如果属于其经营活动中所必需的支出,则应当反映在上市公司的有关成本费用中,而不应当由关联方承担。如果由关联方为上市公司承担债务或费用的,视为上市公司的关联方所给予的捐赠。因此,企业会计制度规定:关联方之间一方为另一方承担债务的,承担方应按所承担的债务,计入营业外支出(承担关联方债务);被承担方应按承担方实际承担的债务,计入资本公积(关联交易差价)。例如,2001 年 12 月 25 日,甲上市公司的母公司为其偿还已逾期的长期银行借款 500 万元,则甲公司应将由其母公司承担的债务 500 万元转入资本公积(关联交易差价);甲公司的母公司应将为甲公司承担的 500 万元债务作为营业外支出。值得注意的是,债权人对债务人豁免的债务,仍按债务重组的规定进行处理。

如果关联方之间一方为另一方承担费用的,若这些费用是被承担方经营活动所必需的支出,被承担方收到承担方支付的款项,计入资本公积(关联交易差价);若承担方直接将承担的费用支付给其他单位的,被承担方应按承担方实际支付的金额，计入资本公积（关联交易差价）。承担方承担的费用，直接计入当期营业外支出（承担关联方费用）。例如，甲上市公司为推销产品，拟在媒介上作产品广告宣传，特聘请某广告公司为其制作产品广告，共发生广告制作费用200万元，甲公司要求其子公司——乙公司，为其承担200万元的广告制作费用。乙公司已将200万元广告制作费直接支付给广告公司。因甲公司为其产品制作广告所发生的广告制作费用，属于甲公司生产经营所必须的支出，应当计入甲公司的当期费用中；乙公司为甲公司承担的广告制作费用，作为乙公司对甲公司的捐赠，计入资本公积（关联交易差价）。

3. 关联方之间委托及受托经营的交易

近年来，上市公司与关联方之间委托或受托经营资产，或委托或受托经营企业频繁，其目的是获得委托或受托经营收益，以保持上市公司的业绩。上市公司接受关联方委托，受托经营关联方提供的资产或企业，或者上市公司将部分资产或企业委托关联方经营，上市公司依据托管协议可获得一定的报酬，获得报酬主要方式有：①收取固定收益，即无论受托或委托经营的资产或企业的业绩如何，均可获得固定回报；②根据受托或委托资产或企业的经营业绩，按经营业绩的一定比例收取受托经营收益，或受托经营企业实现的利润或亏损均由受托方享有或承担；③如果受托经营的资产或企业发生损失或亏损，受托方仍能获得一定的受托经营收益，但需承担部分亏损；④以其他方式计算获得受托经营收益。

（1）上市公司接受关联方委托，为关联方经营资产或经营企业

上市公司接受关联方委托，受托经营关联方的资产或企业的，首先应当确认是否为受托经营资产或受托经营企业提供经营管理服务，如果上市公司实质上并未对受托经营资产或受托经营企业提供经营管理服务，则取得的受托经营收益不能确认收入，而作为关联方给予上市公司的捐赠；如果上市公司实质上对受托经营资产或受托经营企业提供了经营管理服务，则取得的受托经营收益分别情况处理：

①受托经营资产。上市公司接受关联方委托，经营关联方委托的资产，上市公司应取得的受托经营收益，确认为其他业务收入，所发生的受托经营费用如由上市公司承担的，则作为其他业务支出处理。如果所取得的受托经营收益超过按受托资产账面价值总额与1年期银行存款利率110%计算的金额，则应按受托资产账面价值总额与1年期银行存款利率110%的乘积计算的金额，确认为其他业务收入，超过部分计入资本公积（关联交易差价）。例如，2002年

1月5日，甲上市公司接受其子公司委托，经营子公司委托的部分资产。受托经营资产的账面价值为1000万元，按托管协议规定，甲公司每年可收取40万元的固定回报。甲公司受托经营资产的账面价值为1000万元，假定1年期银行存款利率为2.25%，甲公司最多能够确认的收入金额为24.75万元（1000×2.25%×110%），甲公司实际取得的受托经营收益40万元，超过确认为收入的24.75万元部分，即15.25万元（假定不考虑其他因素），计入资本公积。

②受托经营企业。上市公司接受关联方委托，经营关联方委托的企业，上市公司应按以下三者孰低的金额，确认为其他业务收入，取得的受托经营收益超过确认为收入的金额，计入资本公积（关联交易差价）：

第一，受托经营协议确定的收益；

第二，受托经营企业实现的净利润；

第三，受托经营企业净资产收益率超过10%的，按净资产的10%计算的金额。

例如，2001年年初，甲上市公司接受其关联方——乙企业的委托，经营乙企业的全资子公司——丙企业，丙企业的账面净资产为12000万元。按照托管经营协议规定，甲上市公司受托经营丙企业三年，每年可获得2400万元的固定收益。假定丙企业2001年实现净利润1000万元（不考虑其他因素的）。2001年丙企业的净资产收益率未超过10%，甲公司2001年度应确认的受托经营收益为1000万元（2400万元与1000万元孰低），2400万元减去确认收入的1000万元后的差额1400万元，计入资本公积（关联交易差价）。

如果按照托管协议规定，上市公司受托经营企业发生的净亏损时需承担部分亏损的，则应承担的亏损额直接计入当期管理费用；假定托管协议规定，上市公司受托经营企业发生净亏损仍能获得受托经营收益的（即委托方仍支付托管经营费用），同时也不需要上市公司承担受托经营企业发生的亏损的，则上市公司取得的受托经营收益直接计入资本公积（关联交易差价）；假定托管协议规定，上市公司受托经营企业发生净亏损需承担部分亏损，同时仍能获得受托经营收益的，则上市公司取得的受托经营收益先冲减应承担的亏损额，取得的受托经营收益超过应承担的亏损额部分，计入资本公积（关联交易差价）。

(2) 上市公司委托关联方经营资产或经营企业

上市公司委托其关联方，将部分资产交由关联方经营，或将其拥有的子公司或其他企业交由关联方经营，上市公司支付委托经营费用，直接计入当期管理费用（托管费用）；如果按托管协议规定，上市公司委托其他单位经营其部分资产或企业的，可获得定额收益，或按实现利润的一定比例等收取委托经营收益的，则按上述上市公司接受其关联方委托经营资产或企业相同的原则进行会计处理。

4. 上市公司与关联方之间占用资金的会计处理

上市公司的关联方以支付资金使用费的形式占用上市公司的资金，上市公司应按取得的资金使用费，冲减当期财务费用；如果取得的资金使用费超过1年期银行利率计算的金额，应将相当于1年期银行存款利率计算的部分，冲减当期财务费用，超过按1年期银行存款利率计算的部分，计入资本公积（关联交易差价）。例如，甲上市公司的母公司占用甲公司3000万元资金，甲公司的母公司每年支付甲公司资金使用费100万元。由于甲公司的母公司支付的资金使用费100万元，超过3000万元按1年期银行存款利率2.25%计算的利息67.5万元，甲公司应将67.5万元冲减当期财务费用，取得的资金使用费超过冲减财务费用的部分32.5万元，计入资本公积（关联交易差价）。

特别提示：关联方交易会计处理应把握的几个问题

上市公司与其关联方之间发生出售资产等交易在进行会计处理时，还应当关注以下六个方面：

第一，上述需确认为收入的事项，在确认收入时，必须满足收入确认的条件，如果未满足收入确认条件的，则不应确认任何收入。

第二，如果上市公司与关联方之间出售资产的，实际价格低于或等于所出售资产或转移债权账面价值的，仍按有关企业会计制度的规定进行处理；如果实际交易价格超过相关资产账面价值的，除市场上存在更客观、明确、公允的价格外，均按上述原则进行会计处理。

第三，上市公司出售资产给关联方的，在确定与非关联方之间交易价格时，必须有确凿证据表明交易价格的公允性，并提供相关可靠的证据，如果缺乏可靠的证据，则应按与关联方之间交易进行处理。

第四，上市公司与关联方之间交易，按会计处理规定确认的收入与税法规定不同的，则按会计处理规定确认收入，按税法规定计算纳税。例如，上市公司对关联方销售的价格远远高于对非上市公司销售的价格，在确认收入时，按照会计处理规定计算确认，在计算缴纳增值税时，如果税法规定按实际交易价格计算增值税销项税额的，则应按实际交易价格计算增值税销项税额，而不能按照确认收入的金额计算增值税销项税额。

第五,上市公司出售相关资产之前,应先按照企业会计制度的规定计提相关资产的减值准备;资产出售时,已计提的资产减值准备一并结转。短期投资按投资类别或投资总体计提跌价准备的,也应按合理的方法估计已计提的跌价准备,例如,按计提跌价准备时的市价与成本金额计算已计提的短期投资跌价,或按一定的比例分摊已计提的短期投资跌价准备等。

第六,上市公司对向关联方出售资产、承担债务或费用、委托或受托经营企业、关联方占用资金等交易,应当在会计报表附注中充分披露。对于因关联交易产生的资本公积中的关联交易差价,应当分别说明其性质、产生的原因以及金额等。

关于营业收入实现若干问题的探讨*

一、营业收入的概念及其实现的标志

营业收入是企业在一定时期内经营成果的集中体现,是由于企业经营而流入的资产,营业收入的形式可以是现金,也可以是应收账款。由于企业的生产经营活动是持续不断的,确定营业收入的实现,也可以有各种选择。常见的有生产法,即营业收入在生产期中实现;销售法,即营业收入在销售产品或提供劳务时实现;收款法,即营业收入在收到现金时实现。不同行业,不同的经营方式,选择营业收入实现的标志也不同。生产法一般适用于生产周期长,产品由购货方订购,产品的价款确有保证的企业,如建筑业、造船业等。收款法一般适用于零售企业。最常见的是销售法,这种方法适用于大多数企业,这是因为:第一,在销售时,企业已经耗用了为取得相应收入所需的费用,为按照配比原则计算盈亏提供了所需成本、费用数据。第二,销售时,商品经受了卖方与买方进行交易的考验,被买方承认,从而获得了交换价格,为营业收入总额的确定提供了客观的依据。第三,在销售时,完成了商品所有权的转移,商品的所有权由卖方转移到买方,卖方丧失了对商品的控制权,而获得了现金或获得了索取现金的权利,完成了企业所拥有的一项资产(存货)与另一项资产(货币资产)的转换。

选择销售法来确定营业收入的实现,被越来越多的国家所接受。国际会计准则18号规定了营业收入的实现标准,主要有:销售收入,以所有重要手续已办妥,货物的所有权已自卖方转移至买方,卖方不再依据所有权对该项货物

---

* (本文作者:冯淑萍　应唯)
(《财务与会计》1992 年第 1 期)

进行管理或控制,售价、成本和销售退回的条件等也已基本确定,作为收入实现。营业收入以所提供的劳务将获得的收入和所发生的成本基本确定,作为收入的实现。苏联财政部1990年6月6日以第74号函发布的一项指令中,也将营业收入的实现从以收到现金为标志改为以货物发出并把发票提交给购买方或银行为标志。

我国现行会计制度中,对于营业收入的实现,虽然没有概括为一个准确的定义,但与世界上通行的做法基本相似,除建筑业采用生产法、零售企业采用收款法外,大多数企业基本上采用销售法来确定营业收入的实现(除特殊情况下采用以结算方式确定营业收入实现外)。

二、我国对营业收入实现的规定存在的问题及原因

长期以来,我国的行业会计制度虽然不断地进行修改补充,但对营业收入实现的标志却变动不大。多年来各部门、单位基本按照会计制度的规定来确定营业收入的实现,进行会计核算,对确定营业收入实现的规定异义不多。但是,最近一个时期以来,各方面都从各自不同的角度不约而同地对以销售法确定营业收入的实现提出了不同的看法,对发出商品在未收到货款前,作为营业收入实现的处理提出了意见,要求修改会计制度,重新确定营业收入实现标志的呼声较高。产生这种情况的原因主要是:从企业角度出发,认为发出商品货款未收到前就作为营业收入的实现,势必由企业垫支税利,加剧了资金紧张;从银行角度出发,认为企业垫支上交的这部分税利是用银行贷款垫支的,增加了银行贷款的数额和延长了收回贷款的时间;从企业主管部门角度出发,认为企业发出商品就作为营业收入实现,等于虚增了利润,企业可以多提效益工资,多得留利,助长了企业销售的盲目性,是造成目前三角债的重要原因。

营业收入的实现问题之所以引起这样大的反响,主要原因是:

1. 企业流动资金不足,企业间互相拖欠货款严重。近几年,企业自有流动资金占全部流动资金的比重越来越低。以国营工业企业为例,1983年企业自有流动资金占全部流动资金的比重为38.8%,1989年仅为14%。企业生产经营所需要的流动资金越来越多地依赖银行贷款。银行实行紧缩银根方针后,企业贷款受到控制。同时,由于原材料涨价等因素,企业流动资金需求不断增加,而流动资金的来源却受到控制,使企业普遍感到流动资金不足,无力支付到期货款。由于社会生产是相互联系、相互制约的整体,一个企业拖欠货款,

会引起其他企业的连锁反应。据统计1983年国营工业企业应收账款余额为250多亿元，而1989年达1千多亿元。企业收不到销货款，但已实现了销售就要上交税金、利润，就要增发效益工资，更加剧了企业资金的紧张程度。企业资金越紧张，互相拖欠货款越严重，形成了恶性循环。因此，企业提出如果以收到货款作为营业收入的实现，虽然占用在货物上的成本资金仍未收回，但却无需重新拿出资金上交税利、发放效益工资，可以缓解资金不足的矛盾。

2. 盲目销售，产生大量呆账。企业实行承包经营责任制后，一些承包经营者为了增加本期实现利润，往往不顾购买方的支付能力，盲目销售。有的企业第一轮承包遗留下来的账款，第二轮承包者不负责催收，形成陈账。甚至有的承包经营者在临近承包期满时，开出发票作销售，虚报承包成果。承包期满后作销售退回，出现"假销售"的状况。这种由于假销售而产生的应收账款，比较容易形成呆账。因此有人提出如果以收到货款作为实现营业收入的标志，经营者不仅重视销售的实现，而且更重视货款的催收，可以杜绝"假销售"的发生，有利于拖欠货款的清理。

同时，有些会计制度采取按照结算方法来确定营业收入的实现。如国营工业企业制度规定，在采用托收承付结算方式下，是以收到货款作为营业收入的实现。而在采用委托银行收款的结算方式下，则是以发出商品作为营业收入的实现，这在一定程度上也造成了确定营业收入的随意性。

三、思考及其对策

针对上述产生的问题，我们认为有这样两种选择：一种是改变营业收入实现的标志，即以收到货款作为营业收入实现的标志；另一种是针对存在的具体问题，采取相应的对策，以减少或避免上述这些问题所造成的影响。

如果选择第一种方法，即采取以收到货款作为营业收入的实现，是否能够解决上述存在的各种问题？我们认为，并不能消除上述各种问题，因为：

1. 企业无法解决垫付在销售产品中的资金（成本）占用问题。如果改变营业收入实现的标志，以收到货款作为营业收入的实现，虽然能够避免垫付税利、增发效益工资、多留利润等问题，但企业在生产或经营过程中已经垫付的成本（费用）资金，由于货款尚未收回，营业收入虽未确认，但这部分垫付资金仍然被占用，企业资金紧张的矛盾依然无法解决。

2. 在一定程度上商品积压矛盾会更为突出。如果改变现行的营业收入的实现标志，在一定程度上会解决盲目销售的问题。但是，解决了盲目销售问题的同时，在一定程度上也制约了业务人员推销产品的积极性，商品滞销的问题却无法解决，造成库存商品大量积压。另外，购入生产所需要的生产资料没有能力支付，造成应付账款的增加。所以，即使改变营业收入实现的标准，也不能解决目前的"三角债"问题。

因此，如果改变营业收入实现的标准，虽然解决了一些问题，但新的问题又会出现。从另一个角度分析，改变营业收入实现的标志，不仅将销售这种物权转移的交易行为改变为现款交易，不利于正确反映企业的经济情况和企业的经济效益，而且在一定程度上影响了财政收入。

我们认为，企业目前产生的资金紧缺、"三角债"困扰问题，并不是由于制度中规定的营业收入的确定标志所造成的，而是由于市场疲软，流通不畅等经济大环境造成的。我们应该针对目前存在的问题的具体情况，采取相应的对策，缓解矛盾，减少或避免造成更大的影响。

1. 改变明显不合理的规定，如目前在采用以结算方式确定营业收入实现的情况下，委托银行收款结算方式和托收承付结算方式两者从性质上看基本一致，但现在的作法是，采用托收承付结算方式销售商品，以收到货款作为营业收入的实现，采用委托银行收款结算方式销售，以发出商品作为销售的实现。这种人为因素造成的营业收入实现的不同，有必要统一起来。

2. 重视货币的时间价值。企业销售商品，提供劳务，为了促使购买方尽早支付货款，可以考虑采取现金折让的方法，在一定时期内提前支付货款，给予一定比例的折让优惠；在规定的时间到期支付货款，按照全部应付货款支付；超过规定的时期支付货款，应收取应收账款的利息。采用这种方法，可以促使购买方及时支付货款。

3. 允许企业提取坏账准备金。我国目前对坏账损失处理方法是采取直接转销法，即当坏账损失发生时，将实际发生的损失额直接从应收账款中转销。这种处理方法是比较简单，但是收入和费用不能正确配比，并且在会计报表上反映的应收账款可变现净值，存在虚数的可能。为了正确反映企业的收入和费用，真实反映应收账款的可变现净值，企业的坏账损失应采取备抵法进行处理，即按照非现款交易发生的当期销售额的一定比例估计坏账损失，并将估计的坏账损失额计入当期成本、费用，作为核销坏账时的资金来源。同时，通过提取坏账准备金，预计未来坏账损失的金额，了解应收账款的估计可变现净值，为提高企业内部资金计划管理水平创造有利的条件。

关于小企业及其会计制度建设的若干问题[*]

自20世纪70年代以来，由于新技术革命的蓬勃发展，企业结构出现了专业化、分散化和小型化的趋势，中小企业异军突起，在经济发展和社会稳定中发挥着越来越重要的作用。小企业是我国国民经济不可或缺的组成部分，改革开放以来小企业得到了充分发展，据统计，我国中小企业已占全国企业数量的99%以上，实现利税和出口总额分别占全国的60%及40%左右，中小企业还为城乡提供了约75%的就业机会，为解决城镇就业及安置农村剩余劳动力起到了不可替代的作用。促进中小企业发展，已成为当前经济生活的一项重要议题。全国人大最近制定发布了《中小企业促进法》，为我国中小企业的进一步发展提供了政策上的支持和法律上的保障。

从小企业的会计制度建设来讲，在改革开放初期，配合国家对小企业的税收政策及有关法律要求，发布了《个体工商户会计制度》、《农村集体经济组织会计制度》等来规范小企业的会计行为，在一定程度上促进了小企业内部制度建设，也为国家对小企业进行宏观管理提供了基础性条件。随着我国市场经济的发展，新业务、新情况不断涌现，特别是加入世贸组织后，市场竞争更为激烈，为中小企业创造公平竞争的外部环境，是国家义不容辞的责任，制定小企业会计制度可以规范其内部管理和会计核算，有利于提高小企业的综合素质和竞争力，促进小企业的健康发展。

---

[*]（《中国注册会计师》2002年8月）

一、小企业的特点

小企业由于规模上的限制，其生产经营较为简单。与其他企业相比，有以下特点：

1. 在企业规模、组织结构及资金来源等方面与大企业存在着显著的差异。小企业的所有者和经营者通常是集于一身的，企业的所有权和经营权并未完全分离，因此通常由所有者或者拥有部分所有权的所有者以人格化的方式直接管理，而不是通过管理机构作为间接方来管理。

2. 受本身规模的局限，小企业一般很难公开对外发行股票筹集资金。因此，从会计目标来讲，小企业就没有了向投资者或所有者对外提供财务会计信息的基础，与其他企业将为投资者和债权人作为会计信息主要提供对象的情况不同，小企业的财务状况不直接影响公众利益。但由于其逃避纳税、逃废债务的愿望比大型企业更为强烈，会计制度的设计应充分考虑到企业申报纳税和国家税收征管的需要，为税务部门提供更准确的征管方面的信息，应作为小企业会计信息提供的一个重要目标。

3. 小企业通常具有自有资金有限、自身积累速度慢和市场风险高的特点，影响了其对外筹资能力。资金不足是小企业的先天缺陷，融资难也就成了制约小企业发展的首要问题。虽然小企业可以通过商业信用、政府支持和风险投资等途径融通资金，但相对大企业而言，其筹措资金能力较弱，银行贷款仍是小企业最主要的对外融资方式。

4. 由于组织结构简单，员工人数少，出于成本、效益方面的考虑，有些小企业不单设会计机构和会计人员。另外，由于管理人员少，有时各项工作无法分工，因此不能过多地依靠内部控制制度来保证会计信息的真实性。考虑到这一情况，对不具备条件的小企业，应允许其委托社会中介机构进行代理记账。

5. 由于其产权结构的影响，小企业的利益与所有者个人的利益高度相关甚至完全一致，管理者对如何提高企业效益十分关心，对涉及加强企业内部成本管理及有关利润分配的内容在很大程度上并不需要由国家作出规范，而是应由企业自行决定。

二、小企业会计制度应重点解决的问题

1. 小企业会计制度应适应国家关于对小企业加强税收征管的需要，充分考虑税法要求强化小企业的会计核算。税务部门对小企业的税收征管有查账征收和核定征收两种。核定征收是对不设账簿或虽设账簿但账目混乱，无法提供真实、完整的纳税资料的企业而采用的征管方式，征税效率和准确性相对较差，而且在应纳税所得额的核定方面容易引发税务部门和纳税人之间的矛盾。制定并严格实施小企业会计制度有利于税务部门扩大对小企业查账征收的范围，对于正确确定应纳税所得额，提高纳税效率具有重要意义。

2. 充分考虑国家政策扶持小企业发展的需要。资金不足是小企业的先天缺陷，解决小企业筹资难问题将是国家在今后一段时期内对小企业扶持的重点。制定并严格实施小企业会计制度，提供反映小企业生产经营情况的最基本会计信息，有利于正确判断小企业的财务状况和盈利能力，降低贷款风险，也有助于提高银行等金融部门对小企业贷款的积极性。另外，对小企业的财政补贴，落实对小企业的税收优惠政策都离不开科学的小企业会计制度。

3. 注重加强小企业自身管理。由于规模小，竞争能力不强，行业竞争无序及人员素质总体不高等原因，部分小企业自身管理不规范。虽然国家制定小企业会计制度主要是为纳税等宏观管理服务，但在一定程度上也应考虑到小企业进行内部管理的要求，以增强其管理水平和竞争力。如果小企业能够把会计制度中的有关规定与加强企业内部管理结合起来，对于小企业自身的发展及向中、大型企业的过渡都是极为有利的。

4. 力求与国际上对小企业会计核算进行规范的标准相协调。对小企业会计核算的规范，目前也是国际会计界的热点问题。联合国国际会计和报告标准政府间专家工作组在去年10月举办的会议上专门讨论了小企业的会计规范问题。国际会计准则理事会也已将中小企业会计核算准则的制定列入了议事日程。鉴于小企业的发展对世界经济的推动作用，各国都已逐步认识到规范小企业的会计核算对自身经济发展的重要性并已采取措施着手进行相关会计准则的制定工作，不少国家如英国、加拿大等已制定发布了自己的小企业会计准则。因此，在制定小企业会计制度的过程中，在考虑我国特定的经济环境的前提下，也要充分关注国际上对小企业会计标准的发展趋势。

三、制定小企业会计制度中面临的主要问题

1. 关于小企业的划分标准。目前,我们在小企业会计制度的起草过程中,面临的主要问题是对小企业的标准应如何界定。刚刚发布的《中小企业促进法》对划分中小企业的标准作了一些定性规定,但具体标准还有待于进一步明确。由于不同类型的小企业,组织形式不同,设立时所依据的法律不同,计税办法也存在很大的差异,因此在缺乏对小企业进行严格界定的情况下,很难准确制定相应的会计核算办法。如何定义小企业也是世界各国普遍感到比较困难的问题,而且对企业按大小进行分类历来是一个充满争议的问题。

对小企业的界定,很大程度上并不能仅仅凭几个简单的数字标准,还要考虑到其行业性质、企业的特征等,这方面我们还需要加强与国务院正在制定的《中小企业促进法》配套法规相协调。

2. 关于小企业会计制度的实施环境。目前,社会各方面比较关注上市公司的会计信息提供,因为虚假的会计信息会在很大程度上影响投资者的决策和社会资源的有效配置。对于小企业会计信息的提供,无论是从有关会计信息使用者还是从小企业的经营者本身,都还未引起足够的重视。我们希望小企业会计制度发布以后,能够得到有关方面的重视和支持,以促进这一制度的有效实施,如果占我国企业数量99%的中小企业能够提供真实、完整的会计信息,将极大地改善会计信息质量,有助于国家更好地进行经济决策。

3. 关于小企业会计标准制定中的一些具体问题。如对小企业会计核算应采用完全的权责发生制还是简化的权责发生制;考虑到小企业的成长性,其会计核算是应与一般企业的会计标准基本相同,还是应予以简化;鉴于税务部门是小企业会计信息的主要使用者,会计制度中还应考虑如何与有关税收法规相协调的问题等。

资产减值与所得税会计[*]

自我国相关会计制度和会计准则（以下简称"会计制度"）要求企业根据资产状况计提资产减值以来，无论在资产减值的确认和计量方面，还是所得税会计方面，均存在着诸多难题。本文拟就资产减值及所涉及的相关所得税会计作一些初步探讨和介绍。

一、资产减值

2000年6月21日发布的《企业财务会计报告条例》将资产定义为："过去的交易、事项形成并由企业拥有或者控制的资源，该资源预期会给企业带来经济利益"。从中可以看出，"预期会给企业带来经济利益"是资产的主要特征，企业拥有或者控制的各项资产不是为持有而持有，而是为获得未来经济利益所作的准备。由于资产的表现形态不同，其预期给企业带来经济利益的方式也不同。存货主要是通过出售从高于成本的售价中赚取利益；固定资产主要是通过其使用作用于劳动对象，并通过劳动对象的出售等获得经济利益；无形资产主要通过拥有某种特殊的、无形的权利带给企业利益，而这种权利往往是其他企业所不具有的。依据资产定义，只有符合该定义才能在资产负债表上作为资产列示，反之，则不能列示。

为了更好地了解资产是否仍为企业带来预期的经济利益，企业需要定期对所拥有或者控制的各项资产进行评价，并预计各项资产的可收回金额（或可变现净值、市价等，下同）是否超过其账面价值。由于资产的表现形态和预期带来经济利益的方式各不相同，资产的可收回金额的确定也不同。例如，存

---

[*]《财务与会计》2003年第9、10、11期）

货主要是通过出售而获得经济利益的，因此，主要以预计的销售价格作为确定可变现净值的基础；短期投资是通过在证券市场买卖各种股票、债券而获得卖出价高于买入价的利益，证券市场通常有确切的买入价和卖出价，即市场价格（市价），因此，衡量短期投资是否发生减值，主要以股票、债券的市价为基础；而固定资产主要通过使用或处置而获得利益，衡量其是否发生减值，主要通过出售净价或持续使用和处置收益的现值（即可收回金额）衡量其是否仍为企业带来预期的经营利益。可收回金额是指资产的销售净价与预期从该资产的持续使用和使用年限结束时的处置中形成的预计未来现金流量的现值两者之中的较高者。其中，销售净价是指资产的销售价格减去所发生的处置费用后的余额。当有迹象表明企业的某项或某组资产可能已经减值，则应对其进行减值测试，如果测试结果反映可收回金额低于其账面价值，则表明该项或该组资产已经发生了减值。例如，企业经营环境或营销市场发生重大变化，以至于对企业产生负面影响，经对某项或某组资产减值测试，可收回金额低于其账面价值，则应当将其差额确认为当期损失。如果其后有迹象表明以前年度确认资产减值损失不再存在或已减少，则应测试其可收回金额，可收回金额大于账面价值的，部分或全部转回原已计提的减值准备。

二、资产减值涉及的所得税会计处理

（一）所得税的会计处理方法

因会计制度与税法对收益、费用或损失的确认和计量原则不同，而导致某一时期按照会计标准计算的税前会计利润（指利润表中的"利润总额"，以下称为"利润总额"）与按照税法规定计算的应纳税所得额之间的差异，在会计核算中可以采用两种不同的方法处理，即应付税款法和纳税影响会计法。

采用应付税款法核算时，会计制度与税法之间的各种差异均于当期确认所得税费用，当期所得税费用等于当期应交所得税。应付税款法的基点是所得税与应纳税所得额存在着必然的联系，所得税只来源于应纳税所得额，即只有当事项的所得与确定该期的应纳税所得额相结合时才会产生所得税。会计核算的重点应放在当发生应纳税所得额时，对当期所得税费用的确认，而不必将所得税费用与企业实现的利润总额联系起来。同时，企业一定时期应缴纳的所得税可视为企业对政府提供服务的回报，所得税费用应于政府取得该项收益时予以确认，且所得税费用应与同期应交所得税的计量一致。

采用纳税影响会计法核算时，当期所得税费用按照当期应交所得税经调整时间性差异（或暂时性差异，下同）的所得税影响后的金额计量，即当期的所得税费用等于当期应交所得税加或减当期发生或转回时间性差异的所得税影响金额（债务法下还应当加或减调整税率或开征新税对已确认时间性差异的所得税影响金额的调整）。纳税影响会计法的基点是企业一定时期在利润表上反映的利润总额与该期间应纳税所得额的时间性差异虽然在当期产生，但可以在以后期间逐渐转回，因此，对时间性差异的所得税影响予以递延符合持续经营的会计假设；其次，所得税是由交易或事项引起的，一定时期的经营成果与所得税有必然的联系，因此，当交易或事项产生会计收益时，应于同期间确认所得税费用，即企业在交易或事项影响会计报表收益的期间确认同期对所得税费用的纳税影响，以遵循配比原则，采用纳税影响会计法确认和计量当期所得税费用与当期利润总额直接相关；同时确认的时间性差异的所得税影响金额符合资产或负债的定义。

（二）所得税会计在资产减值方面的具体运用

按照会计制度规定，如果企业某项资产的可收回金额低于其账面价值，应当计提减值准备计入当期损益，从当期的利润总额中扣除；因以前期间据以计提资产减值准备的各项因素发生变化而转回的减值准备，也计入当期损益，增加当期的利润总额。按照税法规定，企业所得税前允许扣除的项目，必须遵循真实发生的据实扣除原则，除国家税收规定外，企业根据会计制度等规定提取的固定资产减值准备不得在企业所得税前扣除；例如，企业按会计制度规定，对当期固定资产的可收回金额低于其账面价值的部分计提了固定资产减值准备，这只表明该项固定资产预期给企业带来的经济利益已经下降，即该项固定资产已经发生了减损，这部分减损应当立即确认为当期损失；但是，税法认为该项固定资产并未实际发生损失，会计上计提的减值准备并不足以认定为实际发生损失的依据，而只有按照税法标准认定该项固定资产实际发生损失时（如实体发生毁损等），其损失金额才可从应纳税所得额中扣除。由于会计与税法在确认相关收益、费用或损失时所依据的理论及法规不同，企业一定时期实现的利润总额不等于按税法规定计算的应纳税所得额；同时，由于企业计算应纳税所得额以企业当期实现的利润总额为主要依据，由此带来了如何将企业一定时期按照会计标准计算的利润总额调整为应纳税所得额（即纳税调整），以及在会计上如何确认和计量当期的所得税费用等问题。众所周知，企业一定时期应交的所得税通常是根据应纳税所得额和现行所得税税率计算的，而当期的所得税费用则因所采用的所得税会计处理方法不同而有所区别。

企业一定时期按照会计制度计提或转回的资产减值金额与税法认定损失的时间不同而产生的差异属于时间性差异，该时间性差异在计提减值准备的当期从利润总额中扣除，但不得从当期的应纳税所得额中扣除；待以后因原计提减值准备的各项因素消除而转回原计提的资产减值准备时，增加转回当期的利润总额，但不会增加转回当期的应纳税所得额；当资产实际发生损失，经税法认定可从发生损失当期的应纳税所得额中扣除。即，按照会计制度计提的各项资产减值准备与实际发生损失可从应纳税所得额前扣除之间存在着时间上的差异，这种差异称为可抵减时间性差异，也就是指在未来资产实际发生损失时，可以从实际发生损失当期的应纳税所得额中扣除的时间性差异。下面以固定资产减值准备的计提、转回等为例子，说明采用不同的所得税会计处理方法对当期所得税费用的影响。

1. 计提固定资产减值准备及其对当期所得税费用的影响

会计制度要求企业于期末对固定资产进行检查，如发生下列情况，应当计算固定资产的可收回金额，以确定资产是否已经发生减值：

（1）固定资产市价大幅度下跌，其跌幅大大高于因时间推移或正常预计下跌，并且预计在近期内不可能恢复；

（2）企业所处经营环境，如技术、市场、经济或法律环境，或者产品营销市场在当期或近期发生重大变化，并对企业产生负面影响；

（3）同期市场利率等大幅度提高，进而很可能影响企业计算固定资产可收回金额的折现率，并导致固定资产可收回金额大幅度降低；

（4）固定资产陈旧过时或发生实体损坏等；

（5）固定资产预计使用方式发生重大不利变化，如企业计划终止或重组该资产所属的经营业务、提前处置资产等情形，从而对企业产生负面影响；

（6）其他有可能表明资产已发生减值的情况。

如果发生上述情形，并且固定资产可收回金额低于其账面价值，应当按两者差额计提固定资产减值准备，计入当期营业外支出。但是，税法规定只有实际发生的固定资产损失才能从应纳税所得额中扣除，由此产生了企业当期计提的固定资产减值准备虽然计入了当期损益，在利润总额前扣除，但是，却不能从当期的应纳税所得额中扣除；只有当固定资产实际发生损失时，才能将其损失从当期应纳税所得额中扣除。

采用应付税款法核算时，对于会计与税法在确认收益或者费用、损失的时间上不同而产生的差异，在产生差异的当期，以按会计标准计算的利润总额为基础调整时间性差异后计算得出当期的应纳税所得额，并按调整后的应纳税所得额与现行所得税税率计算的结果确认为当期应交的所得税和当期所得税费用。

采用纳税影响会计法核算时，对于会计与税法在确认收益或者费用、损失的时间上不同而产生的差异，在产生差异的当期，以按会计标准计算的利润总额为基础调整时间性差异后计算得出当期的应纳税所得额，按应纳税所得额与现行所得税税率计算的结果确认为当期应交的所得税；同时将时间性差异产生的对所得税的影响金额，作为对当期所得税费用的调整。例如，企业当期计提的固定资产减值准备已经从当期利润总额前扣除，在不考虑永久性差异和其他时间性差异的情况下，当期的应纳税所得额为利润总额加上当期计提的固定资产减值准备金额，由此产生当期实现的利润总额小于当期应纳税所得额的情形，企业当期应交所得税以当期应纳税所得额为基础计算；同时，由于当期的利润总额减去了计提的固定资产减值准备，按照收入与费用配比的原则，当期实现多少利润总额应当承担与之相配比的所得税费用，则当期确认的所得税费用金额会小于当期应交的所得税，其差额反映为因计提固定资产减值准备而产生的可抵减时间性差异的所得税影响，该影响金额作为递延税项，在资产负债表的资产方列示。值得关注的是，采用纳税影响会计法核算时，因计提固定资产减值准备而产生的可抵减时间性差异所确认的递延税款借方金额，是对当期所得税费用的调整，不会影响按照税法规定计算的当期应交的所得税金额。

例1：甲企业20×0年12月购入管理用固定资产，购置成本为2000万元，预计使用年限为10年，预计净残值为零，采用直线法计提折旧。20×1年起甲企业实现的利润总额每年均为1000万元。20×3年年末，甲企业对该项固定资产进行的减值测试表明，其可收回金额为1190万元。其计提减值准备的会计分录如下（金额单位：元。下同）：

借：营业外支出——计提的固定资产减值准备　　　　2100000
　　贷：固定资产减值准备　　　　　　　　　　　　　　2100000

假定甲企业适用的所得税税率为33%；预计使用年限与预计净残值、折旧方法均与税法相同，并不存在其他纳税调整事项；甲企业在转回时间性差异时有足够的应纳税所得额用以抵减可抵减时间性差异。甲企业 20×1 年至 20×3 年有关所得税费用、应交所得税等的计算及不同的会计处理方法分别如下:

(1) 应付税款法

①20×1—20×2 年,甲企业计提的固定资产折旧每年为 200 万元 (2000/10),因与税法允许从应纳税所得额中扣除的折旧金额相同,且不存在其他纳税调整事项。因此,甲企业每年实现的利润总额即等于应纳税所得额。甲企业每年应交的所得税为 330 万元 (1000×33%)。所得税的会计分录为:

  借:所得税   3300000

    贷:应交税金——应交所得税   3300000

甲企业 20×1—20×2 年每年净利润 = 1000 − 330 = 670(万元)

②20×3 年,甲企业计提的固定资产折旧仍与税法相同,但是,因该项固定资产发生了减值 210 万元〔(2000 − 2000/10×3) − 1190〕,当年度实现的利润总额 1000 万元为已扣除 210 万元减值准备后的结果。由于按税法认定该项固定资产并未实际发生损失,因此,在计算应纳税所得额时不允许扣除按会计方法计提的固定资产减值准备,则应纳税所得额等于利润总额加上计提的固定资产减值准备。

应纳税所得额 = 1000 + 210 = 1210(万元)

应交所得税 = 1210×33% = 399.3(万元)

所得税费用 = 399.3(万元)

甲企业 20×3 年的净利润 = 1000 − 399.3 = 600.7(万元)

(2) 纳税影响会计法(所得税税率不变情况下,下同)

①20×1—20×2 年,甲企业计提的固定资产折旧每年为 200 万元 (2000/10),因与税法允许从应纳税所得额中扣除的折旧金额相同,且不存在其他纳税调整事项。则当期所得税费用和当期应交所得税与应付税款法处理的结果相同。

②20×3 年,甲企业计提的固定资产减值准备 210 万元不能从应纳税所得额中扣除,因此,在计算应纳税所得额时应在利润总额的基础上调整已计提的减值准备;同时,对于已计提的固定资产减值准备产生的可抵减时间性差异的所得税影响金额 69.3 万元,作为对所得税费用的调整。

可抵减时间性差异的所得税影响金额 = 210×33% = 69.3(万元)

当期所得税费用 = 399.3 − 69.3 = 330(万元)

所得税的会计分录:

  借:所得税   3300000

递延税款   693000
  贷：应交税金——应交所得税   3993000

甲企业 20×3 年净利润 = 1000 - 330 = 670（万元）

由此可见，第一，无论采用哪种所得税会计处理方法，均不影响当期应交的所得税金额。通常情况下，当期应交所得税应当等于当期应纳税所得额与现行所得税税率的乘积。第二，采用不同的所得税会计处理方法对当期所得税费用会产生影响，即在采用应付税款法核算时，当期因计提固定资产减值准备而影响的所得税金额在当期确认为所得税费用，由此影响当期的所得税费用与当期实现的利润总额的配比。按本例所述，采用应付税款法核算时，20×3 年的所得税费用为 399.3 万元，则利润表反映的实际所得税税率为 39.93%（399.3/1000×100%）。在采用纳税影响会计法核算时，当期因计提固定资产减值准备而产生的可抵减时间性差异影响的所得税金额确认为递延税款借项，通过这种方法达到当期确认的所得税费用与当期实现的利润总额配比的目的，即利润表反映的实际所得税税率为 33%（330/1000×100%）。

2. 计提固定资产减值准备后对以后各期折旧的影响及其对当期所得税费用的影响

固定资产计提减值准备后，其账面价值已经发生了变化，原预计的固定资产使用年限（或预计净残值、折旧方法等，下同）也可能随之发生变化，为此会计制度规定，已计提减值准备的固定资产，应当按照该固定资产的账面价值及尚可使用年限重新计算确定折旧率和折旧额。按照税法规定，已计提固定资产减值准备如果在申报纳税时已调增应纳税所得额，在计算应纳税所得额时应按提取减值准备前的账面价值确定可扣除的折旧，即固定资产计提减值准备后，如按照会计方法重新确定当期计提的折旧额与按固定资产原价计提的折旧额存在差异，按照税法规定仍然按照固定资产原价计提的折旧额从当期的应纳税所得额前扣除。由此，将会产生因计提固定资产减值准备后其后各期计提的折旧额与可从应纳税所得额前扣除的折旧额的差异。

例 2：沿用上述例 1 的资料，并假定该项固定资产计提减值准备后，预计尚可使用年限为 7 年。甲企业 20×4 年计提的折旧额不同于 20×1 年至 20×3 年，由此当期实现的利润总额不等于应纳税所得额。其相关的计算如下：

（1）按会计方法 20×4 年应计提的折旧额 = 1190÷7 = 170（万元）

（2）按税法规定 20×4 年应计提的折旧额 = 2000÷10 = 200（万元）

（3）折旧差异产生的应纳税时间性差异 = 200 - 170 = 30（万元）

（4）应纳税所得额 = 1000 - 30 = 970（万元）

（5）应交所得税 = 970 × 33% = 320.1（万元）

根据上述计算．在采用不同的所得税会计处理方法时，对当期所得税费用的计量也不同。

（1）应付税款法

采用应付税款法核算时，当期的所得税费用等于当期应交的所得税。因此，甲企业当期的所得税费用为320.1万元。

甲企业 20×4 年净利润 = 1000 - 320.1 = 679.9（万元）

（2）纳税影响会计法

采用纳税影响会计法核算时，当期产生的应纳税时间性差异30万元的所得税影响为9.9万元（30×33%），应当递延至以后应纳税时间性差异转回的期限内缴纳。因此，这部分的所得税影响金额作为对当期所得税费用的调整，甲企业当期的所得税费用为330万元（320.1 + 9.9）。同时，该时间性差异的所得税影响作为当期递延税款的贷项。甲企业有关所得税的会计分录为：

借：所得税　　　　　　　　　　　　　　　　　　3300000
　　贷：递延税款　　　　　　　　　　　　　　　　　99000
　　　　应交税金——应交所得税　　　　　　　　　3201000

甲企业 20×4 年净利润 = 1000 - 330 = 670（万元）

20×4 年底递延税款的账面借方余额 = 59.4（万元）

3. 已计提减值准备的转回及其对当期所得税费用的影响

如果原导致固定资产减值的各种因素发生变化或者已经消除，使固定资产的价值得以恢复，按照会计制度规定，应当对已计提的减值准备予以转回；同时，还应按照固定资产价值恢复后的账面价值以及尚可使用年限重新计算确定折旧率和折旧额。此时主要涉及以下两方面的会计处理及所得税纳税调整：（1）因恢复固定资产价值而转回计入损益的固定资产减值准备，以及涉及的纳税调整；（2）因恢复固定资产价值而重新确定的固定资产折旧额，以及涉及的纳税调整。

按照会计处理原则，在转回固定资产减值准备时应遵循的原则为：（1）转回的固定资产减值准备金额以原计提的固定资产减值准备为限；（2）固定资产减值准备转回后的账面价值不应超过在不考虑减值因素情况下的固定资产账面净值。在进行相关会计处理时应当考虑：（1）确定转回的固定资产减值准备计入损益的金额。确定该金额时，应当以该项固定资产的可收回金额与按不考虑减值因素情况下固定资产账面净值两者孰低确定的金额，与其账面价值的差额确定。即，在可收回金额低于按不考虑减值因素情况下固定资产账面净值时，按可收回金额与其账面价值的差额计算的金额转入损益；在可收回金额高于按不考虑减值因素情况下固定资产账面净值时，按不考虑减值因素情况下固定资产账面净值与其账面价值的差额计算的金额转入损益。（2）调整固定资产计提减值准备后对累计折旧的影响：按固定资产计提减值准备后的账面价值确定的折旧额，以及由此形成的累计折旧额，可能不等于按不考虑减值准备因素情况下计提的累计折旧额。因此，在转回固定资产减值准备时，首先应当将计提减值准备后重新确定的折旧额与按不考虑减值因素情况下计提的折旧额的差额，调整累计折旧额，即将其差额从已计提的减值准备转入累计折旧，以表明固定资产价值恢复后，其累计折旧也应恢复至未计提减值准备状态下应有的余额。

按照税法规定，企业已提取的固定资产减值准备如果申报纳税时已调增应纳税所得额，因价值恢复或转让处置有关资产而冲减的减值准备应允许企业做相反的纳税调整。即，对于转回并计入当期损益的固定资产减值准备，因前期计提该项准备时未从应纳税所得额中扣除，由此转回计入损益的该项准备虽然增加了当期利润总额，但不确认为当期的应纳税所得额。因此，在计算缴纳所得税及确认当期所得税费用时，应当考虑：（1）当期因转回的固定资产减值准备而增加的利润总额，在计算应纳税所得额时应当在利润总额的基础上予以调减；（2）前期计提减值准备时确认的递延税款借方金额予以部分或全部转回；（3）对因计提减值准备使得按会计标准计提的折旧额与按税法允许在应纳税所得额中扣除的折旧额的差额而产生的递延税款予以转回。

例3：沿用上述例1、例2的资料，并假定20×6年年末，该项固定资产的可收回金额为850万元，其他资料同例1、例2：

20×6年年末该项固定资产的账面价值＝固定资产原价－累计折旧－已计提的减值准备＝2000－（200×3＋170×3）－210＝680（万元）

20×6年年末按不考虑减值因素情况下该项固定资产的账面净值＝固定资产原价－不考虑减值因素情况下的累计折旧＝2000－200×6＝800（万元）

该项固定资产的可收回金额为850万元，不考虑计提减值因素情况下的账面净值为800万元，按两者孰低确定800万元为比较的基础，即800万元与账面价值680万元之间的差额120万元，为可转入当期损益的转回该项固定资产减值准备金额；同时，20×3年计提减值准备后，20×4年至20×6年每年计提的折旧为170万元，与按不考虑减值因素情况下每年计提的折旧200万元的差额90万元（30×3），调整累计折旧金额。即，假定不存在减值因素情况下，至 20×6 年年末，该项固定资产的累计折旧余额应为 1200 万元，由于 20×3 年计提了减值准备，至 20×6 年年末该项固定资产账面上累计折旧余额仅为 1110 万元（200×3 + 170×3），差额 90 万元应当从减值准备直接转入累计折旧，使之反映的该项固定资产的账面净值与未计提减值准备情况下的账面净值保持一致。转回固定资产减值准备的相关会计分录为：

借：固定资产减值准备　　　　　　　　　　　　　2100000
　　贷：营业外支出——计提的固定资产减值准备　　1200000
　　　　累计折旧　　　　　　　　　　　　　　　　900000

在计算 20×6 年的应纳税所得额时，因转回的固定资产减值准备在前期计提时已调增了应纳税所得额，因此，当期转回并计入利润总额的固定资产减值准备不计入应纳税所得额。由于甲企业 20×6 年实现的利润总额中包括转回的固定资产减值准备 120 万元。在计算应纳税所得额时应当予以扣除；同时，还应扣除折旧差异 30 万元、应纳税所得额、所得税费用等的计算如下：

应纳税所得额 = 1000 − 120 − 30 = 850（万元）

应交所得税 = 850×33% = 280.5（万元）

（1）应付税款法

按应付税款法确认的当期所得税费用为 280.5 万元

甲企业 20×6 年净利润 = 1000 − 280.5 = 719.5（万元）

（2）纳税影响会计法

时间性差异的所得税影响金额 =（120 + 30）×33% = 49.5（万元）

当期所得税费用 = 280.5 + 49.5 = 330（万元）

在纳税影响会计法下，20×6 年年末转回减值准备前，递延税款的账面借方余额为 49.5 万元（20×3 年计提的减值准备产生的递延税款借方金额为 69.3 万元；20×4 年至 20×5 年因折旧差异产生的递延税款贷方金额为 19.8 万元）当期已将前期已计提的固定资产减值准备全部转回，全部转回的 210 万元减值准备并未全部转入当期利润总额，而将按计提减值准备后的账面价值每年计提的折旧 170 万元与按税法允许在应纳税所得额中扣除的折旧 200 万元之间 3 年的差额 90 万元，转入累计折旧。因此，原计入递延税款的可抵减时间性差异 210 万元中的 60 万元已自然抵减（20×6 年折旧差异 30 万元的所得税影响尚未确认）。即，210 万元减值准备的所得税影响金额 69.3 万元中的 19.8 万元（30×2×33%）已经从每年的折旧影响中自然转回，20×6 年递延税款贷方发生额 49.5 万元，即为减值准备转回计入损益的 120 万元以及 20×6 年折旧差异 30 万元的所得税影响金额。其所得税会计分录为：

  借：所得税   3300000

    贷：应交税金——应交所得税   2805000

      递延税款   495000

甲企业 20×6 年净利润 = 1000 - 330 = 670（万元）

例 4：沿用上述例 1、例 2 的资料，并假定 20×6 年年末，该项固定资产的可收回金额为 720 万元。其他资料同例 1、例 2：

20×6 年年末该项固定资产的账面价值 = 固定资产原价 - 累计折旧 - 已计提的减值准备 = 2000 - (200×3 - 170×3) - 210 = 680（万元）

20×6 年年末按不考虑减值因素情况下该项固定资产的账面净值 = 固定资产原价 - 不考虑减值因素情况下的累计折旧 = 2000 - 200×6 = 800（万元）

该项固定资产的可收回金额为 720 万元，不考虑计提减值因素情况下的账面净值为 800 万元，按两者孰低确定 720 万元为比较的基础，即 720 万元与账面价值 680 万元之间的差额 40 万元，为可转入当期损益的转回该项固定资产减值准备的金额；同时，由于 20×3 年计提减值准备后，20×4 年至 20×6 年每年计提的折旧为 170 万元，与按不考虑减值因素情况下每年计提的折旧 200 万元的差额 90 万元（30×3），调整累计折旧金额。对于尚未转回的固定资产减值准备 80 万元仍然保留，使固定资产减值转回后的账面价值等于其可收回金额 720 万元。转回固定资产减值准备相关的会计分录为：

  借：固定资产减值准备   1300000

    贷：营业外支出——计提的固定资产减值准备 400000

      累计折旧   900000

固定资产减值准备账面余额 = 210 - 40 - 90 = 80（万元）

在计算 20×6 年的应纳税所得额时，因转回的固定资产减值准备在前期计提时已调增了应纳税所得额，因此，当期转回并计入利润总额的固定资产减值准备不计入应纳税所得额。由于甲企业 20×6 年实现的利润总额中包括转回的固定资产减值准备 40 万元，在计算应纳税所得额时应当予以扣除；同时，还应扣除折旧差异 30 万元。应纳税所得额、所得税费用等的计算如下：

应纳税所得额 = 1000 - 40 - 30 = 930（万元）

应交所得税 = 930×33% = 306.9（万元）

（1）应付税款法

按应付税款法确认的当期所得税费用为 306.9 万元

甲企业 20×6 年净利润 = 1000 − 306.9 = 693.1（万元）

（2）纳税影响会计法

时间性差异的所得税影响金额 =（40 + 30）×33% = 23.1（万元）

当期所得税费用 = 306.9 + 23.1 = 330（万元）

在纳税影响会计法下，至 20×6 年年末转回减值准备前，递延税款账面借方余额为 49.5 万元，20×6 年递延税款贷方发生额 23.1 万元，即为减值准备转回计入损益的 40 万元以及 20×6 年折旧差异 30 万元的所得税影响金额。至 20×6 年末转回减值准备后的递延税款借方余额 26.4 万元（69.3 − 19.8 − 23.1）为尚未转回的固定资产减值准备 80 万元的所得税影响金额，其所得税的会计分录为：

  借：所得税　　　　　　　　　　　　　　　　3300000
   贷：应交税金——应交所得税　　　　　　　　3069000
     递延税款　　　　　　　　　　　　　　231000

甲企业 20×6 年净利润 = 1000 − 330 = 670（万元）

20×6 年末转回减值准备后固定资产的账面价值 = 2000 − 1200 − 80 = 720（万元）

4. 减值准备转回后对累计折旧以及当期所得税费用的影响

固定资产价值得以恢复时可能出现两种情况，即可收回金额等于或高于不考虑减值因素情况下的账面净值，或者可收回金额低于不考虑减值因素情况下的账面净值，在第一种情况下，已计提的减值准备全部转回，使减值转回后的该项固定资产的账面价值等于不考虑减值因素情况下的账面净值；在第二种情况下，已计提的减值准备只能部分转回，使减值转回后的该项固定资产的账面价值等于可收回金额。因固定资产价值得以恢复而部分转回已计提减值准备的，按会计制度规定应当按照恢复后的账面价值及尚可使用年限重新计算确定折旧率和折旧额，此时，重新确定的折旧额可能与按税法规定允许从应纳税所得额中扣除的折旧额存在差异，其相关会计处理、纳税调整及对所得税费用的影响比照上述 2 的情况处理。

例 5：沿用上述例 1、例 2 和例 4 的资料，并假定部分转回减值准备后预计的尚可使用年限为 4 年，其他资料同例 1、例 2 和例 4。

20×6 年末甲企业管理用固定资产转回部分减值准备后的账面价值为 720 万元，按尚可使用年限重新计算，从 20×7 年起每年的折旧额为 180 万元（720/4）；税法仍然允许按每年 200 万元的折旧额从应纳税所得额中扣除，形成时间性差异 20 万元。20×7 年计算的应纳税所得额、应交所得税等如下：

应纳税所得额 =1000 – 20 = 980（万元）

应交所得税 =980×33% =323.4（万元）

（1）应付税款法

按应付税款法确定的当期所得税费用为323.4万元。

甲企业20×7年净利润 =1000 – 323.4 =676.6（万元）

（2）纳税影响会计法

当期折旧产生的应纳税时间性差异的所得税影响金额 =20×33% =6.6（万元）

当期所得税费用 =323.4 +6.6 =330（万元）

所得税的会计分录：

借：所得税　　　　　　　　　　　　　　　　3300000

　　贷：应交税金——应交所得税　　　　　　3234000

　　　　递延税款　　　　　　　　　　　　　　66000

甲企业20×7年净利润 =1000 – 330 =670（万元）

如果从20×7年起未发生固定资产价值恢复的情况，则至该项固定资产折旧完毕时，递延税款账面价值为零。即，按上述例4计算的至20×6年底调整后的递延税款账面借方余额为26.4万元（80×33%），其后每年转回6.6万元，至4年后全部转回。

5. 固定资产发生永久性减值以及对当期所得税费用的影响

按照会计制度规定，企业的固定资产在发生下列情况之一时，表明固定资产已经发生了实质性或永久性的损失，此时已不能给企业带来预期的经济利益，应当按照其账面价值全额计提减值准备：（1）长期闲置不用，在可预见的未来不会再使用，且已无转让价值的固定资产；（2）由于技术进步等原因，已不可使用的固定资产；（3）虽然固定资产尚可使用，但使用后产生大量不合格品的固定资产；（4）已遭毁损，以至于不再具有使用价值和转让价值的固定资产；（5）其他实质上已不能再给企业带来经济利益的固定资产。

按照税法规定，当固定资产出现上述情形之一时，视为永久性或实质性损失，扣除变价收入、责任人和保险赔偿等后，确认为财产损失，可从应纳税所得额中扣除。

可见，在固定资产发生永久性损失时，会计上确认损失与税法允许在税前扣除的损失认定相同。虽然会计制度与税法就资产永久性和实质性损失的确认标准相同，但仍不可避免存在暂时的时间性差异，即，按照会计制度确认损失与经税务部门批准可从应纳税所得额中扣除损失的时间差异。例如，按照会计制度规定，当固定资产发生永久性或实质性损失时，应当将该项固定资产的账面价值全部计提减值准备，计提的减值准备计入当期损益，但该项固定资产的损失在未经税务部门批准前不能从应纳税所得额中扣除，由此仍存在暂时（较短时间）的差异。在采用纳税影响会计法时，年末资产负债表日仍应确认时间性差异的所得税影响（满足一定条件），待税务部门批准可从应纳税所得额中扣除该部分损失时，再转回该部分时间性差异的所得税影响金额。

例6：沿用例1、例2、例4和例5资料。假定该项固定资产于20×8年底发生永久性损失，尚未经税务部门认定为永久性损失。甲企业于20×8年末按该项固定资产的账面价值计提了减值准备。

年末该项固定资产的账面价值 = 2000 − (200×6 + 180 + 180) − 80 = 360（万元）

甲企业按该项固定资产的账面价值360万元计提了减值准备。其相关的纳税调整和应确认的所得税费用等如下：

应纳税所得额 = 1000 + 360 − 20 = 1340（万元）

应交所得税 = 1340 × 33% = 442.2（万元）

（1）应付税款法

按应付税款法确认的当期所得税费用为442.2万元。

甲企业20×8年净利润 = 1000 − 442.2 = 557.8（万元）

（2）纳税影响会计法

当期产生的时间性差异的所得税影响金额（借方）=（360 − 20）× 33% = 112.2（万元）

当期所得税费用 = 442.2 − 112.2 = 330（万元）

所得税的会计分录：

借：所得税	3300000
递延税款	1122000
贷：应交税金——应交所得税	4422000

甲企业20×8年净利润 = 1000 − 330 = 670（万元）

6. 固定资产处置

固定资产处置包括出售、转让等，按照会计制度规定，固定资产处置所发生的净损益计入当期营业外收支。但是，如果该项固定资产已计提减值准备，计入当期损益的损失金额可能与可从应纳税所得额中扣除的损失金额存在差异。即，计入当期损益的金额为该项固定资产的账面价值加或减相关赔偿、变价收入和清理费用后的金额，其公式为：固定资产原价 −（累计折旧 + 已计提的减值准备）- 相关的责任赔偿 - 变价收入 + 清理费用；可在应纳税所得额中扣除的损失金额为提取减值准备前的账面价值加或减相关赔偿、变价收入和清理费用后的金额，其公式为：固定资产原价 - 不考虑减值因素情况下计提的累计折旧 - 相关的责任赔偿 - 变价收入 + 清理费用。由此在计算应纳税所得额时应按其差额进行调整。

例7：沿用例1、例2、例4、例5和例6资料。假定甲企业于20×9年1月对该项固定资产进行清理，固定资产清理变价收入为5万元，清理费用为1万元，均以银行存款收付。假定该固定资产损失已经税务部门认定为实质性损失，其损失可在应纳税所得额中扣除。不考虑资产负债表日后事项因素。

按会计方法计算的固定资产减值准备余额为80万元（210 - 130）

按会计方法计算的递延税款借方余额为132万元（69.3 - 9.9×2 - 23.1 - 6.6 + 112.2）

按会计方法计算应计入损益的该项固定资产的损失 = [2000 - (200×6 + 180 + 180) - (80 + 360) - 5 + 1] = -4（万元）

按税法规定计算应从应纳税所得额中扣除的该项固定资产的损失 = (2000 - 200×8 - 5 + 1) = 396（万元）

按税法与会计计算的损失差异 = 396 - (-4) = 400（万元）

应纳税所得额 = 1000 - 400 = 600（万元）

应交所得税 = 600×33% = 198（万元）

固定资产清理的会计分录：

借：固定资产减值准备　　　　　　　　　　　4400000
　　累计折旧　　　　　　　　　　　　　　　15600000
　　贷：固定资产　　　　　　　　　　　　　　20000000
借：银行存款　　　　　　　　　　　　　　　　50000
　　贷：固定资产清理　　　　　　　　　　　　50000
借：固定资产清理　　　　　　　　　　　　　　10000
　　贷：银行存款　　　　　　　　　　　　　　10000
借：固定资产清理　　　　　　　　　　　　　　40000
　　贷：营业外收入——处置固定资产净收益　　40000

（1）应付税款法

按应付税款法确认当期的所得税费用为198万元。

甲企业20×9年净利润 = 1000 - 198 = 802（万元）

（2）纳税影响会计法

转回时间性差异的所得税影响金额 = 400 × 33% = 132（万元）

所得税费用 = 198 + 132 = 330（万元）

会计分录：

借：所得税　　　　　　　　　　　　　　　　　3300000

　　贷：应交税金——应交所得税　　　　　　　1980000

　　　　递延税款　　　　　　　　　　　　　　1320000

甲企业 20×9 年净利润 = 1000 − 330 = 670（万元）

7. 固定资产纳税调整表

在日常核算中，企业可以以固定资产纳税调整表来反映按会计处理计提的折旧、减值准备及其转回情况，以及税法规定可从应纳税所得额中扣除的折旧、损失等情况。下表以上述例1、例2、例4、例5的有关数据为例。

注：上述第六年第1行的数据表明减值准备转回前的有关金额；第2行的数据表明减值准备转回后的有关金额。

本表有关栏目所反映的内容如下：

第1栏，反映按照会计基础计量的固定资产的成本，即固定资产原价；

第2栏，反映依照按会计基础计量的固定资产的成本、预计使用年限、预计净残值率、折旧方法等计算的折旧额；如果固定资产未计提减值准备，但变更了固定资产预计使用年限、净残值率或折旧方法而变更当期的固定资产折旧额的，仍在本栏中反映；

第3栏，反映按照会计基础计量固定资产计提减值准备后计提的折旧额；

第4栏和第5栏，反映按照会计基础计量计提的固定资产减值准备的余额，以及当期计提（或转回，以"−"号填列）的固定资产减值准备；

第6栏和第7栏，分别反映按照会计基础计量的固定资产在计提减值准备前或计提减值准备后的净值；

第8栏，反映按照会计基础计量的固定资产的账面价值；

第9栏，反映按照税法基础计量的固定资产的成本；

第10栏，反映依照按税法基础计量的固定资产成本、预计使用年限、折旧方法等计提的折旧额；

第11栏，反映按照税法基础计量的固定资产的净值；

资产减值与所得税会计

项目：××固定资产
单位：万元

固定资产纳税调整表

年度	成本	按会计基础计量 累计折旧			按会计基础计量 减值		按会计基础计量 账面价值			按税法基础计量			增(或减)差异				递延税款		
		原折旧	新折旧	累计折旧	余额	计提(转回)	原净值	新净值	账面价值	成本	累计折旧	净值	成本	累计折旧	减值	增(减)当期利润总额	借方	贷方	贷方余额
	1	2	3		4	5	6	7	8	9	10	11	12	13	14	15	16	17	
1	2000	200	200		0	0	1800	1800	1800	2000	200	1800	0	0	0	0	0	0	18
2	2000	400	400		0	0	1600	1600	1600	2000	400	1600	0	0	0	0	0	0	0
3	2000	600	600		210	210	1400	1400	1190	2000	600	1400	0	0	210	−210	69.3	0	−69.3
4	2000	800	770		210	0	1200	1230	1020	2000	800	1200	0	−30	0	30	0	9.9	−59.4
5	2000	1000	940		210	0	1000	1060	850	2000	1000	1000	0	−60	0	30	0	9.9	−49.5
6	2000	1200	1110		80	−130	800	890	680	2000	1200	800	0	−90	−130	30	0	9.9	−39.6
7	2000	1200	1200		80	0	800	800	720	2000	1200	800	0	0	0	40	0	13.2	−26.4
8	2000	1400	1380		80	0	600	620	540	2000	1400	600	0	−20	0	20	0	6.6	−19.8
9	2000	1600	1560		80	0	400	440	360	2000	1600	400	0	−40	0	20	0	6.6	−13.2
10	2000	1800	1740		80	0	200	260	180	2000	1800	200	0	−60	0	20	0	6.6	−6.6
	2000	2000	1920		80	0	0	80	0	2000	2000	0	0	−80	0	20	0	6.6	0

第 12 栏、第 13 栏、第 14 栏，分别反映按照会计基础计量与按照税法基础计量在固定资产成本、累计折旧等方面的差异；

第 15 栏，反映按照会计基础计量与按照税法基础计量差异对当期利润总额的影响金额；

第 16 至 18 栏，反映递延税款借方、贷方发生额及余额。期末如为借方余额，以"－"号填列。

上述有关栏次的对应关系如下：1 栏－2 栏＝6 栏；1 栏－3 栏＝7 栏；1 栏－3 栏－4 栏＝8 栏；9 栏－10 栏＝11 栏；1 栏－9 栏＝12 栏；2 栏或 3 栏－10 栏＝13 栏；5 栏＝14 栏；15 栏金额即为当年度应纳税调整的金额（数字符号相反）。

8. 固定资产减值准备的计提发生重大会计差错更正的处理

会计制度规定，如有确凿证据表明企业不恰当地运用了谨慎性原则或滥用会计估计，而在前期多计提、少计提或不计提固定资产减值准备的，应当作为重大会计差错进行更正，调整前期留存收益及相关项目，视同该差错在发生时已经被更正。按照税法规定，企业已提并作纳税调整的固定资产减值准备，如因确凿证据表明属于不恰当地运用谨慎性原则，并已作为重大会计差错进行了更正的，可作相反纳税调整。

采用应付税款法核算时，计提的固定资产减值准备已在计提的当期调整了应纳税所得额，并确认了当期所得税费用。因此，对于作为重大会计差错更正应减少或增加固定资产减值准备的金额，只需调整期初留存收益及固定资产减值准备的账面余额。采用纳税影响会计法核算时，计提的固定资产减值准备不影响当期应交的所得税，同时，已在前期作为可抵减时间性差异确认了所得税的影响金额记入递延税款的借方。因前期多计或少计固定资产减值准备而在本期作为重大会计差错更正时，调整前期多计或少计的减值准备对已确认的递延税款金额的影响以及对累计折旧的影响。

例 8：乙企业于 20×1 年末对某项管理用固定资产进行减值测试，其可收回金额为 1000 万元，预计尚可使用年限 4 年，净残值为零。该固定资产的原价为 3000 万元，已提折旧 1500 万元，原预计使用年限 8 年，按直线法计提折旧，净残值为零。假定当时仅计提了 100 万元的固定资产减值准备。乙企业对该固定资产采用的折旧方法、预计使用年限等均与税法一致，乙企业适用的所得税税率为 33%，每年计提减值准备前的利润总额均为 1200 万元。乙企业于 20×2 年末发现此项会计差错并予以更正。假定乙企业在转回可抵减时间性差异时有足够的应纳税所得额。

分析 1：从少计提固定资产减值准备对利润总额、所得税费用的影响分析。假定乙企业于 20×1 年年末，按 500 万元计提了固定资产减值准备，则会减少 20×1 年的利润总额 500 万元，即计提减值准备后的利润总额为 700 万元，在计算 20×1 年度的应纳税所得额时应当以利润总额为基础，加上 500 万元计提的减值准备得到 1200 万元的应纳税所得额，计算出应交所得税为 396 万元。采用应付税款法核算时，20×1 年度应确认的所得税费用为 396 万元；采用纳税影响会计法核算时，20×1 年应交的所得税为 396 万元，确认的递延税款借方金额为 165 万元（500×33%），确认的所得税费用为 231 万元（396 – 165）。

由于乙企业 20×1 年少计提了 400 万元的固定资产减值准备，由此计算出的利润总额为 1100 万元，多计算利润总额 400 万元，但在计算 20×1 年度的应纳税所得额时以利润总额为基础加上计提的减值准备 100 万元，计算出的应纳税所得额仍为 1200 万元，应交所得税为 396 万元。采用应付税款法核算时，20×1 年确认的所得税费用为 396 万元；采用纳税影响会计法核算时，20×1 年应交的所得税为 396 万元，确认的递延税款借方金额为 33 万元（100×33%），确认的所得税费用为 363 万元（396 – 33）。

因固定资产减值准备无论计提多少，均不影响当期应交的所得税，在会计上影响的是：（1）采用应付税款法时，不影响当期的所得税费用，只会影响 20×1 年度的利润总额和净利润。即，如果按照 500 万元计提减值准备，当期计提减值准备后的利润总额为 700 万元，净利润为 304 万元（1200 – 500 – 396）；如果按照 100 万元计提减值准备，当期计提减值准备后的利润总额为 1100 万元，净利润为 704 万元（1200 – 100 – 396）。计提减值准备后的利润总额和净利润均相差 400 万元。在调整该项重大会计差错时，只调整影响的净利润和固定资产减值准备各 400 万元。由于 20×1 年度有关损益类账户的年末余额已转入未分配利润并提取了相关的盈余公积，因此，调整对净利润的影响时只需要调整年初未分配利润和盈余公积（即留存收益）的金额。（2）采用纳税影响会计法时，上述的会计差错主要影响：①确认的递延税款金额。如果按照 500 万元计提减值准备，20×1 年应确认的递延税款借方金额为 165 万元；而按照 100 万元计提减值准备，20×1 年确认的递延税款借方金额为 33 万元，差额 132 万元应当予以调整。②20×1 年的所得税费用。在纳税影响会计法下，当期的所得税费用是经确认的递延税款借方或贷方金额调整后计算的金额，由于递延税款借方金额少计了 132 万元，在调整 400 万元利润总额时，应同时调整所得税费用 132 万元。③20×1 年度的利润总额和净利润。如果按照 500 万元计提减值准备，当期计提减值准备后的利润总额为 700 万元，净利润为 469 万元（1200－500－231）；如果按照 100 万元计提减值准备，当期计提减值准备后的利润总额为 1100 万元，净利润为 737 万元（1200－100－363）。计提减值准备后的利润总额的差异为 400 万元；净利润差异为 268 万元。

分析 2：从固定资产计提减值准备后对累计折旧的影响分析。假定乙企业于 20×1 年年末，按 500 万元计提了固定资产减值准备，该项固定资产于 20×2 年应计提折旧为 250 万元（1000/4），按税法规定可从应纳税所得额中扣除的折旧费用仍为 375 万元，两者差额为 125 万元应当在计算 20×2 年的应纳税所得额时予以调整。由于乙企业于 20×1 年年末按 100 万元计提了固定资产减值准备，使得该项固定资产于 20×2 年计提折旧为 350 万元，由此应当调整 20×2 年多计提的累计折旧 100 万元。同时，因折旧因素影响净利润 67 万元。

根据上述分析，分别采用不同的所得税会计处理如下：

应更正少计提的固定资产减值准备 = 1500－1000－100＝400（万元）

因少计提固定资产减值准备而多计提的折旧 = 1400÷4－1000÷4＝100（万元）

按税法规定可从应纳税所得额中扣除的折旧额 = 3000÷8＝375（万元）

（1）应付税款法

借：以前年度损益调整	4000000
贷：固定资产减值准备	4000000
借：利润分配——未分配利润	4000000
贷：以前年度损益调整	4000000

调整 20×2 年度多计提的折旧额

借：累计折旧	1000000
贷：管理费用	1000000

同时调整已提取的盈余公积，假定乙企业按净利润的 10% 提取法定盈余公积，未作其他分配。

借：盈余公积——法定盈余公积	400000
贷：利润分配——未分配利润	400000

（2）纳税影响会计法

借：以前年度损益调整	2680000
递延税款	1320000

    贷：固定资产减值准备　　　　　　　　　　　4000000
借：利润分配——未分配利润　　　　　　　　　2680000
    贷：以前年度损益调整　　　　　　　　　　　2680000
借：盈余公积——法定盈余公积　　　　　　　　268000
    贷：利润分配——未分配利润　　　　　　　　268000
调整 20×2 年度多计提的折旧额
借：累计折旧　　　　　　　　　　　　　　　　1000000
    贷：管理费用　　　　　　　　　　　　　　　1000000

在编制会计报表时，应将上述经调整的重大会计差错，更正差错所属期间的留存收益及相关项目的数字；在编制比较会计报表时，应当调整比较会计报表所属期间的期初数及上年数等相关项目的数字。

三、值得关注的几个问题

1. 通常情况下，有证据表明资产已发生永久或实质性损失时，税法才允许从应纳税所得额中扣除相关的损失。但税法也有某些例外，例如企业计提的应收款项坏账准备，经税务部门批准可以在应收款项余额5‰的范围内作税前扣除，此时，企业当期计提的坏账准备金额扣除按税法规定允许税前扣除的部分，作为可抵减时间性差异，在采用纳税影响会计法时，确认为递延税款的借方发生额。

2. 因计提的固定资产减值准备而产生的可抵减时间性差异的所得税影响反映为递延税款的借方，其期末余额在资产负债表上列为资产方，这部分可抵减时间性差异在今后转回时将抵减转回当期的应纳税所得额，同时形成转回当期的所得税费用。因此，为了谨慎起见，在产生可抵减时间性差异的当期，只有预计在未来转回时间性差异的时期内（一般为 3 年）能够产生足够的应纳税所得额用以抵减该差异，才能将该项可抵减时间性差异确认为递延税款借方，否则，应于发生可抵减时间性差异的当期确认所得税费用。

3. 当企业当期发生或转回时间性差异时，应付税款法与纳税影响会计法确认的当期所得税费用不同，但是，从时间性差异的产生至全部转回的整个期间看，无论是采用应付税款法还是纳税影响会计法所计量的所得税费用总额是相同的，差异只在于两种方法下对各期所得税费用的计量不同。例如，沿用例 1、例 2、例 3 的资料，在应付税款法下，20×0 年至 20×6 年各期的所得税费用分别为 330 万元、330 万元、399.3 万元、320.1 万元、320.1 万元、280.5 万元，累计金额为 1980 万元；在纳税影响会计法下，20×0 年至 20×6 年各期的所得税费用均为 330 万元，累计金额为 1980 万元：可见，在应付税款法下，会计与税法在收益、费用或损失的确认和计量上的差异在产生的当期即确认为所得税费用（或抵减当期的所得税费用）；在纳税影响会计法下，会计与税法在收益、费用或损失的确认和计量方面所产生的时间性差异递延和分配至以后转回的各期确认为所得税费用（或抵减所得税费用），由此使得与应付税款法下各期确认的所得税费用金额不同。

4. 在采用纳税影响会计法核算时，从利润表角度看（非资产负债表法），只有影响当期利润总额的时间性差异才会影响应纳税所得额，此时可抵减或应纳税时间性差异的所得税影响才能确认为递延税款的借方或贷方；而不影响当期利润总额的时间性差异不确认递延税款。例如，某工业企业为生产产品而使用的固定资产，按照会计标准计提的折旧额为 500 万元，按税法允许在应纳税所得额中扣除的折旧额为 600 万元。当期折旧费用计入生产成本，而生产的产品至期末未对外销售，即这部分计入生产成本的折旧费用只影响存货的成本价值，而未影响当期利润总额；当前期计入生产成本的折旧费用随同所生产的产品全部或部分出售时，才影响利润总额和应纳税所得额，由此该项时间性差异的所得税影响才能确认递延税款。假定该工业企业生产的产品 50% 对外销售，该产品成本中的折旧费用的 50% 也随之转入当期损益，则当期应进行纳税调整的折旧费用金额为 50 万元〔(600－500)×50%〕，应确认递延税款贷方金额为 16.5 万元 (50×33%)。

5. 在采用纳税影响会计法核算时，无形资产计提或转回减值准备的纳税调整、所得税费用和递延税款的确认和计量，与固定资产处理原则相同。区别在于无形资产摊销时直接冲减其账面余额，固定资产计提折旧时计入其备抵账户。因此，当转回无形资产减值准备时，计提减值准备后的摊销额与按不考虑减值因素情况下摊销额的差额，无须调整无形资产的账面余额；在转回已计提的无形资产减值准备时，以可收回金额与不考虑减值因素情况下的账面余额两者孰低确定的金额，与其账面价值的差额，确定为可转回计入损益的无形资产减值准备，转回的金额不得超过已计提的减值准备的账面余额。例如，丙企业 20×0 年 1 月购入一项专利权，实际成本为 4000 万元，预计使用年限为 8 年（与税法规定相同）。20×2 年末，因市场上出现新的专利且新专利所生产的产品更受消费者青睐，从而使丙企业按其购入专利生产产品的销售受到重大不利影响,经减值测试表明其可收回金额为 2000 万元。为此,丙企业计提了 500 万元的减值准备,重新预计可使用年限为 5 年。丙企业经市场调查发现,市场上用新专利生产的产品不稳定而部分客户仍然喜爱用丙企业生产的产品,即,原估计的该项专利的可收回金额有部分转回,于 20×3 年末测试可收回金额为 1800 万元。此时,不考虑减值因素情况下该项无形资产的账面余额为 2000 万元(4000－4000/8×4),可收回金额为 1800 万元,两者孰低确定以 1800 万元为比较基础,与其账面价值 1600 万元(4000－4000/8×3－500－2000/5)的差异 200 万元(1800－1600)转回,计入转回当期的损益。

中国信托业务会计核算办法简介[*]

2005年1月5日,中华人民共和国财政部发布了《信托业务会计核算办法》(财会[2005]1号),并要求自发布之日起在涉及信托业务的所有相关单位及信托项目施行,包括委托人、受托人、受益人以及信托项目。这一核算办法的发布,统一了信托当事人及信托项目的会计标准。下面简单介绍一下涉及信托业务各当事人及信托项目的会计处理原则。

一、委托人信托业务会计处理

委托人的会计处理主要涉及信托财产终止确认的原则、信托财产收益的确认,以及合并会计报表等。

(一)信托财产终止确认的原则及一般会计处理

信托业务涉及的委托人包括一般企业(如工业企业、商业银行等)和民间非营利组织(如基金会)、事业单位等。委托人将财产委托给信托公司设立信托时,能否将设立信托的财产从其账上和资产负债表转出,即终止确认,应视信托财产所有权上相关的风险和报酬是否已实质性转移作为判断依据。通常情况下应按以下原则继续或终止确认信托财产:

1. 委托人不是受益人且受益人支付对价取得信托受益权的,如委托人将该信托财产所有权上的风险和报酬已实质性转移给了信托项目,应终止确认该信托财产;否则不应终止确认信托财产。

2. 委托人不是受益人且受益人没有支付对价取得信托受益权的,委托人

---

[*] (The Hong Kong Accountant May 2005)

应终止确认该信托财产,将信托财产视同对外捐赠,确认为当期损益。

3. 委托人同是受益人且委托人是唯一受益人的,委托人不应终止确认信托财产。

4. 委托人同是受益人但不是唯一受益人、且其他受益人支付对价取得信托受益权的情况下,如果委托人将该信托财产所有权上部分相关风险和报酬已实质性转移给了信托项目,委托人应将该信托财产的账面价值在终止确认和持续确认两部分之间按其相对公允价值进行分摊,并分别终止确认和未终止确认进行核算;如果委托人未将该信托财产所有权上相关的风险和报酬实质性转移给信托项目,委托人应按照未终止确认的要求进行会计核算。

5. 委托人同是受益人但不是唯一受益人、且其他受益人未支付对价取得信托受益权的情况下,委托人应将该信托财产的账面价值在终止确认和持续确认两部分按其相对公允价值进行分摊,并分别终止确认和未终止确认进行核算。

信托财产终止确认的,委托人应将收到的对价与信托财产账面价值的差额,确认为资产处置损益,计入当期损益。

信托财产未终止确认的,委托人仍应将信托财产保留在账上和资产负债表内,同时将收到的对价分别确认为一项资产和一项负债(作为"其他应付款—信托融资款"处理);对未终止确认的信托财产在原账户下单独设置明细账户核算,如属于固定资产、无形资产等需要折旧或摊销的资产,仍应按未设立信托前确定的会计政策进行折旧或摊销,如属于采用权益法核算的长期股权投资,仍应采用权益法核算,对信托财产应于期末合理地计提减值准备;在信托存续期间,委托人应对所确认的信托融资款按期确认利息费用,计入当期损益。对未终止确认的信托财产还应设置备查簿登记信托财产的性质、信托设立的账面原价或余额、已计提的减值准备、信托文件约定的价值、信托期间,以及收取的对价等,并在会计报表附注中披露未终止确认的信托财产的性质、资产负债表日的账面价值或余额、当期期末计提的减值准备、当期计提的折旧或摊销金额等。信托终止,委托人应在信托项目终止日将信托财产的清算价值低于信托财产在委托人账上的账面价值之间的差额,确认为资产减值损失。

(二)信托财产收益的确认

信托项目宣布分派信托利润时,委托人按享有的份额确认信托收益,并确认为当期损益。如果委托人为上市公司且为受益人的,若与其他受益人(委托人不是唯一受益人的情况下）或受托人存在关联关系的，其信托收益的计量，按照《关联方之间出售资产等有关会计处理问题暂行规定》（财会[2001]64号）所规定的原则处理。

（三）合并会计报表

如果委托人对信托项目具有控制权的，应将信托项目纳入其合并会计报表的合并范围；并按照合件会计报表的要求抵销相关内部交易产生的收入，成本、利润等。

二、受托人信托业务的会计处理

受托人的会计处理主要涉及受托人报酬的确认、信托赔偿准备金的核算、未被取回信托财产的核算等。

对于受托人报酬的确认，要求按照信托文件规定的计提方法、计提标准，计算确认应由信托项目承担的受益人报酬；但是，如果受托人为上市公司，且与委托人或受益人存在关联关系的，其受托人报酬的计量，按照《关联方之间出售资产等有关会计处理问题暂行规定》（财会[2001]64号）所规定的原则处理。对于信托赔偿准备金的核算，要求信托投资公司每年应当从税后利润提取5%，作为信托赔偿准备金，按信托文件约定向受益人支付赔偿款时，按实际支付额，冲减提取的信托赔偿准备金，不足冲减的部分直接计入当期营业外支出。对于委托人已终止的信托项目但未被取回的信托财产，受托人应将其作为代保管业务进行管理和核算，如信托财产是货币资金的，应开立银行存款专户存储。

此外，受托人发生的为信托项目代垫的信托营业费用，确认为对信托项目的债权；由委托人等有关当事人直接承担的受托人报酬，按相关合同确认为受托人的手续费收入，不与信托项目发生往来。

三、受益人的会计处理

受益人的会计处理主要涉及信托受益权入账价值的确定、信托收益的计量、信托受益权的期末计量、信托终止的核算、信托受益权的列报、合并会计报表等。

1. 信托受益权入账价值的确定

如果受益人不是委托人且受益人没有支付对价取得信托受益权的，受益人应将该信托受益权视同接受捐赠，按信托项目最近公布的信托权益中属于该受益人享有的份额，确定该信托受益权的入账价值；受益人不是委托人且受益人支付对价取得信托受益权的，受益人应按支付的对价作为信托受益权的入账价值；受益人是委托人的，受益人应按委托人信托业务的会计处理规定办理。

2. 信托收益的计量

信托收益的计量，受益人应在信托项目宣布分派信托利润时，按应享有的份额确认信托收益，计入当期损益；受益人于信托期间实际收到的相当于信托收益权做值返还的部分，应冲减信托收益权的账面余额。但是，如果受益人为上市公司，且与委托人或受托人存在关联关系的，其信托收益的计量，按照《关联方之间出售资产等有关会计处理问题暂行规定》（财会〔2001〕64号）所规定的原则处理。

3. 信托受益权的期末计量

受益人取得的信托受益权，不应在信托存续期间对其价值进行摊销，但受益人于信托期间实际收到的相当于信托受益权价值返还的部分除外。受益人应定期或至少于每年年度终了，对信托项目运营情况进行查询；如有证据表明信托受益权已发生减值，受益人应对信托受益权合理计提减值准备，并计入当期损益。其后，如有客观证据表明，已计提减值准备的信托受益权的价值又得以恢复，应按不考虑减值因素情况下计算确定的信托受益权账面价值与其可收回金额进行比较，以两者中较低者，与价值恢复前的信托受益权账面价值之间的差额，转回已计提的减值准备，转回已计提的减值准备计入当期损益。

4. 信托终止的核算

信托终止时，受益人取得信托清算财产的价值与信托受益权账面价值的差额，确认为当期营业外收入或营业外支出。

5. 信托受益权的列报及合并会计报表

受益人取得的信托收益权持有期限未超过1年的，在期末资产负债表中"一年内到期的长期债权投资"项目之后、"其他流动资产"项目之前单列"信托收益权"项目反映，并在会计报表附注中予以说明；信托收益权持有期限超过1年的，在期末资产负债表中"无形资产及其他资产"项目之后、"递延税项"项目之前单列"信托收益权"项目反映，并在会计报表附注中予以说明。受益人对信托项目具有控制权的，应将其纳入合并会计报表的合并范围。

四、信托项目的会计处理

信托项目是指受托人根据信托文件的约定,单独或者集合管理运用、处分信托财产的基本单位。其会计处理主要涉及信托项目的会计主体、会计要素、信托终止、会计档案等。

1. 信托项目的会计主体

《中华人民共和国信托法》规定,信托财产与委托人未设立信托的其他财产相区别;信托财产与属于受托人所有的财产固有财产)相区别;受托人必须将信托财务与其固有财产分别管理、分别记账,并将不同委托人的信托财产分别管理、分别记账。按照信托项目的会计核算原则,信托项目应作为独立的会计核算主体,以持续经营为前提,独立核算信托财产的管理运用和处分情况。各信托项目应单独记账、单独核算、单独编制财务报告。不同信托项目在账户设置、资金划拨、账簿记录等方面应相互独立。

2. 会计要素

信托项目的会计要素包括信托资产、信托负债、信托权益、信托项目收入、信托项目费用、信托项目利润。信托资产是指根据信托文件的要求,由受托人受托管理运用、处分信托财产而形成的各项资产,包括银行存款、短期投资、应收账款、长期股权投资、客户贷款、固定资产、无形资产等;信托负债是指信托项目管理运用、处分信托财产而形成的负债,包括应付受托人报酬、应付受益人收益、应付托管费、卖出回购信贷资产等;信托权益是指信托受益人在信托财产中享有的经济利益,其金额为信托资产减去信托负债后的余额,包括实收信托、资本公积、未分配利润等;信托项目收入是指信托项目管理运用、处分信托财产而形成的收入,包括利息收入、投资收益、租赁收入和其他收入,不包括为第三方或受托人代收的款项;信托项目费用是指信托文件约定由信托项目承担的各项费用。信托文件中没有作出约定的,信托项目费用指受托人与委托人协商达成的书面协议约定由信托项目承担的各项费用;信托项目利润是指信托项目在一定会计期间的经营成果,信托项目利润应按信托文件的约定分配给信托受益人。

信托项目对委托人未终止确认的信托财产,如涉及固定资产、无形资产等应折旧或摊销资产的,信托项目不应对固定资产或无形资产计提折旧或进行摊销;如涉及权益法核算的长期股权投资的,信托项目不应对该长期股权投资采用权益法核算；期末对委托人未终止确认的信托财产也不应计提减值准备。

3. 信托终止的处理

信托终止，受托人应对信托项目作出处理信托事务的清算报告。受益人或者信托财产的权利归属人在信托文件约定的期限内对清算报告无异议的，受托人对信托项目就清算报告所列事项解除责任，并按信托文件的规定书面通知受益人或信托财产归属人，取回信托清算后的全部信托财产。但法律、行政法规另有规定者除外。信托终止的，信托财产归属于信托文件规定的人；信托文件未规定的，按下列顺序确定归属：（1）受益人或其继承人；（2）委托人或其继承人。已核销的信托资产在信托终止清算后又收回的，应返还给信托文件规定的信托财产归属人；如信托文件未规定已核销、后又收回的信托财产，归属人也应按上述顺序确定其归属。未被取回的信托财产，在由受托人负责保管期间取得的收益，应归属于信托财产的归属人；发生的保管费用由归属人承担。

4. 信托项目会计档案保管

信托项目会计档案是记录和反映信托业务的重要资料和证据，包括会计凭证、会计账簿、财务报告、信托项目清算报告等，其档案保管方法及期限按照《会计档案管理办法》（财会字［1998］32号）有关规定办理。

另外，要求信托项目在涉及收益确认时，如果信托项目与其关联方（该关联方为上市公司）发生交易形成的收益，按照《关联方之间出售资产等有关会计处理问题暂行规定》（财会［2001］64号）所规定的原则处理。同时，对信托项目所涉及的相关业务规定了科目设置、报表格式和编制方法等。

《小企业会计制度》制定中的有关问题[*]

在相继制定发布了《企业会计制度》和《金融企业会计制度》以后,财政部于2002年开始着手制定《小企业会计制度》,历经两年多时间,于2004年4月27日正式发布,今年1月1日起已开始在全国范围内实施。为帮助各方面了解《小企业会计制度》的有关内容,现对该制度在制定过程中涉及的有关问题作一简要回顾。

一、关于小企业的划分标准

制定《小企业会计制度》,首先要遇到的问题就是规定制度的适用范围。目前各国对小企业的界定有所不同,主要是因为不同国家经济发展情况和阶段不同,企业规模的划分也有所不同。

(一)国外及相关国际组织对企业规模的划分

1. 从定量标准来看,基本上集中在资产总额、营业额和雇员人数三个方面。如在英国,按照1985年颁布的《公司法》的要求,小企业要满足在营业额、资产总额和雇员人数三项中的两项不超过以下标准:年营业额不超过280万英镑,资产总额不超过140万英镑,平均雇员人数不超过50人。如果企业上述三项指标中的两项连续两年超过规定标准,则不能够再作为小企业。

2. 从定性标准来看,考虑到世界范围内不同国家的经济发展水平等因素的影响,有关的国际组织均是从定性的角度对企业类型进行划分。如联合国国

---

[*] (本文作者:应唯 焦晓宁)
(《中国注册会计师》2005年7月)

际会计和报告标准政府间专家工作组在有关指南中将企业划分为三个层次：第一层次是上市公司以及涉及重大公众利益的公司，这类公司应遵循国际财务报告准则；第二层次是既没有向公众公开发行证券也不必向公众提供财务报告的工商企业，应该遵循一套单独的、只对最简单、最平常的交易事项做出规范的准则，这套准则的制定基础是国际财务报告准则；第三层次是几乎没有雇员或雇员数量很少的、个人经营的规模较小的企业，应遵循与现金交易紧密联系的、简单的权责发生制会计制度，同时允许这类企业在构建其会计制度的有限期间内使用收付实现制。

除联合国以外，目前国际会计准则理事会正在研究当中的中小企业项目，主要是以企业是否具有公共受托责任对不同企业进行划分。这里的公共受托责任是相对于不直接参与企业生产经营管理的投资者及其他外部利益相关方面，如外部利益相关方面主要依靠企业提供的财务信息来了解其财务状况和经营成果。另外，有些基于其经营性质而具有基本的公共服务义务的企业也是具有公共受托责任的企业。企业是否具有公共受托责任，可以参照以下几个方面的指标：是否已经发行或是否处于公开发行有关证券的过程之中；是否是像银行、保险公司、退休基金或互助基金这样由于涉及利益关系人众多而具有公共受托责任；是否向公众提供基础性服务以及在所处地区的经济重要性等。

（二）我国对小企业的划分

结合国外的有关情况，我国小企业会计制度中所界定的小企业主要按照国务院制定发布的《企业财务会计报告条例》中提出的对于小企业"不对外筹集资金、经营规模较小"的界定。

1. 对于"不对外筹集资金"，即不在公开的市场上发行股票和债券，其信息不存在外界的公众需求。对于在公开的市场上发行股票和债券的企业，鉴于其会计核算信息与公众利益密切相关，为了保护公众投资者和债权人的利益，这类企业的会计核算原则上应按照《企业会计制度》的规定进行。

2. 对于"经营规模较小"，主要采用了国家经济贸易委员会、国家发展计划委员会、财政部和国家统计局为贯彻实施《中小企业促进法》而制定的《中小企业标准暂行规定》。该规定区分工业、建筑业、批发和零售业、交通运输和邮政业以及住宿和餐饮等行业，分别从资产总额、销售额和职工人数三个方面作出规定，如对于从事工业生产的中型企业，要同时满足职工人数在

300 人及以上、年销售额在 3000 万元及以上、资产总额在 4000 万元及以上，其中任何一个条件未满足的，为小型企业。

二、制定《小企业会计制度》遵循的主要原则

（一）在遵循一般会计原则的前提下，尽可能通俗易懂，简便易行

考虑到随着我国市场经济的发展，企业的规模、组织形式等存在较大的差别，社会经济生活中占多数的还是从资产规模到职工人数都还相对较少的小型企业。在适用于股份有限公司和大中型企业的会计制度的基础上，在遵循一般会计核算原则的前提下，要充分考虑小型企业的特点，对适用于大中型企业的《企业会计制度》进行适当简化，形成通俗易懂、操作性强的会计标准是制定《小企业会计制度》的首要原则。

（二）在制定相关会计政策过程中充分考虑小企业会计信息使用者需求

小企业会计信息的使用者包括作为债权人的银行等金融机构、税收征管部门及小企业的管理者和所有者，还包括为小企业提供原材料的供应商及包括国家宏观经济管理部门在内的其他相关方面。这些会计信息使用者最主要的需求是了解反映小企业财务状况和经营成果的最基本的财务信息。如就税务部门来讲，关心的是小企业的账簿记录是否真实，是否能够按照会计制度的规定进行核算并提供有关的纳税信息；就银行等金融部门来讲，需要的是反映小企业基本的财务状况和经营成果的信息，对于小企业有关长期资产是否提取了减值、提了多少减值并不是特别的关心，因为小企业取得的银行贷款很大部分是以房屋等不动产为抵押取得的。显然，小企业的信息使用者与那些公开筹资的企业，其债权人或投资者关心企业持有的资产状况，并进一步分析企业的未来获利能力等有着明显的不同。

（三）对于与大中型企业相同的交易和事项一般采用相同的会计处理原则

在制定相关会计处理原则时，对于小企业应力求遵循与其他企业同样的会计要素概念体系，并视具体情况予以适当的简化。小企业与其他企业相比，本

质的区别在于规模的大小及是否在公开市场上筹资。从理论上来讲，会计原则具有普遍适用性，如果大中型企业采用一套会计原则，小企业采用另一套会计原则，不仅会导致从理论上无法作出合理的解释，同时也会导致实务中的无所适从，特别是随着小企业规模的扩大或转为公开筹资时，在从执行小企业制度转为执行《企业会计制度》的过程中可能造成对于同类经济业务，由于制度间差异而进行不必要的调整。因此，《小企业会计制度》在制定当中考虑了对现行企业制度及相关准则中某些计算过程烦琐，核算要求高，经简化处理后，不会实质性降低会计信息质量的要求，并在这一原则指导下，对于小企业的绝大部分经济业务均按照与其他企业相同的原则进行核算。

（四）继承已被普遍接受的会计改革成果

在《小企业会计制度》制定过程当中，特别是涉及具体的会计原则取舍时，应坚持会计改革过程中已被普遍接受的一些成果。如某些内部管理比较规范的小企业，管理层可能需要定期提供关于现金流量方面的信息。对于应以何种方式提供现金流量信息，制度中认为，既然小企业选择提供现金流量信息，原则上应坚持在多年来的会计改革中，已为社会各方面普遍接受的改革成果。比如说现金流量表，小企业如果没有相应的投资或筹资的情况可以不填，但就其所提供的经营活动的现金流量，应与其他企业相一致。

（五）减少小企业会计人员在执行制度时所需的职业判断

要求会计人员在核算过程中，结合企业的具体情况进行必要的职业判断，是随着会计改革的逐步进行，对会计人员提出的一项专业素质的要求。由于小企业的经济业务一般没有大中型企业那样复杂，涉及需要进行职业判断的情况相对较少，同时，在我国会计人员整体素质还不够乐观的情况下，要求小企业的会计人员进行相应的职业判断也不够现实，很多小企业可能没有专门的会计机构和会计人员进行核算，而是委托外部代理记账机构代其记账。基于这一情况，《小企业会计制度》中对某些会计核算原则的选定，尽可能地考虑到减少需要会计人员进行职业判断的情况，更多的是以客观的标准来对其核算作出规范。

（六）坚持会计与税收适当分离的原则

出于成本、效益原则的考虑，由于税务部门是小企业会计信息的主要使用者之一,在有关会计事项的处理上,适当考虑了税法的要求。但由于划入小企业范围内的企业规模不一,会计信息的使用者除税务部门以外,还存在债权人、国家宏观经济管理部门等多方面,《小企业会计制度》不可能完全像原来的《个体工商户会计制度》一样,完全从税收规定出发,成为单纯的为纳税目的服务的计税会计。因此,应从会计原则出发,在既定的会计原则的基础上,充分考虑税法的规定,并与税法规定相协调,无法达到协调一致的问题,则实行会计与税收的适当分离。

三、《小企业会计制度》的核算特点

由于《小企业会计制度》是以《企业会计制度》为基础,经过适当简化后形成的,两个制度之间在基本的核算原则大体相同的同时,也存在一些具体会计处理方面的差异,主要体现为以下七个方面。

(一) 关于资产减值准备的提取

《小企业会计制度》中仅要求对短期投资、存货及应收款项等流动资产计提减值准备,不要求对固定资产、无形资产等长期资产计提减值准备。这主要是考虑到,流动资产在一般情况下有明确的市价,小企业可以市价为基础确定其可变现净值并决定是否需要计提减值准备,提多少减值准备。而对于长期资产,按照《企业会计制度》的做法,在确定其可收回金额时,要比较资产的销售净价和预期从资产的持续使用和最终处置中形成的预计未来现金流量的现值,在缺乏活跃市场的情况下,长期资产的销售净价难以取得,如果估计未来现金流量的现值,对于小企业来讲,无论是对未来每一使用期间现金流量的估计还是最终处置产生的现金流量的估计,以及折现率的选取等,均存在较大的困难。就使用者来讲,目前税法规定企业提取的减值准备,一般在损失实际发生前不允许税前抵扣,银行等使用者也对小企业长期资产减值准备的提取未提出明确的需求等。加之由于资产减值准备的提取缺乏适当的标准,主观判断程度较高,在估计资产减值准备的过程中存在较大的随意性等问题,使得资产减值准备的提取近年来一直是上市公司进行盈余管理的一种手段。基于此,《小企业会计制度》中未要求对长期资产提取减值准备。但对于发生实质性损失的资产,应将有关的损失金额计入利润表。

（二）关于长期股权投资的核算

虽然小企业对外进行股权投资的情况较少，但某些情况下，出于扩大再生产等目的，小企业可能与其他方面进行横向联合或是对处于竞争地位的其他小企业进行投资。因此，《小企业会计制度》中规定，对于小企业对其他单位具有重大影响程度以上的投资，需要按照权益法进行核算，但该权益法与《企业会计制度》中规定的权益法有所区别。适用于小企业的简单权益法，不要求随时跟踪被投资单位所有者权益的变动情况相应对长期股权投资进行调整，小企业仅需根据被投资单位实现净损益的情况相应确认应享有或应承担的份额并增加或减少投资收益，无须在取得投资时计算股权投资差额。对于被投资单位在未来期间除损益以外的其他因素导致的所有者权益的变动，也不需要进行确认。

（三）关于融资租入固定资产入账价值的确定

在某些情况下，小企业由于资金等的限制，需要自外部租入固定资产，对于符合融资租赁条件的固定资产，其入账价值的确定，《小企业会计制度》采用了税法规定的标准，即以合同或协议约定应支付的价款，加上有关的运输费、安装调试费等作为融资租入固定资产的入账价值，不要求比较租赁开始日租赁资产的原账面价值与最低租赁付款额的现值，不体现折现的概念。这主要是考虑到我国目前的会计原则制定还未完全采用资产负债观，对于小企业持有的资产如果其入账价值不按折现的原则确定，一定程度上并不会影响其所提供会计信息的质量。

（四）关于借款费用的核算

对于企业借入的用于购建固定资产的专门借款所发生的利息，《企业会计制度》及借款费用准则中给出了一系列的规定，目的在于限制可予资本化计入固定资产成本的借款利息金额。借款费用的核算在实务当中存在很多的争议，各方面普遍反映这一规定操作起来过于复杂，特别是在购建固定资产的支出发生比较频繁，或是相应的借款不止一笔的情况下。对此，在对有关借款费用的核算规定进行分析的基础上，《小企业会计制度》规定，对于在固定资产开始建造至达到预定可使用状态之前所发生的专门借款的利息，均可资本化计入固定资产成本，而不必再计算资产支出数，可以资本化的借款费用不再与资产支出加权平均数挂钩等。

（五）关于资产负债表日后事项

根据修订后的资产负债表日后事项准则，主要的调整事项是日后事项期间发生的涉及报告年度及以前年度的销售退回，以及发现证据表明资产负债表日相关资产减值准备提取金额的恰当性等。由于小企业一般情况下发生资产负债表日后事项的情况较少，制度中仅对于日后事项期间涉及的报告年度或以前年度的销售退回按照调整事项的会计处理办法作出了规定。对于其他的发生于日后事项期间可能对小企业的财务状况和经营成果产生重要影响的事项，仅要求在会计报表附注中披露，不要求小企业调整尚未报出的报告年度的会计报表。

（六）关于或有事项的核算

考虑到对或有事项的确认和计量需要的职业判断能力等因素的影响，《小企业会计制度》中不要求在或有事项成为确定事项之前确认有关的损失及预计负债，仅要求其在涉及类似事项时，在报告年度的会计报表附注中披露。当有关的事项实际发生时，小企业应当承担的损失金额能够确定时，才要求进行相应的会计处理。

（七）关于所得税的核算

《企业会计制度》中对于所得税的核算允许企业采用应付税款法或是纳税影响会计法中的一种。结合小企业的具体情况，如果允许其采用纳税影响会计法，可能造成核算中不必要的负担。据了解，目前纳税影响会计法在实务中运用的并不普遍，即便是对于核算要求比较高的上市公司中，应用纳税影响会计法的比例也很低。因此，在《小企业会计制度》中对于所得税的核算不再提供不同方法之间的选择，而是根据小企业的实际情况，要求小企业按应付税款法核算所得税。

编制 2004 年度财务报告应关注的会计问题[*]

2004 年度财务报告的编制工作已经开始,企业在编制 2004 年度财务报告时应当关注以下会计问题。

一、发行股票手续费或佣金等发行费用的会计处理

财政部《关于执行企业会计制度和相关会计准则有关问题解答(四)》(财会〔2004〕3 号,以下简称"问题解答四"),已就发行股票手续费或佣金等发行费用的会计处理作了修改。

按照《企业会计制度》(2001) 规定,股份有限公司发行股票支付的手续费或佣金等发行费用,减去发行股票冻结期间产生的利息收入后的余额,从发行股票的溢价中不够抵扣的,或者无溢价的,作为长期待摊费用,在不超过 2 年的期限内平均摊销,计入管理费用。考虑到股票发行费用通常应当从溢价中扣除,如溢价不足以抵扣部分计入长期待摊费用其未摊销金额列入资产负债表,不符合资产定义。因此,问题解答四改为:"股份有限公司发行股票支付的手续费或佣金等发行费用,减去发行股票冻结期间产生的利息收入后的余额,如股票溢价发行的,从发行股票的溢价中抵扣;股票发行没有溢价或溢价金额不足以支付发行费用的部分,应将不足支付的发行费用直接计入当期财务费用"。值得关注的是:

1. 会计制度中的发行股票支付的手续费或佣金等发行费用,是指股票发行过程中支付的证券机构的承销费用、其他手续费和佣金,以及直接与股票发

---

[*] (《中国注册会计师》2005 年 2 月)

行相关的增量费用。不包括企业在发行股票之前,如改制过程中、辅导期过程中发生的相关费用。

2. 对于股份有限公司在问题解答四发布以前发生的已计入长期待摊费用尚未摊销完毕的股票发行费用,可继续采用原有的会计政策,直到摊销完毕为止;自问题解答四发布以后新发生的股票发行费用,再按问题解答四的规定进行会计处理。

二、追加投资时股权投资差额的会计处理

问题解答四对企业因追加投资产生的股权投资差异作了进一步解答,并根据以下追加投资产生的股权投资差额的情况分别处理:

1. 初次投资时为股权投资借方差额,追加投资时也为股权投资借方差额,应根据初次投资、追加投资产生的股权投资借方差额,分别按规定的摊销年限摊销。如果追加投资时形成的股权投资借方差额金额较小,可并入原股权投资借方差额按剩余年限一并摊销。

2. 初次投资时为股权投资借方差额,追加投资时为股权投资贷方差额的,追加投资时产生的股权投资贷方差额超过尚未摊销完毕的股权投资借方差额的部分,计入资本公积(股权投资准备)。按追加投资时产生的股权投资贷方差额的金额,借记"长期股权投资——××单位(投资成本)"科目,按照尚未摊销完毕的股权投资借方差额的余额,贷记"长期股权投资——××单位(股权投资差额)"科目,按其差额,贷记"资本公积——股权投资准备"科目。

如果追加投资时产生的股权投资贷方差额小于或等于初次投资时产生的尚未摊销完毕的股权投资借方差额的余额,以追加投资时产生的股权投资贷方差额为限冲减尚未摊销完毕的股权投资借方差额的余额,未冲减完毕的股权投资借方差额的部分按规定年限继续摊销。按追加投资时产生的股权投资贷方差额的金额,借记"长期股权投资——××单位(投资成本)"科目,贷记"长期股权投资——××单位(股权投资差额)"科目。

例1:甲股份有限公司于2002年1月从乙公司的原有股东中以4200万元购买乙公司30%的普通股,对乙公司有重大影响;投资时,乙公司所有者权益总额为12000万元。乙公司2002年4月5日宣告分派2001年度的现金股利800万元,除权日为4月15日。2002年度乙公司实现净利润为1000万元;

2003年4月2日宣告分派2002年度现金股利500万元，除权日为4月12日，2003年度实现净利润600万元，无其他所有者权益变动。2004年11月1日，甲公司又以1000万元从乙公司的原有股东中购入乙公司10%的普通股。乙公司2004年1月至10月实现净利润为0。不考虑相关税费；股权投资借方差额按10年平均摊销。甲公司的会计处理如下（金额单位：元。下同）：

①2002年1月投资时

——记录初始投资成本

借：长期股权投资——乙公司（投资成本）　　42000000
　　贷：银行存款　　　　　　　　　　　　　　42000000

——记录股权投资差额，调整初始投资成本

甲公司应享有乙公司所有者权益份额 = 12000 × 30% = 3600（万元）

股权投资借方差额 = 4200 − 3600 = 600（万元）

借：长期股权投资——乙公司（股权投资差额）　6000000
　　贷：长期股权投资——乙公司（投资成本）　6000000

经上述调整后，长期股权投资——乙公司（投资成本）的账面余额为3600万元；长期股权投资——乙公司（股权投资差额）借方为600万元。

②2002年4月5日乙公司宣告分派现金股利，因属于投资前乙公司实现净利润的分配额，应冲减投资成本

借：应收股利——乙公司　　　　　　　　　　2400000
　　　　　　　　　　　　　　　　　　　　（800 × 30%）
　　贷：长期股权投资——乙公司（投资成本）　2400000

③2002年4月15日收到现金股利

借：银行存款　　　　　　　　　　　　　　　2400000
　　贷：应收股利——乙公司　　　　　　　　　2400000

④2002年末

——确认投资收益

应确认的投资收益 = 1000 × 30% = 300（万元）

借：长期股权投资——乙公司（损益调整）　　3000000
　　贷：投资收益　　　　　　　　　　　　　　3000000

——摊销股权投资差额 = 600 ÷ 10 = 60（万元）

借：投资收益——股权投资差额摊销　　　　　600000
　　贷：长期股权投资——乙公司（股权投资差额）600000

——计算2002年末"长期股权投资——乙公司"科目的账面余额

2002年末"长期股权投资——乙公司"科目的账面余额 = 4200 - 240 + 300 - 60 = 4200（万元）；其中：

长期股权投资——乙公司（投资成本）账面余额 = 4200 - 240 - 600 = 3360（万元）

长期股权投资——乙公司（损益调整）账面余额 = 300（万元）

长期股权投资——乙公司（股权投资差额）账面借方余额 = 540（万元）

⑤2003年4月2日乙公司宣告分派现金股利应分得的现金股利 = 500 × 30% = 150（万元）

借：应收股利　　　　　　　　　　　　　　　1500000
　　贷：长期股权投资——乙公司（损益调整）　　1500000

⑥2003年4月12日收到现金股利

借：银行存款　　　　　　　　　　　　　　　1500000
　　贷：应收股利　　　　　　　　　　　　　　1500000

⑦确认2003年度投资收益

应确认的投资收益 = 600 × 30% = 180（万元）

借：长期股权投资——乙公司（损益调整）　　　1800000
　　贷：投资收益　　　　　　　　　　　　　　1800000

⑧2004年11月1日追加投资

追加投资

借：长期股权投资——乙公司（投资成本）　　　10000000
　　贷：银行存款　　　　　　　　　　　　　　10000000

摊销股权投资差额 = 600 ÷ 10 ÷ 12 × 10 = 50（万元）

借：投资收益——股权投资差额摊销　　　　　　500000
　　贷：长期股权投资——乙公司（股权投资差额）　500000

计算追加时的股权投资差额

应享有被投资单位所有者权益份额 = (12000 - 800 + 1000 - 500 + 600) × 10% = 12300 × 10% = 1230（万元）

追加投资时产生的股权投资贷方差额 = 1230 - 1000 = 230（万元）

初次投资时股权投资借方差额余额 = 600 - 60 - 50 = 490（万元）

追加投资时产生的股权投资贷方差额小于初次投资时产生的股权投资借方差额的余额，则会计分录如下：

借：长期股权投资——乙公司（投资成本）　　　　　2300000
　　贷：长期股权投资——乙公司（股权投资差额）　　　2300000

经上述冲减后，股权投资借方差额的余额260万元继续摊销。

2004年11月1日经追加投资后长期股权投资的账面余额

2004年11月1日经追加投资后"长期股权投资——乙公司"科目的账面余额 = 4200 − 240 + 300 − 60 − 150 + 180 − 50 + 1000 + 230 − 230 = 5180（万元）；

其中：

长期股权投资——乙公司（投资成本）账面余额 = 3360 + 1230 = 4590（万元）

长期股权投资——乙公司（损益调整）账面余额 = 300 + 180 − 150 = 330（万元）

长期股权投资——乙公司（股权投资差额）账面借方余额为 540 − 50 − 230 = 260 万元

⑨假定甲公司2004年11月1日，以700万元从乙公司原有股东中购入乙公司10%的普通股。其他条件同例1。则甲公司追加投资时的会计处理如下：

追加投资时产生的股权投资贷方差额 = 1230 − 700 = 530（万元）

初次投资时股权投资借方差额余额 = 600 − 60 − 50 = 490（万元）

追加投资时产生的股权投资贷方差额大于初次投资时产生的股权投资借方差额的余额，则会计分录如下：

借：长期股权投资——乙公司（投资成本）　　　　　5300000
　　贷：长期股权投资——乙公司（股权投资差额）　　　4900000
　　　　资本公积——股权投资准备　　　　　　　　　　400000

经上述冲减后，股权投资借方差额的余额为零。

——2004年11月1日经追加投资后长期股权投资的账面余额

2004年11月1日经追加投资后"长期股权投资——乙公司"科目的账面余额 = 4200 − 240 + 300 − 60 − 150 + 180 − 50 + 700 + 530 − 490 = 4920（万元）；

其中：

长期股权投资——乙公司（投资成本）账面余额 = 3360 + 1230 = 4590（万元）

长期股权投资——乙公司（损益调整）账面余额 = 300 + 180 − 150 = 330（万元）

3. 初次投资时产生股权投资贷方差额，且贷方差额计入资本公积（股权投资准备）的，追加投资时产生股权投资借方差额，则在追加投资时以初次投资产生的股权投资贷方差额为限冲减追加投资时产生的股权投资借方差额，不足冲减的借方差额部分，再按规定的年限分期摊销。如果追加投资时产生的股权投资借方差额大于初次投资时产生的股权投资贷方差额，应按初次投资时产生的股权投资贷方差额，借记"资本公积——股权投资准备"科目，按追加投资时产生的股权投资借方差额的金额，贷记"长期股权投资——××单位（投资成本）"科目，按其差额，借记"长期股权投资——××单位（股权投资差额）"科目。如果追加投资时产生的股权投资借方差额小于或等于初始投资时产生的股权投资贷方差额，应按追加投资时产生的股权投资借方差额，借记"资本公积——股权投资准备"科目，贷记"长期股权投资——××单位（投资成本）"科目。

例2：假定甲股份有限公司于2002年1月从乙公司的原有股东中以3000万元购买乙公司30%的普通股；2004年11月1日，甲公司又以1500万元从乙公司的原有股东中购入乙公司10%的普通股。其他的资料与例1相同。甲公司的会计处理如下：

①2002年1月投资时

——记录初始投资成本

借：长期股权投资——乙公司（投资成本）　　　　30000000

　贷：银行存款　　　　　　　　　　　　　　　　30000000

——记录股权投资差额，调整初始投资成本

甲公司应享有乙公司所有者权益份额 = 12000 × 30% = 3600（万元）

股权投资贷方差额 = 3600 - 3000 = 600（万元）

借：长期股权投资——乙公司（投资成本）　　　　6000000

　贷：资本公积——股权投资准备　　　　　　　　6000000

经上述调整后，长期股权投资——乙公司（投资成本）的账面余额为3600万元。

②2002年末

计算2002年末"长期股权投资——乙公司"科目的账面余额

2002年末"长期股权投资——乙公司"科目的账面余额 = 3000 + 600 - 240 + 300 = 3660（万元）；其中，

长期股权投资——乙公司（投资成本）账面余额 = 3000 + 600 - 240 = 3360（万元）

长期股权投资——乙公司（损益调整）账面余额=300（万元）

③计算追加投资时的股权投资差额

应享有被投资单位所有者权益份额=（12000－800＋1000－500＋600）×10%＝12300×10%＝1230（万元）

追加投资时产生的股权投资借方差额＝1500－1230＝270（万元）

追加投资时产生的股权投资借方差额270万元，小于初次投资时产生的股权投资贷方差额的余额600万元，则会计分录如下：

借：资本公积——股权投资准备　　　　　　　　2700000

　　贷：长期股权投资——乙公司（投资成本）　　　2700000

经上述冲减后，原投资时记入"资本公积——股权投资准备"的股权投资贷方差额的余额为330万元。

④其他会计分录同例1

⑤假定甲公司2004年11月1日，以2000万元从乙公司原有股东中购入乙公司10%的普通股。其他条件同例1。则甲公司追加投资时的会计处理如下：

——追加投资时产生的股权投资借方差额＝2000－1230＝770（万元）

追加投资时产生的股权投资借方差额770万元，大于初次投资时产生的股权投资贷方差额的余额600万元，则会计分录如下：

借：资本公积——股权投资准备　　　　　　　　6000000

　　长期股权投资——乙公司（股权投资差额）　　1700000

　　贷：长期股权投资——乙公司（投资成本）　　　7700000

经上述冲减后，原投资时记入"资本公积——股权投资准备"的股权投资贷方差额为零；追加投资形成股权投资借方差额为170万元，按期平均摊销，计入损益。

4. 初次投资时产生股权投资贷方差额，且贷方差额计入"长期股权投资——××单位（股权投资差额）"科目［指财政部关于印发关于执行《企业会计制度》和相关会计准则有关问题解答（二）的通知（财会〔2003〕10号，以下简称〔2003〕10号文件）规定发布前，因初次投资产生的股权投资贷方差额］。追加投资时产生股权投资借方差额，则在追加投资时以初次投资产生的股权投资贷方差额为限冲减追加投资时产生的股权投资借方差额，不足抵销的借方差额部分，再按规定的年限分期摊销。

值得注意的是，如果企业以前对上述问题进行的会计处理与问题解答四的规定不一致的,不再进行追溯调整,自问题解答四发布之后发生的长期股权投资及追加投资的情况,再按上述原则进行会计处理。

三、股权投资差额与计提减值的处理

在权益法下,如果某项长期股权投资发生减值,表明该项长期股权投资的账面价值高于其可收回金额。在计提减值准备时,如果原投资时存在尚未摊销完毕的股权投资差额,或者有原计入资本公积的股权投资贷方差额的,应根据以下实际情况分别处理:

1. 投资时按照规定将产生的股权投资贷方差额记入"资本公积——股权投资准备"科目的,其后计提的长期股权投资减值准备时,首先冲减原投资时已记入"资本公积——股权投资准备"科目的金额。

(1) 如果应计提的减值准备大于原记入"资本公积——股权投资准备"的金额,应按投资时记入"资本公积——股权投资准备"科目的金额,借记"资本公积——股权投资准备"科目,按当期应计提的长期股权投资减值准备与上述自资本公积科目转出的金额的差额,借记"投资收益——计提的长期投资减值准备"科目,按当期应计提的长期股权投资减值准备金额,贷记"长期投资减值准备"科目。

(2) 如果应计的减值准备小于或等于原记入"资本公积——股权投资准备"科目的金额,应按当期应计提的长期股权投资减值准备金额,借记"资本公积——股权投资准备"科目,贷记"长期投资减值准备"科目。

(3) 如果前期计提减值准备时冲减了资本公积准备项目的,长期股权投资的价值于以后期间得以恢复,在转回已计提的股权投资减值准备时,应首先转回原计提减值准备时计入损益的部分,差额部分再恢复原冲减的资本公积准备项目,恢复的资本公积准备项目金额以原冲减的资本公积金额为限。按当期转回的股权投资减值准备金额,借记"长期股权投资减值准备"科目,按原计提减值准备时计入损益的金额,贷记"投资收益——计提的长期股权投资减值准备"科目,按其差额,贷记"资本公积——股权投资准备"科目。

如果已计提减值准备的长期股权投资,其价值直至处置时尚未完全恢复,应将处置收入先恢复提取减值准备时冲减的资本公积准备金额。按处置过程中取得的价款,借记"银行存款"等科目,按被处置长期股权投资相关的减值准备金额,借记"长期投资减值准备"科目,按被处置长期股权投资的账面余额,贷记"长期股权投资——××单位"科目,按处置该项长期股权投资应付的除所得税以外的其他相关税费,贷记"应交税金"科目,按应恢复的资本公积准备项目金额(指原计提减值准备时冲减的至该项投资处置时尚未恢复的"资本公积——股权投资准备"的部分),贷记"资本公积——股权投资准备"科目,按上述借贷方的差额,借记或贷记"投资收益"科目。同时,将与所处置的股权投资相关的、已计入资本公积(股权投资准备)的余额,一并转入资本公积(其他资本公积),借记"资本公积——股权投资准备"科目,贷记"资本公积——其他资本公积"科目。

例3:甲公司于2003年12月1日从乙公司的原有股东中以3150万元购买乙公司30%的普通股,对乙公司有重大影响。投资时,乙公司所有者权益总额为12000万元;2003年度乙公司实现净利润为1000万元,其中,12月实现的净利润为100万元;2004年4月2日宣告分派2003年度现金股利500万元,除权日为4月12日。乙公司2004年发生净亏损1500万元。甲公司于2004年末估计该项长期股权投资的可收回金额为2500万元。2005年乙公司实现净利润400万元,甲公司于年末估计该项长期股权投资的可收回金额为2800万元。2006年1月15日,甲公司出售乙公司的全部股权,所得价款为2300万元。假定不考虑相关税费,乙公司仍执行分行业会计制度;除净利润外,乙公司无其他所有者权益变动。甲公司的会计处理如下:

①2003年12月1日投资时

——记录初始投资成本

借:长期股权投资——乙公司(投资成本)　　　31500000

　　贷:银行存款　　　31500000

——记录股权投资差额,调整初始投资成本

甲公司应享有乙公司所有者权益份额 = 12000 × 30% = 3600(万元)

股权投资贷方差额 = 3600 − 3150 = 450(万元)

借:长期股权投资——乙公司(投资成本)　　　4500000

　　贷:资本公积——股权投资准备　　　4500000

经上述调整后,长期股权投资——乙公司(投资成本)的账面余额为3600万元。

②2003年末确认投资收益

应确认的投资收益 = 100 × 30% = 30(万元)

借:长期股权投资——乙公司(损益调整)　　　　　　300000
　　贷:投资收益　　　　　　　　　　　　　　　　　　　　300000

③2004年4月2日乙公司宣告分派现金股利

——应获得的现金股利=500×30%=150(万元)

甲公司应获得的现金股利150万元不能全部确认为投资收益,因为甲公司于2003年12月1日对乙公司投资,按照规定,投资企业投资后才能享有被投资单位净利润的分配额,如果分得的是投资前被投资单位实现净利润的分配额,则冲减投资成本。为此,上述150万元中有15万元(100/1000×150),应冲减长期股权投资账面余额中的损益调整,其余部分冲减长期股权投资账面余额中的投资成本。

借:应收股利　　　　　　　　　　　　　　　　　　　1500000
　　贷:长期股权投资——乙公司(投资成本)　　　　　　　1350000
　　　　长期股权投资——乙公司(损益调整)　　　　　　　　150000

——计算乙公司宣告分派现金股利以后,甲公司对乙公司投资的账面余额

长期股权投资账面余额=3150+450+30-150=3480(万元),其中:

长期股权投资——乙公司(投资成本)账面余额=3150+450-135=3465(万元)

长期股权投资——乙公司(损益调整)账面余额=30-15=15(万元)

④2004年末确认亏损

——应确认的亏损额=1500×30%=450(万元)

借:投资收益　　　　　　　　　　　　　　　　　　　4500000
　　贷:长期股权投资——乙公司(损益调整)　　　　　　　4500000

——2004年末长期股权投资账面余额=3480-450=3030(万元),其中:

长期股权投资——乙公司(投资成本)账面余额=3150+450-135=3465(万元)

长期股权投资——乙公司(损益调整)账面余额=30-15-450=-435(万元)

——2004年末确认应计提的减值准备

应计提的减值准备=3030-2500=530(万元)

因原投资时产生的股权投资贷方差额450万元计入资本公积,在计提减值准备时应先冲减原计入资本公积的股权投资贷方差额,应确认的减值准备金额大于原计入资本公积的股权投资贷方差额的部分,再计入当期损益。会计分

录为：

借：投资收益——计提的长期投资减值准备　　　　800000
　　资本公积——股权投资准备　　　　　　　　　4500000
　　贷：长期投资减值准备——乙公司　　　　　　　5300000

计提减值准备后长期股权投资账面价值 = 3030 - 530 = 2500（万元）

⑤2005 年末确认投资收益，并确定计提或转回的长期投资减值准备

——应确认的投资收益 = 400 × 30% = 120（万元）

借：长期股权投资——乙公司（损益调整）　　　　1200000
　　贷：投资收益　　　　　　　　　　　　　　　　1200000

——确认投资收益后的长期股权投资账面余额 = 3030 + 120 = 3150（万元）

长期股权投资——乙公司（投资成本）账面余额 = 3150 + 450 - 135 = 3465（万元）

长期股权投资——乙公司（损益调整）账面余额 = 30 - 15 - 450 + 120 = - 315（万元）

——应计提的减值准备 = 3150 - 2800 = 350（万元）

当期应转回的减值准备 = 530 - 350 = 180（万元）

因 2004 年末计提减值准备时，冲减了原计入资本公积（股权投资准备）450 万元，另有 80 万元计入了损益；2005 年转回减值准备 180 万元，首先应恢复原计入损益的减值准备金额 80 万元，另 100 万元再恢复原冲减的资本公积准备项目。其会计分录为：

借：长期投资减值准备——乙公司　　　　　　　　1800000
　　贷：投资收益——计提的长期投资减值准备　　　800000
　　　　资本公积——股权投资准备　　　　　　　　1000000

转回减值准备后，至 2005 年末

长期股权投资的账面价值 = 3150 - 350 = 2800（万元）

长期投资减值准备（乙公司）的账面余额 = 530 - 180 = 350（万元）

⑥2006 年出售对乙公司的投资，出售所得价款为 2300 万元，应首先恢复原计提减值准备时冲减的、至出售日尚未恢复的资本公积（股权投资准备）。甲公司在 2004 年计提减值准备时冲减了资本公积（股权投资准备）450 万元；2005 年因减值回转而恢复资本公积（股权投资准备）100 万元，尚未恢复 350 万元。其会计分录为：

借：银行存款　　　　　　　　　　　　　　　　　23000000

　　　　长期投资减值准备——乙公司　　　　　　　　　　3500000
　　　　投资收益　　　　　　　　　　　　　　　　　　　　8500000
　　　　贷：资本公积——股权投资准备　　　　　　　　　　3500000
　　　　　　长期股权投资——乙公司　　　　　　　　　　31500000

　　值得说明的是：长期股权投资采用权益法核算的情况下，长期股权投资的账面价值随着被投资单位所有者权益的变动而变动，当被投资单位发生亏损时，按其持股比例计算应分担的亏损额确认投资损失并冲减长期股权投资的账面价值，直至将长期股权投资账面价值冲减至零为限。因此，权益法核算下通常不会产生减值准备。但是如果被投资单位资产不实（例如，仍然执行行业会计制度的企业）、企业的净资产的公允价值远低于其账面价值等原因致使长期股权投资的账面价值高于其可收回的金额的，也应计提减值准备。

　　2. 投资时按照规定将产生的股权投资借方或贷方差额记入"长期股权投资——××单位（股权投资差额）"科目的，其后计提的长期股权投资减值准备时，分别情况处理：

　　（1）企业在财会〔2003〕10号文件发布之前，对于原产生的股权投资贷方差额已记入"长期股权投资——××单位（股权投资差额）"科目，并按期摊销计入损益的，如果期末长期股权投资的账面价值高于其可收回金额的，应首先转销股权投资差额的贷方余额。企业应按尚未摊销完毕的股权投资贷方差额的余额，借记"长期股权投资——××单位（股权投资差额）"科目，贷记"投资收益"科目。转销股权投资差额的贷方余额后，再按长期股权投资新的账面价值与其可收回金额进行比较，确定应计提的长期投资减值准备，按应提取的减值准备金额，借记"投资收益——计提的长期投资减值准备"科目，贷记"长期投资减值准备"科目。

　　例4：甲公司于2002年1月1日从乙公司的原有股东中以3150万元购买乙公司30%的普通股，对乙公司有重大影响。投资时，乙公司所有者权益总额为12000万元。2002年4月2日宣告分派2001年度现金股利500万元，除权日为4月12日。2002年度乙公司实现净利润为1000万元。乙公司2003年发生净亏损1500万元。甲公司于2003年末估计该项长期股权投资的可收回金额为2500万元。2004年乙公司实现净利润400万元，甲公司于年末估计该项长期股权投资的可收回金额为2800万元。假定不考虑相关税费，股权投资差额按10年平均摊销；乙公司仍执行分行业会计制度；除净利润外，乙公司无其他所有者权益变动。甲公司的会计处理如下：

①2002 年 1 月 1 日投资时

——记录初始投资成本

借：长期股权投资——乙公司（投资成本）　　　31500000

　　贷：银行存款　　　　　　　　　　　　　　　31500000

——记录股权投资差额，调整初始投资成本

甲公司应享有乙公司所有者权益份额 = 12000 × 30% = 3600（万元）

股权投资贷方差额 = 3600 - 3150 = 450（万元）

借：长期股权投资——乙公司（投资成本）　　　4500000

　　贷：长期股权投资——乙公司（股权投资差额）　4500000

经上述调整后，长期股权投资——乙公司（投资成本）的账面余额为 3600 万元；长期股权投资——乙公司（股权投资差额）的账面贷方余额为 450 万元。

②确认应收现金股利

借：应收股利　　　　　　　　　　　　　　　　1500000

　　贷：长期股权投资——乙公司（投资成本）　　　1500000

③除权日，收到现金股利

借：银行存款　　　　　　　　　　　　　　　　1500000

　　贷：应收股利　　　　　　　　　　　　　　　　1500000

④2002 年末

——摊销股权投资贷方差额

应摊销的股权投资差额 = 450 ÷ 10 = 45（万元）

借：长期股权投资——乙公司（股权投资差额）　　450000

　　贷：投资收益——摊销股权投资差额　　　　　　450000

——确认投资收益

应确认的投资收益 = 1000 × 30% = 300（万元）

借：长期股权投资——乙公司（损益调整）　　　3000000

　　贷：投资收益　　　　　　　　　　　　　　　　3000000

——计算长期股权投资账面余额

长期股权投资账面余额 = 3150 + 450 - 150 + 300 - 450 + 45 = 3345（万元），其中：

长期股权投资——乙公司（投资成本）账面余额 = 3150 + 450 - 150 = 3450（万元）

长期股权投资——乙公司（损益调整）账面余额＝300（万元）

长期股权投资——乙公司（股权投资差额）账面余额＝－(450－45)＝－405（万元）

⑤2003年末

——摊销股权投资贷方差额

应摊销的股权投资差额＝450÷10＝45（万元）

借：长期股权投资——乙公司（股权投资差额）　　450000
　　贷：投资收益——摊销股权投资差额　　　　　　　450000

——确认投资损失

应确认的投资损失＝1500×30%＝450（万元）

借：投资收益　　　　　　　　　　　　　　　　　4500000
　　贷：长期股权投资——乙公司（损益调整）　　　　4500000

——计算长期股权投资账面余额

长期股权投资账面余额＝3150＋450－150＋300－450＋45＋45－450＝2940（万元），其中：

长期股权投资——乙公司（投资成本）账面余额＝3150＋450－150＝3450（万元）

长期股权投资——乙公司（损益调整）账面余额＝300－450＝－150（万元）

长期股权投资——乙公司（股权投资差额）账面余额＝－(450－45－45)＝－360（万元）

——计算应计提减值准备

因长期股权投资账面余额（等于账面价值）2940万元，高于其可收回金额2500万元，应首先转销股权投资贷方差额的余额360万元；然后再按转销股权投资贷方差额后的长期股权投资的账面余额3300万元（2940＋360），与其可收回金额2500万元比较，应计提减值准备800万元。

借：长期股权投资——乙公司（股权投资差额）　　3600000
　　贷：投资收益——股权投资差额摊销　　　　　　　3600000

借：投资收益——计提的长期投资减值准备　　　　8000000
　　贷：长期投资减值准备——乙公司　　　　　　　　8000000

⑥2004年末

——确认投资收益

应确认的投资收益＝400×30%＝120（万元）

借：长期股权投资——乙公司（损益调整） 1200000
　　贷：投资收益 1200000

——计算长期股权投资账面余额

长期股权投资账面余额 = 3150 + 450 – 150 + 300 – 450 + 45 + 45 – 450 + 120 + 360 = 3420（万元），其中：

长期股权投资——乙公司（投资成本）账面余额 = 3150 + 450 – 150 = 3450（万元）

长期股权投资——乙公司（损益调整）账面余额 = 300 – 450 + 120 = – 30（万元）

长期股权投资——乙公司（股权投资差额）账面余额 = –（450 – 45 – 45 – 360）= 0（万元）

——计算应转回的减值准备

因长期股权投资账面价值为 2620 万元（3420 – 800），低于其可收回金额 2800 万元，应转回原已提的减值准备 180 万元（2800 – 2620）。

借：长期股权减值准备——乙公司 1800000
　　贷：投资收益——计提的长期投资减值准备 1800000

长期股权投资的账面价值 = 3420 – 620 = 2800（万元）

（2）企业投资时按照规定将产生的股权投资借方差额计入"长期股权投资——××单位（股权投资差额）"科目的，在其后计提长期股权投资减值准备时，如果长期股权投资的账面价值与其可收回金额的差额，小于或等于尚未摊销完毕的股权投资借方差额的余额，应按长期股权投资的账面价值与其可收回金额的差额，借记"投资收益——股权投资差额摊销"科目，贷记"长期股权投资——××单位（股权投资差额）"科目；如果长期股权投资的账面价值与其可收回金额的差额，大于尚未摊销完毕的股权投资借方差额的余额，应按尚未摊销完毕的股权投资借方差额的余额，借记"投资收益——股权投资差额摊销"科目，贷记"长期股权投资——××单位（股权投资差额）"科目，按长期股权投资的账面价值与其可收回金额的差额大于尚未摊销完毕的股权投资借方差额的余额的金额，借记"投资收益——计提的长期投资减值准备"科目，贷记"长期投资减值准备"科目。

例5：甲公司于2002年1月1日从乙公司的原有股东中以4000万元购买乙公司30%的普通股，对乙公司有重大影响。投资时，乙公司所有者权益总额为12000万元。2002年4月2日宣告分派2001年度现金股利500万元，除权日为4月12日,无其他所有者权益变动;2002年度乙公司实现净利润为1000万元。乙公司2003年发生净亏损1500万元。甲公司于2003年末估计该项长期股权投资的可收回金额为2500万元。2004年乙公司实现净利润400万元,甲公司于年末估计该项长期股权投资的可收回金额为2800万元。假定不考虑相关税费,股权投资差额按10年平均摊销。甲公司的会计处理如下:

①2002年1月1日投资时

——记录初始投资成本

借:长期股权投资——乙公司(投资成本)　　　　40000000
　　贷:银行存款　　　　　　　　　　　　　　　　40000000

——记录股权投资差额,调整初始投资成本

甲公司应享有乙公司所有者权益份额=12000×30%=3600(万元)

股权投资借方差额=4000-3600=400(万元)

借:长期股权投资——乙公司(股权投资差额)　　　4000000
　　贷:长期股权投资——乙公司(投资成本)　　　　4000000

经上述调整后,长期股权投资——乙公司(投资成本)的账面余额为3600万元;长期股权投资——乙公司(股权投资差额)的账面借方余额为400万元。

②确认应收现金股利及收到现金股利(略)

③2002年末

——摊销股权投资借方差额应摊销的股权投资差额=400÷10=40(万元)

借:投资收益——摊销股权投资差额　　　　　　　400000
　　贷:长期股权投资——乙公司(股权投资差额)　　400000

——确认投资收益

应确认的投资收益=1000×30%=300(万元)

借:长期股权投资——乙公司(损益调整)　　　　　3000000
　　贷:投资收益　　　　　　　　　　　　　　　　3000000

——计算长期股权投资账面余额

长期股权投资账面余额=4000-150+300-40=4110(万元),

其中:

长期股权投资——乙公司(投资成本)账面余额=4000-400-150=3450(万元)

长期股权投资——乙公司(损益调整)账面余额=300(万元)

长期股权投资——乙公司（股权投资差额）账面余额＝400－40＝360（万元）

④2003年末

——摊销股权投资借方差额

借：投资收益——摊销股权投资差额　　　　　　　400000

　　贷：长期股权投资——乙公司（股权投资差额）　　400000

——确认投资损失

应确认的投资损失＝1500×30%＝450（万元）

借：投资收益　　　　　　　　　　　　　　　　　4500000

　　贷：长期股权投资——乙公司（损益调整）　　　4500000

——计算长期股权投资账面余额

长期股权投资账面余额＝4000－150＋300－40－40－450＝3620（万元），其中：

长期股权投资——乙公司（投资成本）账面余额＝4000－400－150＝3450（万元）

长期股权投资——乙公司（损益调整）账面余额＝300－450＝－150（万元）

长期股权投资——乙公司（股权投资差额）账面余额＝400－40－40＝320（万元）

——计算应计提减值准备

因长期股权投资账面余额（等于账面价值）3620万元，高于其可收回金额2500万元，应首先转销股权投资借方差额的余额320万元；然后再按转销股权投资借方差额后的长期股权投资的账面余额3300万元（3620－320），与其可收回金额2500万元比较，应计提减值准备800万元。

借：长期股权投资——乙公司（股权投资差额）　　3200000

　　贷：投资收益——股权投资差额摊销　　　　　　3200000

借：投资收益——计提的长期投资减值准备　　　　8000000

　　贷：长期投资减值准备——乙公司　　　　　　　8000000

长期股权投资的账面价值＝3620－320－800＝2500（万元）

⑤2004年末

——确认投资收益

应确认的投资收益＝400×30%＝120（万元）

借：长期股权投资——乙公司（损益调整）　　　　1200000

    贷：投资收益   1200000
    ——计算长期股权投资账面余额
    长期股权投资账面余额 = 4000 - 150 + 300 - 40 - 40 - 450 + 120 - 320 = 3420（万元），其中：
    长期股权投资——乙公司（投资成本）账面余额 = 3150 + 450 - 150 = 3450（万元）
    长期股权投资——乙公司（损益调整）账面余额 = 300 - 450 + 120 = -30（万元）
    长期股权投资——乙公司（股权投资差额）账面余额 = -400 - 40 - 40 - 320 = 0（万元）
    ——计算应转回的减值准备
    因长期股权投资账面价值为 2620 万元（3420 - 800），低于其可收回金额 2800 万元，应转回原已提的减值准备 180 万元（2800 - 2620）
    借：长期股权减值准备——乙公司   1800000
       贷：投资收益——计提的长期投资减值准备   1800000
    长期股权投资的账面价值 = 3420 - 620 = 2800（万元）
    对以上内容还值得说明的是：

1. 如果股权投资借差或贷差按期分摊计入损益的，对已计提减值准备的长期股权投资的价值恢复时，应按恢复的金额，计入当期损益，不再恢复原在计提减值准备时已转销的股权投资借差或贷差余额。

2. 如果原股权投资差额是按期摊销计入损益的，在计提减值准备的当期，期末长期股权投资的账面价值高于其可收回金额时，首先转销尚未摊销完毕的股权投资差额后，再按转销股权投资差额余额后的账面价值与其可收回金额进行比较计算应计提的减值准备的处理方法，与不转销尚未摊销的股权投资差额余额而将计提的减值准备直接计入当期损益的方法对当期损益的影响相同。例如，上述例4，甲公司2003年末长期股权投资计提减值准备前的计提减值准备前的账面余额（等于账面价值）2940万元，高于其可收回金额2500万元，如果不转销未摊销完毕的股权投资贷方差额的余额360万元，则计提减值准备440万元，另有摊销的股权投资贷方差额45万元，则对当期利润总额的影响为395万元（2940 - 2500 - 45）；而如果采用首先转销股权投资贷方差额的余额360万元，再按转销股权投资贷方差额后的长期股权投资的账面余额3300万元（2940 + 360），与其可收回金额2500万元比较，应计提减值准备800万元，另有摊销的股权投资贷方差额 45 万元，则对利润总额的影响也为 395 万元（3300－2500－360－45）。上述例5，甲公司 2003 年末长期股权投资计提减值准备前的账面余额（等于账面价值）3620 万元，高于其可收回金额 2500 万元，如果不转销未摊销完毕的股权投资借方差额的余额 320 万元，则计提减值准备 1120 万元，另有摊销的股权投资借方差额 40 万元，则对当期利润总额的影响为 1160 万元（3620－2500＋40）；而如果采用首先转销股权投资借方差额的余额 320 万元，再按转销股权投资借方差额后的长期股权投资的账面余额 3300 万元（3620－320），与其可收回金额 2500 万元比较，应计提减值准备 800 万元，另有摊销的股权投资借方差额 40 万元，则对利润总额的影响也为 1160 万元（3300－2500＋320＋40）。

3. 如果投资时未产生股权投资借差或贷差的，在计提或转回长期股权投资减值准备时，将应计提或转回的减值准备直接计入当期损益。

4. 如果企业原进行的会计处理与上述原则不一致的，不再进行追溯调整，自问题解答四发布之后对长期股权投资计提的减值准备，再按上述原则进行会计处理。

四、固定资产和无形资产价值恢复的会计处理

为了更好地了解资产是否能为企业带来预期的经济利益，企业需要定期对其所拥有或者控制的各项固定资产和无形资产进行评价，并预计可收回金额是否超过其账面价值。如果有迹象表明某项或某组固定资产或无形资产已经发生了减值，应将资产可收回金额低于其账面价值的部分计提减值准备；如果其后有迹象表明以前年度确认的固定资产和无形资产减值损失的情形已经消失，则应对该项或该组资产测试其可收回金额，经测试后的可收回金额大于其账面价值的，部分或全部转回原已计提的减值准备。

1. 固定资产价值恢复的会计处理。按照会计制度规定，企业对于已经计提了减值准备的固定资产，如果有迹象表明以前期间据以计提固定资产减值准备的各种因素发生了变化，使得固定资产的可收回金额大于其账面价值的，对以前期间已计提的固定资产减值准备应当转回。但转回已计提的固定资产减值准备应当遵循的原则为：（1）转回的固定资产减值准备金额以原计提的固定资产减值准备为限；（2）固定资产减值准备转回后的账面价值不应超过在不考虑减值因素情况下的固定资产账面净值；（3）转回的固定资产减值准备不

能全部转入当期损益,而首先应当恢复因减值而影响的累计折旧金额。即按固定资产计提减值准备后的账面价值确定的折旧额,以及由此形成的累计折旧额,可能不等于按不考虑减值准备因素情况下计提的累计折旧额。在转回固定资产减值准备时,首先应当将计提减值准备后重新确定的折旧额与按不考虑减值因素情况下计提的折旧额的差额调整累计折旧额,将其差额从已计提的减值准备转入累计折旧,以表明固定资产价值恢复后,其累计折旧也应恢复至未计提减值准备状态下应有的余额。在恢复因减值而影响的累计折旧金额后,再确定转回的固定资产减值准备计入损益的金额,在具体计算时,应当以该项固定资产的可收回金额与按不考虑减值因素情况下固定资产账面净值两者孰低确定的金额,与其账面价值的差额确定。即在可收回金额低于按不考虑减值因素情况下固定资产账面净值时,按可收回金额与其账面价值的差额计算的金额转入损益;在可收回金额高于按不考虑减值因素情况下固定资产账面净值时,按不考虑减值因素情况下固定资产账面净值与其账面价值的差额计算的金额转入损益。

例6:甲企业20×0年12月购入一条生产线设备,购置成本为2000万元,预计使用年限为10年,预计净残值为零,采用直线法计提折旧。20×3年年末,甲企业对该项设备进行的减值测试表明,其可收回金额为1200万元。计提减值准备后,甲企业预计该设备尚可使用年限5年,预计净残值为零,仍采用直线法计提折旧。20×5年年末,甲企业对该项设备进行减值测试表明其原计提减值准备的因素已经部分消除,预计其可收回金额为820万元。甲企业上述计提和转回减值准备会计处理如下:

①20×3年年末计提减值准备

借:营业外支出——计提固定资产减值准备　　　　2000000
　　贷:固定资产减值准备　　　　　　　　　　　　2000000

②20×5年年末转回减值准备

——调整累计折旧

计提减值准备后该设备的折旧额 = 1200 ÷ 5 = 240(万元)

计提减值准备前年折旧额 = 2000 ÷ 10 = 200(万元)

不考虑减值因素情况下应有的累计旧额 = 2000 ÷ 10 × 3 + 1400 ÷ 5 × 2 = 1160(万元)

该设备"累计折旧"账户现有余额 = 2000 ÷ 10 × 3 + 1200 ÷ 5 × 2 = 1080(万元)

不考虑减值因素情况下应有的累计折旧额与现有累计折旧余额的差额

（应调整累计折旧金额）＝1160－1080＝80（万元）

　　借：固定资产减值准备　　　　　　　　　　　　800000
　　　贷：累计折旧　　　　　　　　　　　　　　　　　　800000
　　——计算因减值准备转回而应计入损益的金额
　　20×5年年末预计可收回金额＝820万元
　　不考虑减值因素情况下该项设备的账面净值＝2000－200×3－280×2＝840（万元）
　　减值转回前该项设备的账面价值＝2000－200×3－240×2－200＝720（万元）
　　预计可收回金额820万元与不考虑减值因素情况下该设备的账面净值840万元，两者孰低确定的金额为820万元，与减值转回前项设备的账面价值720万元比较，确定其可转回计入损益的减值金额为100万元。

　　借：固定资产减值准备　　　　　　　　　　　　1000000
　　　贷：营业外支出——计提固定资产减值准备　　　　1000000
　　减值转回后该项设备的账面价值＝2000－200×3－280×2－20＝820（万元），其中，固定资产减值准备的账面余额为20万元。

　　2. 无形资产减值恢复的会计处理。无形资产减值准备转回的会计处理与固定资产处理原则相同，但由于无形资产价值摊销时直接冲减无形资产的账面余额，固定资产计提折旧时计入其备抵账户。因此，当转回无形资产减值准备时，无形资产计提减值准备后的摊销额与按不考虑减值因素情况下摊销额的差额，无须调整无形资产的账面余额。在转回已计提的无形资产减值准备时，以可收回金额与不考虑减值因素情况下无形资产账面余额两者孰低确定的金额，与其账面价值的差额，确定为可转回计入损益的无形资产减值准备，转回的金额不得超过已计提的减值准备的账面余额。

　　例7：丙企业20×0年1月购入一项专利权，实际成本为4000万元，预计使用年限为8年。20×2年末，因市场上出现新的专利且新专利所生产的产品更受消费者青睐，从而使得丙企业按其购入的专利生产产品的销售产生重大不利影响，经减值测试表明其可收回金额为2000万元，并重新预计可使用年限为5年。丙企业经市场调查发现，市场上用新专利生产的产品不稳定而部分客户仍然喜爱用丙企业生产的产品，即，原估计的该项专利的可收回金额有部分转回，于20×3年末测试可收回金额为1800万元。丙企业有关会计处理如下：

　　①20×2年年末计提减值准备

该项无形资产账面余额 = 4000 − 4000 ÷ 8 × 3 = 2500（万元）

应计提减值准备 = 2500 − 2000 = 500（万元）

借：营业外支出——计提的无形资产减值准备　　　　5000000
　　贷：无形资产减值准备　　　　　　　　　　　　　　5000000

②20×3 年年末转回减值准备

减值转回前账面价值 = 4000 − 4000 ÷ 8 × 3 − 2000 ÷ 5 − 500 = 1600（万元）

不考虑减值因素情况下该项无形资产的账面余额 = 4000 − 4000 ÷ 8 × 3 − 2500 ÷ 5 = 2000（万元），可收回金额为 1800 万元，两者孰低确定以 1800 万元为比较基础，与其账面价值 1600 万元的差异 200 万元（1800 − 1600）转回，计入转回当期的损益。

借：无形资产减值准备　　　　　　　　　　　　　　2000000
　　贷：营业外支出——计提的无形资产减值准备　　　2000000

五、应收债权融资业务的会计处理

财政部 2003 年发布的《关于企业与银行等金融机构之间从事应收债权融资等有关业务会计处理的暂行规定》（财会〔2003〕14 号）及问题解答四规定："企业将其按照销售商品、提供劳务的销售合同所产生的应收债权出售给银行等金融机构，在进行会计处理时，应按照"实质重于形式"的原则，充分考虑交易的经济实质。对于有明确的证据表明有关交易事项满足销售确认条件，如与应收债权有关的风险、报酬实质上已经发生转移等，应按照出售应收债权处理，并确认相关损益。否则，应作为以应收债权为质押取得的借款进行会计处理"。该规定表明，当企业为尽早回笼资金而将应收债权出售或采取其他融资手段时，能否将持有的应收债权从账上和资产负债表上"消除"（终止确认），取决于是否满足资产终止确认的条件，即以资产上的风险和报酬是否转移为主要标志。例如，无论今后应收债权是否能够收回，均与出售应收债权的企业无关，该企业也不再承担无法收回应收债权的损失，通常认为应收债权上的主要风险和报酬已经转移。当应收债权满足终止确认条件时，其相关的应收债权视为出售资产处理。如果以应收债权为质押以获取银行等金融机构的现金流，而应收债权仍由原企业向客户收款，并仍由该企业承担应收债权可能产生的风险，同时定期支付银行等金融机构的借款本息的，则应作为借款处理，其相关的应收债权仍然保留在账上和资产负债表的应收债权的项目内，并按照有关坏账准备计提的政策计提坏账准备。应收债权贴现（含应收票据贴现）是否满足终止确认的条件，也应当按上述原则判断并进行相关的会计处理，这一处理原则实质上修改了《企业会计制度》（2001）中有关应收票据贴现的会计处理。《企业会计制度》（2001）规定，企业持应收票据到银行等金融机构贴现，无论应收票据上的风险和报酬是否转移，均转销应收票据的账面价值，而这一规定与财会〔2003〕14号文件规定的原则不一致，为此，在问题解答四中作了修改。

六、预计负债与纳税调整

按照会计制度和相关准则的规定，如果与或有事项相关的义务同时符合下列条件，企业应当将其作为负债：（1）该义务是企业承担的现时义务；（2）该义务的履行很可能导致经济利益流出企业；（3）该义务的金额能够可靠地计量。符合上述确认条件的负债，在会计核算时，应在确认为负债的同时，确认为当期损益。但是按照税法规定，某些损失只有当损失实实发生时才可从应纳税所得额中扣除，例如，产品保修费用只有当实际发生时才可从发生当期的应纳税所得额中扣除；而某些损失则无论是否实际发生均不得从应纳税所得额中扣除。对于前者所产生的会计与税法的差异，通常作为时间性差异，后者则作为永久性差异。企业在计算当期应交所得税时，应当按会计标准计算的利润总额经调整会计与税法差异后形成的应纳税所得额作为计算当期应交所得税的基础，并分别按照不同的所得税会计处理方法确认当期的所得税费用。

例8：甲股份有限公司从20×3年度起对所售产品实行"三包"（包退、包修、包换）政策，每年按当年度实现销售收入的一定比例计提产品保修费用。20×3年度，甲公司计提200万元产品保修费用，计入了当期损益，当年度实际发生保修费用为180万元；当年度实现利润总额1200万元，除计提的产品保修费用外，无其他所得税纳税调整事项，该公司适用的所得税税率为33%。

①按应付税款法核算

应纳税所得额 = [1200 + (200 − 180)] × 33% = 402.6（万元）

借：所得税   4026000

　　贷：应交税金——应交所得税   4026000

②纳税影响会计法

时间性差异的所得税影响金额 = 20 × 33% = 6.6（万元）

当期所得税费用 = 402.6 - 6.6 = 396（万元）

借：所得税	3960000
递延税款	66000
贷：应交税金——应交所得税	4026000

七、关注会计政策、会计估计及其变更和会计差错更正

经分析上市公司2003年度财务报告可见，在会计政策、会计估计及其变更和会计差错更正方面存在的问题包括：（1）混淆会计政策、会计估计、会计差错更正三者之间的界限。例如，部分上市公司对会计政策的把握不准确而将本应属于会计差错更正的事项列为会计政策的变更，另一些上市公司为规避会计估计变更对当期损益造成的不利影响，而将其作为会计政策变更追溯调整到以前会计期间，也有的上市公司将其他不该作为会计政策变更的事项错误地划归为会计政策变更。（2）随意变更会计估计或滥用会计差错更正。一些上市公司随意变更坏账准备计提方法或计提比例、固定资产折旧年限和净残值、无形资产摊销年限等，而未披露变更的原因和理由；另外一些公司利用会计差错粉饰前期或当期会计报表，再在当期或以后年度进行更正。（3）某些上市公司会计政策的变更时间滞后，不符合会计制度的要求，另外有些公司会计政策变更、重大会计差错更正事项采用未来适用法核算，却没有说明其原因，或是原因不充分。（4）相关信息披露不完整。2003年发生会计政策变更的公司中，有超过一半的公司没有按照会计制度的有关要求进行披露，既没有披露变更的内容理由，也没有披露变更后对公司当期或相关比较期间损益造成的影响等信息。

对此，在编制2004年度财务报告时，应当严格划分会计政策、会计估计及其变更和会计差错更正三者之间的界限，充分关注企业会计政策、会计估计变更的理由及其合理性，并充分披露会计政策、会计估计变更的内容和理由、变更的影响数等，对于重大会计差错也应当严格按照会计制度和相关准则的要求进行披露。

所得税会计若干问题研究*

所得税会计从应付税款法走到利润表递延法和利润表债务法，进而发展为目前的资产负债观下的债务法（资产负债表债务法）。所得税会计处理方法的变革是会计观念或者说会计理论发展的必然结果。在利润表债务法下，将会计利润与应纳税所得额之间的差异归为会计与税法在收入或利得、费用或损失的确认和计量不同所致，并以此为分析的出发点，进一步得出其差异的类别包括项目的范围和时间两类，即永久性差异和时间性差异。对于发生在当期而在以后各期不可能转回的永久性差异要于当期确认所得税费用（或收益），对于当期发生而在以后一期或若干期内能够转回的时间性差异要予以递延或摊销，以符合配比和权责发生的原则。在资产负债表债务法下，将会计与税法之间的差异归为资产、负债确认和计量不同所致，以此为出发点进一步分析得出其差异包括时间性差异和其他暂时性差异（统称暂时性差异）。在这种观念下，没有特别指出永久性差异的概念，因为永久性差异无论在何种方法下均于发生当期确认为所得税费用（或收益）；对于暂时性差异，因其发生于当期且在以后一期或若干期内能够转回，则于发生时按照确认和计量原则，确认递延所得税，除与所有者权益和企业合并相关的递延所得税以外（即其他暂时性差异产生的递延所得税，与当期应交所得税一并考虑后确认为所得税费用）。下面就所得税会计处理涉及的某些具体问题作一初步探讨。

一、递延所得税负债或递延所得税资产计量时适用的所得税税率的确定

递延所得税负债或递延所得税资产的计量，应当能够反映预期收回资产或

---

* （《中国注册会计师》2007年12月）

清偿债务的账面价值的方式时的纳税后果。因此，在计量递延所得税负债或递延所得税资产时，应当考虑与企业收回资产或清偿负债的账面价值的预期实现或偿付方式相一致的所得税税率，作为计量递延所得税负债或递延所得税资产的基础。

企业一定时期申报纳税时，按照资产负债表日已执行的所得税税率和当期按照税法规定计算的应纳税所得额的乘积，确定为当期应交税务部门的所得税金额；而企业一定日期因资产或负债的账面价值与其计税基础之间所产生的应纳税或可抵扣暂时性差异的所得税影响金额，按暂时性差异与适用的所得税税率的乘积计量。当暂时性差异的金额已确定时，递延所得税负债或资产的计量金额依赖于所适用的所得税税率。通常而言，当期或以前期间形成的递延所得税负债或递延所得税资产，应当按照应纳税或可抵扣暂时性差异在资产负债表日已执行或实质上已执行的所得税税率为基础，且按预期实现该资产或清偿该负债的期间的所得税税率计量。在确定递延所得税负债或递延所得税资产所运用的所得税税率时，需要考虑如下因素：

1. 以转回暂时性差异所属期间适用的所得税税率作为计量递延所得税负债或递延所得税资产的基础。这里的"适用的税率"是指税法已公布且已执行或实质上已执行的所得税税率。通常情况下，在计量递延所得税负债或递延所得税资产时，应当以预期转回暂时性差异时所适用的所得税税率为基础，即采用以预期未来递延所得税负债清偿或递延所得税资产的利益得以实现（收回）时已执行或实质上已执行的所得税税率。如果预期暂时性差异转回时期的所得税税率不明确，则以最近期已执行的所得税税率计量。例如，假定按照税法规定，对新设企业在开始经营的年份起实行第1年和第2年免征所得税，第3年至第5年减半征收所得税政策。在一般企业适用的所得税税率为25%的情况下，该新设企业第1年产生的暂时性差异，如果预计在第2年转回的，适用的所得税税率为零，暂时性差异的所得税影响金额为零（暂时性差异乘以零的税率）；如果预计在第3年至第5年转回的，则按照适用所得税税率为12.5%计量递延所得税负债或递延所得税资产；如果预计在第6年及以后年度转回的，则按照适用25%的所得税税率计量递延所得税负债或递延所得税资产。

在确定转回期间适用的所得税税率时，应当考虑该项所得税税率是当前或转回期间可执行的所得税税率或者实质可执行的所得税税率。例如，我国于2007年3月16日由中华人民共和国第十届全国人民代表大会第五次会议通过，并于2008年1月1日起施行的《中华人民共和国所得税法》修改了所得税税率,即一般企业的所得税税率由原33%改为25%。假定某企业于2006年以前即开始运用资产负债表债务法,在2006年末由于新税法和新税率尚未经批准和公布,虽然在修改所得税法时已有意向降低所得税税率,但因未经过法定程序批准且不可实施,企业仍应运用33%(可执行的所得税税率)作为计算确定暂时性差异的所得税影响金额的基础。

例1:甲公司2003年度为已售产品计提产品"三包"损失费用2000万元,当年免征所得税。假定:(1)2003年度未为已售产品支付任何"三包"损失费用,税法规定企业实际支付的产品"三包"损失费用可予税前抵扣;(2)甲公司预计2004年、2005年、2006年、2007年、2008年将支付产品"三包"损失费用分别为400万元、400万元、300万元、500万元和400万元;(3)甲公司2004年、2005年、2006年、2007年和2008年适用的所得税税率分别为0、15%、15%、15%、33%。甲公司预计以后各年均有足够的应纳税所得额抵扣该项暂时性差异。

(1)2003年末预计负债(产品"三包"损失费用)的账面价值为2000万元,其计税基础为0(账面价值2000万元-未来可税前抵扣的金额2000万元),可抵扣暂时性差异为2000万元。

(2)确定应确认的递延所得税资产金额。

递延所得税资产计算表 单位:万元

项目	2003年	"三包"费用转回期间				
		2004年	2005年	2006年	2007年	2008年
产品"三包"费用可抵减暂时性差异	2000					
转回年度可抵扣金额		400	400	300	500	400
适用的所得税税率(%)	0	0	15	15	15	33
转回年度的所得税影响金额		0	60	45	75	132
递延所得税资产合计	312					

2. 因所得税税率变动对原确认的递延所得税负债或递延所得税资产的调整。综上所述,在发生暂时性差异时应当以预计转回期间适用的所得税税率计量递延所得税负债或递延所得税资产,当其后税率变动而导致未来收回资产或清偿债务期间可实现的所得税利益或者应承担的所得税义务发生变化,应对已确认的递延所得税资产或负债予以调整,以反映资产收回或债务清偿期间预计

实现的利益或需承担的义务。仍以上述例 1 为例，由于新税法于 2007 年颁布并于 2008 年开始实施，新税率已为实质可执行的税率。因此，甲公司在 2007 年编制财务报表时，应当考虑新税率对原确认的递延所得税负债或资产的影响，将预计于 2008 年转回的暂时性差异改按 25%的所得税税率计算确定（假定 2007 年税率不变），并调整原按 33%计算确认的递延所得税资产，2007 年度因此项调整应确认的所得税费用为 32 万元［400×(33% - 25%)］，同时，减少递延所得税资产 32 万元。

  3. 同一项目持有意图或用途不同适用不同的所得税税率，则分别运用不同的所得税税率计量。在某些情况下，对于同一项目由于其持有目的或者意图不同，将会产生不同的所得税影响时，则需要考虑适用不同的所得税税率分别计算暂时性差异的所得税影响金额。例如，假定甲、乙公司适用的所得税税率分别为 25%、15%，甲公司于 2007 年初以 300 万元获得乙公司 30%的股权并对其采用权益法核算。持有期间按照投资时乙公司各项可辨认资产、负债等公允价值计算其实现净利润为 200 万元，甲公司按其持股比例计算应享有份额为 60 万元，甲公司为此确认为 60 万元的投资收益并增加长期股权投资账面余额，由此长期股权投资账面价值为 360 万元（假定该项股权投资未发生减值）；按照税法规定，持有期间按照权益法核算确认的投资收益不缴纳所得税，待乙公司宣告分派股利时再征税，为此计税基础为 300 万元，暂时性差异为 60 万元。同时，假定按照税法规定，被投资企业所得税税率低于投资企业时，投资企业从被投资企业分回的股利需补交所得税，由此甲公司确认 60 万元暂时性差异产生的递延所得税负债为 7.06 万元（200÷85%×30%×10%）。如要甲公司意图于 2008 年出售该项股权投资，按照税法规定出售价款减去初始投资成本后的差额全额征税，在这种情况下，甲公司应当确认 60 万元暂时性差异的所得税影响金额，即递延所得税负债为 15 万元（60×25%）。从该例子可见，当甲公司长期持有乙公司股权时，在乙公司宣告分派股利时甲公司需要补交所得税，其补交的所得税为应交所得税减去原在乙公司已交部分后的差额，其股权投资上产生的暂时性差异的所得税影响金额，也应当按照差额税率（即 10%）计算确定；当甲公司意图出售乙公司股权时，出售价款扣除初始投资成本 300 万元后的差额需要全部征税，由此，原按权益法核算确认投资收益并增加的长期股权投资账面余额应当按照 25%的所得税税率计算确定其所得税影响金额。

  4. 不同的税收管辖区适用的所得税税率不同，应分别按照不同的所得税税率计量。例如，一般地区企业适用的所得税税率为 25%，国家重点扶持的高新技术企业适用的所得税税率为15%，在确认递延所得税负债或递延所得税资产时，应当分别按照不同的所得税税率计量。

二、商誉产生的暂时性差异的确认与计量

按照应纳税暂时性差异的确认原则，通常情况下，应确认所有应纳税暂时性差异的所得税影响金额，并确认为一项负债。但当存在商誉时则作特别考虑。在吸收合并的情况下，商誉将在购买方的账簿中确认为一项资产。商誉是否确认为一项递延所得税负债，通常应视具体情况分别处理：

1. 如果税法规定企业合并中产生的商誉不得在计算应纳税所得额时扣除其摊销的金额以及相关的减值损失。在企业合并时，当合并成本超过其在被购买方可辨认资产、负债及或有负债公允价值份额的部分被确认为商誉的同时，其计税基础则为零，商誉初始计量的账面价值与其零的计税基础之间产生应纳税暂时性差异。由于商誉是一项剩余值，如果将初始计量时产生的应纳税暂时性差异的所得税影响金额确认一项递延所得税负债，将会增加商誉的账面价值，影响财务报表的可理解性。因此，当商誉初始计量所产生的应纳税暂时性差异时，其所得税影响金额在个别财务报表中均不确认递延所得税负债。同样地，当按照会计标准在以后期间对商誉进行减值测试并计提了减值准备时，商誉的账面价值将因计提减值准备而较初始计量时减少，计提减值后的账面价值与零计税基础之间的差异也相应减少（通常税法不允许商誉的减值从应纳税所得额前抵扣），因而当商誉后续计量中其账面价值与零计税基础之间产生的应纳税暂时性差异的任何金额变化，也均不确认由此产生的递延所得税负债。也即与商誉的初始计量相关的后续计量所减少的应纳税暂时性差异也不确认相应的递延所得税负债。例如，某企业因吸收合并产生商誉500万元，按照会计标准所确定的原则，商誉在以后会计期间不予摊销而于每期末进行减值测试，如果经减值测试表明其发生减值的，计提减值准备；假定按照税法规定，商誉任何摊销价值或减值均不得从应纳税所得额中扣除。假定该企业在企业合并后的第3年末计提了100万元的商誉减值准备。在这种情况下，商誉的初始计量其账面价值为500万元，计税基础为0，产生500万元的应纳税暂时性差异，按照上述原则不确认递延所得税负债125万元（假定所得税税率为25%，500万元×25%）；第3年计提150万元的减值准备，商誉资产的账面价值为350万元，计税基础为0，应纳税暂时性差异减少至350万元。因商誉减值而引起

的暂时性差异的减少属于与商誉的初始计量相关,因此,也不确认因商誉减值而减少的递延所得税负债。

2. 如果税法规定企业合并中产生的商誉允许在以后计算应纳税所得额时扣除其摊销的金额。在企业合并时,当合并成本超过其在被购买方可辨认资产、负债及或有负债公允价值份额的部分被初始确认为商誉的同时,其计税基础通常等于账面价值,则暂时性差异为零,不会产生递延所得税负债。在后续计量时,因税法允许按规定的期限摊销的商誉价值从应纳税所得额中抵扣,当商誉不存在减值的情况下,其账面价值将会大于计税基础,由此产生应纳税暂时性差异。因商誉所产生的应纳税暂时性差异与其初始计量不相关,由此所产生的递延所得税负债应当予以确认。仍以上述例子说明,假定按照税法规定,商誉可以在5年内每年以相同的金额从应纳税所得额中扣除。则商誉初始计量时,按照会计标准确认的商誉金额为500万元,按照税法规定未来可以从应税经济利益中抵扣的金额,即计税基础也为500万元,初始计量时商誉的账面价值与其计税基础之间不存在差异。第2年末,假定不存在商誉减值的情况下,按照会计标准所确定的原则商誉的账面价值仍为500万元,而计税基础则为400万元(初始计量时确定的金额500万元-已从应纳税所得税额中扣除的商誉价值100万元,即未来可税前扣除的金额为400万元),从而产生应纳税暂时性差异100万元,假设所得税率为25%,应确认递延所得税负债25万元(100万元×25%)并确认为当期所得税费用。第3年末,按照会计标准所确定的原则计提了150万元的商誉减值准备,从而使商誉的账面价值改变为350万元,其计税基础为300万元(初始计量时确定的金额500万元-已从应纳税所得税额中扣除的商誉价值200万元,即未来可税前扣除的金额为300万元),产生应纳税暂时性差异50万元,确认递延所得税负债12.5万元,当期计入所得税费用的递延所得税负债转回为12.5万元(期末应纳税暂时性差异的所得税影响金额12.5万元-期初应纳税暂时性差异的所得税影响金额25万元)。在本例中,因与商誉的初始确认无关,商誉后续计量所产生的账面价值与其计税基础之间的差异,应当确认递延所得税负债(或资产)。

三、初始确认的特殊情况导致继后资产、负债折旧或摊销时账面价值与其计税基础的差异的调整

在确认暂时性差异的所得税影响时,对于除企业合并以外既不影响会计利

润也不影响应纳税所得额的交易或事项所产生的应纳税或可抵扣暂时性差异，不确认相应的递延所得税负债或递延所得税资产。即，当交易或事项初始确认和计量时即产生按照会计标准确认的入账金额与计税基础不同，产生应纳税或可抵扣暂时性的差异，该差异产生时不会影响利润表金额，也不影响应纳税所得额，如果确认其暂时性差异的所得税影响金额，将直接导致增加资产的账面价值或减少所确认负债的账面价值，不能客观反映资产、负债的实际状况，会计处理不能因暂时性差异所确认的递延所得税负债或递延所得税资产而影响所确认资产、负债的账面价值，由此对于此类差异在其产生时不确认递延所得税负债或递延所得税资产。从实质上看，该项差额属于永久性差异，在以后期间，随着相关资产、负债的折旧、摊销等，该项差异将会逐年递减，直至折旧、摊销等完毕至零为止。

例2：甲公司于2006年底取得、2007年1月开始计提折旧的某项固定资产，其取得时实际支付的价款为1000万元；税法认定可在以后期间从税前抵扣的金额为600万元，计税基础为600万元。假定该项固定资产的预计使用年限为5年，预计净残值为零，按直线法计提折旧；税法规定的使用年限为2年，按直线法计提的折旧可予税前抵扣，预计净残值为零。2007年所得税税率为30%，2008年及以后期间的所得税税率为25%。假定按年计提折旧并计算递延所得税。其相关的计算如下表所示：

暂时性差异确认及转回计算表 单位：万元

年度	账面价值	计税基础	应纳税暂时性差异	不确认的暂时性差异	应确认的暂时性差异	应确认的递延所得税负债	确认所得税费用（或收益）金额
	(1)	(2)	(3)=(1)-(2)	(4)	(5)=(3)-(4)	(6)	(7)
2006	1000	600	400	400	—	—	—
2007	800	300	500	320	180	54	54
2008	600	0	600	240	360	90	36（90-54）
2009	400	0	400	160	240	60	(30=60-90)
2010	200	0	200	80	120	30	(30=30-60)
2011	0	0	0	0	0	0	(30=0-30)

从上例可见：

（1）因初始确认和计量时账面价值与其计税基础不同所产生的差异不确认相关的递延所得税负债，其后，随着固定资产折旧，原不确认的暂时性差异也在逐年折旧，并会随着折旧年限的逐年递增而逐年减少，减少的金额根据会计所确定的预计使用年限和折旧方法确定。

（2）假定上述该项固定资产的取得成本与税法一致均为 600 万元，按照会计所确定的预计使用寿命 5 年直线法折旧，按照税法规定 2 年直线法折旧的金额可予税前抵扣。在这种情况下，第 1 年折旧后的账面价值为 480 万元（600 - 600/5），计税基础为 300 万元，应纳税暂时性差异为 180 万元，应确认递延所得税负债 54 万元（180 × 30%），与上述计算所确认的递延所得税负债相同。而原不确认的暂时性差异 400 万元，按照 5 年直线法折旧每年递减 80 万元，故不确认的应纳税暂时性差异逐年递减 80 万元，直至 5 年折旧后为零。

四、与所有者权益相关的递延所得税的确认与计量

按照所得税会计处理的原则，与所有者权益相关的递延所得税直接计入权益。与所有者权益相关的递延所得税主要包括分类为可供出售的金融资产各期期末公允价值的变动影响金额、自用房地产或存货转换为采用公允价值模式后续计量的投资性房地产，转换时公允价值大于原账面价值的差额等。

1. 分类为可供出售的金融资产期末公允价值的变动及其处置的所得税处理。按照金融工具确认和计量的要求，企业在初始取得某项金融资产时（除长期股权投资外）应当结合企业经营业务的特点和风险管理的要求进行恰当的分类。如果将某项金融资产划分为可供出售的金融资产，按照取得该项金融资产的公允价值和相关交易费用进行初始计量，按照公允价值进行后续计量。后续计量时，公允价值的变动形成的利得或损失（不包括减值损失和外币货币性金融资产形成的汇兑差额）直接计入所有者权益，该项金融资产终止确认时将其转入当期损益。划分为可供出售金融资产的初始计量金额通常与税法认定可税前扣除的金额相同，对于后续计量，会计标准按照公允价值计量，税法则不考虑公允价值变动的纳税影响，可供出售金融资产的账面价值（初始计量金融与公允价值变动金额，不考虑现金股利分配等因素）通常与税法认定可税前抵扣的金额不同，由此产生应纳税或可抵扣暂时性差异。因该部分公允价值变动直接计入所有者权益，由此产生的纳税影响（递延所得税）也直接计入所有者权益。当企业终止确认该项金融资产时（例如，出售该项金融

资产），原持有期间与所有者权益相关的利得或损失直接转入当期损益，则原确认的递延所得税是转入当期利润表的投资收益项目，还是所得税费用项目，对当期的利润总额和所得税费用的影响不同。从资产负债表债务法而言，主要是考虑期末所确认的递延所得税负债或资产是否真正符合负债或资产的定义以及确认条件，以客观反映资产、负债账面价值，以及所有者权益的金额，由于某些资产、负债的利得或损失不直接计入损益而计入所有者权益，与此相关的所得税影响也直接计入所有者权益，而不直接与所得税费用相关联；当原计入所有者权益相关的项目转入当期损益时，原确认的递延所得税负债或资产也应随着所有者权益一并转入利润表中除所得税费用项目以外的其他相关项目，拟不应直接与所得税费用相关联。

2. 自用房地产或存货转换为采用公允价值模式后续计量的投资性房地产的所得税处理。企业自用房地产或存货转换为采用公允价值模式后续计量的投资性房地产，转换时公允价值大于原账面价值的差额计入所有者权益。当处置该项投资性房地产时，原直接计入所有者权益的金额直接计入当期损益，与此相关的原确认的递延所得税也应转入当期损益，与上述可供出售金融资产的处理原则相同，结转至损益的递延所得税也不直接转入所得税费用项目，而与所有者权益的余额一并转入利润表的除所得税费用以外的其他相关项目。自用房地产或存货转换为投资性房地产以后，在后续计量的每期期末，投资性房地产的账面价值与其计税基础的差异包括两部分内容，一部分是按照税法规定计提折旧，按照公允价值计量的投资性房地产不计提折旧而产生的差异；另一部分是公允价值变动影响数，由此产生的暂时性差异的所得税影响确认所得税费用（或收益）。

浅谈购买非控制权益的会计处理[*]

购买非控制权益（或称购买少数股权）是指母公司从其子公司的其他股东（即少数股东）处购买该子公司的股权。即，在母公司拥有的子公司为非全资子公司的情况下，母公司为增持其子公司的股份而从其他持有该子公司股份的股东处购买其所持有的部分或全部股权。购买非控制权益所涉及的会计处理主要包括：购买非控制权益成本的计量，商誉的确认和计量、在合并财务报表中的处理等。

一、购买非控制权益成本的计量

购买非控制权益交易不属于企业合并，不需要考虑同一控制还是非同一控制下的企业合并分别确定其成本的情况，通常按照与企业取得长期股权投资（除企业合并外）确定成本相同的方法计量。即，以支付现金取得的非控制权益，按照实际支付的购买价款作为初始投资成本；发行权益性证券取得的非控制权益，按照发行权益性证券的公允价值作为初始投资成本；通过非货币性资产交换取得的非控制权益，按照其交易是否具有商业实质，以及公允价值能否可靠计量，分别确定其初始投资成本；通过债务重组取得的非控制权益，按照所取得股权的公允价值确定其初始投资成本。为取得非控制权益而发生的相关交易费用计入取得成本，但是，与发行权益性证券相关的手续费、佣金等费用不构成股权投资的成本。

---

[*]（《中国注册会计师》2008 年 4 月）

二、商誉的确认和计量以及在合并财务报表中的处理

非同一控制下的企业合并，在吸收合并的情况下，购买方为获得被购买方的控制权益而支付的对价的公允价值以及计入合并成本的相关费用构成企业合并成本（今年修订发布的国际财务报告准则第3号要求将企业合并所发生的相关费用确认为费用），企业合并成本超过购买方应享有被购买方在购买日各项可辨认资产、负债等公允价值份额的差额，在其个别财务报表中形成商誉；如为控股合并，企业合并成本超过购买方应享有被购买方于购买日各项可辨认资产、负债等公允价值份额的差额，在合并财务报表中确认为商誉。在购买非控制权益时，是否应当确认商誉以及如何计量商誉的价值在实务中存在不同的做法。

在不同的观点下，实务中的会计处理也不同，主要区别在于是否确认商誉，而共同点是将确认或不确认商誉所产生的投资差额计入权益。

按照主体理论观点，与非控制权益之间的交易视同与权益参与者之间的交易，即，母公司与其子公司其他股东之间的交易为股东之间的交易，母公司为购买非控制权益所发生的成本与其应享有子公司各项可辨认资产、负债等公允价值的差额，全部计入权益项目，而不确认商誉。然而从主体理论角度考虑，企业合并中应当确认全部的商誉而不仅仅是母公司商誉部分；按照母公司理论，购买非控制权益视为与外部各方的交易（即与第三方的交易），在合并财务报表中，因购买非控制权益而产生的购买成本与应享有交易日被投资企业各项可辨认资产、负债等公允价值份额的差额确认为商誉。从实务技术角度考虑，商誉是在企业合并中产生，购买非控制权益不属于企业合并，故不应当产生商誉。在这种考虑下，与实务中对联营或者合营企业投资采用权益法核算的情况又会产生矛盾，即对联营或合营企业投资时，当其初始投资成本超过应享投资日被投资企业净资产公允价值份额的差额通常视为内含的商誉，并包含在长期股权投资的账面价值中，而购买非控制权益本身也是一种购买行为，往往会产生购买成本超过应享有被投资企业净资产公允价值份额的差额，该部分差额也可视为商誉的组成部分。在不同的观点下，实务中的会计处理也不同，主要区别在于是否确认商誉，而共同点是将确认或不确认商誉所产生的投资差额计入权益。在采用不确认商誉的处理方法下，母公司购买非控制权益所产生的购买成本与应享有子公司可辨认净资产份额的差额全部计入权益；在采用确认

商誉的处理方法下,因购买非控制权益而产生的购买成本与应享有交易日(即购买非控制权益交易的日期)子公司可辨认净资产公允价值份额的差额确认为商誉;同时,对于交易日的成本与自合并日或购买日(即取得子公司的日期)至交易日止计算的可辨认净资产公允价值份额之间的差额,减去商誉后的部分调整权益。在交易日,如果交易成本小于应享有子公司在交易日净资产公允价值份额的差额,可与购买日产生的商誉一并考虑,或冲减购买日产生的商誉,或者冲减商誉后尚有余额的直接计入合并利润表。

例:20×7年1月1日,甲公司持有乙公司60%的股权。甲公司系于20×6年12月31日取得乙公司的控制权,其初始投资成本为3000万元,属于非同一控制下的企业合并。购买日,乙公司可辨认净资产的公允价值为4000万元,其中,实收资本为3000万元,资本公积(资本溢价)为800万元,未分配利润为200万元;除原未入账的无形资产有400万元(预计使用寿命为10年)外,其他各项可辨认资产和负债的账面价值与其公允价值相等。20×7年乙公司实现的账面净利润为500万元,未作利润分配。

2008年1月1日,甲公司以550万元从乙公司少数股东丙公司处又购入乙公司10%股权,由此甲公司持有乙公司70%的股权,当日乙公司可辨认净资产公允价值为4800万元。假定:甲公司与丙公司不存在关联关系;不考虑所得税影响及其他相关交易费用和税金等因素;乙公司除实现净利润外无其他所有者权益的变动。甲公司的会计处理如下(金额单位:元):

1. 第一种方法(不确认商誉)

(1)购买控制权时

借:长期股权投资——乙公司(投资成本)　　30000000
　　贷:银行存款　　　　　　　　　　　　　　30000000

在合并财务报表中反映的合并商誉 = 3000 - 4000×60% = 600(万元)

(2)购买非控制权益

借:长期股权投资——乙公司(投资成本)　　5500000
　　贷:银行存款　　　　　　　　　　　　　　5500000

(3)计算应在合并财务报表中调整权益的金额

购买日至购买非控制权益日止乙公司可辨认净资产公允价值持续计算的金额 = 4000 + 500 - 40(无形资产摊销) = 4460(万元),交易成本550(万元),交易日应享有的份额 = 4460×10% = 446(万元),应调整权益的金额104(万元)。

（4）20×8年1月1日编制购买非控制权益时的合并财务报表中的合并抵销分录

①调整购买日无形资产公允价值与其账面价值的差额

借：无形资产　　　　　　　　　　　　　　　4000000
　　贷：资本公积　　　　　　　　　　　　　　　4000000

②调整公允价值与其账面价值差额摊销的金额

借：年初未分配利润　　　　　　　　　　　　　400000
　　贷：累计摊销（或无形资产）　　　　　　　　400000

③按权益法调整长期股权投资

借：长期股权投资——乙公司（损益调整）　　　2760000
　　贷：年初未分配利润　　　　　　　　　　　　2760000

④抵销权益各项目

借：实收资本　　　　　　　　　　　　　　　30000000
　　资本公积　　　　　　　　　　　　　　　　9040000
　　未分配利润　　　　　　　　　　　　　　　6600000
　　商誉　　　　　　　　　　　　　　　　　　6000000
　　贷：长期股权投资　　　　　　　　　　　　38260000
　　　　少数股东权益（或非控制权益）　　　　13380000

2. 第二种方法（确认商誉）

（1）购买控制权益时的会计处理与上述相同

（2）购买非控制权益

（3）记录购买非控制权益的成本

借：长期股权投资——乙公司（投资成本）　　　5500000
　　贷：银行存款　　　　　　　　　　　　　　　5500000

（4）计算购买非控制权益产生的商誉 = 550 − 4800×10% = 70（万元）

合并财务报表中反映的合并商誉合计 = 600 + 70 = 670（万元）

（5）计算应在合并财务报表中调整权益的金额

交易成本550（万元），交易日应享有的份额 = 4460×10% = 446（万元），其差额104（万元），其中：商誉70（万元），应调整权益的金额34（万元）。

（6）20×8年1月1日编制购买非控制权益时的合并财务报表时有关权益项目的抵销分录（其他分录同上）

借：实收资本　　　　　　　　　　　　　　　30000000

　　　　资本公积　　　　　　　　　　　　　　　　8340000
　　　　未分配利润　　　　　　　　　　　　　　　　6600000
　　　　商誉　　　　　　　　　　　　　　　　　　　6700000
　　　　贷：长期股权投资　　　　　　　　　　　　38260000
　　　　　　少数股东权益（或非控制权益）　　　　13380000

　　目前，我国采用上述第二种做法。在这种方法下，如果不考虑原取得子公司时是否属于同一控制下的企业合并，即假定原同一控制下企业合并取得的子公司，在合并财务报表中不确认合并商誉，而当母公司从其他股东处进一步购买该子公司的非控制权益时，可能在合并财务报表中产生商誉，似乎与同一控制下企业合并的理念不符。因此，可以从不同的角度进行考虑：一是同一控制和非同一控制的划分仅仅是对企业合并的会计处理所做的分类，以及所带来相关的会计处理的差异。购买非控制权益不属于企业合并，视为取得除子公司以外其他长期性质的股权投资，该类长期股权投资的投资成本中所含的商誉反映在长期股权投资的账面价值中，故在购买非控制权益时所产生的商誉应当在合并财务报表中予以确认和计量；二是鉴于同一控制下企业合并的理念，合并方从同一控制主体下的其他股东处购买子公司的非控制权益，不产生商誉。国际会计准则理事会于今年1月发布的财务报告准则第3号企业合并准则第二阶段的成果，对于企业合并在购买法下所产生的商誉新增加了一项选择，允许企业在购买法下确认被购买企业100%的商誉，即不仅仅确认母公司的商誉，还需确认非控制权益应享有被购买企业可辨认净资产公允价值增加对商誉的影响（非控制权益产生的商誉）。国际会计准则理事会作出的这一决定，主要是从主体理论角度考虑，在合并财务报表中应当确认所有的资产，商誉既然是一项资产，就应当在购买日全额确认，而非仅仅是母公司的商誉部分。当企业确认全部商誉后，以后期间当母公司进一步购买子公司其他股东所持有的非控制权益时，视为与权益参与者之间的交易，不再重新计量交易日因购买非控制权益所产生的商誉，交易日的交易成本与应享有交易日子公司可辨认净资产公允价值之间的差额全部计入权益。在这种方法下，上述例子中，甲公司应在购买日确认的全部商誉为1000万元（3000÷60% −4000），非控制权益（少数股东权益）金额应为2000万元（3000÷60%×40%），如果仅仅计算母公司商誉，在购买日非控制权益金额应为1840万元（4600×40%）。当甲公司于20×8年继续购买乙公司10%股权时，交易成本与享有子公司可辨认净资产公允价值份额之间的差额全部调整权益。甲公司在购买日、购买非控制权益时在合并财务报表中编制的合并抵销分录如下：

1. 在购买日合并财务报表中的抵销分录

借：无形资产 4000000
　　贷：资本公积 4000000
借：实收资本 30000000
　　资本公积 8000000
　　未分配利润 2000000
　　商誉 10000000
　　贷：长期股权投资 30000000
　　　　非控制权益（少数股东权益） 20000000

2. 购买非控制权益在交易日合并财务报表中有关权益的抵销分录

交易成本550（万元），交易日应享有的份额=（4460+1000）×10%=546（万元），二者相减，应调整权益的金额为4（万元）。

借：实收资本 30000000
　　资本公积 8040000
　　未分配利润 6600000
　　商誉 10000000
　　贷：长期股权投资 38260000
　　　　少数股东权益（或非控制权益） 16380000

如果按照国际财务报告准则确认全部商誉，我国可在同一控制下企业合并以及未来购买非控制权益时，均不再考虑计算商誉，这种处理方法与同一控制下企业合并的处理原则一致，即可避免同一控制下企业合并在合并日不产生商誉，而购买非控制权益时则产生商誉的情况；非同一控制下的企业合并在购买日考虑确认完全商誉，其后再购买非控制权益时不再重新确认商誉。

关于权益法核算中几个问题的探讨[*]

企业持有的对联营或合营企业的投资，在后续计量时采用权益法核算。国际会计准则所定义的权益法，是指投资最初以成本确认，以后根据投资后享有的被投资者净资产的份额的变动对其进行调整的会计方法。投资者的损益包括被投资者的损益中属于投资者的份额（《国际会计准则第28号——联营中的投资》〔2004〕）。具体运用权益法时，企业初始投资或追加投资时按照初始投资成本或追加投资成本增加长期股权投资的账面价值，并比较初始投资成本与应享有投资时联营或合营企业可辨认净资产公允价值份额确定是否调整长期股权投资的账面价值；投资持有期间，随着联营或合营企业所有者权益的变动相应调整长期股权投资的账面价值。现就具体运用权益法时遇到的几个问题作一探讨。

一、投资企业获得现金股利的处理

在权益法核算下，当联营或合营企业实现净利润或发生净亏损，投资企业按照其享有的权益份额计算应享有或应分担的份额，确认为投资损益并增加或减少长期股权投资的账面价值；当联营或合营企业分派现金股利时，投资企业按照应享有的现金股利冲减长期股权投资的账面价值。但是，投资企业在确认投资损益时，通常在联营或合营企业实现账面净利润的基础上，调整投资时联营或合营企业各项可辨认净资产公允价值与其账面价值的差额当期应分摊（或折旧）的金额后的净损益为基础，计算应享有或应分担的份额，因此，投资企业确认的投资损益，与按照其联营或合营企业实现账面净利润和应享有的

---

[*]（《财务与会计》综合版2008年第3期）

权益份额计算确认的金额往往存在差异。通常而言，联营或合营企业分派现金股利是以其实现账面净利润为基础所作的分配，投资企业在投资持有期间所分得的现金股利往往与已确认的投资损益不同，当投资企业所分得的现金股利小于已确认的投资收益（已增加的长期股权投资账面价值的损益调整部分），则冲减长期股权投资的账面价值；而当投资企业所分得的现金股利大于已确认的投资收益，应当如何处理，有以下几种可选择的方法：

1. 全部确认为当期投资收益。在这种方法下，考虑联营或合营企业所实现的账面净利润中投资企业应享有的部分都应通过利润表反映其收益，为此，投资企业当期应分得的现金股利超过已确认投资收益的部分，全部确认为当期投资收益。

例1：20×5年1月1日，甲公司持有乙公司30%的股权并对其具有重大影响。初始投资成本为1200万元，投资时乙公司可辨认净资产公允价值为3500万元。20×5年乙公司实现净利润200万元，经按公允价值计量调整后的净利润为180万元；20×6年3月，乙公司宣告分派20×5年度的现金股利200万元；乙公司20×5年年初未分配利润为600万元。不考虑长期股权投资的减值以及其他利润分配因素。

在本例中，甲公司对乙公司投资的初始投资成本为1200万元，投资时乙公司可辨认净资产公允价值为3500万元，甲公司按持股比例计算应享有的份额为1050万元，产生商誉150万元（1200－1050）。

甲公司于20×5年按照持股比例计算应确认的投资收益为54万元（180×30%）；20×6年3月按照持股比例计算确认的应收现金股利为60万元（200×30%），超过确认的投资收益54万元，差额6万元全部确认为当期投资收益，其会计分录为（金额单位：元。下同）：

　　借：应收股利——乙公司　　　　　　　　　　600000
　　　　贷：长期股权投资——乙公司（损益调整）　　540000
　　　　　　投资收益　　　　　　　　　　　　　　　60000

例2：假定乙公司于20×6年3月宣告分派20×5年度的现金股利300万元。其他条件同例1。则甲公司的会计分录为：

　　借：应收股利——乙公司　　　　　　　　　　900000
　　　　贷：长期股权投资——乙公司（损益调整）　　540000
　　　　　　投资收益　　　　　　　　　　　　　　360000

2. 根据情况分别冲减长期股权投资账面价值或确认投资收益。在这种方法下,考虑投资后联营或合营企业实现净利润均应通过利润表确认其收益,而投资企业获得的属于投资前联营或合营企业所实现利润的分配额应冲减投资成本。在这种方法下,分别以下三种情况进行处理:

(1) 未超过已确认投资收益部分的,冲减长期股权投资的账面价值。

(2) 超过已确认投资收益但未超过投资后联营或合营企业实现的账面净利润中投资企业享有的部分,确认为投资收益。

例3:以例1为例,甲公司应作的会计分录与例1相同。

(3) 超过已确认投资收益且超过投资后联营或合营企业实现账面净利润中投资企业享有的部分,冲减投资成本。

例4:以例2例子为例,甲公司应作的会计分录为:

借:应收股利——乙公司　　　　　　　　　　900000
　　贷:长期投资损益——乙公司(损益调整)　　540000
　　　　投资收益　　　　　　　　　　　　　　60000
　　　　长期股权投资——乙公司(成本)　　　300000

3. 获得的现金股利超过已确认投资收益的部分,先冲减长期股权投资中所含的商誉,差额再确认为投资收益。在这种方法下,考虑商誉带来未来经济利益的不确定性以及商誉减值在实务工作中的困难,为谨慎起见,对于所获得的现金股利超过已确认投资收益的部分,先冲减长期股权投资中所含的商誉,其余部分再确认为投资收益。

例5:以例1为例,甲公司的会计分录为:

借:应收股利　　　　　　　　　　　　　　　600000
　　贷:长期股权投资——乙公司(损益调整)　　540000
　　　　长期股权投资——乙公司(成本—商誉)　60000

例6:以例2为例,甲公司的会计分录为:

借:应收股利——乙公司　　　　　　　　　　900000
　　贷:长期股权投资——乙公司(损益调整)　　540000
　　　　长期股权投资——乙公司(成本—商誉)　360000

4. 获得的现金股利超过已确认投资收益的部分,全部冲减长期股权投资账面价值。在这种方法下,考虑到联营或合营企业分派现金股利将会减少所有者权益,由此会影响投资企业按持股比例计算的应享有份额。因此,投资企业获得的现金股利超过已确认投资收益的部分,全部冲减长期股权投资的账面价值。在这种情况下,例1和例2中超过已确认投资收益的部分,全部冲减长期股权投资的成本。

例7：以例1为例，甲公司的会计分录为：

借：应收股利　　　　　　　　　　　　　　600000

　　贷：长期股权投资——乙公司（损益调整）　540000

　　　　长期股权投资——乙公司（成本）　　　60000

例8：以例2为例，甲公司的会计分录为：

借：应收股利——乙公司　　　　　　　　　900000

　　贷：长期股权投资—乙公司（损益调整）　540000

　　　　长期股权投资——乙公司（成本）　　360000

表1列示了各种方法下对长期股权投资的账面价值的影响，以及与应享有乙公司公允价值净资产份额与长期股权投资账面价值的比较结果。

表1　　　　　　　　各种方法比较表　　　　　　　　单位：万元

项目	方法一		方法二		方法三		方法四	
	例1	例2	例3	例4	例5	例6	例7	例8
投资时可辨认资产、负债等的公允价值	3500	3500	3500	3500	3500	3500	3500	3500
按公允价值计算的净利润	180	180	180	180	180	180	180	180
减：分配利润	200	300	200	300	200	300	200	300
期末按投资时各项可辨认资产、负债等公允价值计算的所有者权益余额	3480	3380	3480	3380	3480	3380	3480	3380
甲公司应享有乙公司所有者权益份额	1044	1014	1044	1014	1044	1014	1044	1014
长期股权投资账面价值	1200+54−54=1200	1200+54−54=1200	1200+54−54=1200	1200+54−54−30=1170	1200+54−60=1194	1200+54−90=1164	1200+54−60=1194	1200+54−90=1164
长期股权投资账面价值减去内含商誉后的余额	减：商誉150=1050	减：商誉150=1050	减：商誉150=1050	减：商誉150=1020	减：商誉144=1050	减：商誉114=1050	减：商誉150=1044	减：商誉150=1014

根据上述分析可见，上述第四种方法更为合理，在该种方法下，甲公司期

末长期股权投资账面价值减去内含商誉后的余额分别为 1044 万元和 1014 万元,等于按照持股比例计算的投资时乙公司可辨认净资产公允价值持续计算的金额中甲公司应分别享有的份额 1044 万元和 1014 万元。因此,当获得联营或合营企业分派的现金股利时,投资企业应当全部冲减长期股权投资的账面价值。

二、联营或合营企业增资扩股而影响投资企业股权份额的处理

在权益法下,当联营或合营企业增资扩股而原投资企业未按原有股权份额相应增资,从而导致投资企业在联营或合营企业中的权益份额下降,投资企业应享有联营或合营企业增资扩股后净资产的份额与其原长期股权投资账面价值会产生差异。对该部分差异如何处理有不同的认识,有的认为,联营或合营企业增资扩股属于股东之间的交易,投资企业未按原持股比例相应增加投资所造成的应享有联营或合营企业净资产份额与原应享有份额的差额应当计入资本公积;也有的认为,联营或合营企业增资扩股而投资企业未按原持股比例相应增加投资而造成持股比例下降,是投资企业处置部分股权的行为,应当按照处置股权的方法进行处理。即,按照减少的持股比例计算的处置部分的账面价值冲减长期股权投资,按照新的持股比例和增加的资本部分计算增加的金额增加长期股权投资,两者的差额确认为投资损益;或者,按照新的持股比例计算的应享有联营或合营企业增资扩股后净资产份额与处置部分股权后长期股权投资账面应有余额的差额,确认为投资损益。从投资企业角度看,因联营或合营企业增资扩股而投资企业未按原有持股比例增资而导致的股权比例下降且仍具有重大影响或共同控制能力的,通常表明投资企业出售部分股权,应按照与投资企业直接出售部分股权相同的方法进行处理。

例:甲公司持有乙公司 40% 的股份并对其具有重大影响。20×7 年 1 月 1 日,甲公司对乙公司投资的账面价值为 1300 万元,其中,投资成本为 900 万元(其中,商誉为 100 万元),损益调整为 400 万元。乙公司拟吸收新的股东,并增资 1000 万股,每股发行价格为 4 元(不考虑相关税费)。假定甲公司未按原持股比例相应增加对乙公司的投资,则乙公司增资扩股后,甲公司持股比例下降为 20% 但仍对乙公司具有重大影响。按原甲公司投资时乙公司可辨认净资产公允价值持续计算至 20×7 年 1 月 1 日止的相关净资产构成见表 2。

表2	乙公司所有者权益结构表		单位：万元
项目	增资前所有者权益	新增资额	增资后所有者权益
股本	1000	1000	2000
资本公积	1000	3000	4000
留存收益	1000	0	1000
合计	3000	4000	7000

在乙公司增资扩股时，由于甲公司放弃对乙公司的追加投资，而造成持有乙公司的股权比例下降为20%，在权益法下需要重新计算长期股权投资的账面价值如下：

增资后甲公司应享有乙公司净资产份额1400万元（7000×20%）

增资后甲公司长期股权投资应有的余额1450万元（7000×20%＋100×20%/40%）

其中：成本（不含商誉）1200万元［（2000＋4000）×20%］

　　　损益调整200万元（1000×20%）

　　　商誉50万元（100×1÷2）

减：原长期股权投资账面余额1300万元

应确认的投资收益150万元

会计分录为：

借：长期股权投资——乙公司（成本）　　　　　　12500000

　　　　　　　　——乙公司（损益调整）　　　　 2000000

　　贷：长期股权投资——乙公司（成本）　　　　　9000000

　　　　长期股权投资——乙公司（损益调整）　　　4000000

　　　　投资收益　　　　　　　　　　　　　　　　1500000

或者：

借：长期股权投资——乙公司（成本）　　　　　　 3500000

　　贷：长期股权投资——乙公司（损益调整）　　　2000000

　　　　投资收益　　　　　　　　　　　　　　　　1500000

三、长期股权投资的成本中包含联营或合营企业资本公积中存有某些暂记的金额在后续处置时的会计处理

在权益法核算下，投资企业投资时，按照初始投资成本确认为长期股权投

资,并比较初始投资成本与应享有投资时联营或合营企业可辨认净资产公允价值份额,确定是否调整长期股权投资的账面价值,当初始投资成本小于应享有投资时联营或合营企业可辨认净资产公允价值的份额,其差额直接计入当期损益;当初始投资成本大于应享有投资时联营或合营企业可辨认净资产公允价值的份额,实质为商誉部分,则不作处理。即,投资企业对联营企业或合营企业投资时,其初始投资成本或者经过调整后的投资成本中包含了联营或合营企业资本公积中某些暂记的项目,例如,可供出售金融资产公允价值的变动、现金流量套期中的有效套期工具的公允价值变动、权益法核算时在持股比例不变情况下因被投资企业其他所有者权益变动而增加的资本公积等。当投资时联营或合营企业净资产公允价值中包括原记入资本公积的暂记项目,而在以后期间这些暂记项目随着所处置的资产等转入当期损益时,长期股权投资成本中所包含的该部分的权益份额也应冲减长期股权投资的成本。

例:甲公司于20×7年1月1日,向乙公司投资1000万元,持有乙公司30%的股权并对其具有重大影响。投资日,乙公司账面净资产为2500万元(其中,计入资本公积的可供出售金融资产的公允价值增加50万元);可辨认净资产的公允价值为3000万元(其中,可供出售金融资产公允价值增加额为50万元)。20×7年度,乙公司实现净利润800万元(包括处置可供出售金融资产原计入资本公积的公允价值增加额50万元结转至当期损益的金额),按公允价值调整后的净利润为740万元。假定不考虑减值和其他因素。甲公司的会计处理如下:

(1) 取得乙公司30%股权时

借:长期股权投资——乙公司(投资成本)　　　　　10000000

　　贷:银行存款　　　　　　　　　　　　　　　　　10000000

(2) 应享有乙公司公允价值净资产份额 = 3000 × 30% = 900(万元)

商誉 = 1000 − 900 = 100(万元)

(3) 年末确认投资损益

应增加的长期股权投资账面价值 = 740 × 30% = 222(万元)

应冲减的投资成本 = 50 × 30% = 15(万元)

应确认的投资收益 = 222 − 15 = 207(万元)

借:长期股权投资——乙公司(损益调整)　　　　　2220000

　　贷:长期股权投资——乙公司(投资成本)　　　　　150000

　　　　投资收益　　　　　　　　　　　　　　　　　2070000

年末投资账面价值 = 1000 + 222 - 15 = 1207（万元）（其中商誉 100 万元）

乙公司净资产公允价值持续计算的金额 = 3000 + 740 - 50 = 3690（万元）

甲公司按照在乙公司的权益份额计算应享有乙公司净资产份额 = 3690 × 30% = 1107（万元），等于长期股权投资账面价值 1207 万元减去内含商誉 100 万元后的余额。

四、内部未实现损益的抵销

权益法核算的基本方法是当联营或合营企业实现利润或发生亏损时，投资企业按其应享有的权益份额计算其应享有或应分担的联营或合营企业的利润或亏损额，调整长期股权投资的账面价值，并同时确认投资损益，这种处理方法使长期股权投资的账面价值能够反映投资企业在联营或合营企业净资产中的权益份额。如果投资企业与联营或合营企业发生内部交易，包括"顺流"（如，投资企业出售产品给其联营企业）和"逆流"（如，联营企业出售产品给其投资企业）交易所带来的损益，在该内部交易损益未实现前，应将该部分损益中归属于投资企业的部分予以抵销后作为确认投资损益的基础。即，投资企业与联营或合营企业之间的内部交易损益，在投资企业确认的投资损益中仅限于非关联投资企业在联营或合营中的利益。待内部交易损益实现时，原抵销的损益部分再确认为投资损益。在实务中对于投资企业与其联营或合营企业内部未实现损益的抵销有不同的处理方法，一种方法是在个别（或者单独，此处假定国际财务报告准则中所称的单独财务报表与个别财务报表概念相同）和合并财务报表分别采用不同的方法进行处理；另一种方法是在个别和合并财务报表中均采用权益法核算的处理。

（一）投资企业对联营或合营企业的投资，在其个别和合并财务报表中采用不同的处理方法。国际财务报告准则中规定，与合并财务报表一同提供的母公司单独财务报表中，对联营或合营企业的投资采用成本法核算，在合并财务报表中采用权益法核算。即，投资企业（同时是其他企业的母公司）在其个别财务报表中对联营或合营企业的投资采用成本法核算，在合并财务报表中则采用权益法核算。在具体会计处理时：

1. 对于"顺流"交易，即投资企业销售产品或其他资产给其联营或合营企业而产生的内部未实现损益，其相关的收入、成本包括在投资企业的个别财务报表中。在投资企业编制合并财务报表时，先按照联营或合营企业个别财务报表中经调整实现的净利润为基础,计算应确认的投资收益和调整长期股权投资账面价值的金额,并按照内部未实现损益中归属于投资企业的部分,相应抵销收入、成本,以及相关的长期股权投资;当投资企业与其联营或合营企业之间的内部交易损益已经实现,将原已抵销的归属于投资企业的相关收入、成本予以恢复。

例1:甲公司持有乙公司30%的股权并对其具有重大影响。20×7年度,甲公司将自产产品销售给乙公司,其销售价格为1000万元(不含增值税额),销售成本为600万元。年末,乙公司从甲公司购入的产品全部未对外出售形成存货,乙公司当年度按照可辨认净资产公允价值为基础计算实现的净利润1800万元。假定上述交易不考虑相关税费。同时,甲公司拥有丙公司80%的股权并能对其进行控制,甲公司期末需要对外提供合并财务报表。不考虑利润分配。

从本例可见:

(1) 20×7年度,甲公司销售给乙公司产品实现收入1000万元,结转销售成本600万元,毛利400万元;至年末,乙公司未出售该批产品,致使该部分销售毛利反映在乙公司的存货账面价值中。甲公司在其个别财务报表中确认了相关的收入、成本,且对该联营企业采用成本法核算。

(2) 甲公司在编制合并财务报表时,根据乙公司实现的净利润确认投资收益和增加长期股权投资账面价值540万元(1800×30%);同时,因甲公司与乙公司之间存在内部交易未实现损益400万元,归属于甲公司的部分为120万元。在合并财务报表中作如下调整及抵销分录:

①借:长期股权投资　　　　　　　　　　　　　　　5400000
　　贷:投资收益　　　　　　　　　　　　　　　　5400000
②借:主营业务收入(1000万元×30%)　　　　　　3000000
　　贷:主营业务成本(600万元×30%)　　　　　　1800000
　　　　长期股权投资　　　　　　　　　　　　　　1200000

(3) 假定:20×8年乙公司出售了于20×7年从甲公司购入的产品的50%,乙公司当年度按照可辨认净资产公允价值为基础计算实现的净利润为2000万元。

分析:20×8年度,乙公司出售了于20×7年度从甲公司购入的产品的50%,故该内部交易利润中有60万元(400×50%×30%)已经实现。20×8年度在甲公司的个别财务报表中仍然按照成本法对乙公司投资进行核算;同时，在合并财务报表中确认对乙公司的投资收益和长期股权投资为 600 万元（2000×30%），并恢复内部交易已实现损益中与收入、成本相关的项目，甲公司在编制 20×8 年度合并财务报表中作如下调整或抵销分录（不考虑上年数的调整）：

①借：长期股权投资——乙公司　　　　　　　　6000000
　　贷：投资收益　　　　　　　　　　　　　　　6000000
②借：主营业务成本　　　　　　　　　　　　　　900000
　　　长期股权投资　　　　　　　　　　　　　　600000
　　贷：主营业务收入　　　　　　　　　　　　　1500000

2. 对于"逆流"交易，由于联营或合营企业并不纳入投资企业的合并财务报表，其内部未实现损益在投资企业的合并财务报表中并不会重复计算与该内部交易相关的归属于投资企业的收入、成本。因此，投资企业在其合并财务报表中确认的对联营或合营企业的投资损益，应当在联营或合营企业已实现损益的基础上抵销内部交易未实现损益中归属于投资企业的部分；当投资企业与其联营或合营企业之间的内部交易损益已经实现，则将原已抵销的归属于投资企业的损益部分确认为投资损益。

例 2：20×7 年度，乙公司出售产品给甲公司，甲公司于 20×8 年出售了于 20×7 年从乙公司购入的产品的 50%，其他资料如例 1。

分析：乙公司出售产品给甲公司为"逆流"交易，甲公司 20×7 年度在其个别财务报表中按照成本法核算对乙公司的投资；在合并财务报表中应确认的投资收益的金额为 420 万元〔(1800 − 400)×30%〕。因甲公司在编制合并财务报表时，其合并范围不包括乙公司，则乙公司销售给甲公司而产生的收入和成本中包含的未实现的收入和成本不纳入合并报表中，故不需要在合并财务报表中抵销。但是，由于甲公司存货中含有内部未实现利润 120 万元，因此，在合并财务报表中可作如下调整分录：

借：长期股权投资　　　　　　　　　　　　　　5400000
　　贷：存货　　　　　　　　　　　　　　　　　1200000
　　　　投资收益　　　　　　　　　　　　　　　4200000

20×8 年度应确认的投资收益的金额为 660 万元〔(2000 + 200)×30%〕；同时，在合并财务报表中对甲公司存货中包含的内部未实现利润 60 万元再进行调整，可作的调整分录为：

借：长期股权投资　　　　　　　　　　　　　　7200000

贷：存货　　　　　　　　　　　　　　　　　　600000
　　　　投资收益　　　　　　　　　　　　　　　　6600000

（二）在个别和合并财务报表中均采用权益法核算。我国要求在个别和合并财务报表中对联营或合营企业投资均采用权益法核算。在这种情况下，也有两种处理方法：

1. 在投资企业的个别财务报表中采用与上述在合并财务报表中相同的处理方法，但存在的问题是个别财务报表中对于"顺流"和"逆流"交易所确认的投资收益不同。如以上述例1和例2为例，20×7年度，甲公司在其个别财务报表中所确认的投资收益分别为540万元（1800×30%）和420万元［(1800－400)×30%］；合并财务报表中按照上述与例1和例2相同的金额确认相关的投资收益、收入、成本等。

2. 在投资企业的个别财务报表中，采用相同的方法确认投资收益，在合并财务报表时再作部分调整。这种处理方法，可以保持个别财务报表中对权益法核算的一致性，同时，在合并报表中又可与仅在合并财务报表中进行抵销的处理结果相同。其具体会计处理时：

（1）无论是"顺流"还是"逆流"交易，投资企业在确认投资损益时，应当在联营或合营企业已实现损益的基础上抵销内部交易未实现损益中归属于投资企业的部分。即，在投资企业的个别财务报表中确认的投资收益是不包含投资企业与其联营或合营企业之间内部交易未实现损益中归属于投资企业的部分。

（2）如果投资企业同时又是其他企业的母公司，且对外提供合并财务报表的，则投资企业与其联营或合营企业"顺流"交易中内部未实现损益部分相关的收入、成本等项目在合并财务报表中予以抵销，并调整投资收益项目。

（3）当投资企业与其联营或合营企业之间的内部交易损益已经实现，将原已抵销的归属于投资企业的损益部分确认为投资损益。

例3：仍以例1为例。

（1）20×7年度，甲公司在确认投资收益时，应当抵销内部未实现利润中归属于甲公司的部分。则20×7年度甲公司在其个别财务报表中应确认的投资收益和增加长期股权投资账面价值的金额为420万元［(1800－400)×30%］。

（2）甲公司在年末编制合并财务报表时，对于甲公司与乙公司内部交易未实现利润相关的收入、成本等予以抵销，可考虑作如下抵销分录：

　　借：主营业务收入（1000万元×30%）　　　　3000000

贷：主营业务成本（600 万元×30%）　　　　　　　1800000
　　　　　投资收益　　　　　　　　　　　　　　　　　　1200000

（3）甲公司在 20×8 年度的个别财务报表中应确认的对乙公司投资的投资收益并增加长期股权投资账面价值的金额为 660 万元［(2000＋400×50%)×30%］。甲公司在编制 20×8 年度合并财务报表中可考虑作如下调整分录（不考虑上年数的调整）：

　　借：主营业务成本　　　　　　　　　　　　　　　　900000
　　　　投资收益　　　　　　　　　　　　　　　　　　600000
　　　贷：主营业务收入　　　　　　　　　　　　　　　1500000

例 4：仍以例 2 为例。

分析：20×7 年度和 20×8 年度，甲公司在其个别财务报表中应确认的投资收益分别为 420 万元、660 万元。在 20×7 年合并财务报表中对内部未实现利润调整长期股权投资和存货项目，可考虑编制的调整分录为：

　　借：长期股权投资　　　　　　　　　　　　　　　　1200000
　　　贷：存货　　　　　　　　　　　　　　　　　　　1200000

在 20×8 年合并财务报表中对内部未实现利润调整长期
股权投资和存货项目，可考虑编制的调整分录为：

　　借：长期股权投资　　　　　　　　　　　　　　　　600000
　　　贷：存货　　　　　　　　　　　　　　　　　　　600000

可见，无论是在个别财务报表，还是在合并财务报表中采用权益法，对于"逆流"交易的处理都是相同的；而对于"顺流"交易通过在个别财务报表中采用与"逆流"交易相同的处理原则，在合并财务报表中调整投资收益项目，达到在个别财务报表中无论是"顺流"还是"逆流"交易在采用权益法确认投资收益的处理时原则一致，同时也能满足仅在合并财务报表中对于联营或合营企业采用权益法的处理原则的一致性。

投资企业与联营或合营企业发生内部交易损失，投资企业应当采用与确认利润相同的方式，确认其应分担这些交易所带来的损失的份额。但是，如果这些内部交易损失表明了流动资产可变现净值的减少或非流动资产发生了减值损失的，则应当全额确认。值得说明的是，在个别财务报表中计算确认投资损益和增减长期股权投资账面价值时（或者在"顺流"交易下合并财务报表中所确认的长期股权投资价值），如果以抵销内部交易未实现损益的金额为基础的，则期末长期股权投资的账面价值减去内含商誉后的余额（不含减值因素）

可能不等于按照持股比例计算的应享有联营或合营企业净资产的份额，待内部交易损益实现并恢复确认长期股权投资账面价值时才会相等；然而如果以联营或合营企业净资产减去内部未实现损益后的余额按持股比例计算的金额应当等于长期股权投资的账面价值减去内含商誉的余额（不含减值因素）。在合并财务报表中，对于"逆流"交易所反映的长期股权投资价值减去内含商誉后的余额通常等于按持股比例计算的应享有联营或合营企业净资产的份额。但是，如果存在复杂内部交易情况下，例如，存在"顺流"、"逆流"和"侧流（投资企业所属联营企业之间或者联营企业与投资企业的子公司之间的交易等，通常按照投资企业对其联营或合营企业投资比例与投资企业对子公司或其他联营或合营企业投资比例的乘积计算内部交易未实现损益）"，以及存在多层次编制合并财务报表且各层次均包括子公司和联营或合营企业等情况下，合并财务报表中按照权益法所确认的长期股权投资价值则可能难以与应享有联营或合营企业所有者权益份额相等。

如果投资企业同时又是其他企业的母公司且编制合并财务报表的，对于纳入合并财务报表范围内的子公司，与其母公司所属的联营或合营企业之间发生的内部交易损益，也按照上述原则进行抵销后确认投资损益。如果投资企业所属的联营或合营企业下属有控制的子公司或者联营或合营企业且编制合并财务报表的，则投资企业的个别财务报表中按权益法应确认的联营或合营企业的投资收益，以该联营或合营企业个别财务报表中经调整后所实现的净损益，扣除投资企业与其联营或合营企业之间未实现内部交易损益后的金额，按所占投资比例计算的金额确定；投资企业在其合并财务报表中所应确认的投资收益，应以投资企业所属联营或合营企业合并财务报表计算的合并净利润为基础，扣除投资企业与其联营或合营企业之间未实现内部交易损益后的金额，按照持股比例计算确认投资收益，即在投资企业的合并财务报表中应确认的投资收益以其所属的联营或合营企业在合并财务报表中所确认的合并净利润作为计算的基础。

例5：甲公司持有乙公司25%的股权并对其具有重大影响；同时，甲公司拥有丙公司70%的股权并能对其进行控制，甲公司需对外提供合并财务报表。乙公司持有丁公司100%的股权并能对其进行控制，同时，乙公司持有戊公司30%的股权并对其具有重大影响，乙公司也需对外提供合并财务报表。

20×7年有关内部交易情况包括：（1）甲公司销售给乙公司产品，销售价格为500万元，销售成本为300万元，当年度乙公司对外销售该批产品的40%；

(2) 乙公司销售产品给丙公司，销售价格为 600 万元，销售成本为 450 万元，丙公司于年末全部未对外销售；(3) 乙公司出售产品给戊公司，销售价格为 800 万元，销售成本为 600 万元，当年度戊公司对外销售了 50%；(4) 戊公司销售产品给丙公司，销售价格为 200 万元，销售成本为 120 万元，年末全部未对外出售。上述销售价格均不含增值税，除上述交易外，不存在其他内部交易且不考虑所得税等其他因素。

20×7 年度，甲公司实现的净利润为 4000 万元（含按照权益法确认的投资收益部分）；乙公司净利润（不含对戊公司投资的投资收益）为 1200 万元；丙公司实现的净利润为 1500 万元；丁公司实现的净利润为 1000 万元；戊公司实现的净利润为 700 万元。假定上述实现的净利润均为按照净资产公允价值计算的结果。假定投资企业对联营或合营企业投资在个别和合并财务报表中均采用权益法核算。

分析 1：在个别财务报表上应确认的投资收益

（1）甲公司销售产品给乙公司，且乙公司至年末仅出售 40%，另 60% 未对外销售，形成内部未实现损益 120 万元，归属于甲公司的部分为 30 万元，在计算甲公司对乙公司的投资收益时，应当扣除该部分未实现的内部交易利润。

（2）乙公司销售产品给丙公司，丙公司至年末全部未对外出售，形成内部未实现损益 150 万元，归属于甲公司的部分为 26.25 万元（150×25%×70%），在计算甲公司对乙公司的投资收益时，应当扣除该部分未实现的内部交易利润。

（3）乙公司销售产品给戊公司，戊公司至年末对外出售 50%，形成内部未实现损益 100 万元，归属于乙公司的部分为 30 万元，在计算乙公司对戊公司投资的投资收益时，应当扣除该部分未实现的内部交易利润。

（4）戊公司销售产品给丙公司，丙公司至年末全部未对外出售，从整个集团角度看（此处包括对联营企业），形成内部未实现损益 80 万元。但因属于甲公司的子公司丙公司与甲公司的联营企业乙公司的联营企业戊公司之间的交易，则在计算乙公司对戊公司投资的投资收益时，归属于乙公司的 24 万元（80×30%）部分是否应予以抵销，以及甲公司在确认对乙公司投资时是否需进一步抵销，从理论上看，如果不扣除戊公司与丙公司之间的未实现内部利润，不符合财务报表编制中应予抵销内部未实现损益的原则。因为，戊公司出售产品给丙公司，其未实现内部交易利润 80 万元包含在丙公司存货账面价值中，甲公司在编制合并财务报表时，对于乙公司实现净利润中所包含的该部分未实现利润中归属于甲公司的部分 4.2 万元（80×30%×25%×70%）会包含在甲公司的净利润中，同时，丙公司存货中包含的未实现利润 80 万元也包括在合并财务报表的存货价值中，假定当期整个集团只有戊公司与丙公司一笔交易，将会造成内部交易未实现利润归属于甲公司的部分得以实现的情况。但是，在实务中往往很难得到未实现内部交易损益的相关资料且抵销比较困难，如果实务中该部分内部交易未实现损益不重要或者无法抵销则可考虑不予抵销。在本例中假定该内部交易未实现损益不重要而不予抵销。

乙公司个别财务报表中应确认的投资收益 =（700 - 200×50%）×30% = 180（万元）

乙公司个别财务报表中实现的净利润 = 1200 + 180 = 1380（万元）

甲公司个别财务报表中应确认的投资收益 =（1380 - 120）×25% - 150×25%×70% = 288.75（万元）

分析 2：在合并财务报表上的处理

(1) 乙公司合并报表中的合并净利润 = 1380 + 1000 = 2380（万元）

抵销乙公司销售给戊公司未实现的收入、成本等：

借：主营业务收入（400 万元×30%） 1200000
    贷：主营业务成本（300 万元×30%） 900000
        投资收益 300000

(2) 甲公司在合并财务报表中应确认的对乙公司的投资收益 =（2380 - 120）×25% - 150×25%×70% = 538.75（万元）

合并报表中的合并净利润 = 4000 + 1500 +（538.75 - 288.75）= 5750（万元）

合并报表中应增加的投资收益和长期股权投资账面价值 = 538.75 - 288.75 = 250（万元）

借：长期股权投资 2500000
    贷：投资收益 2500000

抵销甲公司销售给乙公司的未实现收入、成本等：

借：主营业务收入（500 万元×60%×25%） 750000
    贷：主营业务成本（300 万元×60%×25%） 450000
        投资收益 300000

借：长期股权投资 262500

贷：存货 [（600－450）万元×25%×70%]　　　　　　262500

在计算内部未实现损益抵销比例时，包括投资企业对其联营或合营企业的股权份额，以及投资企业所属子公司对该联营或合营企业的股权份额之和，投资企业所属除子公司以外其他企业所持该联营或合营企业的股权份额则不予考虑。例如，甲公司分别持有乙公司、丙公司和丁公司25%、70%和35%的股权，并对乙公司和丁公司具有重大影响、对丙公司具有控制能力；同时，丁公司持有乙公司2%的股份，丙公司持有乙公司3%的股份。如果乙公司当期出售产品给甲公司，其内部未实现利润为100万元，则甲公司在计算应抵销的内部未实现利润为28万元 [100×（25%＋3%）]。

权益法核算与所得税会计*

企业对联营或合营企业的投资采用权益法核算时,长期股权投资的账面价值将随着被投资单位所有者权益的变动而变动,但税法在计算应纳税所得额或者在确定长期股权投资的计税基础时,除税法认定的初始投资成本外,通常不会考虑按照会计标准(会计标准是指国家统一的会计制度,包括企业会计准则、企业会计准则——应用指南、企业会计准则讲解以及其他有关规定)规定的权益法下所计量的长期股权投资账面价值中涉及的对初始投资成本的调整、损益调整和其他权益变动等。因此,在权益法下,企业对联营或合营企业的投资在持有期间其账面价值与计税基础会产生差异,涉及所得税的问题主要包括以下几个方面:

一、初始投资成本及其调整所涉及的所得税

按照会计标准要求,企业取得的对联营或合营企业的长期股权投资,其初始投资成本分别情况确定:(1)以支付现金取得的长期股权投资,按照实际支付的购买价款作为初始投资成本(被投资单位已宣告尚未发放的现金股利除外)。初始投资成本包括与取得长期股权投资直接相关的费用、税金及其他必要支出。(2)以发行权益性证券取得的长期股权投资,按照发行权益性证券的公允价值作为初始投资成本。(3)投资者投入的长期股权投资,按照投资合同或协议约定的价值作为初始投资成本,但合同或协议约定价值不公允的除外。(4)通过非货币性资产交换取得的长期股权投资的初始投资成本,分别确定:如果该项交换具有商业实质,且公允价值能够可靠计量的,换入长期

---

* 《财务与会计》综合版 2008 年第 4 期

股权投资的初始投资成本,按照换出资产的公允价值和应支付的相关税费并考虑补价后作为换入资产的成本(有确凿证据表明换入资产的公允价值更加可靠,则以换入资产的公允价值作为确定换入长期股权投资的初始投资成本的基础),公允价值与换出资产账面价值的差额计入当期损益;如果该项交易不具有商业实质,或者公允价值不能够可靠计量的,换入长期股权投资的成本应当按照换出资产的账面价值和应支付的相关税费,并加减相关补价后的金额确定其初始投资成本。(5)债务重组取得的长期股权投资的初始投资成本,按照所取得长期股权投资的公允价值确定。(6)政府补助取得的长期股权投资,通常按照公允价值确定其初始投资成本。

按照所得税法规定,企业对外进行权益性投资,在转让或者处置投资资产时,投资资产的成本,准予扣除。投资资产成本的确定方法为:(1)通过支付现金方式取得的投资资产,以购买价款为成本;(2)通过支付现金以外的方式取得的投资资产,以取得时该资产的公允价值和支付的相关税费为成本。

可见,会计标准与税法在确定对联营或合营企业的长期股权投资的初始投资成本时的原则基本一致。即按照会计标准所确定的对联营或合营企业投资的初始投资成本与按照税法认定的权益性投资资产的成本基本相同。但是,在某些情况下也会产生差异,例如,按照会计标准要求对于不具有商业实质(在实务中这种交易不具有普遍性)或者公允价值不能可靠计量的非货币性资产交换交易按照换出资产的账面价值作为换入资产入账价值的基础,税法通常要求按照公允价值计量换入资产的价值。按照所得税会计核算要求,在资产、负债的初始确认时,除了企业合并并且交易发生时既不影响会计利润也不影响应纳税所得额(或可抵扣亏损)的情况以外,其他情况下,通常应当确认资产、负债的账面价值与其计税基础之间产生的暂时性差异的所得税影响。对于不具有商业实质的交易,会计与税法处理不同而产生差异,在该项差异发生时不影响会计利润,但会影响应纳税所得额(税法按照公允价值确定换入资产的成本,公允价值与其账面价值的差额计入应纳税所得额),是否应当确认该部分暂时性差异的所得税影响,应当考虑该项长期投资是否意图长期持有:如果企业管理当局意图长期持有,则不会产生所得税影响,也不需要确认由此产生的递延所得税负债(或资产);如果企业管理当局意图于未来出售该项投资,因出售投资时将产生所得税影响,应当按照预计出售时所适用的所得税税率计算确认由此产生的暂时性差异的所得税影响。

同时,对联营或合营企业投资采用权益法核算时,当其初始投资成本小于投资时应享有被投资单位可辨认资产、负债等公允价值份额的差额,按照会计标准将其直接计入当期营业外收入,并调整长期股权投资的初始投资成本。税法对于该部分差额不计入产生当期的应纳税所得额,则其账面价值会大于计税基础。在这种情况下,是否需要确认暂时性差异的所得税影响,也应分别持有意图确定。如果企业意图长期持有该项投资,则不会产生所得税影响,不需要确认由此产生的递延所得税负债;如果企业意图将出售该项投资,按照投资企业未来处置该项投资时所适用的所得税税率计算确认应纳税暂时性差异的所得税影响金额,即确认一项递延所得税负债。

例1:甲公司于20×7年1月1日,以发行本公司股票方式购买乙公司30%的股权,发行股数为1800万股,发行价格为每股1.5元。投资日,乙公司净资产账面价值为8000万元(账面价值等于计税基础),可辨认净资产公允价值为9139万元,甲、乙公司适用的所得税税率均为25%。假定:税法规定于长期股权投资处置时,其处置所得价款减去初始投资成本后的净额计入处置当期的应纳税所得额,取得投资时按照会计标准所计算的初始投资成本小于被投资单位可辨认净资产公允价值的差额不计入应纳税所得额;甲公司意图在1年后出售该项投资。甲公司的会计处理如下(金额单位:元。下同):

(1)确认初始投资成本

借:长期股权投资——乙公司(成本)(18000000×1.5)

                   27000000

 贷:股本   18000000

   资本公积——股本溢价   9000000

(2)计算应享有乙公司可辨认净资产公允价值的份额

应享有乙公司净资产公允价值份额=9139×30%=2741.7(万元)

应确认为当期损益的金额=2741.7-2700=41.7(万元)

借:长期股权投资——乙公司(成本)   417000

 贷:营业外收入   417000

(3)确定账面价值与计税基础、确认暂时性差异的所得税影响金额(见表1)

表1   单位:万元

项目	账面价值	计税基础	应纳税暂时性差异	递延所得税负债
长期股权投资	2741.7	2700	41.7	10.425

借：所得税费用　　　　　　　　　　　　104250
　　贷：递延所得税负债　　　　　　　　　　　104250

二、投资企业分得现金股利冲减投资成本涉及的所得税

企业对联营或合营企业投资后，当投资企业所获得的现金股利为投资企业投资前被投资单位实现净利润的分配额，按照会计核算要求冲减长期股权投资的初始投资成本，不确认投资收益；税法规定企业获得的符合条件的居民企业之间的股息、红利等权益性投资收益予以免税，这里的符合条件的居民企业之间的股息、红利是指居民企业直接投资于其他居民企业取得的投资收益。在这种情况下，投资企业获得的被投资单位的现金股利冲减长期股权投资的初始投资成本，而税法则不计入应纳税所得额，导致长期股权投资的账面价值会小于计税基础，产生可抵扣暂时性差异。未来期间，当投资企业处置该项长期股权投资时，按照税法认定的初始投资成本作为抵扣的基础，即该部分可抵扣暂时性差异可以从税前抵扣。但是，是否需要确认该项可抵扣暂时性差异的所得税影响，仍然需要视投资持有意图而定，如果企业意图长期持有，则不确认该部分暂时性差异的所得税影响；如果将于近期出售，在满足可抵扣暂时性差异确认条件的前提下，按照投资企业未来处置该项投资时所适用的所得税税率计算确认递延所得税资产。

三、权益法下确认被投资单位实现净利润（或亏损）所涉及的所得税

采用权益法核算时，投资企业按照取得投资时被投资单位可辨认净资产公允价值为基础确定应享有的份额，并计算出初始投资成本中所包含的商誉或应直接计入当期损益的金额。继后，当被投资单位实现账面净利润，投资企业需要按照投资时所确认的被投资单位各项资产、负债公允价值相关的折旧、摊销等对被投资单位账面净利润（或亏损）的影响进行调整，并按调整后的净利润作为确认投资损益的基础（不考虑内部交易未实现损益）。由于投资时，被投资单位各项资产、负债的公允价值往往与其账面价值不同，但被投资单位的账簿记录并不按照公允价值调整，被投资单位实现的净利润为按照其账面资产、负债为基础计算的结果，当被投资单位资产、负债的账面价值与其计税基

础存在差异时，在被投资单位的个别财务报表中已对暂时性差异确认了相关的递延所得税资产或递延所得税负债。如果在投资日被投资单位的各项可辨认资产、负债等的公允价值与其账面价值存在差异，进而产生有关资产、负债对投资企业的账面价值与其计税基础不同，因在被投资单位的账簿记录中并未由此而确认相关的递延所得税，因此，应在调整账面净利润时考虑递延所得税的因素。

按照我国税法规定，居民企业直接投资于其他居民企业取得的股息、红利等权益性投资收益免税。因此，投资企业与被投资单位所适用的所得税税率相同或者投资企业所适用的所得税税率大于被投资单位所适用的所得税税率的情况下，投资企业未来所分得的股利均不存在补缴所得税的问题。在这种情况下，因权益法而确认的长期股权投资中的损益调整项目的计税基础和所得税税率如何确定，有两种考虑：一是认定其计税基础为零，因为权益法下所确认的损益调整金额在未来计算应纳税所得额时不能税前抵扣。对于长期股权投资中的损益调整项目的金额与零计税基础之间的差额，是否应当确认递延所得税负债（或资产），应视具体情况而定。如果投资企业意图长期持有该项投资，并且预计被投资单位能够分配现金股利的，因在收回现金股利时不会产生税款的流出，即所得税税率为零，故不确认由此产生的递延所得税负债（或资产）；如果投资企业意图长期持有该项投资，但预计被投资单位不会分配现金股利的，因其不会产生纳税的影响，适用的所得税税率为零，也不确认由此产生的递延所得税负债（或资产）；如果投资企业意图出售该项股权，因其出售股权时税法仅允许投资资产的成本予以扣除，长期股权投资中的损益调整金额不允许税前扣除，因此，当企业意图出售该项股权时，对按照权益法核算的损益调整金额通常需要按照出售股权时所适用的所得税税率计算确认相关的递延所得税负债（或资产），并计入当期损益。二是认定其计税基础等于账面价值，因为当企业意图长期持有而未来收回或未收回原所确认的投资收益时，均不需要征税。在这种情况下，账面价值等于计税基础，不产生暂时性差异。但是，当企业意图出售该项投资时，原确认的尚未收回的投资收益，即长期股权投资的损益调整项目尚有余额的，应在计划出售时重新考虑其计税基础为零，并按照预计出售时所适用的所得税税率计算确认暂时性差异的所得税影响。

例2：甲公司于20×7年1月3日购入乙公司30%股权，并具有重大影响，初始投资成本为400万元。投资时，乙公司各项可辨认资产、负债的公允价值为1000万元（未扣除无形资产增值的所得税影响），除原未入账的无形资产价值增加 200 万元外,其他资产、负债的账面价值均与其公允价值相同,且与其计税基础相同。无形资产的原账面原值为 100 万元(每年摊销 10 万元,已摊销 2 年),新增的原未入账的无形资产 200 万元的原值,每年增加摊销额 20 万元。20×7 年 3 月 5 日,乙公司宣告分派 20×6 年度现金股利 200 万元;20×7 年乙公司实现账面净利润 800 万元(无内部交易未实现损益)。假定:甲公司意图长期持有乙公司股权;甲、乙公司适用的所得税税率均为 25%,税法规定以初始投资成本认定为其今后可税前抵扣的金额,并且认定乙公司的资产、负债的账面价值为其计税基础,无形资产摊销期间与税法相同;所产生的可抵扣暂时性差异符合确认递延所得税资产的条件。甲公司的会计处理如下:

(1) 20×7 年投资时

借:长期股权投资——乙公司(成本)　　　　　4000000
　　贷:银行存款　　　　　　　　　　　　　　　4000000

应确认无形资产增值 200 万元的递延所得税负债 = 200 × 25% = 50(万元)

乙公司可辨认净资产公允价值 = 1000 − 50 = 950(万元)

应享有乙公司可辨认净资产公允价值份额 = 950 × 30% = 285(万元)

初始投资成本大于应享有乙公司公允价值净资产的份额,故不需调整投资成本

(2) 20×7 年确认乙公司分派现金股利

借:应收股利　　　　　　　　　　　　　　　　600000
　　贷:长期股权投资——乙公司(成本)　　　　600000

(3) 计算确认乙公司无形资产所产生暂时性差异及其影响额(见表 2)

表 2　　　　　无形资产产生的暂时性差异及影响金额计算表　　　　　单位:万元

项目	账面价值	计税基础	应纳税暂时性差异	递延所得税负债
无形资产——成本	300	100	200	50
已摊销金额:				
原摊销金额	20	20	0	
当年摊销金额	30	10	(20)	(5)
无形资产账面价值	250	70	180	45

(4) 应确认 20×7 年投资收益 = {800 − [20 + (180 × 25% − 50)]} × 30% = 785 × 30% = 235.5(万元)

借：长期股权投资——乙公司（损益调整）　　　　2355000
　　贷：投资收益　　　　　　　　　　　　　　　　2355000

(5) 确认甲公司长期股权投资与其计税基础差额及其影响数（见表3）

表3　　　　长期股权投资产生的暂时性差异及影响金额计算表　　　　单位：万元

项目	账面价值	计税基础	应纳税暂时性差异	适用税率	递延所得税负债（资产）
投资成本	340	400	(60)	0%	0
损益调整	235.5	0	235.5	0%	0
账面价值	575.5	400	175.5	—	0

因甲公司意图长期持有对乙公司的投资，故不确认因收回现金股利以及确认投资收益而产生的递延所得税。

假定甲公司计划于20×8年度出售对乙公司的投资，则该项长期股权投资的成本以及损益调整所产生的暂时性差异按照出售股权时预计的所得税税率确认递延所得税负债（见表4）。其会计处理如下：

表4　　　　长期股权投资产生的暂时性差异及影响金额计算表　　　　单位：万元

项目	账面价值	计税基础	应纳税暂时性差异	适用税率	递延所得税负债（资产）
投资成本	340	400	(60)	25%	(15)
损益调整	235.5	0	235.5	25%	58.875
账面价值	575.5	400	175.5	—	43.875

借：所得税费用　　　　　　　　　　　　　　　　438750
　　贷：递延所得税负债　　　　　　　　　　　　　438750

当被投资单位发生亏损时，投资企业按照所持权益份额计算应确认亏损分担额，并确认投资损失，减少长期股权投资的账面价值。假定上述例2中，乙公司于20×7年发生账面净亏损800万元，甲公司意图长期持有对乙公司的投资，其他条件同例2。甲公司的会计处理为：

(1) 应确认20×7年投资损失 = $\{800 + [20 + (180 \times 25\% - 50)]\} \times 30\%$
= $815 \times 30\% = 244.5$(万元)

借：投资收益　　　　　　　　　　　　　　　　　2445000
　　贷：长期股权投资——乙公司（损益调整）　　　2445000

(2) 确认甲公司长期股权投资与其计税基础差额及其影响数（见表5）

表5　　　　长期股权投资产生的暂时性差异及影响金额计算表　　　单位：万元

项目	账面价值	计税基础	应纳税暂时性差异	适用税率	递延所得税负债（资产）
投资成本	340	400	(60)	0%	0
损益调整	(244.5)	0	(244.5)	0%	0
账面价值	95.5	400	(304.5)	—	0

假定甲公司计划于20×8年度出售对乙公司的投资，则该项长期股权投资的成本以及损益调整所产生的暂时性差异按照出售股权时预计的所得税税率确认递延所得税（见表6）。其会计处理如下：

表6　　　　长期股权投资产生的暂时性差异及影响金额计算表　　　单位：万元

项目	账面价值	计税基础	应纳税暂时性差异	适用税率	递延所得税负债（资产）
投资成本	340	400	(60)	25%	(15)
损益调整	(244.5)	0	(244.5)	25%	(61.125)
账面价值	95.5	400	(304.5)	—	(76.125)

借：递延所得税资产　　　　　　　　　　　　　　761250
　　贷：所得税费用　　　　　　　　　　　　　　　761250

四、权益法下被投资单位其他所有者权益变动涉及的所得税

在持股比例不变的情况下，投资企业对联营或合营企业投资采用权益法核算时，被投资单位除净损益外其他所有者权益变动，投资企业按照所持权益份额计算应享有的份额，增加长期股权投资账面价值并计入资本公积。按照所得税会计处理原则，与所有者权益相关的交易或事项涉及的递延所得税计入权益。直接计入所有者权益的项目主要包括可供出售金融资产公允价值变动、现金流量套期中有效套期工具的公允价值变动等。在确定是否确认权益法下其他权益变动的所得税影响金额时，与上述权益法下确认被投资单位实现净利润

（或亏损）所涉及的所得税的处理原则基本相同，即如果投资企业意图长期持有该被投资单位的股权，因被投资单位除净损益以外其他所有者权益变动按权益法确认应享有的金额，不确认由此产生的暂时性差异的所得税影响金额；如果投资企业意图近期出售该被投资单位的股权，该项长期股权投资所涉及的其他权益变动金额按照出售股权时所适用的所得税税率计算确认相关的递延所得税，并计入权益。

例3：假定乙公司于20×7年分类为可供出售金融资产的公允价值增加300万元，甲公司意图长期持有对乙公司的投资，其他条件与例2相同，则甲公司的会计处理如下：

应享有乙公司可供出售金融资产公允价值增加份额＝300×30％＝90（万元）

借：长期股权投资——乙公司（其他权益变动）　　900000
　　贷：资本公积——其他资本公积　　　　　　　　　　900000

假定甲公司意图于20×8年出售对乙公司的投资，则需要确认相关的递延所得税的影响如下（见表7）：

表7　　长期股权投资产生的暂时性差异及影响金额计算表　　单位：万元

项目	账面价值	计税基础	应纳税暂时性差异	适用税率	递延所得税负债（资产）
投资成本	340	400	(60)	25％	(15)
损益调整	235.5	0	235.5	25％	58.875
其他权益变动	90	0	90	25％	22.5
账面价值	665.5	400	265.5	—	66.375

借：所得税费用　　　　　　　　　　　　　438750
　　资本公积——其他资本公积　　　　　　225000
　　贷：递延所得税负债　　　　　　　　　　　　　663750

所得税会计在合并财务报表中的运用[*]

所得税的会计处理方法，在个别财务报表中需要比较资产、负债的账面价值与其计税基础，对于两者存在的暂时性差异，如符合确认条件的，确认递延所得税资产或负债。在合并财务报表中，也需要从合并的角度考虑暂时性差异以及递延所得税的确认和计量，在某些情况下，对于个别财务报表中已确认的递延所得税资产或负债需要在合并财务报表中进行调整。

一、合并财务报表中商誉所产生的暂时性差异的确认与计量

在控股合并情况下，商誉包括在母公司的长期股权投资的初始计量中，通常情况下，个别财务报表中按照会计标准认定的长期股权投资初始成本与税法认定相同。因此，在合并财务报表中，当子公司相关权益与母公司所持有该子公司长期股权投资进行抵销时，原包含在长期股权投资中的商誉，在合并资产负债表中作为单独的一项资产列报。对于合并财务报表中列报的商誉价值（相当于合并财务报表中的账面价值），应当如何考虑该商誉的计税基础。

合并财务报表中产生的合并商誉的计税基础，应当与个别财务报表中产生的商誉的计税基础相同，即如果税法规定企业合并中产生的商誉（包含在长期股权投资中的商誉，下同）不得从税前抵扣。在合并财务报表中，当长期股权投资的账面价值与子公司相关权益抵销后形成合并商誉时，商誉的计税基础应为零，商誉在合并财务报表中初始计量的价值与其零计税基础之间的差异为应纳税暂时性差异，按照所得税会计处理原则，不确认该项暂时性差异的所

---

[*]（《中国注册会计师》2008 年 2 月）

得税影响；如果税法规定企业合并中产生的商誉可以从税前抵扣，在合并财务报表中，当长期股权投资的账面价值与子公司相关权益抵销后形成合并商誉时，商誉的计税基础等于账面价值，暂时性差异为零。

如果在个别财务报表中，对子公司的长期股权投资计提了减值准备，导致长期股权投资的账面价值与其计税基础不同而产生暂时性差异，并确认了相关的递延所得税的。在编制合并财务报表时，首先将个别财务报表中计提的减值准备予以抵销，并在合并财务报表中考虑商誉的减值。如果商誉存在减值的，在合并财务报表中计提商誉的减值准备，并在合并利润表中确认商誉的减值损失，因此产生合并财务报表中商誉的账面价值与其计税基础的差异。在这种情况下，是否确认暂时性差异的所得税影响金额，应当分别情况处理：如果在初始计量时，不确认商誉所产生应纳税暂时性差异的所得税影响，则后续计量也不确认因商誉减值而产生的应纳税暂时性差异的变动；如果初始计量时，商誉的账面价值等于其计税基础，则后续计量应确认因商誉减值而产生的暂时性差异的变动所产生的递延所得税。

二、长期股权投资的初始投资成本小于应享有被投资方可辨认资产、负债等公允价值份额差额的所得税处理

对于非同一控制下的控股合并，在合并财务报表中，当合并成本小于应享有被购买方于购买日各项可辨认资产、负债等公允价值份额时，两者差额计入合并利润表的营业外收入项目。在编制合并财务报表时，如果先采用权益法恢复长期股权投资的账面价值，长期股权投资的账面价值（即按照权益法调整的投资成本，不考虑后续计量的影响）将会大于计税基础（通常为初始投资成本），因而产生应纳税暂时性差异。在投资企业意图近期出售该投资的情况下，在合并工作底稿中，对母公司原编制的个别财务报表进行调整时应确认递延所得税负债。但是，由于合并成本加上初始投资成本小于被购买方各项可辨认资产、负债等公允价值的份额的差额，已经在合并财务报表中分摊至被购买企业各项可辨认资产、负债，并比较合并财务报表中的各项可辨认资产、负债的账面价值与其计税基础，两者的差异在符合递延所得税确认条件的前提下，确认了递延所得税。因此，在合并财务报表中，不能确认因初始投资成本与应享有被购买方各项可辨认资产、负债等公允价值份额的差额所确认的递延所得税负债，即对原已确认的该部分差额的递延所得税负债在合并财务报表中予以

抵销。在以成本法为基础编制合并财务报表的情况下，其处理原则与上述相同。

三、合并财务报表中已抵销内部交易涉及的暂时性差异的确认与计量

合并财务报表是将母公司与其控制的子公司视为一个报告主体，将母子公司的各项资产、负债、收入、费用等合并反映企业集团整体财务状况、经营成果和现金流量的情况。在合并财务报表中，将企业集团内各成员企业（如母子公司）之间销售商品、提供劳务等的交易视为内部交易，并以抵销其未实现内部交易损益后的金额反映。例如，甲公司拥有乙公司80%的股权并能对乙公司实施控制。当期甲公司向乙公司销售一批商品，销售价格为1000万元，销售成本为600万元。假定期末乙公司从甲公司购入的商品全部未对外出售。在甲公司的利润表中确认了收入1000万元，销售成本600万元。在不考虑其他因素的情况下，该项销售实现利润400万元。在乙公司的资产负债表的存货项目中，反映1000万元的存货价值。由于在合并财务报表中将整个集团作为一个报告主体，甲公司销售商品给乙公司视为存货内部转移，不产生收入、成本和利润。同时，存货项目也应仅反映原实际成本600万元。即在合并财务报表中将内部交易所产生的未实现的收入、利润等予以还原，以反映存货600万元的原貌。为此，在编制合并财务报表时，需要抵销内部交易所产生的收入1000万元、所结转的成本600万元，以及存货中所包含的内部销售未实现利润400万元。

合并财务报表中抵销了内部交易未实现利润的同时，将相关资产、负债还原为出售方的原成本或价值。税法通常将每一企业视为一个独立的纳税主体，但在合并财务报表中可将企业集团整体视为一个纳税主体（虽然不是真正意义上的纳税主体），并按与个别财务报表相一致的原则确认暂时性差异的所得税影响。对于合并财务报表中抵销的内部交易所产生的未实现利润后所形成的资产、负债的账面价值（此时为合并财务报表中的价值）与其计税基础之间的差异，在符合确认条件的前提下确认相应的递延所得税负债或递延所得税资产。在上述例子中，乙公司从甲公司处购入的商品按照实际成本1000万元确认为存货的入账价值，其计税基础亦为1000万元。当在合并财务报表中抵销了内部交易产生的400万元未实现利润时，在合并资产负债表中存货的价值为

600万元，而计税基础仍为1000万元，因而产生可抵扣暂时性差异400万元。假定适用的所得税税率为25%，在符合递延所得税资产确认条件的前提下，应在合并财务报表中确认递延所得税资产100万元（400×25%），同时，在合并财务报表中调整所得税费用项目100万元。

四、未实现内部交易所产生的资产发生减值时递延所得税的确认和计量

企业集团内部各成员企业之间的未实现内部交易，在编制合并财务报表时，应当按照合并财务报表的编制原则予以抵销。在合并财务报表中抵销了内部交易未实现损益后，如果购入资产的一方其资产发生减值且涉及所得税的，分别以下三种情况处理：

（一）抵销内部交易未实现利润后的资产账面价值小于其可变现净值或可收回金额

在企业集团内部各成员企业之间交易中，购买资产一方的个别财务报表中包括了集团内部成员企业销售该项资产所包含的内部未实现利润。当该项资产在个别财务报表中确认了资产减值损失并由此确认了递延所得税资产时，如果该项资产所计提的减值损失小于未实现的内部交易利润的，应在合并财务报表中先冲回全部已在个别报表中计提的减值准备，并调整应确认的递延所得税金额，或者先冲回原已确认的递延所得税，再按照合并财务报表中相关资产的账面价值与其计税基础的差异计算应确认的递延所得税。

例：甲公司持有乙公司60%股权，并能对乙公司的财务和经营政策实施控制。2007年甲公司出售其生产的产品给乙公司，出售价款为1000万元（不考虑相关的增值税等因素），销售成本为800万元，内部销售利润为200万元。2007年末，乙公司尚未出售该批产品，因该批产品的可变现净值为900万元，为此乙公司计提了跌价准备100万元。假定转回暂时性差异时所适用的所得税税率为25%，可抵扣暂时性差异在转回时有足够的应纳税所得额予以抵扣。

1. 对于乙公司个别财务报表。在乙公司个别财务报表中，存货的成本为1000万元，可变现净值为900万元，乙公司为此计提了100万元的存货跌价准备，2007年末该项存货的账面价值为900万元。因该项存货的计税基础为

1000万元,且乙公司未来有足够的应纳税所得额抵扣该项可抵扣暂时性差异,为此,乙公司确认了25万元(100×25%)的递延所得税资产。

2. 对于甲公司编制合并财务报表。首先,抵销甲、乙公司内部销售未实现利润200万元,以及相关的收入、成本,其抵销分录为(金额单位:元。下同):

  借:营业收入   10000000
    贷:营业成本   8000000
      存货   2000000

其次,调整在乙公司个别财务报表中已确认的相关的递延所得税。由于经上述抵销后,在合并财务报表中该批存货的账面价值为800万元(注:此时为合并财务报表中经抵销内部交易利润后的存货价值),即为甲公司原有存货的成本,而该批存货的可变现净值为900万元,从合并财务报表中看,该批存货并不存在减值损失。因此,应当冲回原在个别财务报表中已确认的跌价准备和递延所得税资产:

  借:存货(存货跌价准备)   1000000
    贷:资产减值损失   1000000
  借:所得税费用   250000
    贷:递延所得税资产   250000

最后,经上述抵销后,合并财务报表中存货的账面价值为800万元,而计税基础不会因合并报表而改变,依然为1000万元,存货的账面价值小于其计税基础200万元,应当在合并资产负债表中确认由此产生的递延所得税资产。在合并财务报表中作如下分录:

  借:递延所得税资产   500000
    贷:所得税费用   500000

上述第二和第三笔分录可以合并,即保留乙公司个别财务报表中已确认的递延所得税资产25万元,在合并财务报表中再确认递延所得税资产25万元。由此,在合并财务报表中的递延所得税资产合计应确认50万元。

(二)抵销内部交易未实现利润后的资产账面价值等于其可变现净值或可收回金额

在企业集团内部各成员企业之间的交易中,购买资产的一方于资产负债表日对该项资产计提了减值或跌价准备,如果所计提的减值准备等于未实现的内部交易利润的,在合并财务报表中应冲回全部已在个别报表中计提的减值准备。此时，合并财务报表中相关资产的账面价值与计税基础的差额应确认的递延所得税与其个别报表中的金额一致，在合并报表中不需要再进行调整。

例：仍以上述例子为例。假定2007年末，乙公司对该批存货计提了200万元的跌价准备，其他资料不变。由于乙公司个别财务报表中，对该批存货计提了跌价准备200万元，并确认了50万元的递延所得税资产。在合并财务报表中，当抵销了甲、乙公司内部交易相关的收入、成本和利润后，合并财务报表中的该批存货的账面价值为800万元，计税基础为1000万元，在合并财务报表中应确认递延所得税资产为50万元。因乙公司已在个别财务报表中确认了递延所得税资产50万元，因此，在合并财务报表中无须再对个别财务报表中已确认的递延所得税资产的金额进行调整。

（三）抵销内部交易未实现利润后的资产账面价值大于其可变现净值或可收回金额

在企业集团内部各成员企业之间的交易中，购买资产的一方于资产负债表日在个别财务报表中对该项资产计提了减值或跌价准备，如果所计提的减值准备大于未实现的内部交易利润的，在合并财务报表中应冲回减值准备至可变现净值或可收回金额。此时，账面价值与计税基础的差额应确认的递延所得税与其个别报表中的金额一致，在合并报表中不需要再调整。

例：仍以上述例子为例。假定2007年末，乙公司对该批存货计提了300万元的跌价准备，其他资料不变。由于乙公司个别财务报表中，对该批存货计提了跌价准备300万元，并确认了75万元的递延所得税资产。在合并财务报表中，当抵销了甲、乙公司内部交易相关的收入、成本和利润后，合并财务报表中的该批存货的账面价值为700万元，计税基础为1000万元，在合并财务报表中应确认递延所得税资产为75万元。因乙公司已在个别财务报表中确认了递延所得税资产75万元。因此，在合并财务报表中无须再对递延所得税资产的金额进行调整。在合并财务报表中应编制的抵销分录为：

借：营业收入　　　　　　　　　　　　　　10000000
　　贷：营业成本　　　　　　　　　　　　　8000000
　　　　存货　　　　　　　　　　　　　　　2000000
借：存货跌价准备　　　　　　　　　　　　　2000000
　　贷：资产减值损失　　　　　　　　　　　2000000

由此可见，在资产负债表日编制合并财务报表时，当内部交易所产生的利润予以抵销后，其原始成本或原价值（本例为 800 万元）小于其可变现净值或可收回金额（本例 900 万元）时，已在个别财务报表中计提的跌价或减值准备全部冲回，在合并财务报表中调整应确认的递延所得税金额；当内部交易所产生的利润予以抵销后，其原始成本或原价值（本例为 800 万元）等于其可变现净值或可收回金额（本例 800 万元）时，已在个别财务报表中计提的跌价或减值准备全部冲回，个别报表中已确认的递延所得税等于合并报表中应确认的递延所得税；当内部交易所产生的利润予以抵销后，其原始成本或原价值（本例 800 万元）大于其可变现净值或可收回金额（本例 700 万元）时，已在个别财务报表中计提的跌价或减值准备部分冲回（冲回未实现的内部交易利润部分），使合并报表中存货项目等于可变现净值，个别财务报表中已确认的递延所得税等于合并报表中应确认的递延所得税。如果母公司与其子公司所适用的所得税税率不同，在合并财务报表中，当抵销了内部交易未实现利润后资产、负债的账面价值与其计税基础之间产生暂时性差异，并且需要重新计量或者调整已确认的递延所得税资产或负债时，通常采用相关资产、负债所属的企业纳税所在地所适用的所得税税率。例如，假定上述例子中第一种情况下，甲公司和乙公司所适用的所得税税率分别为 20%、25%，在合并财务报表中抵销其内部交易未实现利润后调整所确认的递延所得税资产时，应当采用乙公司适用的所得税税率 25% 计量。

五、与应收款项相关项目抵销后涉及的递延所得税的确认和计量

（一）不考虑应收款项减值情况的处理

在合并财务报表中抵销内部交易所产生的收入、成本、利润的同时，对于内部交易所产生应收、应付等往来项目也应予以抵销，并以抵销后各项应收、应付项目的金额（即零的价值）在合并财务报表中列示。在确定应收、应付项目的计税基础时，有两种情况：

1. 如果未来收回资产或清偿债务时不需要交税的，则其计税基础等于账面价值（此处为合并财务报表中列示的价值）。例如，假定甲公司销售商品给其子公司，子公司尚未支付购买商品的价款 1170 万元（1000 + 1000 × 17%），不考虑计提的坏账损失，在编制合并财务报表时，抵销内部交易产生的应收、

应付款项 1170 万元，则在合并资产负债表中因该交易形成的应收、应付账款为零。因其今后收回应收账款或者偿付应付账款时不需要交税，因此，计税基础等于合并财务报表中列示的金额零，不产生暂时性差异，其所得税影响也为零。

2. 如果未来收回资产或清偿债务时不需要交税，并且合并财务报表中不能改变原个别财务报表中的计税基础的。当合并财务报表中抵销了内部交易形成的应收、应付款项时，账面价值为零，计税基础与个别财务报表相同，账面价值小于其计税基础产生暂时性差异，因未来收回应收款项或清偿应付款项时不产生税收的影响，因此，暂时性差异与零税率的乘积，其所得税影响也为零。

上述两种情况在合并财务报表中的处理结果相同。如果未来收回资产或清偿债务时需要交税的，因个别财务报表中已经对此确认了递延所得税，合并财务报表中不需要再调整已确认的递延所得税。

（二）考虑应收款项减值情况的处理

如果上述甲公司对该应收账款计提了坏账损失 20 万元，而税法规定应收款项待实际发生损失时才可税前抵扣，企业按照会计标准计提的坏账准备，不允许在计提的当期从税前抵扣。在甲公司个别财务报表中，应收账款账面价值为 1150 万元（1170－20），计税基础为 1170 万元，假定甲公司未来持续盈利且有足够的应纳税所得额抵扣可抵扣暂时性差异，适用的所得税税率为 25%。则确认 20 万元可抵扣暂时性差异的所得税影响金额（递延所得税资产）为 5 万元。在合并财务报表中，抵销了应收、应付账款 1170 及相关的坏账损失 20 万元后，应收、应付账款的账面价值为零，计税基础为 1170 万元，产生可抵扣暂时性差异 1170 万元。因未来收回应收款项或清偿应付款项时不涉及税收的影响，因此，暂时性差异与零税率的乘积，其所得税影响也为零。在合并财务报表中，应冲回原在个别财务报表中确认的 5 万元的所得税影响金额，并调整合并财务利润表所得税费用项目 5 万元。

如果税法规定应收款项可按其余额的一定比例计提的坏账准备从税前抵扣。合并财务报表中经抵销应收、应付项目后零的价值与其计税基础的差异，确认为暂时性差异，在符合递延所得税确认条件的前提下，合并财务报表中确认可抵扣暂时性差异的所得税影响金额。仍以上述例子为例，假定税法允许按照应收账款 5‰ 计提的坏账准备可以从税前抵扣。则在合并财务报表中经抵销应收、应付项目后，应收账款的账面价值为零，计税基础为1164.15万元（1170 – 1170×5‰），形成可抵扣暂时性差异1164.15万元。该1164.15万元可以视为1170万元，与负的5.85万元两部分。对于1170部分，因收回时不涉及税收影响，其适用的所得税税率为零，则所得税影响也为零；对于5.85部分的所得税影响，因其在未来收回时涉及所得税的影响，应当在合并财务报表中予以确认。因此，在编制合并财务报表中，随着应收、应付项目抵销后，原在个别财务报表中确认的20万元的所得税影响5万元也应当予以抵销，并调整合并利润表所得税费用项目5万元。在合并财务报表中确认递延所得税资产保留 – 1.4625万元｛个别财务报表中确认的递延所得税资产3.5375万元 [（1150 – 1164.15）×25%] – 抵销的按照会计准则计提坏账准备而确认的递延所得税资产5万元（20×25%）｝，即确认递延所得税负债1.4625万元，表明当未来全额收回应收款项时，原在税前抵扣的5.85万元（1170×5‰）将产生所得税的支付。

特殊交易的所得税会计处理[*]

企业在对日常生产经营过程中发生的交易进行相关会计处理时，常常会涉及所得税的问题。可以说，所得税的会计处理涉及的面非常广泛，无论在个别财务报表上，还是在合并财务报表上，均无法不涉及或者不考虑所得税因素对财务报表各项目的影响。以下就以股份为基础支付和复合金融工具核算时所涉及的所得税会计处理作一探讨。

一、以股份为基础支付涉及的所得税会计处理

企业给予管理层或者员工的股份期权，按照股份支付相关会计处理的要求，将企业接受员工所提供劳务而授予股份期权的对价确认为费用。因股份支付所确认的视为给予员工报酬的相关费用，在各个期间计入费用的同时，对于以权益结算的股份支付直接计入相关的权益项目；对于以现金结算的股份支付，则形成负债。在处理该项交易所涉及的所得税时，可以考虑按照以下原则处理：

（一）以权益结算的股份支付

以权益结算的股份支付，根据税法是否允许相关费用予以税前抵扣而分别处理：

1. 税法不允许以权益结算的股份支付按照会计准则所确认的费用在计算应纳税所得额时扣除。在这种情况下，企业将因授予股份期权而支付的对价确认为费用时，需要考虑在填制的纳税申报表中进行相关的纳税调整，所调整的

---

[*]（《中国注册会计师》2008 年 10 月）

金额不仅当期不能在计算应纳税所得额时扣除，而且未来期间也不能从应纳税所得额中扣除，由此产生的税前会计利润与应纳税所得额之间的差异实质为永久性差异。对于该部分永久性差异于发生的当期确认为所得税费用。

2. 税法允许以权益结算的股份支付按照税法允许的金额于行权日在计算该所属期间的应纳税所得额时扣除。例如，假定税法允许以行权日该公司的股票价格为基础计算的金额，作为在计算应纳税所得额时予以抵扣的金额，或者以税法认定的其他金额作为可在计算应纳税所得额时扣除的金额。在这种情况下，因按照会计准则所确认的相关费用通常直接计入当期损益而不形成一项资产，则期末资产零的账面价值与其计税基础将会产生可抵扣暂时性差异，该差异在符合确认条件的前提下，确认相关的递延所得税资产，同时确认所得税收益。

值得关注的是，按照会计准则规定所确认的以权益结算的股份支付涉及的相关费用时，以授予日权益工具的公允价值计量，如果税法允许以行权日公司的股票价格为基础确定的金额或者其他税法允许的金额在计算该期间的应纳税所得额时予以抵扣，在各个会计期间企业因接受员工所提供的劳务而确认与权益结算相关的费用时，需要以本期末所获得的最佳信息作为基础进行合理预计，并且在以后各个会计期末根据最新信息重新预计可于税前抵扣的金额，如果以行权日股票价格作为税前抵扣的基础，则可以每期末公司股票价格作为计量的基础。

另外，按照《国际会计准则第 12 号——所得税》的规定："在相同或不同的期间直接在权益中确认的交易或事项"所涉及的当期和递延所得税应当直接计入权益。如果按照会计准则所确认的累计费用小于预计未来可税前抵扣的金额（未来可抵扣金额超过按照会计准则所确认的费用金额），表明所得税的影响同时与费用和权益项目相关。与以权益结算相关的股份支付的费用可从税前抵除的金额超过按照会计准则已确认费用金额的差额部分，其所得税影响的金额应当直接确认为权益。

例1：甲公司于 20×6 年 1 月 1 日经过股东大会批准，决定授予其 450 名管理人员每人 100 股股票期权，所附条件为被授予股票期权的管理人员必须在未来三年内在公司工作。甲公司估计三年中被授予股票期权的管理人员的离职率为 10%，第一年离职人数为 30 人，甲公司于第一年末重新估计离职率为 15%；第二年又有 22 人离职，第三年离职人数为 15 人，共计离职人数为 67 人。每一股份期权于授予日的公允价值为 10 元；行权价为每股 8 元。

假定：（1）按照税法规定，公司授予员工的股票期权于行权日按照行权日公司股票价格（收盘价格）所计算的股票价值作为可税前抵扣的金额，适用的所得税税率为25%，预计未来所得税税率不会发生变化，符合确认递延所得税资产的条件。(2) 甲公司每年实现的利润总额为850万元，除股票期权外，无其他纳税调整事项。(3) 甲公司20×6年、20×7年、20×8年、20×9年每年末每股股票市场价格（收盘价格）分别为9元、9.5元、12元、13元。(4) 行权日为第四年末。第四年末未离职的管理人员全部行权。具体可作以下处理：

1. 20×6年度。从资产负债表分析，甲公司当期确认费用13.5万元计入损益，资产负债表上没有形成资产，因该项费用于未来行权时可在计算该期间的应纳税所得额时扣除，零的账面价值与12.15万元计税基础之间产生可抵扣暂时性差异，因符合递延所得税资产的确认条件，故其所得税影响金额确认递延所得税资产3.0375万元；同时，所附条件为时，20×6年末预计未来可税前抵扣的金额为12.15万元，低于按照会计准则所确认的费用13.5万元，该递延所得税收益全部计入当期损益。相关的账务处理如下（金额单位：元。下同）：

（1）借：管理费用　　　　　　　　　　　　　　　135000
　　　　　　　　　　　（450×100×90%×10×1÷3）
　　　　贷：资本公积——其他资本公积　　　　　135000
（2）借：递延所得税资产　　　　　　　　　　　　30375
　　　　　　　　　　　　　　　　　（121500×25%）
　　　　贷：所得税费用　　　　　　　　　　　　30375
（3）应交所得税=(850+13.5)×25%=215.875（万元）
　　借：所得税费用　　　　　　　　　　　　　　2158750
　　　　贷：应交税费——应交所得税　　　　　　2158750
上述（2）、（3）笔分录可合并为：
　　借：递延所得税资产　　　　　　　　　　　　30375
　　　　所得税费用　　　　　　　　　　　　　　2128375
　　　　贷：应交税费——应交所得税　　　　　　2158750

上述所得税费用为212.8375万元，实际承担的所得税税率为25.04%。其主要原因在于税法允许扣除的股份支付相关的费用小于会计计入当期损益的费用1.35万元，该部分所得税影响直接计入当期所得税费用0.3375万元，假定扣除该部分影响，当期所得税费用为212.5万元（212.8375−0.3375），等于实现的利润总额850万元与适用所得税税率25%计算的结果。

2. 20×7年度。从资产负债表分析，甲公司累计确认费用25.5万元计入损益,资产负债表上没有形成资产,因该项费用于未来行权时可在计算该期间的应纳税所得额时扣除,零的账面价值与 24.225 万元计税基础之间产生可抵扣暂时性差异,因符合递延所得税资产的确认条件,故其所得税影响金额所确认的递延所得税资产年末余额为 6.05625 万元,减去年初递延所得税资产的余额 3.0375 万元,当年度应确认的递延所得税资产为 3.01875 万元;同时,20×7 年末预计未来可税前抵扣的金额累计为 24.225 万元,低于按照会计准则所确认的累计费用 25.5 万元,当期确认的递延所得税资产所产生的递延所得税收益全部计入当期损益。当年度应确认的递延所得税收益 3.01875 万元,由以下各项内容组成:

(1) 当年度产生的可予以税前抵扣股份期权费用的所得税收益:450×100×85%×9.5×1÷3×25% = 30281.25(元)

(2) 计税基础调整所产生的所得税收益有两项:股票价格变动增加:450×100×85%×0.5×1÷3×25% = 1593.75(元),人员减少而减少的期权数量的影响:450×100×5%×9×1÷3×25% = 1687.5(元),两项合计为 30187.5(元)。

相关的账务处理如下:

(1) 借:管理费用   120000
         (450×100×85%×10×2÷3 – 135000)
     贷:资本公积——其他资本公积   120000

(2) 应交所得税 =(850+12)×25% = 215.5(万元)
借:所得税费用   2124812.5
    递延所得税资产   30187.5
    贷:应交税费——应交所得税   2155000

上述所得税费用为 212.48125 万元,与按照实现的利润总额 850 万元与适用所得税税率 25% 计算的结果 212.5 万元,差额为 0.01875 万元。其原因在于,税法允许扣除的股份支付相关的累计费用小于会计计入损益的累计费用 1.275 万元,该部分所得税影响为 0.31875 万元,减去上年度已影响损益金额 0.3375 万元,其差额为 0.01875 万元影响当期的所得税费用。即,确认的所得税费用 212.48125 万元加上 0.01875 万元等于实现的利润总额 850 万元与适用所得税税率 25% 计算的结果 212.5 万元。

3. 20×8 年度。从资产负债表分析,甲公司累计确认费用 38.3 万元计入损益,资产负债表上没有形成资产,因该项费用于未来行权时可在计算该期间的应纳税所得额时扣除,零的账面价值与 45.96 万元计税基础之间产生可抵扣暂时性差异，因符合递延所得税资产的确认条件，故其所得税影响金额所确认的递延所得税资产年末余额为11.49万元，减去年初递延所得税资产的余额6.05625万元，当年度应确认的递延所得税资产为5.43375万元；同时，20×8年末预计未来可税前抵扣的金额累计为45.96万元，超过按照会计准则所确认的累计费用38.3万元，当期确认的递延所得税资产所产生的递延所得税收益部分确认为权益。相关账务处理如下：

（1）借：管理费用　　　　　　　　　　　　　　　　128000
　　　　　　　　　　［（450－67）×100×10×3÷3－255000］
　　　　贷：资本公积——其他资本公积　　　　　　　128000

（2）应交所得税＝（850＋12.8）×25％＝215.7（万元）
　　　借：所得税费用　　　　　　　　　　　　　　　2121812.5
　　　　　递延所得税资产　　　　　　　　　　　　　54337.5
　　　　贷：应交税费——应交所得税　　　　　　　　2157000
　　　　　　资本公积——其他资本公积　　　　　　　19150
　　　　　　　　　　　　　　　　　　　　　［（45.96－38.3）×25％］

当年度所得税费用为212.18125万元，按照利润总额850万元和25％所得税税率计算的所得税费用为212.5万元的差额0.31875万元。因甲公司计入损益的股份支付费用38.3万元的所得税收益为9.575万元，减去以前年度已确认的所得税收益合计6.05625万元，差额3.51875万元全部确认为当期所得税收益，该收益与当期计入损益的费用12.8万元的所得税收益3.2万元的差额即为0.31875万元。

4. 20×9年行权时

（1）借：银行存款　　　　　　　　306400（8×383×100）
　　　　　资本公积——其他资本公积　383000
　　　　贷：股本　　　　　　　　　　　　　　　　　38300
　　　　　　资本公积——股本溢价　　　　　　　　　651100

（2）应交所得税＝（850－49.79）×25％＝200.0525（万元）
　　　借：所得税费用　　　　　　　　　　　　　　　2000525
　　　　贷：应交税费——应交所得税　　　　　　　　2000525

（3）借：所得税费用　　　　　　　　　　　　　　　95750
　　　　　资本公积——其他资本公积　　　　　　　　19150
　　　　贷：递延所得税资产　　　　　　　　　　　　114900

（4）所得税收益＝（38300×13）×25%＝497900×25%＝124475（元）。其中：计入损益金额383000×25%＝95750（元），计入权益金额（497900－383000）×25%＝28725（元）。

  借：所得税费用   28725
    贷：资本公积——其他资本公积（或资本溢价） 28725

上述（2）、（3）、（4）项分录合并如下：

  借：所得税费用   2125000
    贷：递延所得税资产   114900
      资本公积——其他资本公积（或资本溢价） 9575
      应交税费——应交所得税   2000525

  由于税法允许从税前抵扣的金额超过按照会计准则所确认的费用，该部分所得税收益2.8725万元［（38300×13－383000）×25%］确认为权益，即假定税法允许按照会计准则规定的费用从税前扣除，则应交所得税为202.925万元［（850－38.3）×25%］，按照税法规定可予扣除的费用49.79万元计算应交的所得税200.0525万元，两者差额所少交的所得税为2.8725万元，该部分所得税收益应计入权益而不计入损益。计入权益的2.8725万元是计入资本公积的其他资本公积还是计入资本（或股本，下同）溢价，国际会计准则并没有明确的规定，通常可作如下考虑：一是作为股本溢价，因为该部分的所得税利益由于股票期权的成本产生的，当股票期权行权时原确认费用并且计入资本公积（其他资本公积）的金额转入溢价时，计入权益的相关的所得税收益也应转入权益；二是作为其他资本公积，因为从资本溢价的概念看，该部分所得税收益不符合资本溢价的概念；三是转入留存收益，但国际会计准则似乎并不倾向于这种方法。从我国会计准则体系看，资本公积项目中除了资本溢价外，其他资本公积项目基本上属于暂记性质的，这些项目将随着其相关的资产的处置等而转入损益，如果将因股票期权产生的所得税收益计入其他资本公积，未来期间无法转入损益。因此，该部分所得税收益拟应计入资本溢价。

（二）以现金结算的股份支付

  以现金结算的股份支付，在按照会计准则要求确认费用的同时，确认为一项负债（应付职工薪酬），其计税基础的确定分别以下情况处理：

  1. 税法不允许以现金结算的股份支付按照会计准则所确认的费用在计算应纳税所得额时扣除。在这种情况下，按照与上述以权益结算的股份支付税法不允许税前抵扣相关费用同一原则进行所得税的处理。

2. 税法允许以现金结算的股份支付按照税法允许的金额于行权日在计算该行权期所属期间的应纳税所得额时扣除。如果按照会计准则所确认的费用等于按照税法规定可于未来行权时从该期间的应纳税所得额中扣除的，则计税基础为零，所确认的负债的账面价值与零的计税基础的差额所产生的可抵扣暂时性差异，在符合确认条件的前提下，确认为递延所得税资产；如果按照会计准则所确认的费用大于按照税法规定可于未来行权时从计算该期间的应纳税所得额中扣除的，所确认的负债账面价值大于计税基础的差额产生可抵扣暂时性差异，在符合确认条件的前提下，确认为递延所得税资产；如果按照会计准则所确认的费用小于按照税法规定可于未来行权时从计算该期间的应纳税所得额中扣除的，则计税基础为零，确认的负债账面价值与零计税基础之间的差额，在符合确认条件的前提下，确认递延所得税资产并计入损益，税前抵扣金额超过所确认费用的部分而确认的递延所得税资产，计入权益。

例2：以上述例1为例，并且采用以现金结算方式，于第四年末行权时，按照当时股价的增长幅度获得现金。假定20×6年、20×7年、20×8年各年末资产负债表日增值权的公允价值分别为：7元、9元、10元；第四年度行权时所支付的每份增值权现金支出为11元。其他资料同例1。具体处理如下：

1. 20×6年度。从资产负债表分析，按照会计准则所确认的负债为9.45万元，预计税前可抵扣的金额为12.15万元，计税基础为零，负债的账面价值与零计税基础之间的可抵扣暂时性差异9.45万元的所得税影响2.3625万元确计入损益；预计可从税前抵扣的金额12.15万元，超过按照会计准则所确认的费用9.45万元的部分2.7万元的所得税收益0.675万元计入权益。其相关账务处理如下：

（1）借：管理费用　　　　　　　　　　　　　　　94500
　　　　　　　　　　　　　　　　　（450×100×90%×7）
　　　　贷：应付职工薪酬
　　　　　　——股份支付　　　　　　　　　　　94500

（2）应交所得税 =（850 + 9.45）×25% = 214.8625（万元）
　　　借：所得税费用　　　　　　　　　　　　　　2125000
　　　　　　　　　　　　　　　　　（2148625 − 23625）
　　　　　递延所得税资产　　　　　　　　　　　　30375
　　　　贷：应交税费——应交所得税　　　　　　　2148625

　　　　资本公积——其他资本公积　　　　　　　　　　　　　　　6750

　　2. 20×7 年度。从资产负债表分析，按照会计准则所确认的累计负债余额为 22.95 万元，预计税前可抵扣的金额为 24.225 万元，计税基础为零，负债的账面价值与零计税基础之间的可抵扣暂时性差异 22.95 万元的所得税影响 5.7375 万元计入损益，当年度应计入损益的所得税收益为 3.375 万元（5.7375 - 2.3625）；预计可从税前抵扣的金额 24.225 万元，超过按照会计准则所确认的费用 22.95 万元的部分 1.275 万元的所得税收益 0.31875（1.275 × 25%）万元计入权益，由于 20×6 年已计入权益 0.675 万元，故当年度冲减原计入权益的所得税收益 0.35625 万元（0.675 - 0.31875）。20×7 年末应确认的递延所得税资产余额为 6.05625 万元（5.7375 + 0.31875），减去年初递延所得税资产的余额 3.0375 万元，当年度应确认的递延所得税资产为 3.01875 万元。其相关账务处理如下：

　　（1）借：管理费用　　　　　　　　　　　　　　　　　135000
　　　　　　　　　　（450 × 100 × 85% × 9 × 2/3 - 94500）
　　　　　贷：应付职工薪酬
　　　　　　　　——股份支付　　　　　　　　　　　　　　135000

　　（2）应交所得税 =（850 + 13.5）× 25% = 215.875（万元）
　　借：所得税费用　　　　　　　　　　　　　　　　　　　2125000
　　　　递延所得税资产　　　　　　　　　　　　　　　　　　30187.5
　　　　资本公积——其他资本公积　　　　　　　　　　　　　3562.5
　　　　贷：应交税费——应交所得税　　　　　　　　　　　　2158750

　　3. 20×8 年度。从资产负债表分析，按照会计准则所确认的累计负债余额为 38.3 万元，预计税前可抵扣的金额为 45.96 万元，计税基础为零，负债的账面价值与零计税基础之间的可抵扣暂时性差异 38.3 万元的所得税影响 9.575 万元计入损益，当年度应计入损益的所得税收益为 3.8375 万元（9.575 - 5.7375）；预计可从税前抵扣的金额 45.96 万元，超过按照会计准则所确认的费用 38.3 万元的部分 7.66 万元的所得税收益 1.915（7.66 × 25%）万元计入权益，由于 20×7 年已累计计入权益 0.31875 万元，故当年度应计入权益的所得税收益 1.59625 万元（1.915 - 0.31875）。20×8 年末应确认的递延所得税资产的余额为 11.49 万元（9.575 + 1.915），减去年初递延所得税资产的余额 6.05625 万元，当年度应确认的递延所得税资产为 5.43375 万元。其相关账务处理如下：

(1) 借：管理费用　　　　　　　　　　　　　　　　　153500

　　　　　　　［(450 − 67)×100×10×3/3 − 229500］

　　　贷：应付职工薪酬

　　　　　——股份支付　　　　　　　　　　　　　　153500

(2) 应交所得税 = (850 + 15.35)×25% = 216.3375（万元）

　　借：所得税费用　　　　　　　　　　　　　　　　2125000

　　　　递延所得税资产　　　　　　　　　　　　　　54337.5

　　　贷：应交税费——应交所得税　　　　　　　　　2163375

　　　　　资本公积——其他资本公积　　　　　　　　15962.5

4. 20×9 年行权时，按照每份 11 元支付的现金为 42.13 万元，与原账面确认的负债 38.3 万元之间的差额确认为当期损益；同时，行权时按照税法规定可税前抵扣的金额超过按照会计准则所确认的费用的所得税收益 1.915 万元［(49.79 − 42.13)×25%］，确认为权益。其相关账务处理如下：

(1) 借：公允价值变动损益　　　　　　　　　　　　　38300

　　　　　　　　　　　(38300×11 − 38300×10)

　　　贷：应付职工薪酬

　　　　　——股份支付　　　　　　　　　　　　　　38300

(2) 借：应付职工薪酬——股份支付　　　　　　　　　421300

　　　贷：银行存款　　　　　　　　　　　　　　　　421300

(3) 应交所得税 = (850 + 3.3 − 49.79)×25% = 201.01（万元）

　　借：所得税费用　　　　　　　　　　　　　　　　2125000

　　　贷：应交税费——应交所得税　　　　　　　　　2010100

　　　　　递延所得税资产　　　　　　　　　　　　　114900

所得税收益 = (38300×13)×25% = 124475（元），其中：计入损益金额 421300×25% = 105325（元），计入权益金额 124475 − 105325 = 19150（元）。

二、复合金融工具涉及的所得税

按照金融工具列报要求，对于企业发行的非衍生金融工具如果包含负债和权益成分的，应当在初始确认时将负债和权益成分进行分拆。在分拆时，首先确定负债成分的公允价值并以此作为其初始确认的金额，再按照该金融工具整体的发行价格扣除负债成分初始确认金额后的金额，确定权益成分的初始确认金额，并且按照分摊后的负债和权益成分分别进行会计处理。如果按照税法规定企业所发行的非衍生金融工具以其发行价格和相关的交易费用作为负债的初始计量金额，并且在其后的税务处理中按照税法规定的初始计量金额和利率计算确认的利息费用在税前抵扣，则按照会计准则的处理原则对企业所发行的非衍生金融工具的初始确认时予以分拆后，所确认的负债金额会小于按照税法规定的计税基础。按照所得税会计处理原则，负债初始确认时所产生的应纳税暂时性差异，对于商誉、不是企业合并并且交易时既不影响会计利润也不影响应纳税所得额的情况下不确认递延所得税负债。但是，由于按照会计要求对企业发行的非衍生金融工具包含负债和权益成分所进行的分拆，而造成的按照会计准则所确认负债初始计量的账面价值小于其计税基础不属于负债的初始确认所产生的应纳税暂时性差异，而属于与权益相关的项目产生的差异。会计准则对与权益相关项目的初始确认所产生应纳税暂时性差异的递延所得税负债要求予以确认，而不予豁免。因此，企业发行的具有负债和权益成分的非衍生金融工具初始确认时，负债的账面价值小于计税基础的差异产生的应纳税暂时性差异，确认为递延所得税负债并且计入权益；其后，递延所得税负债的变动计入利润表，确认为递延所得税收益。如果税法对于企业所发行的非衍生金融工具所产生负债的初始计量金额与按照会计准则所确认的负债金额相同，则不产生暂时性差异。

例3：甲公司于20×7年1月1日，按面值发行3年期、每年年末付息的可转换公司债券20000份，每份债券面值为2000元，票面年利率为3%，实际年利率为4%，不考虑交易费用。每份债券可在发行1年后的任何时候转换为400股普通股。甲公司将发行的债券划分为以摊余成本计量的金融负债，其所适用的所得税税率为25%，预计以后期间税率不会改变。假定该利息费用全部计入当期损益，税法规定按照票面价值和实际利率计算的利息费用从应纳税所得额中扣除，当债券转换为股份后，按照票面价值和实际利率计算的利息费用不再从应纳税所得额中扣除。

项目	金额（万元）
发行价格	4000(20000×2000)
其中：负债部分	3889.012(4000×0.889+120×2.7751)
递延所得税负债	27.747[(4000−3889.012)×25%]
权益部分	83.241

1. 将负债和权益成分进行分拆
2. 会计分录

（1）初始确认

借：银行存款　　　　　　　　　　　　　　　　40000000
　　应付债券——利息调整　　　　　　　　　　　1109880
　　　贷：递延所得税负债　　　　　　　　　　　　277470
　　　　　应付债券——（面值）　　　　　　　　40000000
　　　　　资本公积——其他资本公积（股份转换权）　832410

（2）20×7年计提利息

按摊余成本计算的利息费用 = 3889.012 × 4% = 155.56048（万元）
按票面利率计算的应计利息 = 4000 × 3% = 120（万元）
利息调整额的摊销 155.56048 – 120 = 35.56048（万元）

借：财务费用　　　　　　　　　　　　　　　　1555604.8
　　贷：应付利息　　　　　　　　　　　　　　　1200000
　　　　应付债券——利息调整　　　　　　　　　355604.8
借：应付利息　　　　　　　　　　　　　　　　1200000
　　贷：银行存款　　　　　　　　　　　　　　　1200000

调整递延所得税负债 = [(3889.012 + 35.56048) – 4000] × 25% – 27.747 = 18.85688 – 27.747 = –8.89012（万元）

借：递延所得税负债　　　　　　　　　　　　　　88901.2
　　贷：所得税费用　　　　　　　　　　　　　　　88901.2

（3）假定20×8年1月，债券持有人全部将债券转换为股份，甲公司发行的股票数量为800万股（400×20000）。

借：应付债券——面值　　　　　　　　　　　　40000000
　　贷：应付债券——利息调整　　　　　　　　　754275.2
　　　　股本　　　　　　　　　　　　　　　　8000000
　　　　资本公积——股本溢价　　　　　　　　31245724.8
借：资本公积——其他资本公积（股份转换权）　　832410
　　递延所得税负债　　　　　　　　　　　　　188568.8
　　　贷：资本公积——股本溢价　　　　　　　　1020978.8

新旧准则就投资会计处理的主要差异*

我国于2006年2月15日发布的38项具体企业会计准则（以下简称"新准则"）中有关投资的核算，与2001年修订的《投资》准则和其后所作的修改（以下简称"原准则"）相比发生了较大的变化，包括投资核算的分类、权益法核算，以及不同的分类对股权投资计量和列报的影响等。

一、投资核算分类的差异

原准则中所指的投资，既包括股权性质的投资，也包括债权性质和混合性质的投资；既包括短期投资，也包括长期投资。短期投资是指能够随时变现并且持有时间不准备超过一年的投资；长期投资是指短期投资以外的投资。即，无论是股权投资、债权投资，还是混合投资，都按其持有期限以及能否随时变现划分为短期或者长期，并在财务报表中分别短期投资、长期股权投资和长期债权投资列报。

新准则将各项投资重新进行了分类，对于长期性质的股权投资，包括对子公司投资、对联营或合营企业投资，以及对被投资单位不具控制、共同控制或重大影响，且在活跃市场中没有报价、公允价值不能可靠计量的权益性投资，按照《企业会计准则第2号——长期股权投资》进行核算；对于原准则中规范的其他投资，包括债权性质的投资、对被投资单位不具有控制、共同控制或重大影响且存在活跃市场报价公允价值能够可靠计量的权益性投资、混合性投资等，均按照《企业会计准则第22号——金融工具确认和计量》的要求进行

---

* 《商业会计》2008）

分类,即,除长期股权投资外,投资作为企业的一项金融资产,应当根据企业自身业务特点和风险管理要求进行恰当的分类,通常可分类为以公允价值计量且其变动计入当期损益的金融资产、持有至到期投资、可供出售金融资产等。从新准则要求的对投资的分类看,因各项股权、债权或者混合性质的投资属于金融资产,但是,由于股权投资中对子公司、联营企业或合营企业投资的特殊性,以及重大影响下的股权投资其公允价值能否可靠计量的因素,将投资的核算分别归入长期股权投资和金融工具准则,并按照相关准则的要求进行确认、计量和列报。

二、初始投资成本计量的差异

原准则规定,投资在取得时以初始投资成本计量。初始投资成本是指取得投资时实际支付的全部价款,包括税金、手续费等相关费用,但实际支付的价款中包含的已宣告但尚未领取的现金股利,或已到付息期但尚未领取的债券利息,作为应收项目单独核算;债券初始投资成本扣除相关费用及应收利息,与债券面值之间的差额作为债券投资溢价或折价,但如果取得长期债券时,实际支付的税金、手续费等相关费用金额较小的可直接计入当期投资损益。准则中根据不同情况下取得的投资,其初始投资成本分别确定:(1)以现金购入取得的投资,按照实际支付的全部价款(包括支付的手续费、佣金等相关费用)作为初始投资成本;(2)企业接受的债务人以非现金资产抵偿债务方式取得的投资,按应收债权的账面价值加上应支付的相关税费作为初始投资成本。涉及补价的,收到补价的一方按应收债权的账面价值减去补价,加上应支付的相关税费,作为初始投资成本;支付补价的一方按应收债权的账面价值加上支付的补价和应支付的相关税费,作为初始投资成本;(3)以非货币性交易换入的投资,按换出资产的账面价值加上应支付的相关税费,作为初始投资成本。涉及补价的,收到补价的一方按换出资产的账面价值加上(或减去)应确认的收益(或损失)和应支付的相关税费减去补价后的余额,作为初始投资成本;支付补价的一方按换出资产的账面价值加上应支付的相关税费和补价,作为初始投资成本。

新准则规定,作为长期股权投资核算的股权性投资,其初始投资成本分别情况确定:(1)以支付现金取得的长期股权投资,按照实际支付的购买价款作为初始投资成本。初始投资成本包括与取得长期股权投资直接相关的费用、税金及其他必要支出;(2)以发行权益性证券取得的长期股权投资,按照发行权益性证券的公允价值作为初始投资成本；（3）投资者投入的长期股权投资，按照投资合同或协议约定的价值作为初始投资成本；（4）通过非货币性资产交换取得的长期股权投资，按照《企业会计准则第7号——非货币性资产交换》的要求，分别视其交易是否存在商业实质，以及公允价值能否可靠计量，以投出非货币性资产的公允价值或者账面价值确定其初始投资成本的基础；（5）通过债务重组取得的长期股权投资，按照《企业会计准则第12号——债务重组》的要求，以取得长期股权投资的公允价值确定其初始投资成本。其他按照金融工具确认和计量要求进行核算的投资，在取得时均按公允价值计量，对于以公允价值计量且其变动计入当期损益的金融资产，相关交易费用直接计入当期损益，其他类别的金融资产，相关交易费用计入初始确认金融。但取得的各项投资，如果实际支付的价款中包含的已宣告但尚未发放的现金股利，或已到付息期但尚未领取的债券利息，作为应收项目单独核算。

原准则和新准则就初始投资成本而言，其相同点包括：（1）以现金支付方式取得的投资，其初始投资成本的确定基本相同，均以实际支付的价款作为初始投资成本，所发生的相关交易费用，除了按照新准则要求分类为以公允价值计量且其变动计入当期损益的金融资产直接计入当期损益外，其他均构成初始投资成本；（2）各项投资其实际支付的价款中包含的已宣告但尚未发放的现金股利，或已到付息期但尚未领取的债券利息，作为应收项目单独核算。其差异主要包括：（1）以非货币性资产交换取得的投资，原准则均以换出资产的账面价值作为确定其初始投资成本的基础，新准则对于交易具有商业实质且公允价值能够可靠计量的非货币性资产交换，按照换出资产的公允价值作为确定初始投资成本的基础；（2）以债务重组取得的投资，原准则以债权的账面价值作为确定初始投资成本的基础，新准则按照所获得投资的公允价值为计量基础。

例1：20×5年，甲公司以固定资产对乙公司投资，持有乙公司30%的股权，并能对乙公司施加重大影响。投出资产的账面原价为900万元，已提折旧为300万元，未计提减值准备。另外，以银行存款支付固定资产清理费用5万元，处置固定资产应支付相关税费2万元（不考虑其他相关税费）。假定该项固定资产的公允价值为800万元。分别按照原准则和新准则的要求，甲公司的会计处理如下（金额单位：元。下同）：

1. 原准则的会计处理

（1）长期股权投资的初始投资成本 = 900 − 300 + 5 + 2 = 607（万元）

（2）账务处理

借：固定资产清理	6000000
累计折旧	3000000
贷：固定资产	9000000
借：固定资产清理	70000
贷：银行存款	50000
应交税金	20000
借：长期股权投资——乙公司（投资成本）	6070000
贷：固定资产清理	6070000

2. 新准则的会计处理

长期股权投资的初始投资成本 = 800（万元）

借：固定资产清理	6000000
累计折旧	3000000
贷：固定资产	9000000
借：固定资产清理	70000
贷：银行存款	50000
应交税费	20000
借：长期股权投资——乙公司（成本）	8000000
贷：固定资产清理	6070000
营业外收入——非流动资产处置利得	1930000

三、长期股权投资核算的主要差异

（一）核算范围

原准则将股权投资分为长期股权投资和短期投资，只要符合长期股权投资定义的权益性投资均纳入长期股权投资的核算范围，包括对子公司投资、对联营企业投资、对合营企业投资，以及无控制、无共同控制且无重大影响但拟长期持有的股权性投资。

新准则中对于长期股权投资的核算范围仅包括：（1）企业持有的能够对被投资单位实施控制的权益性投资，即对子公司投资；（2）企业持有的能够与其他合营方一同对被投资单位实施共同控制的权益性投资，即对合营企业投资；（3）企业持有的能够对被投资单位施加重大影响的权益性投资，即对联营企业投资;(4)企业对被投资单位不具有控制、共同控制或重大影响,且在活跃市场中没有报价、公允价值不能可靠计量的权益性投资。

原准则和新准则就长期股权投资核算范围而言,其相同点是:投资企业对子公司、联营企业和合营企业投资均在长期股权投资中核算。区别在于,原准则对于投资企业对被投资单位不具有控制、共同控制或重大影响的权益性投资,无论是否存在活跃市场且其公允价值能否可靠计量均在长期股权投资中核算;新准则对于不具有控制、共同控制或重大影响的权益性投资如其不存在活跃市场且公允价值不能可靠计量的,在长期股权投资中核算,对于存在活跃市场且公允价值能够可靠计量的权益性投资,按照金融工具确认和计量要求进行分类和核算,不包括在长期股权投资的核算范围内。

(二)成本法和权益法核算范围

原准则规定的成本法适用范围包括:(1)投资企业对被投资单位无控制、共同控制且无重大影响的权益性投资;(2)被投资单位在严格的限制条件下经营,其向投资企业转移资金的能力受到限制。权益法适用范围包括:(1)对子公司投资;(2)对合营企业投资;(3)对联营企业投资。即重大影响以上(包括控制、共同控制和重大影响)的权益性投资均采用权益法核算,重大影响以下(包括资金转移能力受限制)的权益性投资采用成本法核算。

新准则规定的成本法适用范围包括:(1)对子公司的投资;(2)对被投资单位不具共同控制或重大影响,且在活跃市场中没有报价、公允价值不能可靠计量的长期股权投资。权益法适用范围包括:(1)对合营企业的投资;(2)对联营企业的投资。即对共同控制和重大影响的权益性投资采用权益法核算;对控制和重大影响以下不具有活跃市场公允价值不能可靠计量的权益性投资,采用成本法核算。

原准则和新准则就成本法核算范围而言,其相同点是:对不具有共同控制或重大影响,且在活跃市场中没有报价、公允价值不能可靠计量的权益性投资均采用成本法核算,并且对于控制、共同控制和重大影响的定义基本一致;其区别在于:(1)原准则对子公司投资在个别财务报表中采用权益法核算并将该子公司纳入合并财务报表的合并范围,新准则要求对子公司投资在个别财务报表中采用成本法核算并在合并财务报表中将子公司纳入合并范围;(2)原准则对不具有共同控制或重大影响且公允价值能够可靠计量的长期股权投资采用成本法核算,新准则要求按照金融工具确认和计量要求核算;(3)原准则对资金转移能力受限制的权益性投资视为不具有控制、共同控制或重大影响的投资，采用成本法核算，新准则对于资金转移能力受限制的权益性投资如果是其子公司的，则按成本法核算；如果是其联营企业或合营企业的采用权益法核算，新准则不将转移资金能力受限制作为判断控制、共同控制或重大影响的依据；(4) 对重大影响的判断，原准则不考虑潜在表决权因素的影响，新准则要求一方面应当考虑投资企业直接或间接持有被投资单位的表决权股份，另一方面要考虑企业及其他方持有的现行可执行潜在表决权在假定转换为对被投资单位的股权后产生的影响，例如，被投资单位发行的现行可转换的认股权证、股份期权，以及可转换公司债券等。

(三) 权益法核算

1. 计量基础

原准则对于采用权益法核算时，以被投资单位账面净资产作为计量基础，即以被投资单位账面净资产与所持股权比例计算应享有份额，而不以被投资单位在投资日净资产的公允价值为计算应享有份额的基础。

新准则考虑到投资企业在投资定价时，通常是以被投资单位于投资日可辨认净资产公允价值为基础作为确定支付对价的基础，因此，要求采用权益法时以被投资单位可辨认净资产公允价值作为计算投资企业应享有权益份额的基础；同时，对于无法可靠确定投资时被投资单位各项可辨认资产等公允价值的，或者投资时被投资单位可辨认资产等的公允价值与其账面价值之间的差额较小的，可以按照被投资单位的账面净资产与持股比例作为计算投资企业应享权益份额的基础，但应在附注中说明这一事实及其原因。

2. 初始投资成本的调整

原准则规定，取得的长期股权投资按照初始投资成本计量，采用权益法核算的，还需要按照投资时被投资单位账面所有者权益与投资比例计算的投资企业应享有的份额调整初始投资成本金额，初始投资成本大于应享有被投资单位所有者权益份额之间的差额作为股权投资差额，按一定的期限平均摊销，计入损益。股权投资差额的摊销期限，合同规定了投资期限的，按投资期限摊销；合同没有规定投资期限的，按不超过10年的期限摊销；初始投资成本小于应享被投资单位所有者权益份额之间的差额，计入资本公积（股权投资准备）。在具体会计处理时，股权投资差额作为初始投资成本的调整项目，当初始投资成本大于应享有被投资单位所有者权益份额时，应按其差额相应调减初始投资成本；当初始投资成本小于应享有被投资单位所有者权益份额时，应按其差额调增初始投资成本。经调整后的初始投资成本称为新的投资成本，该成本等于按持股比例计算的于投资时应享有被投资单位所有者权益份额。

新准则规定，取得的长期股权投资按照初始投资成本计量，采用权益法核算的，对于取得投资时初始投资成本与应享有被投资单位可辨认净资产公允价值份额之间的差额分别情况处理：（1）初始投资成本大于应享有被投资单位可辨认净资产公允价值份额之间的差额，体现为内含的商誉或者表明被投资单位有不符合确认条件未入账资产价值的存在，该部分差额不需要对初始投资成本进行调整，在个别财务报表中反映在长期股权投资成本中；（2）初始投资成本小于应享有被投资单位可辨认净资产公允价值份额之间的差额，反映为交易中原投资方在作价中的让步，该差额立即确认为当期投资收益，同时调整初始投资成本。

例2：甲公司于20×6年1月取得乙公司30%的股权，对乙公司具有重大影响，双方协议价格为3800万元（不考虑相关税费）。投资时，乙公司账面所有者权益总额为10000万元，可辨认净资产公允价值为12000万元，除了原未入账的无形资产有800万元（按20年平均摊销）、某项固定资产增值1200万元（按15年直线法计提折旧）外，其他资产的账面价值与其公允价值相同。分别按照原准则和新准则的要求，甲公司的会计处理如下：

（1）原准则的会计处理

①计算股权投资差额。投资时，初始投资成本3800万元大于应享有乙公司账面所有者权益份额3000万元，形成股权投资借方差额

股权投资差额 = 3800 − 10000 × 30% = 3800 − 3000 = 800（万元）

②账务处理

第一，记录初始投资成本

借：长期股权投资——乙公司（投资成本）　　　　　38000000
　　贷：银行存款　　　　　　　　　　　　　　　　38000000

第二，记录初始投资成本的调整

借：长期股权投资——乙公司（股权投资差额）　　　8000000
　　贷：长期股权投资——乙公司（投资成本）　　　8000000

经过对初始投资成本的调整，长期股权投资中的投资成本为3000万元，等于投资时乙公司账面所有者权益与按投资比例计算的甲公司应享有的所有者

权益份额。

③假定：甲公司支付对价为2900万元，其他条件不变。初始投资成本为2900万元，应享有乙公司账面所有者权益份额为3000万元，产生贷方的股权投资差额，直接计入资本公积，其账务处理为：

借：长期股权投资——乙公司（投资成本）　　　29000000
　　贷：银行存款　　　　　　　　　　　　　　　29000000
借：长期股权投资——乙公司（投资成本）　　　1000000
　　贷：资本公积——股权投资准备　　　　　　　1000000

经过对初始投资成本的调整，长期股权投资中的投资成本为3000万元，等于投资时乙公司账面所有者权益与按投资比例计算的甲公司应享有的所有者权益份额。

（2）新准则的会计处理

①初始投资成本的记录同上

②计算应享有乙公司可辨认净资产公允价值份额

应享有乙公司可辨认净资产公允价值份额 = 12000 × 30% = 3600（万元）

因初始投资成本3800万元，大于应享有投资时乙公司可辨认净资产公允价值的份额3600万元，无须再对初始投资成本进行调整。

原准则与新准则应对初始投资成本的调整，可分析为：原准则不区别投资时被投资单位可辨认净资产公允价值与其账面价值的差异，按照被投资单位账面净资产作为计算应享有份额的基础。从实际上看，按原准则计算的股权投资差额可分为两部分，一部分是被投资单位净资产账面价值与其公允价值的差额；另一部分是初始投资成本与应享有被投资单位可辨认净资产公允价值份额之间的差额。在本例中，按照原准则以乙公司的账面净资产作为计算的股权投资差额的基础，产生股权投资借方差额为800万元，其中，乙公司净资产账面价值与净资产公允价值之间的差额为600万元［(12000 − 10000) × 30%］；初始投资成本与应享有乙公司可辨认净资产公允价值的差额，即商誉为200万元（3800 − 12000 × 30%）。

③如果甲公司支付对价为2900万元，应享有乙公司可辨认净资产公允价值份额为3600万元，其差额700万元，全部确认为当期投资收益。其账务处理如下：

借：长期股权投资——乙公司（成本）　　　　　7000000
　　贷：营业外收入　　　　　　　　　　　　　　7000000

3. 投资损益的确认和计量

（1）投资收益的确认和计量

原准则规定，采用权益法时，投资企业应在取得股权投资后，按应享有被投资单位当年实现的净利润的份额（法规或公司章程规定不属于投资企业的净利润除外），调整长期股权投资的账面价值，并确认为当期投资收益。投资企业按被投资单位宣告分派的利润或现金股利计算应分得的部分，相应减少投资的账面价值。在按被投资单位净利润计算调整投资的账面价值和确认投资收益时，应以取得被投资单位股权后被投资单位实现的净利润为基础。

新准则规定，采用权益法时，首先，如果投资企业与被投资单位的会计政策和会计期间不一致的，需要按照投资企业的会计政策和会计期间对被投资单位的财务报表进行调整，使被投资企业的会计政策和会计期间与投资企业一致；其次，在被投资单位已实现账面净利润的基础上，按照重要性原则，调整投资时被投资单位可辨认净资产公允价值与其账面价值的差额影响损益的金额，将净利润调整为按照公允价值为基础计算的净利润，并以此为基础计算应确认的投资收益。如果投资企业无法合理确定取得投资时被投资单位各项可辨认资产等公允价值，或者投资时被投资单位各项可辨认资产等的公允价值与其账面价值相比其差额不具重要性的，或者其他原因而无法取得被投资单位的有关资料导致不能对其账面净利润进行调整的，则可按被投资单位实现的账面净利润作为计算确认投资收益的基础。

原准则与新准则就投资收益的确认而言，其共同点为：投资企业在投资持有期间，均应按照被投资单位实现的净利润应享有的份额，确认投资收益并调整长期股权投资的账面价值；其主要区别在于：（1）原准则未规定在确认投资收益时需要调整被投资单位的会计政策和会计期间，使得被投资单位的会计政策和会计期间与投资企业保持一致，新准则要求如果被投资单位的会计政策与会计期间与投资企业不一致，需要对被投资单位的财务报表进行调整；（2）除例外情况外，投资企业在确认投资收益时，以被投资单位实现的账面净利润为基础，调整投资时被投资单位各项可辨认资产等公允价值与其账面价值的差额对净利润的影响后的金额作为计量的基础。

例3：假定乙公司20×6年度实现账面净利润为1500万元，不考虑所得税因素的影响。其他资料同例1。

①原准则的会计处理

第一，甲公司应确认的投资收益 = 1500 × 30% = 450（万元）

借：长期股权投资——乙公司（损益调整）　　　　4500000
　　　贷：投资收益　　　　　　　　　　　　　　　　4500000

第二，上述股权投资差额按照一定的期限分期平均摊销计入投资收益，假定按 10 年摊销，当年度应摊销 80 万元。

借：投资收益　　　　　　　　　　　　　　　　　　800000
　　　贷：长期股权投资——乙公司（股权投资差额）　　800000

②新准则的会计处理

调整乙公司的净利润

按公允价值计算的乙公司净利润 = 1500 − 800 ÷ 20 − 1200 ÷ 15 = 1380（万元）

应确认的投资收益 = 1380 × 30% = 414（万元）

借：长期股权投资——乙公司（损益调整）　　　　4140000
　　　贷：投资收益　　　　　　　　　　　　　　　　4140000

比较原准则与新准则，按照原准则确认的投资收益为 450 万元，同时摊销股权投资借方差额 80 万元，实际确认的投资收益为 370 万元；按照新准则实际确认的投资收益为 414 万元。

（2）被投资企业发生净亏损的确认和计量

原准则规定，采用权益法时，投资企业确认被投资单位发生的净亏损，以投资账面价值减记至零为限；如果被投资单位以后各期实现净利润，投资企业应在计算的收益分享额超过未确认的亏损分担额以后，按超过未确认的亏损分担额的金额，恢复投资的账面价值。在按被投资单位净亏损计算调整投资的账面价值和确认投资损益时，应以取得被投资单位股权后被投资单位发生的净亏损为基础。

新准则规定，采用权益法时，如果被投资单位发生净亏损，首先，调整被投资单位的会计政策和会计期间与投资企业一致；其次，在被投资单位已按账面价值计算所发生的净亏损的基础上，除例外情况外，按照重要性原则，调整投资时被投资单位可辨认净资产公允价值与其账面价值的差额影响损益的金额，将账面净亏损调整为按照公允价值为基础计算的净亏损，并以此为基础计算应承担的损失；最后，投资企业确认被投资单位发生的净亏损，以长期股权投资的账面价值以及其他实质上构成对被投资单位的长期权益减记至零为限，投资企业负有承担额外损失义务的除外。这里的"其他实质上构成对被投资单位的长期权益"通常是指长期应收项目，该长期应收项目没有明确的清收计划、且在可预见的未来期间不准备收回的，实质上构成对被投资单位的净投资。在确认被投资单位发生的亏损时,其顺序为:首先,冲减长期股权投资的账面价值至零;其次,长期股权投资的账面价值不足以冲减的,以其他实质上构成对被投资单位的长期权益账面价值为限继续确认投资损失,冲减长期应收项目等的账面价值;再次,经过上述处理,按照投资合同或协议约定企业仍承担额外义务的,按预计承担的义务确认预计负债,确认当期投资损失;最后,还有未确认的亏损分担额在账外记录。投资企业以后期间实现盈利的,在扣除未确认的亏损分担额后(原在账外记录的部分)按与上述相反的顺序处理,即先减记预计负债的账面余额,再恢复其他实质上构成对被投资单位净投资的长期权益及长期股权投资的账面价值,同时确认投资收益。

原准则与新准则就投资损失的确认而言,其共同点为:投资企业在投资持有期间,均应按照被投资单位实现的净亏损所应分担的份额,确认投资损失并调整长期股权投资的账面价值;对于未确认的亏损分担额则在账外记录;其主要区别在于:(1)原准则规定所确认的投资损失以长期股权投资账面价值为限,新准则要求如果存在其他实质上构成被投资单位的长期权益项目的,则继续确认投资损失并冲减长期应收项目,对于按照投资合同或协议约定投资企业需承担额外义务的,则继续确认投资损失并确认预计负债;(2)被投资单位以后期间实现利润,原准则先抵减原账外记录的未确认亏损分担额,再恢复长期股权投资账面价值;新准则要求,先抵减原账外记录的未确认亏损分担额,再按照减记预计负债、恢复长期应收项目、长期股权投资账面价值的顺序恢复相关资产项目的账面价值。

例4:假定乙公司20×7年度实现账面净亏损为15000万元,甲公司存在其他实质上构成对乙公司长期权益的长期应收款为100万元。按照投资协议约定,如果乙公司发生资不抵债,甲公司需承担额外义务200万元,不考虑所得税因素的影响。其他资料同例1。

①原准则的会计处理

应承担的亏损分担额=15000×30%=4500(万元)

长期股权投资账面价值=投资成本3000万元+股权投资差额余额640万元+损益调整450万元=4090(万元),其账务处理为:

借:投资收益		800000
贷:长期股权投资——乙公司(股权投资差额)		800000
借:投资收益		40900000
贷:长期股权投资——乙公司(损益调整)		40900000

未确认的亏损分担额在账外记录的金额为 410 万元（4500 – 4090）。

② 新准则的会计处理

应承担的亏损分担额 =（15000 + 40 + 80）×30% = 4536（万元）

长期股权投资账面价值 = 38000 + 414 = 4214（万元）

借：投资收益　　　　　　　　　　　　　　　　　45140000
　　贷：长期股权投资——乙公司（损益调整）　　42140000
　　　　长期应收款　　　　　　　　　　　　　　1000000
　　　　预计负债　　　　　　　　　　　　　　　2000000

未确认的亏损分担额为 22 万元（4536 – 4514）。

4. 被投资单位其他权益变动的影响

原准则规定，采用权益法时，被投资单位除净损益以外其他所有者权益的变动，投资企业按照持股比例计算应享有的份额，调整长期股权投资账面价值并计入资本公积（股权投资准备）。新准则规定，采用权益法时，投资企业对于被投资单位除净损益以外的所有者权益的其他变动，在持股比例不变的情况下，按照被投资单位除净损益以外其他所有者权益变动的金额与投资企业的持股比例计算应归属于投资企业的部分，调整长期股权投资的账面价值，同时调整资本公积（其他资本公积）。

5. 权益法下股权投资的处置

原准则规定，处置权益法下的长期股权投资，按所收到的处置收入与长期股权投资账面价值的差额确认为投资损益，对于原计入资本公积的股权投资准备部分同时转入资本公积的其他资本公积项目；新准则规定，处置权益法下的长期股权投资，按所收到的处置收入与长期股权投资账面价值的差额确认为投资损益，对于原计入资本公积的金额，将其与出售部分所对应的金额自资本公积转入当期损益。

（四）长期股权投资的内部转换

长期股权投资的内部转换，是指长期股权投资的核算，由成本法转为权益法或者由权益法转为成本法的情况。

1. 权益法转为成本法

按照原准则规定，投资企业对被投资单位的持股比例下降，或其他原因对被投资单位不再具有控制、共同控制和重大影响时，应中止采用权益法，改按成本法核算。投资企业在中止采用权益法时，按长期股权投资的账面价值作为新的投资成本，与该项长期股权投资有关的资本公积准备项目，不作任何处理。其后，被投资单位宣告分派利润或现金股利时，属于已记入长期股权投资账面价值的部分，作为新的投资成本的收回，冲减新的投资成本。

按照新准则规定，投资企业因减少投资等原因对被投资单位不再具有共同控制或重大影响的，并且在活跃市场中没有报价、公允价值不能可靠计量的长期股权投资，应当改按成本法核算，并以权益法下长期股权投资的账面价值作为按照成本法核算的初始投资成本；因追加投资等原因使得原持有的对联营企业或合营企业的投资转为对子公司的投资，按照分步购买实施企业合并的方法进行会计处理。因出售部分股权所相对应的资本公积转入当期损益。权益法转为成本法后，被投资单位分派利润或现金股利时，投资企业按其享有权益份额计算的应享有的部分冲减长期股权投资的成本，投资企业获得利润或现金股利超过自转换为成本法时被投资单位账面留存收益中投资企业享有份额的部分，确认为投资收益。

从原准则与新准则就权益法转为成本法的核算看，其相同点在于：（1）对于投资企业对被投资单位因持股比例下降等原因导致不再能够对被投资单位实施共同控制或重大影响，并且在活跃市场中没有报价、公允价值不能可靠计量的长期股权投资改按成本法核算，在改按成本法核算时均以原长期股权投资的账面价值作为按照成本法核算的初始投资成本；（2）权益法转为成本法后，被投资单位宣告分派利润或现金股利时，属于已记入长期股权投资账面价值的部分，作为成本的收回，冲减长期股权投资的账面价值。其区别在于：（1）对于投资企业对被投资单位因持股比例下降等原因导致不再能够对被投资单位实施共同控制或重大影响，并且存在活跃市场、公允价值能够可靠计量的长期股权投资，原准则规定改按成本法核算，新准则要求按照金融工具确认和计量的要求转换为可供出售金融资产；（2）因追加投资由联营或合营企业转为对子公司投资的，原准则仍然采用权益法核算，新准则在转换时按照企业合并准则有关分步购买实施企业合并的要求，确定其初始投资成本，并且对子公司按照成本法进行后续计量；（3）对于采用权益法时计入资本公积的相关项目，原准则要求投资企业在中止采用权益法时，与该项长期股权投资有关的资本公积准备项目仍保留在资本公积项目中，不作任何处理；新准则要求因出售部分股权原权益法下所对应的资本公积项目转入当期损益。

例5：甲公司20×6年对乙公司投资，占乙企业注册资本的20%，并对乙公司具有重大影响，假定投资时乙公司可辨认净资产公允价值9000万元，净资产账面价值为 10000 万元。甲公司按权益法核算对乙公司的投资，至 20×7 年 12 月 31 日，甲企业对乙企业投资的账面价值为 3500 万元，其中，投资成本 2000 万元，损益调整 1000 万元，股权投资准备（新准则称为"其他权益变动"）500 万元。20×8 年 1 月 5 日，乙公司的某一股东（丙公司）收购了除甲公司以外的其他投资者对乙公司投资的股份，同时以 1800 万元收购了甲公司对乙公司投资的 50%。自此，丙公司持有乙公司 90% 的股份，并控制乙公司。甲公司持有乙公司 10% 的股份，并不具有重大影响。为此，甲公司对乙公司投资改按成本法核算。20×8 年 3 月 1 日，乙公司宣告分派 20×7 年度的现金股利，甲公司可获得现金股利 300 万元。按照原准则和新准则，甲公司的会计处理如下：

1. 原准则的会计处理

（1）出售 10% 股权

借：银行存款　　　　　　　　　　　　　　　　　　18000000

　　贷：长期股权投资——乙公司（投资成本）　　　10000000

　　　　长期股权投资——乙公司（损益调整）　　　 5000000

　　　　长期股权投资——乙公司（股权投资准备）　 2500000

　　　　投资收益　　　　　　　　　　　　　　　　　 500000

（2）出售部分股权后投资的账面价值 = 3500 − 1750 = 1750（万元）

新的投资成本 = 1750（万元）

借：长期股权投资——乙公司　　　　　　　　　　　17500000

　　贷：长期股权投资——乙公司（投资成本）　　　10000000

　　　　长期股权投资——乙公司（损益调整）　　　 5000000

　　　　长期股权投资——乙公司（股权投资准备）　 2500000

（3）20×8 年 3 月 1 日，乙公司分派 20×7 年度的现金股利，甲公司可获得现金股利 300 万元，由于乙公司分派的现金股利属于甲公司采用成本法前乙公司实现净利润的分配额，该部分分配额已记入甲公司对乙公司投资的账面价值，因此，甲公司应作为冲减投资账面价值处理。

借：应收股利　　　　　　　　　　　　　　　　　　 3000000

　　贷：长期股权投资——乙公司　　　　　　　　　 3000000

2. 新准则的会计处理

（1）出售 10% 股权

借：银行存款　　　　　　　　　　　　　　　　　　18000000

　　资本公积——其他资本公积　　　　　　　　　　　2500000

贷：长期股权投资——乙公司（投资成本）	10000000
长期股权投资——乙公司（损益调整）	5000000
长期股权投资——乙公司（其他权益变动）	2500000
投资收益	3000000

（2）其他会计处理与原准则相同。

2. 成本法转为权益法

原准则规定，投资企业对被投资单位的持股比例增加，或其他原因使长期股权投资由成本法改为权益法核算的，投资企业应在中止采用成本法时，按追溯调整后长期股权投资的账面余额（不含股权投资差额）加上追加投资成本作为初始投资成本，并以此为基础计算追加投资后的股权投资差额。

新准则规定，投资企业对被投资单位的长期股权投资由成本法改为权益法，分别情况处理：

（1）原持有的对被投资单位不具有控制、共同控制或重大影响，且在活跃市场中没有报价、公允价值不能可靠计量的长期股权投资，因追加投资等原因导致持股比例上升并且能够对被投资单位实施共同控制或重大影响的情况下，在成本法转为权益法时，对原长期股权投资的账面余额大于按原持股比例计算的应享有原取得投资时被投资单位可辨认净资产公允价值份额之间的差额，不调整长期股权投资的账面价值；对原长期股权投资的账面余额小于按原持股比例计算的应享有原取得投资时被投资单位可辨认净资产公允价值份额之间的差额，调整长期股权投资的账面价值，同时调整留存收益。

对于新取得的股权投资，如果新增投资时的投资成本大于应享有被投资单位可辨认净资产公允价值份额的，其差额不调整长期股权投资的账面价值；如果新增投资时的投资成本小于应享有被投资单位可辨认净资产公允价值份额的，其差额应当调整长期股权投资的账面价值，同时确认当期投资收益。

上述分次购买被投资单位的股权达到共同控制或重大影响的，其存在的商誉及计入当期损益的金额应当综合考虑，以确定该项投资的整体是否存在商誉或计入当期损益的金额。对于原取得投资后至新取得投资时之间被投资单位可辨认净资产公允价值的变动，按照原持股比例计算的金额，属于被投资单位实现净损益中应享有的部分，调整长期股权投资账面价值，同时调整留存收益；属于其他原因导致的变动，按照持股比例计算归属于投资企业的部分，相应增加长期股权投资的账面价值和资本公积（其他资本公积）。

（2）因处置投资导致由原控制改为共同控制或重大影响，而由成本法改为权益法，应终止确认处置部分股权相对应的长期股权投资的成本，在此基础上，比较剩余的长期股权投资的账面成本与按照剩余持股比例计算原投资时应享有被投资单位可辨认净资产公允价值的份额，如有差额，属于商誉的不调整长期股权投资的账面价值，属于应计入损益的金额，计入损益。同时，对于原取得投资后至转为权益法核算期间，被投资单位实现净损益中应享有的部分以及其他原因导致被投资单位所有者权益变动中应享有部分，调整长期股权投资的账面价值，分别调整留存收益或资本公积（其他资本公积）。

原准则和新准则对于成本法转为权益法的核算，其共同点在于：在成本法转为权益法时均需要调整长期股权投资的账面价值，并相应调整留存收益或资本公积；其主要区别在于：（1）原准则以被投资单位账面净资产为计量基础，分别确定股权投资差额以及摊销期限；新准则以被投资单位可辨认净资产公允价值为计量基础，综合确定是否存在商誉或计入权益的金额；（2）原准则未考虑新投资时，被投资单位可辨认净资产公允价值与原投资时的差额处理；新准则作了更加详细的规定。

例6：A公司于20×1年1月1日以520万元购入B公司股票，占B公司实际发行在外股数的10%，另支付2万元税费等相关费用，A公司采用成本法核算此项投资。20×1年5月2日B公司宣告分派20×0年度的股利，每股分派0.1元的现金股利，A公司可获得40万元的现金股利。20×2年1月5日A公司再以1800万元购入B公司实际发行在外股数的25%，另支付9万元税费等相关费用。至此持股比例达35%，改用权益法核算此项投资。如果20×1年1月1日B公司账面所有者权益合计为4500万元（等于可辨认净资产公允价值），20×1年度和20×2年度全年实现净利润均为400万元。假定：20×2年年初B公司可辨认净资产公允价值为5200万元（假定公允公允与其账面价值的差额每年减少净利润80万元）。不考虑所得税因素，股权投资差额按10年摊销。按照原准则和新准则，A公司的会计处理如下：

（1）原准则的会计处理

①20×1年1月1日投资时

借：长期股权投资——B公司　　　　　　　　　　5220000
　　　　　　　　　　　　　　　　　　　　　（520+2）
　　贷：银行存款　　　　　　　　　　　　　　　5220000

②20×1年宣告分派股利

借：应收股利　　　　　　　　　　　　　　　　　400000

　　　　贷：长期股权投资——B公司　　　　　　　　　　　400000
③20×2年1月5日追加投资时

第一，对原按成本法核算的对B公司投资采用追溯调整法，调整原投资的账面价值

20×1年投资时产生的股权投资差额 = 522 − （4500×10%） = 72（万元）

20×1年应摊销股权投资差额 = 72÷10 = 7.2（万元）

20×1年应确认的投资收益 = 400×10% = 40（万元）

成本法改为权益法的累积影响数 = 40 − 7.2 = 32.8（万元）

　　借：长期股权投资——B公司（投资成本）　　　　4100000
　　　　　　　　　　　　　　　　　　　　　　　　（522 − 40 − 72）
　　　　长期股权投资——B公司（股权投资差额）　　648000
　　　　　　　　　　　　　　　　　　　　　　　　（72 − 7.2）
　　　　长期股权投资——B公司（损益调整）　　　　400000
　　　　贷：长期股权投资——B公司　　　　　　　　4820000
　　　　　　　　　　　　　　　　　　　　　　　　（522 − 40）
　　　　　　利润分配——未分配利润　　　　　　　　328000

第二，追加投资

　　借：长期股权投资——B公司（投资成本）
　　　　　　　　　　　　　　　　　　　　18090000（1800 + 9）
　　　　贷：银行存款　　　　　　　　　　　18090000

④计算再次投资的股权投资差额

成本法改为权益法时初始投资成本 = 410 + 40 + 1809 = 2259（万元）

　　借：长期股权投资——B公司（投资成本）　　　　400000
　　　　贷：长期股权投资——B公司（损益调整）　　400000（注）

注：因追加投资等原因而使长期股权投资的核算从成本法改为权益法并进行追溯调整时，因追溯调整产生的损益调整金额转入投资成本明细科目；其后，被投资单位分派利润时，如属于改按权益法核算前实现净利润的分配额，投资企业分得的利润冲减长期股权投资的投资成本明细科目。

股权投资差额 = 1809 − （4500 − 400 + 400）×25% = 1809 − 1125 = 684（万元）

　　借：长期股权投资——B公司（股权投资差额）　　6840000
　　　　贷：长期股权投资——B公司（投资成本）　　6840000

成本法改为权益法时新的投资成本 = 410 + 40 + 1809 − 684 = 1575（万元），

即为"长期股权投资——B公司（投资成本）"的账面余额。

A公司应享有B公司所有者权益份额＝（4500－400＋400）×35%＝1575（元），即，新的投资成本等于A公司应享有B公司所有者权益份额。

股权投资差额按10年摊销，由于20×1年已经摊销了1年，原股权投资差额尚可摊销年限为9年；追加投资时产生的股权投资差额按10年摊销（注）。

20×2年应摊销额＝64.8÷9＋684÷10＝7.2＋68.4＝75.6（万元）

借：投资收益——股权投资差额摊销　　　　　　756000
　　贷：长期股权投资——B公司（股权投资差额）　　756000

注：长期股权投资从成本法改为权益法时，因追溯调整而形成的股权投资差额，应在剩余股权投资差额的摊销年限内摊销；因追加投资新产生的股权投资差额，再按会计准则规定的年限摊销。即，股权投资差额应按批分别计算，分别摊销。但如追加投资新形成的股权投资差额金额不大，可以并入原来未摊销完毕的股权投资差额，按剩余年限一并摊销。处置长期股权投资时，未摊销的股权投资差额一并结转。

⑤计算20×2年应享有的投资收益＝400×35%＝140（万元）

借：长期股权投资——B公司（损益调整）　　　　1400000
　　贷：投资收益——股权投资收益　　　　　　　　1400000

20×2年12月31日，长期股权投资的账面价值＝［（410＋40）＋（1809－684）］＋140＋［（64.8＋684）－75.6］＝1575＋140＋673.2＝2388.2（万元）

（2）新准则的会计处理

①20×1年1月1日投资和20×1年宣告分派股利的会计处理同上

②20×2年1月5日追加投资时

第一，对原按成本法核算的对B公司投资进行追溯调整，调整原投资的账面价值

20×1年投资时应享有B公司可辨认净资产公允价值份额＝4500×10%＝450（万元）

投资成本522万元，大于应享有B公司可辨认净资产公允价值份额450万元，不需要调整长期股权投资账面价值。

第二，计算再次投资B公司净资产公允价值变动相对于原投资份额的部分

B公司可辨认净资产公允价值变动额＝5200－（4500－400）＝1100（万元）

其中：B公司20×1年实现净利润400万元，A公司应享有40万元；其余

变动 700 万元（1100 – 400）A 公司应享有的部分为 70 万元，作为资本公积。

借：长期股权投资——B 公司（损益调整）　　　　400000

　　长期股权投资——B 公司（其他权益变动）　　700000

　贷：利润分配——未分配利润　　　　　　　　　360000

　　　盈余公积——法定盈余公积　　　　　　　　40000

　　　资本公积——其他资本公积　　　　　　　　700000

第三，追加投资

借：长期股权投资——B 公司（投资成本）　　　18090000

　　　　　　　　　　　　　　　　　　　　　（1800 + 9）

　贷：银行存款　　　　　　　　　　　　　　　18090000

追加投资应享有 B 公司可辨认净资产公允价值份额 = 5200 × 25% = 1300（万元）。投资成本 1809 万元大于应享有份额，故不需再调整长期股权投资账面价值。

③计算 20 × 2 年应确认的投资收益

应确认投资收益 =（400 – 80）× 35% = 112（万元）

借：长期股权投资——B 公司（损益调整）　　　1120000

　贷：投资收益——股权投资收益　　　　　　　1120000

20 × 2 年 12 月 31 日，长期股权投资的账面价值 = [（522 – 40）+ 110 + 1809] + 112 = 2513（万元）。其中，商誉 581（72 + 509）。

（五）长期股权投资的减值

原准则规定，企业应当在期末（资产负债表日）对长期股权投资进行检查，如果长期股权投资的期末可收回金额低于账面价值的，应当计提减值准备，并计入当期损益；其后，当可收回金额继续低于其账面价值的，按差额计提减值准备并计入当期损益，当可收回金额高于账面价值时，应当在已计提减值准备的范围内转回，转回的减值准备计入当期损益。可收回金额是指出售净价与预期从该资产的持有和投资到期处置中形成的预计未来现金流量的现值两者之中较高者；出售净价是指资产的出售价格减去所发生的资产处置费用后的余额。并且根据有市价或无市价的长期股权投资分别判断是否存在减值的迹象，对于有市价的长期股权投资，存在减值的迹象包括：（1）市价持续 2 年低于账面价值；（2）该项投资暂停交易 1 年或 1 年以上；（3）被投资单位当年发生严重亏损；（4）被投资单位持续 2 年发生亏损；（5）被投资单位进行清理整顿、清算或出现其他不能持续经营的迹象。对于无市价的长期股权投资，存在减值的迹象包括：（1）影响被投资单位经营的政治或法律等环境的变化，如税收、贸易等法规的颁布或修订，可能导致被投资单位出现巨额亏损；（2）被投资单位所供应的商品或提供的劳务因产品过时或消费者偏好改变而使市场的需求发生变化，从而导致被投资单位财务状况发生严重恶化；（3）被投资单位所从事产业的生产技术等发生重大变化，被投资单位已失去竞争能力，从而导致财务状况发生严重恶化，如进行清理整顿、清算等；（4）有证据表明该项投资实质上已经不能再给企业带来经济利益的其他情形。

新准则规定，对被投资单位不具有控制、共同控制或重大影响，并且在活跃市场中没有报价、公允价值不能可靠计量、按照成本法核算的长期股权投资，其减值按照《企业会计准则第 22 号——金融工具确认和计量》处理，即在资产负债表日，如果长期股权投资的未来现金流量现值低于其账面价值的，应当计提减值准备并计入当期损益；其他长期股权投资，其减值按照《企业会计准则第 8 号—资产减值》处理，即对于存在减值迹象且经减值测试表明资产的可收回金额低于其账面价值的，应当将资产的账面价值减记至可收回金额，减记的金额确认为资产减值损失，计入当期损益，同时计提相应的资产减值准备。可收回金额根据资产的公允价值减去处置费用后的净额与资产预计未来现金流量的现值两者之间较高者确定；处置费用包括与资产处置有关的法律费用、相关税费、搬运费以及为使资产达到可销售状态所发生的直接费用等。长期股权投资计提减值准备后，未来期间未来现金流量现值或可收回金额高于其账面价值的，原已计提的减值准备不得转回。

原准则和新准则相对于长期股权投资的减值的规定，其共同点为：均要求对于期末存在减值迹象的所持长期股权投资进行减值测试，如果发生减值的，计提减值准备并计入当期损益；其区别主要为：（1）原准则对于长期股权投资无论是否存在活跃市场、公允价值是否能够可靠计量，均按照可收回金额低于账面价值计量的金额确定减值损失；新准则分别情况处理，对于不具有控制、共同控制和重大影响并且在活跃市场中没有报价、公允不能可靠计量、按照成本法核算的长期股权投资，按照未来现金流量现值作为与其账面价值比较的基础，其他长期股权投资，按照可收回金额作为与其账面价值比较的基础；（2）原准则规定，已计提减值准备的长期股权投资，继后价值恢复的，可在原计提减值准备的范围内转回，转回的减值准备计入当期损益，新准则不允许已计提减值准备转回。

四、其他投资核算的差异

(一) 分类

原准则除了长期股权投资以外,其他投资分类为短期投资和长期债权投资。对于委托贷款专门设置有关的账户进行核算。

新准则除了长期股权投资以外,其他投资按照其性质、内部风险管理策略等分别分类为：以公允价值计量且其变动计入当期损益的金融资产（简称交易性金融资产）、持有至到期投资、可供出售金融资产。对于委托贷款可分类为贷款和应收款项。

(二) 确认和计量

1. 短期投资（或交易性金融资产）

(1) 原准则要求,作为短期投资应当符合两个条件：第一,能够在公开市场进行交易并且有明确市价,例如,各种上市的股票和债券；第二,持有投资作为剩余资金的存放形式,并保持其流动性和获利性,这一条件取决于管理当局的意图。不符合上述条件的投资,作为长期投资。对短期投资核算的主要规定包括：

①投资成本的确定。短期投资取得时的初始投资成本,是指企业为取得短期投资时实际支付的全部价款,包括税金、手续费等相关费用,但不包括在取得一项短期投资时,实际支付的价款中包含的已宣告但尚未领取的现金股利和已到付息期但尚未领取的债券利息。

②投资损益的确认和计量。短期投资取得的股利、利息及处置损益分别按下列方法处理（注：对于上市公司向关联方出售股权时,关联交易价格显失公允的会计处理除外）：第一,短期投资取得时实际支付的价款中包含的已宣告但尚未领取的现金股利,或已到付息期但尚未领取的债券的利息,在实际收到时冲减已记录的应收股利或应收利息,不确认为投资收益；第二,除取得时已记入应收项目的现金股利或利息外,短期投资持有期间所获得的现金股利或利息,作为初始投资成本的收回,冲减投资的账面价值；第三,处置短期投资时,在短期投资按单项投资计提跌价准备的情况下,处置时同时结转已计提的

跌价准备，其确认投资损益的金额应为所获得的处置收入与短期投资账面价值的差额。在短期投资按投资类别或投资总体计提跌价准备的情况下，确认处置短期投资的投资损益金额为所获得的处置收入与短期投资账面余额的差额。如果在处置短期投资时，已计入应收项目的股利或利息尚未收回的，还应按扣除该部分现金股利或利息后的金额确认为处置损益。

③期末计量。短期投资期末按照成本与市价孰低计量，市价低于成本的，按照其差额计提短期投资跌价准备；市价高于成本的，在已计提跌价准备的范围内转回。计提和转回的跌价准备均计入当期损益。

④处置。处置短期投资时，其成本根据不同情况进行结转：全部处置某项短期投资时，其成本为短期投资的账面余额；部分处置某项短期投资时，应按该项投资的总平均成本确定其处置部分的成本。处置短期投资时，如果短期投资跌价准备按单项投资计提，可以同时结转已计提的该项投资的跌价准备，或者在期末时一并调整。如果短期投资跌价准备按投资类别或总体计提，已计提的短期投资跌价准备于期末时一并调整。部分处置某项短期投资时，在短期投资跌价准备按单项投资计提的情况下，处置的同时结转已计提的跌价准备的，应按处置比例相应结转已提的跌价准备；短期投资跌价准备按投资类别或投资总体计提，或按单项投资计提但不同时结转已提的跌价准备的情况下，不同时结转已提的跌价准备。但是，上市公司向关联方出售股票、债券时，应同时结转已计提的跌价准备。

（2）新准则对交易性金融资产的主要规定

①分类要求。取得金融资产的目的，主要是为了近期出售或回购，或者属于进行集中管理的可辨认金融工具组合的一部分，且有客观证据表明企业近期采用短期获利方式对该组合进行管理以及衍生工具，可以划分为以公允价值计量且其变动计入当期损益的金融资产。企业出于风险管理、战略投资等需要，可将某些金融资产指定以公允价值计量且其变动计入当期损益类。

②投资成本的确定。企业划分为以公允价值计量且其变动计入当期损益的金融资产的股票、债券、基金，以及不作为有效套期工具的衍生工具，按照取得时的公允价值作为初始确定金额，相关的交易费用在发生时计入当期损益。支付的价款中包含已宣告但尚未发放的现金股利或已到付息期但尚未领取的债券利息，单独确认为应收项目。

③损益的确认和计量。企业在持有以公允价值计量且其变动计入当期损益的金融资产期间取得的利息或现金股利，确认为投资收益；处置该项金融资产

时，其公允价值与初始入账金额之间的差额，确认为投资收益。

④期末计量。企业持有以公允价值计量且其变动计入当期损益的金融资产，期末按照公允价值进行后续计量，该公允价值不扣除将来处置该金融资产时可能发生的交易费用。公允价值与其账面价值的差额计入当期损益（公允价值变动损益）。

⑤处置。处置以公允价值计量且其变动计入当期损益的金融资产时，其公允价值与初始入账金额之间的差额，确认为投资收益，同时调整公允价值变动损益。

可见，原准则中有关短期投资的核算与新准则有关以公允价值计量且其变动计入当期损益的金融资产的核算存在较多的差异，主要包括：（1）投资成本确定不同。原准则将获得短期投资所发生的相关税费计入投资成本，新准则将其直接计入当期损益；（2）持有期间获得股利的处理不同。原准则在短期投资持有期间所获得的现金股利冲减成本，新准则确认为当期损益；（3）期末计量不同。原准则对短期投资的期末计量采用成本与市价孰低，新准则按照公允价值计量且将公允价值变动计入当期损益；（4）原准则未规定衍生工具的处理方法，新准则要求除某些特定情况外，衍生工具分类为以公允价值计量且其变动计入当期损益的金融资产或金融负债。

例7：甲公司于20×5年3月10日购入乙公司股票，实际支付价款为302万元，其中，2万元为已宣告但尚未领取的现金股利，支付的相关税费1.5万元。20×5年4月10日，乙公司分派现金股利，甲公司收到上述已宣告分派的现金股利2万元。

20×5年12月31日，乙公司股票的市价为290万元；

20×6年3月15日，乙公司宣告分派现金股利，甲公司可获得现金股利1万元，该现金股利于20×6年3月30日发放。

20×6年12月31日，乙公司股票的市价为315万元；

20×7年3月30日，甲公司出售该股票，扣除相关税费后的所得价款为350万元。不考虑所得税，并假定市价等于公允价值。

根据上述资料，甲公司分别按照原准则和新准则的会计分录如下：

（1）原准则的会计处理

①20×5年3月10日投资时：

借：短期投资　　　　　　　　　　　　　　　　3000000
　　应收股利　　　　　　　　　　　　　　　　 20000

贷：银行存款　　　　　　　　　　　　　　　　　3020000
②20×5年4月10日，甲公司收到乙公司分派的现金股利
借：银行存款　　　　　　　　　　　　　　　　　　20000
　　贷：应收股利　　　　　　　　　　　　　　　　　20000
③20×5年12月31日，市价低于成本
借：投资收益　　　　　　　　　　　　　　　　　　100000
　　贷：短期投资跌价准备　　　　　　　　　　　　　100000
　　　　　　　　　　　　　　　　　　　　　　　（300-290）
④20×6年3月15日，乙公司宣告分派现金股利，甲公司不做会计处理
⑤20×6年3月30日发放现金股利，甲公司于收到时做会计处理
借：银行存款　　　　　　　　　　　　　　　　　　10000
　　贷：短期投资　　　　　　　　　　　　　　　　　10000
甲企业对乙公司短期投资经上述调整后的账面余额为289万元（290-1）。
⑥20×6年12月31日，市价高于成本（315-300-1）
借：短期投资跌价准备　　　　　　　　　　　　　　100000
　　贷：投资收益　　　　　　　　　　　　　　　　　100000
⑦出售该项股票投资
借：银行存款　　　　　　　　　　　　　　　　　3500000
　　贷：短期投资　　　　　　　　　　　　　　　　2990000
　　　　投资收益　　　　　　　　　　　　　　　　 510000
（2）新准则的会计处理
①20×5年3月10日投资时：
借：交易性金融资产（成本）　　　　　　　　　　2985000
　　投资收益　　　　　　　　　　　　　　　　　　15000
　　应收股利　　　　　　　　　　　　　　　　　　20000
　　贷：银行存款　　　　　　　　　　　　　　　3020000
②20×5年4月10日，甲公司收到乙公司分派的现金股利
借：银行存款　　　　　　　　　　　　　　　　　　20000
　　贷：应收股利　　　　　　　　　　　　　　　　　20000
③20×5年12月31日，公允价值为290万元
借：公允价值变动损益　　　　　　　　　　　　　　85000
　　贷：交易性金融资产（公允价值变动）　　　　　　85000

(298.5 – 290)

④20×6年3月15日，乙公司宣告分派现金股利

借：应收股利　　　　　　　　　　　　　　10000
　　贷：投资收益　　　　　　　　　　　　　10000

⑤20×6年12月31日，公允价值315万元

借：交易性金融资产（公允价值变动）　　　250000
　　贷：公允价值变动损益　　　　　　　　　250000

(315 – 290)

⑥出售该项股票投资

借：银行存款　　　　　　　　　　　　　3500000
　　公允价值变动损益　　　　　　　　　　165000
　　贷：交易性金融资产（成本）　　　　　2985000
　　　　交易性金融资产（公允价值变动）　 165000
　　　　投资收益　　　　　　　　　　　　 515000

(350 – 298.5)

2. 长期债权投资（或持有至到期投资）

（1）原准则对长期债权投资核算的主要规定

①初始投资成本的确定。长期债权投资取得时的初始投资成本，是指取得长期债权投资时支付的全部价款，包括税金、手续费等相关费用。但实际支付的价款中包含的已到付息期但尚未领取的利息，作为应收项目单独核算，不构成债权投资的初始投资成本；如果实际支付的价款中包含尚未到期的债权利息，构成长期债权初始投资成本，并在长期债权投资中单独核算。但企业购买的分期付息、到期还本债券，实际支付的价款中包含尚未到期的债券利息，也构成长期债权初始投资成本，在长期债券投资的应计利息中单独核算，待该项利息实质上形成一项债权时，再转入应收项目。购买长期债券时，实际支付的税金、手续费等相关费用一般应当构成初始投资成本。但当金额较小时，可于购买时一次计入投资损益；当金额较大时，应计入初始投资成本，单独核算，并于购买债券后至到期前的期间内在确认相关债券利息收入时予以摊销，计入当期投资损益。尚未摊销的相关费用，应在"长期债权投资"科目中设置"债券费用"明细科目单独核算。

②溢折价及利息的处理。长期债券投资溢价或折价按以下公式计算：

债券投资溢价或折价 =（债券初始投资成本 – 相关费用 – 应计利息）– 债券面值

长期债券投资溢价或折价的摊销，与确认相关债券利息收入同时进行，调整各期的投资收益。当期按债券面值和适用利率计算的应计利息扣除当期摊销的溢价和债券费用，或当期按债券面值和适用利率计算的应收利息与摊销的折价的合计扣除摊销的债券费用，确认为当期投资收益。溢折价的摊销方法，可以采用直线法，也可以采用实际利率法。

③期末计量。期末长期债权投资考虑减值因素，其减值的确认和计量方法与原准则下的长期股权投资相同。

（2）新准则对持有至到期投资的主要规定

①定义及分类要求。持有至到期投资是指到期日固定、回收金额固定或可确定，且企业有明确意图和能力持有到期的非衍生金融资产。企业从二级市场上购入的固定利率国债、浮动利率公司债券等，符合持有至到期投资条件的，可以划分为持有至到期投资。购入的股权投资因其没有固定到期日，不符合持有至到期投资的条件，不能划分为持有至到期投资。持有至到期投资通常具有长期性质，但期限较短（1 年以内）的债券投资，符合持有至到期投资条件的，也可将其划分为持有至到期投资。

②初始金额的计量。持有至到期投资按照取得时的公允价值和相关交易费用之和作为初始确认金额。支付的价款中包含的已到付息期但尚未领取的债券利息，单独确认为应收项目。

③后续计量。持有至到期投资在持有期间按照摊余成本和实际利率计算确认利息收入，计入投资收益。实际利率在取得持有至到期投资时确定，在该持有至到期投资预期存续期间或适用的更短期间内保持不变。实际利率与票面利率差别较小的，也可按票面利率计算利息收入，计入投资收益。持有至到期投资期末按照摊余成本进行后续计量，金融资产的摊余成本计算如下：

摊余成本 = 初始确认金额 − 已偿还本金 +（或 −）采用实际利率法将该初始确认金额与到期日金额间的差额进行摊销形成的累计摊销额 − 已发生的减值损失

如果持有至到期投资期末的未来现金流量现值低于其账面价值的，按期差额计提减值准备，计入当期损益；其后，如有客观证据表明该持有至到期投资价值已恢复，且客观上与确认该损失后发生的事项有关，原确认的减值损失予以转回，计入当期损益。但是，转回后的账面价值不应当超过假定不计提减值准备情况下该金融资产在转回日的摊余成本。

原准则与新准则就长期债权投资（或持有至到期投资）的主要区别在于，

第一，溢折价摊销不同。原准则可按照直线法摊销溢折价，也可以按实际利率摊销溢折价；新准则只允许采用实际利率确认利息收入并摊销溢折价；第二，减值的计量有所不同。原准则按照与长期股权投资相同的方法计量长期债权投资的减值，新准则按照未来现金流量现值与其摊余成本比较计算确定持有至到期投资的减值。

例8：甲公司于20×5年1月1日从证券市场购入丙公司当日发行的5年期公司债券。所购入债券的面值总额为2000万元，票面年利率为5%，甲公司以2100万元的价格购入，另支付佣金、手续费等交易费用10万元。经甲公司管理当局研究决定将该项债券投资持有至到期。

该债券按年支付利息，债券到期偿还本金和最后一期利息。甲公司在债券持有期间内每年1月10日收到丙公司发放的债券利息，债券到期后的下一年度1月10日收到偿还的本金和最后一期利息。按照新准则核算如下：

（1）计算确定实际利率

100（P/A, r, 5）+2000（P/S, r, 5）=2110（万元）

R=4%　　100×4.4518+2000×0.8219=2088.98（万元）

R=3%　100×4.5797+2000×0.8626=2183.17（万元）

$$\frac{2088.98-2183.17}{4\%-3\%}=\frac{2110-2088.98}{R-4\%}$$

R=3.78%

（2）计算各期利息收入、利息调整金额

①债券摊余成本、利息调整等计算表

单位：万元

年份	年初摊余成本	实际利息	票面利息	年末摊余成本	当期摊销的利息调整金额
	(1)	(2)=(1)×3.78%	(3)=2000×5%	(4)=(1)+(2)-(3)	(5)=(3)-(2)
20×5	2110	79.758	100	2089.758	20.242
20×6	2089.758	78.9929	100	2068.7509	21.0071
20×7	2068.7509	78.1988	100	2046.9497	21.8012
20×8	2046.9497	77.3747	100	2024.3244	22.6253
20×9	2024.3244	75.6756*	100	2000	24.3244
合计	—	390	500	—	110

*尾差调整=76.5195-75.6756=0.8439（万元）

（3）账务处理

①20×5年1月1日购入丙公司债券

借：持有至到期投资——丙公司（成本）　　　　　20000000
　　持有至到期投资——丙公司（利息调整）　　　1100000
　　贷：银行存款　　　　　　　　　　　　　　　21100000

②20×5年末计提利息

借：应收利息　　　　　　　　　　　　　　　　　1000000
　　贷：投资收益　　　　　　　　　　　　　　　797580
　　　　持有至到期投资——丙公司（利息调整）　202420

③20×6年

收到上年度利息：

借：银行存款　　　　　　　　　　　　　　　　　1000000
　　贷：应收利息　　　　　　　　　　　　　　　1000000

计提利息摊销利息调整：

借：应收利息　　　　　　　　　　　　　　　　　1000000
　　贷：投资收益　　　　　　　　　　　　　　　789929
　　　　持有至到期投资——丙公司（利息调整）　210071

④20×7年

收到上年度利息：

借：银行存款　　　　　　　　　　　　　　　　　1000000
　　贷：应收利息　　　　　　　　　　　　　　　1000000

计提利息摊销利息调整：

借：应收利息　　　　　　　　　　　　　　　　　1000000
　　贷：投资收益　　　　　　　　　　　　　　　781988
　　　　持有至到期投——丙公司（利息调整）　　218012

⑤20×8年

收到上年度利息：

借：银行存款　　　　　　　　　　　　　　　　　1000000
　　贷：应收利息　　　　　　　　　　　　　　　1000000

计提利息摊销利息调整：

借：应收利息　　　　　　　　　　　　　　　　　1000000
　　贷：投资收益　　　　　　　　　　　　　　　773747

　　　　持有至到期投资——丙公司（利息调整）　　　　226253

⑥20×9年

收到上年度利息：

借：银行存款　　　　　　　　　　　　　1000000

　　贷：应收利息　　　　　　　　　　　　　　1000000

计提利息摊销利息调整：

借：应收利息　　　　　　　　　　　　　1000000

　　贷：投资收益　　　　　　　　　　　　　　756756

　　　　持有至到期投资——丙公司（利息调整）　　　　243244

⑦201×年

收到上年度利息和本金：

借：银行存款　　　　　　　　　　　　　21000000

　　贷：应收利息　　　　　　　　　　　　　　1000000

　　　　持有至到期投资——丙公司（成本）　　　20000000

按照原准则所做的会计处理，如果以实际利率法摊销溢折价，则每期利息收入和摊销的溢价与新准则相同；如果按照直线法摊销溢折价则每期摊销的金额相同，所确认的利息收入也相同。在具体账务处理时，原准则设置"长期债权投资"账户，并下设"面值""债券折价""债券溢价"等明细账户进行核算；新准则在"持有至到期投资"账户下设置"成本""利息调整"等明细账户进行核算。

3. 可供出售金融资产

原准则没有可供出售金融资产的概念。新准则所称的可供出售的金融资产，通常是指企业没有划分为以公允价值计量且其变动计入当期损益的金融资产、持有至到期投资、贷款和应收款项的金融资产。如，企业购入的在活跃市场上有报价的股票、债券和基金等，没有划分为以公允价值计量且其变动计入当期损益的金融资产或持有至到期投资等金融资产，可归为可供出售金融资产类。可供出售金融资产按照取得该金融资产的公允价值和相关税费之和作为初始确认金额。支付的价款中包含的已到付息期但尚未领取的债券利息或已宣告但尚未发放的现金股利，单独确认为应收利息；其持有期间取得的利息或现金股利，计入投资收益；资产负债表日，可供出售金融资产按照公允价值计量，公允价值变动计入资本公积（其他资本公积）；处置可供出售金融资产时，将取得的价款与该金融资产账面价值之间的差额，计入投资损益；同时，将原直接计入所有者权益的公允价值变动累计额对应处置部分的金额转入投资损益。

例9：甲公司于20×7年3月1日购入某上市公司的股票，并将其归为可供出售的金融资产。购入该股票的实际成本为（公允价值）500万元，其中，已宣告尚未发行的现金股利为10万元。另外支付交易费用（印花税、手续费等）2万元。20×7年3月30日收到上述股利存入银行。20×7年6月30日该股票的公允价值为510万元；20×7年12月31日该股票的公允价值为480万元；20×8年1月20日出售该股票，所得价款460万元，不考虑相关税费。甲公司的会计处理如下：

(1) 20×7年3月1日购买时

借：可供出售金融资产（成本）　　　　　　　　　　　5020000
　　应收股利　　　　　　　　　　　　　　　　　　　100000
　　贷：银行存款　　　　　　　　　　　　　　　　　5120000

(2) 20×7年3月30日收到股利

借：银行存款　　　　　　　　　　　　　　　　　　　100000
　　贷：应收股利　　　　　　　　　　　　　　　　　100000

(3) 20×7年6月30日

借：可供出售金融资产（公允价值变动）　　　　　　　80000
　　　　　　　　　　　　　　　　　　　　　　　（510－502）
　　贷：资本公积——其他资本公积　　　　　　　　　80000

(4) 20×7年12月31日，假定公允价值为480万元

借：资本公积——其他资本公积　　　　　　　　　　　300000
　　贷：可供出售金融资产（公允价值变动）　　　　　300000

年末，可供出售金融资产的账面余额（等于账面价值）为480万元

(5) 20×8年1月20日出售

借：银行存款　　　　　　　　　　　　　　　　　　　4600000
　　可供出售金融资产（公允价值变动）　　　　　　　220000
　　投资收益　　　　　　　　　　　　　　　　　　　420000
　　贷：可供出售金融资产（成本）　　　　　　　　　5020000
　　　　资本公积——其他资本公积　　　　　　　　　220000

4. 可转换公司债券

可转换公司债券，是指企业购入的可在一定时期以后转换为股份的债券。可转换公司债券属于混合证券，对于发行企业而言，既具有负债性质，又具有

所有者权益性质；对于债券持有企业而言，既具有债权性质，又具有股权性质。在原准则的会计核算中，企业购入可转换公司债券在转换为股份之前，按照债权投资进行核算并计提利息、摊销溢价或折价。行使转换权利时，按账面价值转换，即在可转换公司债券转换为股份时，按可转换公司债券的账面价值（包括面值、应计利息、溢价或折价，以及提取的减值准备）作为转换基础，除债券面额不足转换1股股份，按规定可以收回现金外，其余均转为股权投资，作为转换后股权投资的初始投资成本。

新准则对于可转换公司债券除非直接指定以公允计量且其变动计入当期损益的金融资产类以外，通常应将取得时的成本进行分拆，属于转换权部分按照衍生工具进行核算，剩余部分按照企业风险管理策略等进行分类后核算。

五、权益法下内部交易损益的抵销

原准则未要求在权益法核算下，投资企业与被投资企业内部交易未实现损益投资企业在确认投资收益时应予以抵销的问题；新准则要求投资企业对联营或合营企业投资采用权益法核算时，对于投资企业与联营或合营企业之间发生的内部交易损益按照持股比例计算归属于投资企业的部分，应当予以抵销，并在此基础上确认投资损益；当内部交易未实现损益得以实现时，该已实现的内部交易损益应当予以确认投资收益。投资企业与联营或合营企业之间发生的内部交易损失，按照《企业会计准则第8号——资产减值》等规定属于资产减值损失的，应当全额确认。投资企业对于纳入其合并范围的子公司与其联营及合营企业之间的内部交易损益，也按照同样原则进行抵销后确认投资损益。

例10：甲公司持有乙公司25%的股权并对其具有重大影响。20×7年度，甲公司将自产产品销售给乙公司，其销售价格为2000万元（不含增值税额），销售成本为1100万元。年末，乙公司从甲公司购入的产品全部未对外出售形成存货，乙公司20×7年度和20×8年度按照可辨认净资产公允价值为基础计算实现的净利润每年均为3000万元。假定上述交易不考虑相关税费，无纳税调整事项；20×8年度，乙公司全部对外出售于20×7年从甲公司购入的商品。

（1）20×7年度

20×7年度甲公司应确认的投资收益=（3000-900）×25%=525（万元）

借：长期股权投资——乙公司（损益调整）　　　5250000

　　贷：投资收益　　　　　　　　　　　　　　　　　5250000

(2) 20×8 年度

20×8 年度甲公司应确认的投资收益 = (3000 + 900)×25% = 975（万元）

借：长期股权投资——乙公司（损益调整）　　　　9750000
　　贷：投资收益　　　　　　　　　　　　　　　　　　9750000

例 11：假定乙公司出售产品给甲公司，其销售价格为 1000 万元，实质上属于资产的减值；20×7 年度，乙公司按照可辨认净资产公允价值为基础计算实现的净利润为 2900 万元。其他资料同例 10。则甲公司于 20×7 年度的会计处理如下：

20×7 年度甲公司应确认的投资收益 = 2900×25% = 725（万元）

借：长期股权投资——乙公司（损益调整）　　　　7250000
　　贷：投资收益　　　　　　　　　　　　　　　　　　7250000

六、新旧衔接

原准则与新准则就投资的会计处理发生了较大的变化，企业在首次执行新准则时，对于新准则与原准则不同的会计政策的衔接办法，遵照以下原则处理：

(一) 对持有的子公司的投资采用追溯调整法

首次执行日已持有的对子公司的投资，原准则采用权益法核算而新准则采用成本法核算，对于此项会计政策变更采用追溯调整法，视同在获得该子公司时即已采用成本法核算，除非不切实可行。值得注意的是：(1) 首次执行日，原持有的对子公司投资采用追溯调整法进行处理，即，对于原持有的对子公司的投资无论是在同一控制下企业合并取得的子公司，还是非同一控制下的企业合并取得的子公司（同一控制还是非同一控制按照新准则的规定进行判断），均应采用追溯调整法进行处理；(2) 合并财务报表中也应当采用与个别财务报表相同的原则进行处理，即，对首次执行日已持有的子公司的投资在合并财务报表中也应当采用追溯调整法进行处理；(3) 该追溯调整通常追溯至公司设立时。例如，甲公司于 20×1 年取得乙公司 70% 的股份并且能够对其控制。20×3 年 1 月 1 日，甲公司由国有企业改制为股份有限公司，其持有乙公司投资由权益法改为成本法追溯调整时，追溯至 20×3 年甲公司设立时，20×3 年以前年度持有的对乙公司投资采用权益法的部分不再追溯调整。

例 12：20×4 年 1 月 1 日，甲公司取得乙公司 80% 的股权并且能够对其实施控制（属于非同一控制下的企业合并），初始投资成本为4500万元，股权投资差额按10年平均摊销。购买日，乙公司可辨认净资产公允价值为5000万元（与其账面价值相等）。

甲公司于20×7年1月1日开始实施新准则，对乙公司的投资由权益法改按成本法核算，属于会计政策变更，因其追溯调整计算的累积影响数能够可靠确定而于首次执行日进行追溯调整。假定：（1）乙公司20×4年至20×6年实现的净利润分别为500万元、600万元、1200万元，无其他所有者权益的变动。在该期间，乙公司于20×5年分配20×4年度的现金股利400万元、20×6年度分配20×5年度的现金股利400万元；（2）所得税法规定，企业处置股权投资时，原初始取得时的成本可以从应纳税所得额中扣除，甲公司和乙公司20×7年以前适用的所得税税率均为33%，20×8年及以后年度所得税税率均为25%，居民企业之间分派的利润不计入应纳税所得额。甲公司采用资产负债表债务法核算所得税，预计未来有足够的应纳税所得额抵扣可抵扣暂时性差异。甲公司预计长期持有对乙公司的投资；（3）甲公司按净利润的10%计提法定盈余公积。首次执行新准则时，甲公司对乙公司的投资采用追溯调整法的处理如下：

①按照原权益法核算的所得税影响

原股权投资差额 = 4500 − 5000 × 80% = 500（万元）

已摊销额 = 500/10 × 3 = 150（万元）

20×4年应确认的投资收益 = 500 × 80% = 400（万元）

20×5年应确认的投资收益 = 600 × 80% = 480（万元）

20×6年应确认的投资收益 = 1200 × 80% = 960（万元）

年度	账面价值	计税基础	应确认的暂时性差异	递延所得税负债（资产）余额
20×4取得时	4500	4500	0	0
20×4年末	4850	4500	(50)	(16.5)
20×5年末	4960	4500	(100)	(33)
20×6年末	5550	4500	(150)	(49.5)

注：因甲公司与乙公司的所得税税率相同，乙公司分派的现金股利于甲公司收到时不需要再缴纳所得税，故不需要确认由于乙公司实现净利润而按照权益法核算所确认的增加长期股权投资账面价值产生的暂时性差异的所得税影响；按原准则要求仅需确认摊销的股权投资差额部分的所得税影响。

②按照成本法核算的所得税影响

年度	账面价值	计税基础	应确认的暂时性差异	递延所得税负债（资产）余额
20×4 取得时	4500	4500	0	0
20×4 年末	4500	4500	0	0
20×5 年末	4500	4500	0	0
20×6 年末	4500	4500	0	0

③计算会计政策变更的累积影响数

年度	权益法	成本法	税前差异	所得税影响	税后差异
20×4	350（400－50）	320	30	16.5	46.5
20×5	430（480－50）	320	110	16.5	126.5
20×6	910（960－50）	0	910	16.5	926.5
合计	1690	640	1050	49.5	1099.5

④账务处理

借：盈余公积　　　　　　　　　　　　　　1099500
　　利润分配——未分配利润　　　　　　　9895500
　　贷：递延所得税资产　　　　　　　　　　　495000
　　　　长期股权投资　　　　　　　　　　　10500000

例13：假定上述甲公司购买乙公司属于同一控制下的企业合并，其他资料如例12。甲公司于首次执行日进行追溯调整的会计处理如下：

（1）企业合并成本＝5000×80%＝4000（万元）

应调整资本公积的金额＝4500－4000＝500（万元）

（2）账务处理

借：盈余公积　　　　　　　　　　　　　　1099500
　　利润分配——未分配利润　　　　　　　9895500
　　资本公积　　　　　　　　　　　　　　5000000
　　贷：递延所得税资产　　　　　　　　　　　495000
　　　　长期股权投资　　　　　　　　　　　15500000

经上述调整后，甲公司对乙公司的投资的账面余额为4000万元，等于投资时应享有乙公司净资产账面价值的份额。

（二）对持有的子公司追溯调整不切实可行的处理

如果在首次执行日对已持有的子公司的投资进行追溯调整不切实可行，例如，无法取得被投资企业于合并日或者购买日可辨认净资产公允价值，或者无法取得被投资企业相关财务资料信息，或者不符合成本效益原则等。则分别以下情况处理：

1. 原取得该子公司时，按照新准则所确定的标准属于同一控制下的企业合并，该项长期股权投资中尚未摊销完毕的股权投资差额全部冲销，并调整期初留存收益，以冲销股权投资差额的摊余价值后的长期股权投资账面余额作为首次执行日的认定成本。

2. 原取得该子公司时，按照新准则所确定的标准属于非同一控制下的企业合并，该项长期股权投资中尚未摊销完毕的股权投资贷方差额，全额冲销并且调整期初留存收益，并以冲销股权投资贷方差额后的长期股权投资的账面余额作为首次执行日的认定成本。

如果原取得该子公司时存在股权投资借方差额的，其未摊销完毕的股权投资借方差额的余额在个别财务报表中不再摊销，于首次执行日将该股权投资借方差额与长期股权投资中的其他明细科目的余额一并作为首次执行日的认定成本。同时在合并财务报表中作如下处理：

（1）企业无法可靠确定购买日被购买方可辨认资产、负债公允价值的，应将按原制度核算的股权投资借方差额的余额，在合并资产负债表中作为商誉列示。

（2）企业能够可靠确定购买日被购买方可辨认资产、负债等的公允价值的，应将属于因购买日被购买方可辨认资产、负债公允价值与其账面价值的差额扣除已摊销金额后在首次执行日的余额，按合理的方法分摊至被购买方各项可辨认资产、负债，并在被购买方可辨认资产的剩余使用年限内计提折旧或进行摊销，有关折旧或摊销计入合并利润表相关的投资收益项目；无法将该余额分摊至被购买方各项可辨认资产、负债的，可在原股权投资差额的剩余摊销年限内平均摊销，计入合并利润表相关的投资收益项目，尚未摊销完毕的余额在合并资产负债表中作为"其他非流动资产"列示。企业合并成本大于购买日应享有被购买方可辨认净资产公允价值份额的差额在首次执行日的余额，在合并资产负债表中作为商誉列示。

值得注意的是，如果于首次执行日对子公司投资因公允价值无法可靠确定而不能在个别财务报表上进行追溯调整的，则在合并财务报表上作上述处理。

但是，在公允价值无法可靠确定的情况下，原制度下核算的股权投资借方差额的余额是否能够全部列作商誉，还应当考虑在确定购买价格时的相关影响因素，在此基础上合理确定商誉的摊余价值，并将股权投资借方差额的余额扣除商誉部分后的金额按照上述（2）的原则在合并财务报表上进行处理。

例14：甲公司于20×7年1月1日首次执行新准则。该公司于20×5年1月1日以3000万元的初始投资成本购入乙公司60%的股份并能对其实施控制，合并前，甲公司与乙公司不存在关联方关系。购买日，乙公司可辨认净资产公允价值为4700万元，其中：实收资本3000万元，资本公积1500万元，未分配利润200万元；购买日，乙公司账面净资产为3800万元，其中：实收资本3000万元，资本公积600万元，未分配利润200万元。20×5年至20×6年，乙公司累计实现净利润1000万元，未分派利润。假定不考虑所得税因素，股权投资差额按照10年摊销，可辨认净资产公允价值无法合理分摊至被购买方各项可辨认资产、负债，甲公司个别财务报表中对乙公司的投资进行追溯调整不切实可行。则甲公司于首次执行日的会计处理如下：

（1）按照原准则核算

长期股权投资——成本　　　　　　　　　　　　　22800000

　　　　　　　　　　　　　　　　　　　　　　（3000－720）

　　　　　　——股权投资差额　　　　　　　　　　7200000

　　　　　　　　　　　　　　　　　　　　　　（3000－3800×60%）

　　　　　　——损益调整　　　　　　　　　　　　6000000

　　　　　　　　　　　　　　　　　　　　　　（1000×60%）

按照原准则确定的股权投资差额实质上由两部分组成，即：

股权投资差额　　　　　　　　　　　　　720万元

其中：账面价值与公允价值份额差额　　540万元〔（4700－3800）×60%〕

成本与公允价值份额差额（商誉部分）180万元（3000－4700×60%）

（2）首次执行日的处理

其后每年摊销股权投资差额，至首次执行日已摊销2年，共摊销144万元，剩余的股权投资差额为576万元，其中，商誉部分的摊余价值为144万元（180万元－36万元）。

剩余的股权投资差额　　　　　　576万元：

减：商誉　　　　　　　　　　　144万元

差额　　　　　　　　　　　　　432万元（在合并报表中摊销）

(3) 合并财务报表中的处理

借：商誉　　　　　　　　　　　　　　　　　1440000
　　其他非流动资产　　　　　　　　　　　　　4320000
　　实收资本　　　　　　　　　　　　　　　 30000000
　　资本公积　　　　　　　　　　　　　　　　6000000
　　未分配利润　　　　　　　　　　　　　　 12000000
　　贷：长期股权投资　　　　　　　　　　　 34560000
　　　　　　　　　　　　　　　　　（3000 – 144 + 600）
　　　　少数股东权益　　　　　　　　　　　 19200000
　　　　　　　　　　　　　　　　（3800 + 1000）×40%

摊销差额，假定剩余摊销年限为5年，在合并报表中摊销
借：投资收益　　　　　　　　　　　　　　　　864000
　　贷：其他非流动资产　　　　　　　　　　　864000
　　　　　　　　　　　　　　　　　　　　　　（432/5）

（三）对联营和合营企业投资在首次执行日的处理

按照原准则采用权益法核算的对联营和合营企业投资，按照新准则仍然采用权益法核算。但是，按照新准则要求，初始投资成本大于应享有投资时被投资单位可辨认净资产公允价值份额的差额不作会计处理，而原准则作为股权投资差额按照一定的期限分期摊销；同时，按照新准则要求初始投资成本小于应享有投资时被投资单位可辨认净资产公允价值份额的差额计入当期损益，而原准则作为股权投资贷方差额按照一定的期限分期摊销和计入资本公积（原准则初始要求股权投资贷方差额按照一定期限分期摊销，后修正为计入资本公积，原未摊销完毕的股权投资贷方差额不追溯调整，故实务中可能依然存在股权投资贷方差额未摊销完毕的情况）。因此，企业在首次执行日的处理原则为：

1. 首次执行日企业持有的对联营或合营企业的投资，其未摊销完毕的股权投资贷方差额调整期初留存收益；

2. 首次执行日企业持有的对联营或合营企业的投资，其未摊销完毕的股权投资借方差额，在执行新准则后计算应享有联营或合营企业净利润时应扣除按剩余期限摊销的股权投资借方差额余额后的金额确认为投资收益。同时，对于原准则下于投资时按照联营或合营企业账面净资产计算的应享有的份额不再追溯调整至应享有投资时联营或合营企业可辨认净资产公允价值份额，即，执行新准

则后，投资企业在计算应享有联营或合营企业净损益时，以联营或合营企业实现的账面净利润为基础，而无需调整原公允价值与账面价值差额对净损益的影响。

例15：甲公司于20×7年1月1日开始实施新准则。首次执行日，甲公司持有的联营企业（乙公司）投资的账面余额为900万元，初始投资成本为500万元，持有乙公司股权比例为25%，该项投资未发生减值损失。假定：(1) 原投资时，乙公司账面净资产为1800万元，可辨认净资产为2000万元；(2) 投资持有期间，乙公司累计实现净利润1600万元，未分派利润，除净利润外无其他所有者权益变动。20×7年乙公司实现净利润800万元；(3) 股权投资借方差额按照10年摊销，已摊销3年，尚可摊销7年；(4) 不考虑内部交易抵销以及所得税因素的影响。甲公司的会计处理如下：

(1) 计算首次执行日股权投资差额的余额

首次执行日股权投资差额的余额 = [500 - (1800×25%)] - [500 - (1800×25%)] ÷ 10 × 3 = 50 - 15 = 35（万元）

(2) 由于原股权投资差额为借方差额，因此，首次执行日不作账务处理，以首次执行日长期股权投资的账面余额作为认定成本。

(3) 计算20×7年投资收益

剩余股权投资借方差额当年度应摊销额 = 35 ÷ 7 = 5（万元）

应确认的投资收益 = 800 × 25% - 5 = 195（万元）

借：长期股权投资——乙公司（损益调整）　　　　1950000

　　贷：投资收益　　　　　　　　　　　　　　　　　1950000

首次执行日剩余的股权投资借方差额于首次执行日以后期间逐期摊销至零，并且于计算各期投资损益时，将每期摊销的金额从按照联营和合营企业实现净损益应享有份额中予以扣除后确认投资收益。

值得注意的是：首次执行日前已按照原准则将股权投资贷方差额计入资本公积的，除对子公司进行追溯调整以外，于首次执行日不再进行调整。

（四）原按照成本法核算，按照新准则要求作为长期股权投资并且仍然按照成本法核算的，首次执行日不需进行调整，仍以首次执行日长期股权投资的账面余额作为计量的基础

（五）对于除长期股权投资以外的其他投资的处理

1. 首次执行日将除长期股权投资以外其他投资划分为以公允价值计量且

其变动计入当期损益的金融资产,在首次执行日按照公允价值计量,并将账面价值与公允价值的差额调整期初留存收益。

例16:甲公司于20×7年1月1日开始采用新准则。首次执行日持有的对乙公司股权投资划分为以公允价值计量且其变动计入当期损益的金融资产,该项投资原作为短期投资核算,短期投资于首次执行日的账面余额为200万元(初始成本),已计提的跌价准备为10万元。首次执行日该项投资的公允价值为220万元。甲公司按实现净利润的10%计提法定盈余公积。甲公司于首次执行日的会计处理如下:

  借:交易性金融资产——乙公司(成本)   2000000
    交易性金融资产——乙公司(公允价值变动) 200000
    短期投资跌价准备   100000
    贷:短期投资——乙公司   2000000
      盈余公积   30000
      利润分配——未分配利润   270000

2. 首次执行日将除长期股权投资以外的其他投资划分为可供出售金融资产,在首次执行日按照公允价值计量,并将账面价值与公允价值的差额调整期初资本公积(其他资本公积)。

例17:假定甲公司于首次执行日将对乙公司的股权投资划分为可供出售金融资产,该项短期投资原未计提跌价准备,其他资料同例16。则甲公司于首次执行日的会计处理如下:

  借:可供出售金融资产——乙公司(成本)   2000000
    可供出售金融资产——乙公司(公允价值变动) 200000
    贷:短期投资——乙公司   2000000
      资本公积——其他资本公积   200000

3. 首次执行日将债权投资划分为持有至到期投资的,在首次执行日起改按实际利率法,在随后的会计期间采用摊余成本计量。即,对于原持有并且于首次执行日划分为持有至到期投资的债权投资,采用未来适用法进行处理。

(六)股权分置流通权余额的处理

首次执行日,企业在股权分置改革中形成的"股权分置流通权"科目的余额,属于与对联营企业、合营企业、子公司的长期股权投资相关的,以及与仍处于限售期的权益性投资相关的,全额转至长期股权投资(成本);除此之外，首次执行日将其余额及相关的权益性投资账面价值一并按照《企业会计准则第22号——金融工具确认和计量》的规定进行划分，作为交易性金融资产或可供出售金融资产。

2007年1月1日以后，企业根据经批准的股权分置方案，以支付现金方式取得的流通权，计入与其相关的长期股权投资或其他金融资产的账面价值，不再单设"股权分置流通权"科目进行核算。

（七）限售股权的处理

1. 企业在股权分置改革中持有对被投资单位在重大影响以上的股权，作为长期股权投资核算，并且视对被投资单位的影响程度分别采用成本法或权益法核算；企业在股权分置改革中持有对被投资单位不具有控制、共同控制或重大影响的股权，在首次执行日划分为可供出售金融资产，其公允价值与账面价值的差额在首次执行日进行追溯调整并计入资本公积。

2. 企业持有上市公司限售股权（不包括股权分置改革持有的限售股权，下同）且对上市公司不具有控制、共同控制或重大影响的，于首次执行日，按照《企业会计准则第22号——金融工具确认和计量》的规定，将该限售股权划分为可供出售金融资产，除非满足该准则规定条件划分为以公允价值计量且其变动计入当期损益的金融资产。

对于首次执行日之前持有的上市公司限售股权且对上市公司不具有控制、共同控制或重大影响的，在首次执行日进行追溯调整。

企业在确定上市公司限售股权公允价值时，应当遵循《企业会计准则第22号——金融工具确认和计量》的相关规定，对于存在活跃市场的，应当根据活跃市场的报价确定其公允价值；不存在活跃市场的，应当采用估值技术确定其公允价值，估值技术应当是市场参与者普遍认同且被以往市场实际交易价格验证具有可靠性的估值技术，采用估值技术时应当尽可能使用市场参与者在金融工具定价时所使用的所有市场参数。上市公司限售股权的公允价值通常应当以其公开交易的流通股票的公开报价为基础确定，除非有足够的证据表明该公开报价不是公允价值的，应当对该公开报价作适当调整，以确定其公允价值。

（八）同时发行A股和H股或者B股的上市公司的特别要求

对于同时发行A股和H股或者B股并且原同时按照国内及国际财务报告

准则对外提供财务报告的上市公司，于首次执行日根据取得的相关信息，能够对因会计政策变更所涉及的交易或事项的处理结果进行追溯调整的，以追溯调整的结果作为首次执行日的余额。

资产负债表日后事项涉及的所得税会计处理[*]

资产负债表日后事项,是指在资产负债表日和财务报告批准报出日之间发生的有利或不利事项。财务报告批准报出日,是指董事会或类似机构批准财务报告报出的日期。

资产负债表日后事项可分为两种:(1)资产负债表日已存在的情况提供证据的事项(资产负债表日后调整事项);(2)表明资产负债表日后发生的情况的事项(资产负债表日后非调整事项)。

(一) 资产负债表日后调整事项

资产负债表日后调整事项,说明由于资产负债表日后获得新的或进一步的证据,以表明依据资产负债表日所获得的信息对某些交易或事项所作出的估计并以此为基础编制的财务报表已不能反映相关或可靠信息,应依据所获得的新的或者进一步的证据对资产负债表日所反映的收入、费用、资产、负债以及所有者权益进行调整。调整事项的特点是:(1)在资产负债表日或以前已经存在,资产负债表日后得以证实的事项;(2)对按资产负债表日存在状况编制的财务报表产生重大影响的事项。例如,甲公司应收乙公司账款1000万元,按合同约定应在20×8年12月20日前偿还。在20×8年12月31日结账时甲公司尚未收到这笔应收账款,并已知乙企业财务状况不佳,近期内难以偿还债务。为此甲公司对该项应收账款提取了100万元的坏账准备。20×9年2月12日,在甲公司经董事会批准对外提供财务报告之前收到乙公司通知,乙公司已

---

[*] 《商业会计》2008年

经法院宣告破产,无法偿付60%的欠款。可见,甲公司于20×8年12月31日结账时已经知道乙企业财务状况不佳,即在20×8年12月31日资产负债表日,乙公司财务状况不佳的事实已经存在,但未得到乙公司破产的确凿证据。20×9年2月12日甲公司收到乙公司正式通知,得知乙公司已破产,并且无法偿付部分货款,即20×9年2月12日对20×8年12月31日存在的情况提供了新的证据,表明甲公司根据20×8年12月31日存在情况提供的资产负债表所反映的应收乙公司账款中已有部分成为坏账,依资产负债表日存在状况编制的财务报表所提供的信息已不能真实反映甲公司的实际情况。因此,应据此对20×8年度的财务报表相关项目的数字进行调整。

资产负债表日后调整事项的会计处理原则是:资产负债表日后发生的调整事项,应当如同资产负债表所属期间发生的事项一样,作出相关账务处理,并对资产负债表日已编制的财务报表作相应的调整。这里的财务报表包括资产负债表、利润表、所有者权益变动表和现金流量表的补充资料内容,但不包括现金流量表正表。通常而言,资产负债表日后事项在报告年度的资产负债表日或报告中期、期末以后发生,在编制财务报表,特别是编制年度财务报表时,资产负债表日后事项发生在报告年度的次年(如为中期财务报告,则为下一个中期),上年度相关账目已经结账,因此,年度资产负债表日后发生的调整事项,通常可以作以下的账务处理:

(1)涉及损益的事项,包括相关的收入或者利得、费用或者损失,以及与损益相关的所得税费用(或收益),通过"以前年度损益调整"科目核算。调整增加以前年度收益或调整减少以前年度亏损的事项,及其调整减少的所得税费用或者调整增加的所得税收益,记入"以前年度损益调整"科目的贷方;调整减少以前年度收益或调整增加以前年度亏损的事项,以及调整增加的所得税费用或者调整减少的所得税收益,记入"以前年度损益调整"科目的借方。"以前年度损益调整"科目的贷方或借方余额,转入"利润分配——未分配利润"科目;对于所得税的影响,还需要同时调整相关的递延所得税负债或递延所得税资产。

(2)涉及利润分配调整的事项,直接在"利润分配——未分配利润"科目核算,但董事会批准的利润分配预案不作为调整事项处理。

(3)直接涉及权益的事项,调整相关资产、负债和权益项目,涉及所得税的,还需要调整相关的递延所得税负债或递延所得税负债。

(4)其他不直接涉及损益或权益的事项,调整相关账户的余额以及财务报表相关项目。

（5）通过上述账务处理后，还应同时调整财务报表相关项目的数字，包括：①资产负债表日编制的财务报表相关项目的数字；②当期编制的财务报表相关项目的期初数；③提供比较财务报表时，还应调整相关财务报表的上期比较数；④经过上述调整后，如果涉及财务报表附注披露内容的，还应当调整财务报表附注相关项目的披露数据。

年度资产负债表日后调整事项，以及涉及的所得税影响主要包括以下几个方面：

1. 已证实资产发生了减损

已证实资产发生了减损，主要是指在年度资产负债表日以前，或在年度资产负债表日，根据当时资料判断某项资产可能发生了损失或永久性减值，因而按照当时最好的估计金额反映在财务报表的相关资产项目中。但在年度资产负债表日至财务报告批准报出日之间，所取得的新的或进一步的证据能证明该项资产发生了减值或者需要调整原已确认的资产减值损失金额，即某项资产已经发生了损失或永久性减值，则应对资产负债表日所作的估计予以修正。

例1：甲公司20×7年9月销售一批产品给乙公司，增值税专用发票上注明的价款为1200万元，增值税额为204万元，乙公司于当年10月收到所购商品并验收入库。按合同规定乙公司应于收到所购物资后2个月内付款。由于乙公司现金周转困难，至20×7年12月31日仍未付款。甲公司于12月31日编制20×7年度财务报表时，为该项应收账款提取坏账准备200万元，12月31日"应收账款"科目的余额为1404万元，"坏账准备"科目的余额为200万元；该项应收账款已按1204万元列入资产负债表"应收账款"项目内。同时，确认了递延所得税资产50万元（假定甲公司适用的所得税税率为25%）。甲公司于20×8年3月12日收到乙公司通知，法院已宣告乙公司破产，乙公司无力偿还所欠甲公司的大部分货款，甲公司预计可收回应收账款的20%。假定：（1）甲公司20×7年度财务报告经董事会批准对外报出的日期为20×8年3月20日；（2）按照税法规定，该项应收账款于发生实质性损失并经税务机关认定可从税前抵扣，至财务报告批准报出日，该项应收账款的损失尚未经税务机关认定；（3）甲公司的财务报告批准报出日前尚未进行所得税汇算清缴；（4）甲公司按照净利润的10%提取法定盈余公积。

甲公司对于上述资产负债表日后调整事项，所作的会计处理如下（金额单位：元。下同）：

(1) 补提坏账准备

应补提的坏账准备 = 1404 × 80% − 200 = 923.2（万元）

借：以前年度损益调整——资产减值损失　　　　9232000
　　贷：坏账准备　　　　　　　　　　　　　　　　　　9232000

(2) 调整递延所得税

应调整的递延所得税资产 = 1404 × 80% × 25% − 200 × 25% = 280.8 − 50 = 230.8（万元）

借：递延所得税资产　　　　　　　　　　　　　2308000
　　贷：以前年度损益调整——所得税费用　　　　　　　2308000

(3) 将"以前年度损益调整"科目的余额转入"利润分配——未分配利润"科目

应转入未分配利润的金额 = 923.2 − 230.8 = 692.4（万元）

借：利润分配——未分配利润　　　　　　　　　6924000
　　贷：以前年度损益调整——结转未分配利润　　　　6924000

(4) 调整计提的法定盈余公积

应冲减的法定盈余公积 = 692.4 × 10% = 69.24（万元）

借：盈余公积——法定盈余公积　　　　　　　　692400
　　贷：利润分配——未分配利润　　　　　　　　　　　692400

(5) 调整报告年度财务报表相关项目的数字（见表1、表2）

①资产负债表"年末余额"栏各项目的调整：

调减"应收账款"项目 923.2（万元）；调增"递延所得税资产"项目 230.8（万元）；调减"盈余公积"项目 69.24（万元）；调减"未分配利润"项目 623.16（万元）。

②利润表"本年金额"栏各项目的调整：

调增"资产减值损失"项目 923.2（万元）；调减"所得税费用"项目 230.8万元）。

③股东权益变动表"本年金额"栏各项目的调整：

调减"净利润"项目 692.4（万元）；调减"提取法定盈余公积"项目 69.24（万元）；调减"年末未分配利润"623.16（万元）。

（为便于比较，假设根据 20×7 年 12 月 31 日存在状况编制的财务报表的数字在"调整前"栏反映；按照资产负债表日后发生的调整事项调整后的数字在"调整后"栏反映，下同）

表1　　　　　　　　　　　　　资产负债表

编制单位：甲公司　　　　　　　20×7年12月31日　　　　　　　　　　单位：万元

资产	调整前	调整后	负债和股东权益	调整前	调整后
流动资产：			流动负债：		
货币资金	5000	5000	短期借款	2500	2500
交易性金融资产	1000	1000	应付票据	500	500
应收票据	500	500	应付账款	500	500
应收账款	7600	6676.8	应交税费	2500	2500
存货	2900	2900	流动负债合计	6000	6000
			长期负债：		
流动资产合计	17000	16076.8	长期借款	3000	3000
			长期负债合计	3000	3000
非流动资产：			负债合计	9000	9000
长期股权投资	5500	5500	股东权益：		
固定资产	14000	14000	股本	20000	20000
无形资产	5000	5000	资本公积	0	0
递延所得税资产	2500	2730.8	盈余公积	5000	4930.76
			未分配利润	10000	9376.84
非流动资产合计	27000	27230.8	股东权益合计	35000	34307.6
资产总计	44000	43307.6	负债和股东权益总计	44000	43307.6

表2　　　　　　　　　　　　　　利润表

编制单位：甲公司　　　　　　　　20×7年度　　　　　　　　　　　　单位：万元

项目	调整前	调整后
一、营业收入	13000	13000
减：营业成本	5000	5000
营业税金及附加	500	500
销售费用	20	20
管理费用	150	150
财务费用	90	90
资产减值损失	320	1243.2
加：公允价值变动收益	75	75
投资收益	160	160
二、营业利润	7155	6231.8

续表

项目	调整前	调整后
加：营业外收入	10	10
减：营业外支出	0	0
三、利润总额	7165	6241.8
减：所得税费用	2300	2069.2
四、净利润	4865	4172.6

（6）股东权益变动表的调整（略）。

（7）调整 20×8 年 3 月资产负债表相关项目的年初数。甲公司在编制 20×8 年 1、2 月的财务报表时，按照上表中调整前的数字作为资产负债表的年初数，由于发生了资产负债表日后调整事项，甲公司除了调整 20×7 年度财务报表相关项目的数字外，还应当调整 20×8 年 3 月资产负债表相关项目的年初数，其年初数或者上年数按照上表中调整后的数字填列。

2. 已售资产的退回

资产负债表日后事项中涉及的已售资产的退回，是指在资产负债表日以前或资产负债表日，根据合同规定所销售的资产已经发出，按照当时所掌握的信息判断与该项资产所有权相关的风险和报酬已经转移，钱款能够收回并且成本能够可靠计量等原则，根据收入（或收益）确认原则确认了收入并结转了相关成本。即在资产负债表日企业确认为资产销售，并在财务报表上确认了收入并结转了相关成本。但在资产负债表日后至财务报告批准报出日之间获得的证据证明已确认为销售的资产已经退回，应作为调整事项，进行相关的账务处理，并调整资产负债表日编制的财务报表有关收入、费用、资产、负债、所有者权益等项目的数字。值得说明的是，资产负债表日后事项中的销售资产退回，既包括报告年度销售的资产，在报告年度的资产负债表日后退回，也包括报告年度前销售的资产，在报告年度的资产负债表日后退回。这里仅说明资产负债表日后事项涉及的销售资产的退回。

资产负债表日后事项发生的销售资产退回的会计处理，通常视具体情况而定：如果在销售时预计了退货率，预计退货部分的销售收入未予以确认，并确认了预计负债，则销售资产退回冲减相关的预计负债，超过预计退货率的部分调整相关的收入；如果在销售资产时未预计其退货率，在资产负债表日后发生销售资产退回时，冲减已确认的销售收入、销售成本等。在对销售资产退回进行相关的调整处理时，同时，调整相关的所得税影响金额。

例2：甲公司20×7年11月销售给乙公司一批产品，增值税专用发票上注明的销售价格2500万元，增值税额为425万元，销售成本2000万元，货款于当年12月31日尚未收到。甲公司于20×7年12月25日接到通知，乙公司在验收货物时，发现该批产品存在严重的质量问题需要退货。甲公司希望通过协商解决问题，并与乙公司协商解决办法。甲公司在20×7年12月31日编制资产负债表时，将该应收账款2925万元减去计提的坏账准备300万元列示于资产负债表的"应收账款"项目内，并确认了该销售的收入、结转了相关的成本，未预计退货率。20×8年3月10日双方协商未成，甲公司收到乙公司通知，该批产品已经全部退回。甲公司于20×8年3月15日收到退回的产品，以及购货方退回的增值税专用发票的发票联和税款抵扣联。假定：（1）甲公司20×7年度财务报告经董事会批准对外报出的日期为20×8年3月20日；（2）甲公司已于20×8年2月底进行了所得税纳税清算，该项销售收入已经计入20×7年度的应纳税所得额缴纳了所得税，税法允许该项销售退回于20×8年度纳税时予以调整。甲公司预计20×8年度能够盈利，并且有足够的应纳税所得税额得以利用可抵扣暂时性差异；（3）甲公司按照净利润的10%提取法定盈余公积；（4）甲、乙公司均为增值税一般纳税人，适用的所得税税率均为25%。甲公司对于销售退回的资产负债表日后事项，作如下会计处理：

(1) 调整销售收入

借：以前年度损益调整——主营业务收入　　　　　25000000
　　应交税费——应交增值税（销项税额）　　　　4250000
　　　贷：应收账款　　　　　　　　　　　　　　　29250000

(2) 调整坏账准备余额

借：坏账准备　　　　　　　　　　　　　　　　　3000000
　　　贷：以前年度损益调整——资产减值损失　　　3000000

(3) 调整销售成本

借：库存商品　　　　　　　　　　　　　　　　　20000000
　　　贷：以前年度损益调整　　　　　　　　　　　20000000

(4) 调整递延所得税

借：递延所得税资产　　　　　　　　　　　　　　500000
　　　贷：以前年度损益调整——所得税费用　　　　500000
　　　　　　$[(25000000-20000000-3000000)\times 25\%]$

从资产负债表角度考虑,该项销售退回形成的资产、负债的账面价值与其计税基础之间差异如表3所示:

表3　　　　　资产、负债的账面价值与其计税基础差异表　　　　单位:万元

项目	账面价值	计税基础	应纳税(可抵扣)暂时性差异	递延所得税负债(资产)
销售退回前:				
应收账款	2500	2500	0	0
应收增值税	425	425	0	0
坏账准备	300	0	(300)	(75)
小计	2625	2925	(300)	(75)
销售退回后:				
应收账款	0	2500	(2500)	(625)
应收增值税	0	0	0	0
坏账准备	0	0	0	0
存货	2000	0	2000	500
小计	2000	2500	(500)	(125)
减去销售退回前已确认的递延所得税资产	—	—	—	(75)
应调整的递延所得税资产	—	—	—	(50)

值得说明的是,这里将应收增值税单独列出,是为了说明在应收账款中包含的应收增值税不涉及所得税的调整,即当收回增值税额时并不产生应付所得税或者应退所得税。按照计税基础确定的原则,当收回资产的经济利益不需要纳税时,该项资产的计税基础等于账面价值。由于在收回增值税额时并不产生所得税的影响,故其计税基础等于账面价值。

(5)将"以前年度损益调整"科目余额转入利润分配

借:利润分配——未分配利润　　　　　　　1500000

　　贷:以前年度损益调整　　　　　　　　　　　1500000

　　　　(25000000 − 20000000 − 3000000 − 500000)

(6)调整利润分配有关数字

借:盈余公积　　　　　　　　　　　　　150000

　　贷:利润分配——未分配利润　　　　　　　　150000

　　　　　　　　　　　　　　(1500000 × 10%)

(7) 调整报告年度财务报表相关项目的数字（见表4、表5）

①资产负债表"年末余额"栏各项目的调整：

调减"应收账款"项目2625（万元）；调增"库存商品"项目2000（万元）；调增"递延所得税资产"项目50（万元）；调减"应交税费"项目425（万元）；调减"盈余公积"项目15（万元）；调减"未分配利润"项目135（万元）。

②利润表"本年金额"栏各项目的调整：

调减"营业收入"项目2500（万元）；调减"营业成本"项目2000（万元）；调减"资产减值损失"项目300（万元）；调减"所得税费用"项目50（万元）。

表4　　　　　　　　　　　资产负债表

编制单位：甲公司　　　　　20×7年12月31日　　　　　　　　　单位：万元

资产	调整前	调整后	负债和股东权益	调整前	调整后
流动资产：			流动负债：		
货币资金	5000	5000	短期借款	2500	2500
交易性金融资产	1000	1000	应付票据	500	500
应收票据	500	500	应付账款	500	500
应收账款	7600	4975	应交税费	2500	2075
存货	2900	4900	流动负债合计	6000	5575
			长期负债：		
流动资产合计	17000	16375	长期借款	3000	3000
			长期负债合计	3000	3000
非流动资产：			负债合计	9000	8575
长期股权投资	5500	5500	股东权益：		
固定资产	14000	14000	股本	20000	20000
无形资产	5000	5000	资本公积	0	0
递延所得税资产	2500	2550	盈余公积	5000	4985
			未分配利润	10000	9865
非流动资产合计	27000	27050	股东权益合计	35000	34850
资产总计	44000	43425	负债和股东权益总计	44000	43425

表5　　　　　　　　　　　利润表

编制单位：甲公司　　　　　20×7年度　　　　　　　　　　　单位：万元

项目	调整前	调整后
一、营业收入	13000	10500
减：营业成本	5000	3000
营业税金及附加	500	500

续表

项目	调整前	调整后
销售费用	20	20
管理费用	150	150
财务费用	90	90
资产减值损失	320	20
加：公允价值变动收益	75	75
投资收益	160	160
二、营业利润	7155	6955
加：营业外收入	10	10
减：营业外支出	0	0
三、利润总额	7165	6965
减：所得税费用	2300	2250
四、净利润	4865	4715

（8）股东权益变动表的调整（略）。

（9）调整20×8年3月资产负债表相关项目的年初数。甲公司在编制20×8年1、2月的财务报表时，按照上表中调整前的数字作为资产负债表的年初数。由于发生了资产负债表日后调整事项，甲公司除了调整20×7年度财务报表相关项目的数字外，还应当调整20×8年3月资产负债表相关项目的年初数，其年初数或者上年数按照上表中调整后的数字填列。

如果本例的销售退回发生在纳税清算前，假定按照税法规定该项销售退回可以调整应纳税所得额，则会计处理如下：

（1）调整销售收入

借：以前年度损益调整——主营业务收入　　25000000
　　应交税费——应交增值税（销项税额）　　4250000
　　贷：应收账款　　29250000

（2）调整坏账准备余额

借：坏账准备　　3000000
　　贷：以前年度损益调整——资产减值损失　　3000000

(3) 调整销售成本

借：库存商品　　　　　　　　　　　　　　　　20000000
　　贷：以前年度损益调整　　　　　　　　　　　　　　20000000

(4) 调整应交所得税

借：应交税费——应交所得税　　　　　　　　　　1250000
　　贷：以前年度损益调整——所得税费用　　　　　　　1250000

[(25000000－20000000)×25%]

如果资产负债表日后调整事项发生在纳税清算前且该调整事项能够调整应纳税所得额的，在进行资产负债表日后事项的会计处理时，存在一个基本假设是：在资产负债表日企业已经按照会计核算结果并且按照税法规定进行了相关纳税调整后得出的预计应纳税所得额计算了应交所得税，计入了"应交税费——应交所得税"科目的贷方，当进行所得税汇算清缴时如果税法允许资产负债表日后调整事项计入应纳税所得额或者从应纳税所得额中抵扣的，在编制调整分录时，可以调整"应交税费——应交所得税"科目的余额。

(5) 调整已确认的递延所得税资产

借：以前年度损益调整——所得税费用　　　　　　750000
　　　　　　　　　　　　　　　　　　　　（300×25%）

　　贷：递延所得税资产　　　　　　　　　　　　　　750000

(6) 将"以前年度损益调整"科目余额转入利润分配

借：利润分配——未分配利润　　　　　　　　　　1500000
　　贷：以前年度损益调整　　　　　　　　　　　　　　1500000

(25000000－20000000－3000000＋750000－1250000)

(7) 调整利润分配有关数字

借：盈余公积　　　　　　　　　　　　　　　　　150000
　　贷：利润分配——未分配利润　　　　　　　　　　　150000
　　　　　　　　　　　　　　　　　　　　（1500000×10%）

(8) 调整报告年度财务报表相关项目的数字

①资产负债表"年末余额"栏各项目的调整：

调减"应收账款"项目2625（万元）；调增"库存商品"项目2000（万元）；调减"递延所得税资产"项目75（万元）；调减"应交税费"项目550（万元）；调减"盈余公积"项目15（万元）；调减"未分配利润"项目135（万元）。见表6。

表6　　　　　　　　　　　　　　　资产负债表

编制单位：甲公司　　　　　　　20×7年12月31日　　　　　　　　　　　　单位：万元

资产	调整前	调整后	负债和股东权益	调整前	调整后
流动资产：			流动负债：		
货币资金	5000	5000	短期借款	2500	2500
交易性金融资产	1000	1000	应付票据	500	500
应收票据	500	500	应付账款	500	500
应收账款	7600	4975	应交税费	2500	1950
存货	2900	4900	流动负债合计	6000	5450
流动资产合计	17000	16375	长期负债：		
			长期借款	3000	3000
			长期负债合计	3000	3000
非流动资产：			负债合计	9000	8450
长期股权投资	5500	5500	股东权益：		
固定资产	14000	14000	股本	20000	20000
无形资产	5000	5000	资本公积	0	0
递延所得税资产	2500	2425	盈余公积	5000	4985
			未分配利润	10000	9865
非流动资产合计	27000	26925	股东权益合计	35000	34850
资产总计	44000	43300	负债和股东权益总计	44000	43300

②利润表"本年金额"栏各项目的调整（利润表略）：

调减"营业收入"项目2500（万元）；调减"营业成本"项目2000（万元）；调减"资产减值损失"项目300（万元）；调减"所得税费用"项目50（万元）。

③股东权益变动表（略）。

如果所得税法对于销售资产的退回发生在资产负债表日后的事项期间，无论是在所得税纳税清缴前还是纳税清缴后均不允许调整报告年度的应纳税所得额，则上述因销售资产退回不能调整应交税费（应交所得税），而应当调整递延所得税资产。

3. 对已购货物成本的调整

对已购货物成本的调整，主要是指在资产负债表日以前或资产负债表日，企业因各种原因（如未收到购货发票等）不能确定所购资产的成本，于资产负债表日按照暂估价值入账，资产负债表日后取得进一步的证据（如收到购货发票等），证明该所购资产于资产负债表日的暂估金额与实际金额存在差异而需进行调整的事项。对于该调整事项，通常存在以下几种情况：

（1）除企业合并外，企业于资产负债表日对于所购资产按照暂估价值入账，以暂估价值作为资产的账面价值且不产生折旧、摊销等事项的，通常计税基础可以按照暂估金额确定，即在资产负债表日，资产账面价值等于计税基础。资产负债表日后取得进一步的证据证明原暂估金额与实际金额产生差异而需要进一步调整资产账面价值的，通常在调整资产账面价值的同时也调整了计税基础，但前提是所得税法允许按照实际金额进行调整。在这种情况下，通常不产生递延所得税负债或递延所得税资产。例如，企业所购原材料于 20×8 年 12 月 31 日资产负债表日尚未获得发票，企业按照随货同行发票、合同等凭据按照暂估价值 5000 万元确认了原材料的账面价值和计税基础，20×9 年 2 月 1 日年度财务报告尚未批准报出前，收到了所购原材料的发票，实际价款加增值税额合计为 6435 万元，假定该原材料尚未领用或尚未对外销售，在调整报告年度资产负债表调增存货项目 1435 万元的同时，相应调增计税基础 1435 万元，由此账面价值与计税基础均为 6435 万元，不产生所得税的影响。

（2）除企业合并外，企业于资产负债表日对于所购资产按照暂估价值入账，以暂估价值作为资产的账面价值且不产生折旧、摊销等事项的，按照上述 1 的原则，通常计税基础按照暂估金额确定。资产负债表日后取得进一步的证据证明原暂估金额与实际金额产生差异而需要进一步调整资产账面价值的，在调整资产账面价值的同时，如果所得税法所认定的资产初始计量的金额与按照会计准则所计量的金额不同，将产生资产的账面价值与其计税基础差异。按照递延所得税负债或递延所得税资产确认原则，如果在初始确认和计量该项资产时既不影响会计利润，也不影响应纳税所得额，则不确认与其相关的递延所得税负债或递延所得税资产。因此，也不存在资产负债表日后调整事项中的递延所得税负债或递延所得税资产的调整。

（3）除企业合并外，企业于资产负债表日对于所购资产按照暂估价值入账，以暂估价值作为资产的账面价值，但该项资产已经领用或者已经折旧、摊销的，资产负债表日后取得进一步的证据证明原暂估金额与实际金额产生差异而需要进一步调整资产账面价值的，在调整资产账面价值的同时，调整相关的折旧、摊销、计入产品成本的原材料成本或者计入当期损益的金额，在这种情况下，是否涉及所得税的影响，除考虑上述 1 和 2 不存在暂时性差异或者不确认所得税影响的情况外，还需要考虑资产的折旧、摊销的年限、净残值率等会计与税法是否一致等因素，如果存在暂时性差异且按照所得税会计的原则需要确认递延所得税负债或递延所得税资产的，应当调整相关的递延所得税负债或递延所得税资产的金额。

（4）企业合并所产生的对资产价值的暂估，按照企业合并有关所得税会计处理的原则进行处理。

4. 已确定获得或支付的赔偿

已确定获得或支付的赔偿，主要是指在资产负债表日以前，或资产负债表日已经存在的赔偿事项，资产负债表日至财务报告批准报出日之间提供了新的证据，表明企业能够收到赔偿款或需要支付赔偿款，这一新的证据如果对资产负债表日所作的估计需要调整的，应对财务报表相关项目进行调整。例如，资产负债表日后诉讼案件结案，法院判决证实了企业在资产负债表日已经存在现时义务，需要调整原先确认的与该诉讼案件相关的预计负债，或确认一项新的负债。

例3：甲公司与乙公司签订一项供销合同，合同中订明甲公司在20×8年11月内供应给乙公司一批物资。由于甲公司未能按照合同发货，致使乙公司发生重大经济损失。乙公司通过法律程序要求甲公司赔偿经济损失750万元。该诉讼案件在20×8年12月31日尚未判决，甲公司经与其法律顾问研究，如果败诉预计将赔偿400万元，并且预计了400万元的损失，乙公司未记录应收赔偿款。20×9年2月7日，经法院一审判决，甲公司需要偿付乙公司经济损失650万元，甲公司不再上诉，并假定赔偿款已经支付。假定：（1）该项赔偿款已经税务部门的认定，可于20×8年度甲公司在计算应纳税所得额前扣除，乙公司于20×8年度在计算应纳税所得额时应当包括该部分赔偿款项。甲公司和乙公司适用的所得税税率均为25%；（2）甲公司和乙公司均按净利润的10%计提法定盈余公积。

1. 甲公司的会计处理

（1）记录支付的赔偿款

借：以前年度损益调整——营业外支出　　　　　2500000
　　贷：其他应付款　　　　　　　　　　　　　　　2500000
借：预计负债　　　　　　　　　　　　　　　　　4000000
　　贷：其他应付款　　　　　　　　　　　　　　　4000000
借：其他应付款　　　　　　　　　　　　　　　　6500000
　　贷：银行存款　　　　　　　　　　　　　　　　6500000（注）

注：资产负债表日后发生的调整事项如涉及现金收支项目的，均不调整报告

年度资产负债表的货币资金项目和现金流量表正表各项目数字。本例中,虽然已支付了赔偿款,但在调整会计报表相关项目数字时,只需要调整上述第一笔分录,不需要调整上述第二笔分录,上述第二笔分录作为20×9年的会计事项处理。

(2) 调整应交所得税和原已确认的递延所得税资产

借:应交税费——应交所得税　　　　　　　　　625000
　　贷:以前年度损益调整——所得税费用　　　　　625000
　　　　　　　　　　　　　　　　　　　　(2500000×25%)

借:应交税费——应交所得税　　　　　　　　　1000000
　　贷:递延所得税资产　　　　　　　　　　　　1000000
　　　　　　　　　　　　　　　　　　(4000000×25%)(注)

注:该笔分录也可分为两笔处理:

借:应交税费——应交所得税　　　　　　　　　1000000
　　贷:以前年度损益调整——所得税费用　　　　1000000

借:以前年度损益调整——所得税费用　　　　　1000000
　　贷:递延所得税资产　　　　　　　　　　　　1000000

(3) 将"以前年度损益调整"科目余额转入利润分配

借:利润分配——未分配利润　　　　　　　　　1875000
　　贷:以前年度损益调整　　　　　　　　　　　1875000
　　　　　　　　　　　　　　　　　　(2500000-625000)

(4) 调整利润分配有关数字

借:盈余公积　　　　　　　　　　　　　　　　187500
　　贷:利润分配——未分配利润　　　　　　　　187500
　　　　　　　　　　　　　　　　　　　(1875000×10%)

(5) 调整报告年度财务报表相关项目的数字(财务报表略)

①资产负债表"年末余额"栏各项目的调整:

调减"递延所得税资产"项目100(万元);调增"其他应付款"项目650(万元);调减"预计负债"项目400万元;调减"应交税费"项目162.5(万元);调减盈余公积18.75(万元);调减未分配利润168.75(万元)。

②利润表"本年金额"栏各项目的调整:

调增"营业外支出"项目250(万元);调减"所得税费用"项目62.5(万元)。

2. 乙公司的会计处理

（1）记录已收到的赔偿款

借：其他应收款　　　　　　　　　　　　　　　6500000
　　贷：以前年度损益调整——营业外收入　　　　　6500000
借：银行存款　　　　　　　　　　　　　　　　6500000
　　贷：其他应收款　　　　　　　　　　　　　　6500000（注）

注：资产负债表日后发生的调整事项如涉及现金收支项目的，均不调整报告年度资产负债表的货币资金项目和现金流量表正表各项目数字。本例中，虽然收到了赔偿款并存入银行，但在调整会计报表相关项目数字时，只需要调整上述第一笔分录，不需要调整上述第二笔分录，上述第二笔分录作为20×9年的会计事项处理。

（2）调整应交所得税

借：以前年度损益调整——所得税费用　　　　　1625000
　　贷：应交税费——应交所得税　　　　　　　　1625000
　　　　　　　　　　　　　　　　　　　　　（6500000×25%）

（3）将"以前年度损益调整"科目余额转入利润分配

借：以前年度损益调整　　　　　　　　　　　　4875000
　　贷：利润分配——未分配利润　　　　　　　　4875000
　　　　　　　　　　　　　　　　　　　　（6500000 - 1625000）

（4）调整利润分配有关数字

借：利润分配——未分配利润　　　　　　　　　487500
　　贷：盈余公积　　　　　　　　　　　　　　　487500
　　　　　　　　　　　　　　　　　　　　　（4875000×10%）

（5）调整报告年度财务报表相关项目的数字（财务报表略）。

①资产负债表"年末余额"栏各项目的调整：

调增"其他应收款"项目650（万元）；调增"应交税费"项目162.5（万元）；调增"盈余公积"项目48.75（万元）；调增"未分配利润"项目438.75（万元）。

②利润表"本年金额"栏各项目的调整：

调增"营业外收入"项目500（万元）；调增"所得税费用"162.5（万元）。

③股东权益变动表（略）。

5. 财务报表舞弊或差错

如果在资产负债表日后发现了于资产负债表日或以前已经存在的财务报表舞弊或差错,应当作为调整事项进行处理。具体处理方法按照会计差错更正原则处理,涉及所得税的则调整相关的所得税影响。

(二)资产负债表日后非调整事项

资产负债表日后发生的非调整事项,是资产负债表日以后才发生或存在的事项,不影响资产负债表日存在状况,不需要对资产负债表日编制的财务报表进行调整。但由于事项重大,如不加以说明,将会影响财务报表使用者作出正确判断和决策,因此,应在财务报表附注中加以披露。资产负债表日后发生的非调整事项,应当在财务报表附注中对于每项重要的资产负债表日后非调整事项的性质、内容,及其对财务状况和经营成果的影响;如无法作出估计,应当说明原因。在披露时,如果涉及所得税影响的,应当说明非调整事项对所得税的影响金额。例如,甲公司拥有某外国公司(乙企业)5%的股权并作为交易性金融资产核算(乙企业的股票在国外的某家股票交易所上市交易),至20×8年12月31日按公允价值调整前的账面价值为200万元,公允价值为220万元,甲公司按照220万元在资产负债表中反映该项投资。20×8年2月,该国的政治变动造成乙企业的股票市场价值明显下跌,甲公司持乙公司股票价值下降至120万元。由于股票市场的波动出现在20×8年2月,是资产负债表日后才发生或存在的事项,因此,应当作为非调整事项在20×8年度(如果财务报表尚未批准报出)财务报表附注中进行披露,在披露时同时应当说明对所得税的影响。

(三)新旧衔接

原《企业会计制度》对于所得税会计处理的规定中,允许企业选择采用应付税款法或纳税影响会计法中的递延法和债务法进行核算。在实施新准则时,应在首次执行日,经按照新准则要求对资产负债表相关项目进行重分类和重计量后,计算出各项资产、负债的账面价值和计税基础,以及暂时性差异,按照会计政策变更追溯调整法的要求,在符合暂时性差异确认条件的前提下,确认递延所得税负债或递延所得税资产,调整期初留存收益,并分别以下情况处理:

1. 原采用应付税款法的企业,因原不确认时间性差异的所得税影响金额,在资产负债表中不存在递延税款的余额。在首次执行日,按照因会计政策变更追溯调整并且重分类基础上得出的资产、负债的账面价值与其计税基础之间产生的暂时性差异,以及适用的所得税税率计算的所得税影响,确认相关的递延所得税负债或递延所得税资产,并且调整期初留存收益。

例4:甲公司于2007年1月1日起执行国家于2006年发布的新企业会计准则,对所得税采用资产负债表债务法。该公司原采用应付税款法核算所得税,2007年适用33%的所得税税率,2008年适用25%的所得税税率。甲公司在首次执行日,经对相关会计政策变更进行追溯调整,以及对相关项目进行重分类等基础上所编制的资产负债表相关项目的账面价值和计税基础如表7所示(假定暂时性差异均于2008年转回,甲公司按照净利润的10%计提法定盈余公积)。

表7　　　　　　账面价值与计税基础差异计算表　　　　　　单位:万元

项目	账面价值	计税基础	应纳税(可抵扣)暂时性差异	所得税费用(收益)
固定资产	5000	4000	1000	250
预计负债	2000	0	(2000)	(500)
合计	7000	4000	(1000)	(250)

会计分录如下:

借:递延所得税资产　　　　　　　　　　　　5000000
　　贷:递延所得税负债　　　　　　　　　　2500000
　　　　盈余公积　　　　　　　　　　　　　250000
　　　　利润分配——未分配利润　　　　　　2250000

2. 原采用纳税影响会计法的企业,因原确认时间性差异的所得税影响金额,在首次执行日可能在资产负债表中存在未转回的递延税款的余额。在这种情况下,可以先将原递延税款账户的余额全部结转至期初留存收益,再按照因会计政策变更追溯调整并且重分类基础上得出的资产、负债的账面价值与其计税基础之间产生的暂时性差异,以及适用的所得税税率计算的所得税影响,确认相关的递延所得税负债或递延所得税资产,并且调整期初留存收益。

例5:假定甲公司原对所得税采用资产负债表债务法进行核算,2007年年初递延税款账户的借方余额为330万元,其他资料同例10。甲公司于首次执行日对所得税会计政策变更追溯调整的会计分录如下:

（1）冲回原递延税款账户余额

借：利润分配——未分配利润　　　　　　　　　　2970000

　　　盈余公积　　　　　　　　　　　　　　　　330000

　　　　贷：递延税款　　　　　　　　　　　　　3300000

（2）确认递延所得税负债或递延所得税资产

借：递延所得税资产　　　　　　　　　　　　　　5000000

　　　　贷：递延所得税负债　　　　　　　　　　2500000

　　　　　　盈余公积　　　　　　　　　　　　　250000

　　　　　　利润分配——未分配利润　　　　　　2250000

会计政策变更及会计差错更正的所得税处理[*]

一、会计政策变更追溯调整的所得税处理

(一) 会计政策变更追溯调整

会计政策是指企业编报财务报表时采用的特定原则、基础、惯例、规则和方法 (《国际会计准则第 8 号——会计政策、会计估计变更和差错》, 2024)。例如, 借款费用的处理原则 (资本化或者费用化)、对联营或合营企业的后续计量方法 (权益法或者成本法)、投资性房地产的后续计量 (采用成本模式还是公允价值模式)、资产的计量 (采用历史成本或者重估价) 等。会计政策是指导企业进行会计核算的前提, 对于会计准则中规定可选择的会计政策, 根据企业的经营等实际情况作出合理的选择。

通常情况下, 对于相同或者相似的交易或事项选择相同的会计政策, 并且一贯的采用, 而不能任意变更, 除非会计准则要求变更会计政策或者该变更能使财务报表提供有关交易、其他事项更可靠、更相关的会计信息, 则可以变更会计政策。会计政策变更通常采用追溯调整法进行处理, 除非会计准则有专门的例外处理规定, 则可采用所规定的例外处理方法, 或者追溯调整不切实可行的而采用有限追溯或者未来适用法以外。追溯调整法是对某项交易或事项变更会计政策时, 如同该交易或事项在初次发生时就开始采用新的会计政策, 并以此对财务报表相关项目进行调整的方法。在追溯调整法下, 会计政策变更的累积影响数应调整期初留存收益, 视同新的会计政策在交易或事项发生时即采用

---

[*] (《商业会计》2008 年)

而于会计政策变更时留存收益应有的余额,其他财务报表项目也应进行调整。在编制比较财务报表时,对于比较财务报表期间的会计政策变更,需要调整各该期间的净损益和其他相关项目,视同新的会计政策在比较财务报表期间一直采用;对于比较财务报表可比期间以前的会计政策变更的累积影响数,调整比较财务报表最早期间的期初留存收益,财务报表其他相关项目的数字也应一并调整。

因会计政策变更而采用追溯调整法时,首先要计算会计政策变更的累积影响数,该累积影响数是假设与会计政策变更相关的交易或事项在初次发生时即采用新的会计政策,而得出的变更年度期初留存收益应有的金额,与现有的金额之间的差额。如果涉及所得税的影响,还应当调整相关的所得税影响数,即会计政策变更累积影响数应当是调整了相关递延所得税后的对留存收益的净影响额。对于会计政策变更而涉及的递延所得税,属于与损益相关的计入损益;属于与权益相关的计入权益。

例:20×7年1月1日,甲公司经董事会批准对出租的办公楼由原按成本模式进行后续计量,改按公允价值模式进行后续计量。该办公楼原价为5000万元,预计使用年限20年,已计提折旧3年,累计已提折旧750万元,未计提减值准备。该办公楼于20×7年1月1日的公允价值为5200万元。假定:(1)前3年每年末的公允价值分别为5200万元、5600万元、5300万元;(2)适用的所得税税率为25%,预计未来所得税税率不会发生变化;(3)不考虑净残值。税法的预计折旧年限、净残值和折旧方法与原成本模式下相同。

(1)计算办公楼的账面价值与其计税基础差异

办公楼的账面价值与其计税基础差异　　　　　　　　　　　　单位:万元

年度	账面价值	计税基础	应纳税(可抵扣)暂时性差异	年末递延所得税负债(或资产)余额	递延所得税费用(收益)
第1年	5200	4750	450	112.5	112.5
第2年	5600	4500	1100	275	162.5
第3年	5300	4250	1050	262.5	(12.5)

(2) 计算会计政策变更的累积影响数

会计政策变更累计影响数计算表　　　　　　　　　单位：万元

年度	成本模式	公允价值模式	税前差异	所得税影响	累积影响数
第1年	250	200	450	112.5	337.5
第2年	250	400	650	162.5	487.5
第3年	250	(300)	(50)	(12.5)	(37.5)
合计	750	300	1050	262.5	787.5

(3) 账务处理（金额单位：元。下同）

借：投资性房地产（公允价值变动）　　　　　　3000000
　　投资性房地产累计折旧　　　　　　　　　　7500000
　　贷：递延所得税负债　　　　　　　　　　　2625000
　　　　盈余公积　　　　　　　　　　　　　　787500
　　　　利润分配——未分配利润　　　　　　　7087500

在20×7年12月31日资产负债表的"年初数"栏中，投资性房地产增加列报金额为1050万元，递延所得税负债增加262.5万元，盈余公积增加78.75万元，未分配利润增加708.75万元；20×7年度利润表的上年数栏应按上述调整后金额列报。

例：20×7年1月1日，甲公司按照会计法规要求对建造合同的收入确认由完成合同法改为按照完工百分比法确认收入。假定：（1）按照税法规定以完成合同时确认为应税收入，计入应纳税所得额；（2）甲公司适用的所得税税率一直为25%，预计以后年度不会发生改变；（3）甲公司按实现净利润的10%计提法定盈余公积。按照完工百分比法和完成合同法计算的利润如下表所示。

完工百分比法与完成合同法计算表　　　　　　　　单位：万元

年度	完工百分比法	完成合同法
20×3	400	300
20×4	240	200
20×5	380	400
20×6	260	220
合计	1280	1120

(1) 计算所得税影响

假定除追溯调整的施工项目外,其他工程施工的成本与其计税基础相同。

工程施工账面价值与计税基础差异计算表 单位:万元

年度	账面价值	计税基础	应纳税(可抵扣暂时性差异)	年末递延所得税负债(资产)余额	递延所得税费用(收益)
20×3	400	300	100	25	25
20×4	640	500	140	35	10
20×5	1020	900	120	30	(5)
20×6	1280	1120	160	40	10
	—	—	—	—	40

(2) 计算会计政策变更的累积影响数

会计政策变更累积影响数计算表 单位:万元

年度	完工百分比法	完成合同法	税前差异	递延所得税费用(收益)	累积影响数
20×3	400	300	100	25	75
20×4	240	200	40	10	30
20×5	380	400	(20)	(5)	(15)
20×6	260	220	40	10	30
合计	1280	1120	160	40	120

(3) 账务处理

借:工程施工　　　　　　　　　　　　　1600000

　　贷:递延所得税负债　　　　　　　　　　400000

　　　　盈余公积　　　　　　　　　　　　　120000

　　　　利润分配——未分配利润　　　　　1080000

(二) 视同会计政策变更追溯调整

在某些情况下,对于某些会计的变更虽然不视为会计政策变更,但要求按照会计政策变更的基本方法追溯调整,该追溯调整并不追溯比较报表最早期间期初留存收益,而仅调整变更会计政策当期的期初留存收益以及其他相关项目的金额。例如,当企业原持有对被投资单位不具有控制、共同控制或者重大影响且在活跃市场中没有报价公允价值不能可靠计量的长期股权投资原采用成本法核算,因追加投资使其持股比例上升,并且能够对被投资单位施加重大影响或者构成共同控制,则由成本法改按权益法核算;或者因处置持有的被投资单位的股权而导致持股比例下降由具有控制能力转为对被投资单位施加重大影响或者实施共同控制而由成本法转为权益法。即由成本法转为权益法核算时,不作为会计政策变更,但因持股比例的变化导致对被投资单位的影响程度的改变,在会计核算中视为会计政策变更,但仅调整变更当期的期初留存收益而不调整比较财务报表最早期间的留存收益。其中,涉及所得税影响的,应按调整所得税影响后的金额调整期初留存收益。

例:甲公司原持有乙公司70%的股权并能对乙公司实施控制,该项股权投资的账面价值为900万元,未发生减值损失。20×7年3月1日,甲公司经董事会批准出售所持乙公司股权的50%并能对乙公司实施重大影响,出售乙公司股权所得价款为560万元(不考虑相关税费)。假定:(1)甲公司按净利润的10%计提盈余公积;(2)购买日乙公司可辨认净资产公允价值为1200万元,出售股权日乙公司可辨认净资产公允价值为1800万元;(3)购买日至出售部分股权交易日止,乙公司按照公允价值计算的净利润为300万元(未作利润分配),其中:20×7年1月1日至2月28日实现的净利润为50万元;(4)20×6年乙公司可供出售金融资产公允价值增加的资本公积为100万元。乙公司除实现净利润和可供出售金融资产公允价值变动外,无其他权益变动项目;(4)甲公司预计未来乙公司不会分派利润,并且意图于2年后出售该项股权;(5)按照税法规定,投资持有期间按照权益法核算确认的投资收益不计入应纳税所得额,居民企业之间分回的现金股利不征税,处置股权时,按照处置股权所得价款减去投资成本后的差额计入应纳税所得额。甲公司适用的所得税税率为25%,预期今后不会发生改变。

按照会计核算原则,甲公司因出售部分股权由原对乙公司实施控制变更为重大影响,以原成本法下的账面价值作为调整的基础:首先,对于处置的部分股权,其处置收入与终止确认部分的成本的差异确认处置损益(资产处置损益);其次,对于剩余股权成本与剩余持股比例计算应享有购买日被投资单位公允价值净资产的份额,属于投资成本大于应享有购买日乙公司可辨认净资产公允价值份额的差额,即商誉部分不作调整,属于投资成本小于应享有购买日乙公司可辨认净资产公允价值份额的差额,调整期初留存收益;最后,因股权持有期间被投资单位权益变动部分,相应调整留存收益或资本公积或者当期投资收益。同时,甲公司预计未来乙公司不会分派利润,且意图于未来2年后出售该项股权,应考虑所得税的影响。

（1）处置部分股权

借：银行存款　　　　　　　　　　　　　　　　　5600000
　　贷：长期股权投资——乙公司（成本）　　　　　4500000
　　　　投资收益　　　　　　　　　　　　　　　　1100000

（2）剩余股权按购买日计算应享有份额 = 1200×35% = 420 万元 < 剩余账面价值 450 万元，不作账务处理

（3）剩余股权比例计算的持有期间乙公司实现净利润享有部分

应享有乙公司投资收益 = 300×35% = 105（万元）

借：长期股权投资——乙公司（损益调整）　　　　1050000
　　贷：盈余公积　　　　　　　　　　　　　　　　87500
　　　　　　　　　　　　　　　　　　　　　　（250×35%×10%）
　　　　利润分配——未分配利润　　　　　　　　　787500
　　　　投资收益　　　　　　　　　　　　　　　　175000
　　　　　　　　　　　　　　　　　　　　　　　（50×35%）

（4）剩余股权比例计算持有期间乙公司其他权益变动享有部分

应享有乙公司其他权益变动 = 100×35% = 35（万元）

借：长期股权投资——乙公司（其他权益变动）　　　350000
　　贷：资本公积——其他资本公积（其他权益变动）　350000

调整后长期股权投资账面余额　　　　　　　　　590 万元
其中：投资成本　　　　　　　　　　　　　　　450 万元
　　　其中：商誉　　　　　　　　　　　　　　 30 万元
　　　损益调整　　　　　　　　　　　　　　　105 万元
　　　其他权益变动　　　　　　　　　　　　　 35 万元

（5）比较长期股权投资与其计税基础差异

对乙公司长期股权投资账面价值与计税基础及其影响计算表　　单位：万元

项目	账面价值	计税基础	应纳税（可抵扣）暂时性差异	递延所得税负债（资产）	递延所得税费用（收益）
长期股权投资：					
成本	450	450	0	0	0
损益调整	105	0	105	26.25	其中：调整当期 4.375（17.5×25%）；调整期初 21.875（87.5×25%）

续表

项目	账面价值	计税基础	应纳税（可抵扣）暂时性差异	递延所得税负债（资产）	递延所得税费用（收益）
其他权益变动	35	0	35	8.75	调整期初 8.75
合计	590	450	140	35	35

借：利润分配——未分配利润　　　　　　　　196875
　　盈余公积　　　　　　　　　　　　　　　21875
　　所得税费用　　　　　　　　　　　　　　43750
　　资本公积——其他资本公积　　　　　　　87500
　　贷：递延所得税负债　　　　　　　　　　　　350000

在编制 20×7 年度财务报表时，上述调整前期项目的，只需对未分配利润、盈余公积和资本公积、递延所得税负债等调整年初数，而不需要调整比较财务报表最早期间的数据。

二、前期差错更正的所得税处理

前期差错，是指"在一个或多个以前期间，因未使用或错误运用下列可靠信息，而导致主体的财务报表有遗漏或错误表述：（1）在上述期间财务报表授权发布时已经获取的信息；以及（2）在编制财务报表时能够合理预期已经获得并加以考虑的信息"（《国际会计准则第8号——会计政策、会计估计变更和差错》，2004）。在对财务报表各要素确认、计量、列报和披露时，因各种原因会造成差错，例如，会计政策运用上的差错、抄写错误、对事实的疏忽和误解、舞弊等。从其产生差错的原因看，有些差错是在进行相关会计程序时疏漏引起的，有的差错是一种故意的行为，意图造成对企业的财务状况、经营成果和现金流量产生特定的列报，实质上是对会计准则的背离；从差错的重要程度看，有些差错是具有重要性，对企业财务状况、经营成果和现金流量产生重要影响，有些则不具重要性。

对于所产生的差错通常采用追溯重述法进行更正，除非确定该差错的特定期间影响或累积影响不切实可行。追溯重述是指对所产生的差错予以更正后，视同该差错在差错产生时即已按照正确的方法进行处理而产生的结果的一种差错更正方法，其处理程序与会计政策变更追溯调整相同。如果所产生的差错涉及所得税的影响，还应当考虑所得税的处理。

例：甲公司于20×7年5月发现一项于20×3年12月开始使用但未计提折旧的管理用固定资产，该固定资产的原价为6000万元，预计使用年限为10年，预计净残值零，按直线法计提折旧。假定：（1）甲公司于以前年度申报纳税时，该项固定资产折旧费用已按照5年期限平均折旧（净残值为零）在计算应纳税所得额时扣除，甲公司按照税前抵扣的金额确认了递延所得税负债；（2）甲公司适用的所得税税率一直为25%，预计未来税率不会发生改变；（3）甲公司按照净利润的10%计提法定盈余公积。追溯重述的会计处理如下：

①计算所得税影响

固定资产折旧产生的所得税影响计算表　　　　　单位：万元

年度	账面价值	计税基础	应纳税（可抵扣暂时性差异）	递延所得税负债（资产）	递延所得税费用（收益）
20×4	5400	4800	600	150	150
20×5	4800	3600	1200	300	150
20×6	4200	2400	1800	450	150
合计	—	—	—	—	450

②计算累积影响数

累积影响数计算表　　　　　单位：万元

年度	折旧费用	税前差异	递延所得税费用（收益）	累积影响数
20×4	600	600	150	450
20×5	600	600	150	450
20×6	600	600	150	450
合计	1800	1800	450	1350

③账务处理

借：以前年度损益调整　　　　　　　　　　　13500000
　　递延所得税负债　　　　　　　　　　　　4500000
　　贷：累计折旧　　　　　　　　　　　　　18000000
借：利润分配——未分配利润　　　　　　　　12150000
　　盈余公积　　　　　　　　　　　　　　　1350000
　　贷：以前年度损益调整　　　　　　　　　13500000

同时，在比较财务报表中调整最早期间的留存收益以及其他相关项目的金额。

2008年报中值得关注的几项会计处理问题[*]

2008年报是上市公司实施新准则后的第二份财务报告，对于城市商业银行、非上市股份制银行、外资银行、政策性银行、信托公司等银行业金融机构以及部分中央国有企业、地方国有企业于2008年起实施新准则，则是其实施新准则后编制的第一份年度财务报告。上市公司和其他实施新准则的企业按照新准则编制的2008年财务报表的真实、完整，依然是财政部和其他相关监管部门重点关注的事项。财政部于2008年底发布了《财政部关于做好执行企业会计准则2008年年报工作的通知》（财会函〔2008〕60号）（以下简称《通知》），要求各地财政部门、财政监察专员办事处、注册会计师协会成立联合工作组，并且要求加强与证券监管部门、税务部门、国有资产监督管理机构协同配合，形成监管的协同效应，共同做好执行会计准则的企业2008年报编制工作。《通知》中对某些会计处理做了特别的提示，现结合个人的理解作一剖析。

一、高危行业提取的安全生产费用和煤炭等行业提取的维简费的处理

按照原会计处理要求，高危行业按照国家规定标准提取的安全生产费用计入生产成本的同时，确认为负债（长期应付款），企业在未来期间使用已计提的安全费时，冲减长期应付款。如能确定有关支出最终将形成固定资产的，先在"在建工程"科目归集其发生的费用，待有关安全项目完工结转为固定资

---

[*]《中国注册会计师》2009年2月）

产；同时，按固定资产的实际成本，冲减长期应付款，增加累计折旧，该项固定资产在以后期间不再计提折旧。原会计处理主要考虑会计处理与国家相关规定保持一致，但与《企业会计准则——基本准则》的原则不尽一致。即提取的安全生产费用不符合费用和负债的定义以及确认条件。具体会计处理时，应关注以下几个要点：

1. 安全生产费用不再采取预提的方式，不再按照国家规定的提取标准提取并计入相关成本费用，也不形成一项负债；在"利润分配"科目下设置"提取专项储备"明细科目；同时，在"盈余公积"科目下设置"专项储备"明细科目。企业按照国家规定标准计算的应提取并作为储备的安全生产储备资金以及其他具有类似性质的各项储备，借记"利润分配——提取专项储备"科目，贷记"盈余公积——专项储备"科目。资产负债表日，"盈余公积"中的"专项储备"明细账户的余额，实质表明企业未来可使用的安全生产资金额度至目前为止应有的余额。值得注意的是，高危行业按照国家规定应当建立安全生产储备资金的企业，无论是盈利还是亏损，均应当在盈余公积中建立专项储备。

2. 当企业按照国家规定的标准使用安全生产专项储备资金时，原在"盈余公积"中的"专项储备"的额度已经全部或者部分使用，此时应当将已使用的额度全额转入未分配利润。也就是说，企业当期按照国家规定的安全生产储备资金使用范围购建安全防护设备、设施等形成资产的，按照应确认资产成本的金额，借记"固定资产""在建工程"等科目，贷记"银行存款"等科目；同时，按照构成固定资产等资产成本的当期支出发生额，借记"盈余公积——专项储备"科目，贷记"利润分配——未分配利润"科目。这些形成固定资产的安全防护设备、设施等资产，应当按照《企业会计准则第4号——固定资产》有关后续计量的要求，计提折旧、考虑减值等并确认折旧费用或减值损失。

按照国家规定的安全生产储备资金使用范围内发生的与安全生产检查和评价、安全技能培训及进行应急救援演练等相关的费用性支出，计入当期损益，借记"管理费用"等科目，贷记"银行存款"等科目；同时，按照相关费用性支出的金额，结转盈余公积中的专项储备，借记"盈余公积——专项储备"科目，贷记"利润分配——未分配利润"科目。

这里特别需要说明的是，盈余公积中的专项储备结转未分配利润的时点是于购置相关资产的支出实际发生时，或者相关费用性支出发生时，其金额是构成相关资产成本或者实际发生的费用性支出。

3. 实务中,在利润分配时提取专项储备通常于年末资产负债表日,而发生安全生产储备资金范围内的支出则可能发生在年内的任何时点,因此,实务中可能会遇到应当结转专项储备的金额小于当期发生的与安全生产相关的资产购建成本或者费用性支出,或者相关费用发生在先而建立专项储备在后。例如,新建企业当期发生了安全生产费用相关的支出,但因以前年度并未建立专项储备。这种情况下,在发生购建资产支出或者费用性支出时,结转专项储备的金额以"盈余公积——专项储备"的余额为限;年末资产负债表日,按照规定标准计算应建立的专项储备金额大于尚未结转未分配利润的专项储备金额的差额,从利润分配转入盈余公积(专项储备),借记"利润分配——提取专项储备"科目,贷记"盈余公积——专项储备"科目。例如,甲公司 2008 年初"盈余公积——专项储备"账户的余额为 1200 万元,2008 年发生安全生产费用支出 2000 万元,其中,1500 万元构成固定资产成本,500 万元直接计入当期损益。该公司在发生相关支出 2000 万元进行会计处理时,因专项储备账户的余额 1200 万元小于当期应结转未分配利润的金额 2000 万元,应将 1200 万元先结转至未分配利润,借记"盈余公积——专项储备(1200 万元)"科目,贷记"利润分配——未分配利润(1200 万元)"科目。2008 年末资产负债表日,甲公司按照国家规定计算应当提取的安全生产储备额度为 2300 万元,则在作相关账务处理时,应当将 2300 万元扣除 800 万元(2000 - 1200)的差额,借记"利润分配——未分配利润(1500 万元)"科目,贷记"盈余公积——专项储备(1200 万元)"科目。如果当期实际发生与安全保障相关的支出超过专项储备期初余额以及当期应提取的储备额度,则由下一年度应提取的储备额度继续抵补。企业也可以在编制中期财务报告时,预计年初至本中期末(编制中期财务报告时的资产负债表日)应当计算并建立的专项储备额度,从未分配利润转入盈余公积(专项储备)。

4. 提取安全生产储备资金的会计处理变更后,与相关的所得税法规的要求可能会存在差异。假定按照所得税法规定,企业按照国家规定的标准计算的安全生产储备金额可以在当期计算应纳税所得时扣除,则与会计处理存在差异。如果将提取安全生产储备资金与其使用分成两项业务看待,按照会计准则所确认的负债(长期应付款)为零,其计税基础如何计算?一种考虑是,计税基础按照负债账面价值(零)减去未来可税前抵扣的金额(零),则计税基础为零,从负债角度看不存在差异。但是,由于安全生产储备资金按照税法规定税前抵扣在先，而按照会计准则要求确认费用在后，由此按照会计准则确认的资产、负债净额与按照税法认定的资产、负债的净额会产生差异，这种差异是因未作为资产、负债确认的项目产生的暂时性差异，即不能直接归属于某项资产、负债的暂时性差异或类似于可抵扣亏损，这种暂时性差异应当确认递延所得税负债；另一种考虑是，负债的账面价值（零）减去未来可税前抵扣的金额（如为初次建立专项储备未发生相关支出的，以当期按照国家规定标准计算的金额）为计税基础，零的账面价值与其计税基础之间的差额产生应纳税暂时性差异并确认递延所得税负债。无论哪种考虑，均应当确认递延所得税负债和所得税费用，通常情况下，期末应保留的该项差异的递延所得税负债为"盈余公积"中"专项储备"明细账户的余额加上以安全生产储备资金购买的应折旧或摊销资产中尚未折旧或摊销的金额，与适用所得税税率的乘积，该递延所得税负债的期末余额与其期初余额的差额即为当期应确认的递延所得税费用（收益）。

未来期间，当企业动用安全生产储备资金购置资产形成固定资产等时，这些资产的账面价值为按照会计准则确认和计量的金额，而计税基础则为零，因为该部分固定资产成本在以前期间已经以安全生产专项储备额度的形式在税前抵扣，企业用专项储备额度购置的固定资产未来计提折旧（或摊销）、减值等均不得再在税前抵扣。由此产生的固定资产账面价值与其计税基础的暂时性差异，是属于在交易事项初始确认和计量时产生的既不影响会计利润也不影响应纳税所得额且不是企业合并的情况，该差异不确认递延所得税负债。当企业动用安全生产储备发生费用性支出时，该部分支出原已在应纳税所得额中扣除，也不能在动用安全生产储备资金期间的应纳税所得额中抵扣，形成该期间会计利润与应纳税所得额之间的差异。在费用发生的期间所产生的上述差异的当期，应计入当期损益的所得税费用为（不考虑其他因素），当期应交所得税减去当期动用安全生产储备资金并形成费用（包括直接计入当期损益和资产而产生的折旧及摊销额）的部分转回的递延所得税负债。

5.《通知》要求对高危行业提取的安全生产储备作为所有者权益而不确认成本费用，这与原会计处理规定不同。实施新准则的企业首先应当在编制2008年财务报表时按照《通知》规定进行会计处理；其次，对该事项的会计政策变更是否需要追溯调整，按照《企业会计准则第28号——会计政策、会计估计变更和差错更正》的原则进行处理。即会计准则要求变更会计政策的，按照国家相关会计规定进行过渡性会计处理，如果国家没有相关过渡性规定的,通常采用追溯调整法,视同新的会计政策在交易或事项初次发生时即采用变更后的会计政策,并以此对财务报表相关项目进行调整;确定会计政策变更对列报前期影响数不切实可行的,从可追溯调整的最早期间期初开始应用变更后的会计政策;如果在当期期初确定会计政策变更对以前各期累积影响数不切实可行的,采用未来适用法。未实施新准则的高危行业提取的安全生产费用,仍然按照原规定进行会计处理,待首次执行新准则时再按照上述原则调整。

煤炭等行业按照规定提取的维简费,按照上述安全生产储备的会计处理相同的原则进行处理。但需要关注的是:(1)按照1993年的会计制度规定,煤炭行业按产量提取的维简费,相当于折旧部分作为固定资产折旧,超过折旧的部分作为资本公积处理。但是,随着时间推移,会计制度和准则的变迁,实务中有的企业依然按照1993年的规定处理,也有的企业将超过折旧部分计提的维简费作为负债处理。实施新准则的企业无论过去如何处理,均应在编制2008年财务报表时,按照《通知》要求进行会计处理并且按照会计政策变更的处理原则进行追溯或者未来适用等;(2)煤炭等行业按照国家规定标准提取的维简费通常分为两部分,一是相当于折旧部分,二是超过折旧的部分,按照《通知》要求在盈余公积中建立的专项储备,是指超过折旧部分计提的维简费用。假定某煤炭生产企业按照每吨煤8.5元计算维简费,其中,2.5元/吨为折旧,则按照《通知》要求建立的专项储备额度为6元/吨;(3)按照新准则要求,属于计提维简费范围内的固定资产仍应计提折旧、减值,即作为煤炭等行业的固定资产应当按照《企业会计准则第4号——固定资产》后续计量的要求预计固定资产使用年限、净残值,根据该项与固定资产有关的经济利益预期消耗方式合理选择固定资产折旧方法计提折旧,原维简费中包含的折旧部分(如上例中所述的2.5元/吨为折旧)不应当再以维简费的方式进行计提,而应当按照准则要求计提该项固定资产的折旧。

6. 为了既符合国家有关高危行业提取安全生产准备的要求,又符合会计准则的原则,《通知》中要求提取的安全生产费用在所有者权益中作为一项专门储备处理,该项准备具有专门用途而不可用作分配。

二、周转材料的性质及其会计处理

周转材料通常包括周转使用的包装物,各种工具、管理用具、玻璃器皿等低值易耗品,以及建造承包商周转用的钢模板、木模板、脚手架等其他周转材料。在我国，这些周转材料特别是低值易耗品，因其使用年限较短、价值较小，虽然其符合固定资产的定义和确认条件，但长期以来实务中将其归入存货进行管理和核算。按照《企业会计准则——基本准则》有关会计要素定义、确认和计量原则考虑，某些周转材料（特别是低值易耗品）符合固定资产的定义，应将其确认为固定资产而不能再按照存货进行管理和核算。因此，《通知》指出，符合固定资产确认条件的周转材料，应当作为固定资产列报，不得列入流动资产。如果企业原将符合固定资产定义和确认条件的周转材料作为存货核算和列报，在编制 2008 年财务报表时，应当作为固定资产列报，并且按照固定资产后续计量要求计提折旧、减值等。由此造成的与财务报表列报期间相关的前期比较数字也应当考虑进行调整，调整方法按照《企业会计准则第 28 号——会计政策、会计估计变更和差错更正》的原则进行处理。

三、购买上市公司"壳"资源的会计处理

在现行实务中，某些企业通过换股方式购买上市公司定向发行的股票获得上市公司的控制权，但该上市公司本身并不具有构成业务的相关资产、负债，从实质上看，购买上市公司控制权的企业获得的是上市公司的"壳"资源，以达到借"壳"上市的目的。这里的"壳"是指上市公司本身的资产、负债已经不能形成持续经营的业务，例如，海通证券借都市股份的"壳"上市。对于借"壳"上市交易，首先，这项交易是购买企业（购买后能够实施控制的一方）只购买了上市公司"壳"中的个别资产、负债（基本上是货币性项目），并没有购买一项业务，因而不形成一项企业合并；其次，交易通常以换股方式进行且基本不涉及现金或者不形成业务的个别资产作为支付对价；最后，交易完成后，借"壳"上市一方的股东控制了该上市公司，原上市公司经营业务范围因借"壳"一方注入的相关业务而发生改变。对于这种交易，《通知》要求购买企业按照权益性交易的原则进行处理，即，购买企业（购买后能够实施控制的一方）将被购买企业（"壳"公司）的资产、负债纳入合并财务报表或者个别财务报表时，按照被购买企业的各项资产、负债公允价值计量的金额与应确认股本的金额的差额调整权益，不确认商誉和计入当期损益的金额。上市公司"壳"资源中尚存的资产、负债是否能够形成一项业务，应当符合企业合并准则中有关业务的定义，并且根据每一交易的具体情况进行判断。

如果上市公司在 2007 年报中所发生的与此相关的交易未按权益性交易进行会计处理的,《通知》要求按照《企业会计准则第 28 号——会计政策、会计估计变更和差错更正》的原则进行处理。

四、企业接受捐赠和债务豁免的会计处理

按照新准则规定,一般情况下企业接受的捐赠计入当期损益,债务人因债务重组而获得豁免的债务确认为当期损益。但是,《通知》规定,"如果接受控股股东或者控股股东的子公司直接或间接的捐赠,从经济实质上判断属于控股股东对企业的资本性投入,应作为权益性交易,相关利得计入所有者权益(资本公积)"。对于这一要求,在具体判断是确认损益还是作为权益性交易时,可考虑以下因素:(1)捐赠或债务豁免是否仅仅是控股股东或者控股股东的子公司所给予,是否存在除控股股东或者控股股东控制的子公司以外的其他无关联关系的捐赠者或债权人;(2)债务豁免协议是否经债权人共同协商的结果,是否表达所有债权人的自主意愿和一致的意见;(3)捐赠或者债务豁免是否有条件;(4)是否具有除一般协议以外其他的约定或者协议的存在;(5)企业获得的捐赠或者债务豁免是否实质上来源于控股股东或者控股股东控制的子公司;(6)所获得的捐赠或债务豁免是否属于资本性投入的性质等。

在充分了解相关交易的事实的基础上,判断捐赠或者债务豁免的实质是否属于资本性投入,如果根据所掌握的相关事实判断属于资本性投入,作为权益性交易而不确认损益。对于 2007 年已经发生的类似交易所作的会计处理与《通知》要求不一致的,按照《企业会计准则第 28 号——会计政策、会计估计变更和差错更正》的原则进行处理。

五、同时发行 A 股和 H 股上市公司会计政策和会计估计的确定原则

由于历史原因,同时发行 A 股和 H 股的上市公司 2007 年度财务报表中对有关交易事项选择了不同的会计政策,作出了不同的会计估计,由此造成公布的 H 股财务报表和 A 股财务报表在损益、净资产等方面均产生差异。例如,有些上市公司对同一项固定资产采用不同的折旧方法;又如,某些上市公司在 A 股财务报表中对企业合并按照同一控制下的企业合并和非同一控制下的企业

合并进行分类，并且采用类似权益结合法或购买法分别进行会计处理，但在 H 股财务报表中全部采用购买法对企业合并交易进行会计处理。为此，《企业会计准则解释 2 号》要求"内地企业会计准则和香港财务报告准则实现等效后，同时发行 A 股和 H 股的上市公司，除部分长期资产减值损失的转回以及关联方披露两项差异外，对于同一交易事项，应当在 A 股和 H 股财务报告中采用相同的会计政策、运用相同的会计估计进行确认、计量和报告，不得在 A 股和 H 股财务报告中采用不同的会计处理"。但是，考虑到已同时发行 A 股和 H 股公司在 H 股财务报表中已披露了所采用的相关会计政策，而香港财务报告准则并没有要求对会计政策作出调整，同时公司无合理理由说明变更会计政策后能够提供更可靠、更相关的会计信息，因此不宜于 2008 年改按与 A 股财务报表相同的会计政策的现实困难，《通知》中要求"同时发行 A 股和 H 股的上市公司，对于以前期间从未涉及而于 2008 年新发生的交易事项，在 A 股和 H 股财务报告中所选择的会计政策、所做的会计估计应当保持一致；对于原已存在的差异，鼓励其在编制 2008 年报时调整一致，如果调整确实存在困难的，应逐步消除有关差异并在年报中加以说明"。

值得说明的是，《通知》与《企业会计准则解释 2 号》要求同时发行 A 股和 H 股的上市公司，统一其会计政策和会计估计的原则并没有改变。即，对于 2008 年同时发行 A 股和 H 股公司（2008 年获准同时发行 A 股和 H 股并且其股票同时在内地与香港上市的公司），在 A 股和 H 股财务报告中除某些长期资产的减值转回和关联方披露外，同一交易事项所采用的会计政策和所作的会计估计应当一致；对于 2008 年以前已同时在内地和香港上市的上市公司，在 2008 年以前从未涉及而在 2008 年新发生的交易事项，在 A 股和 H 股财务报告中所选择的会计政策、所作的会计估计应当保持一致。例如，某上市公司在 2008 年购买了一家子公司，该项合并属于同一控制下的企业合并，该公司 2008 年以前从未发生过企业合并交易，则在 2008 年 A 股和 H 股财务报告中均应将该项企业合并按照同一控制下的企业合并原则进行处理。对于 2008 年以前已经存在的会计政策差异，鼓励上市公司在 2008 年报中调整一致，如果因各种原因存在困难的，要求上市公司逐步消除。

以非货币性资产对合营企业投资的会计处理[*]

《国际会计准则第31号——合营中的权益》(2008)(以下简称"合营中权益准则")指出:"共同控制主体是一种涉及设立公司、合伙企业或其他主体的合营,其中每一个合营者都拥有一份权益。除在合营者之间以合同约定确立对该主体经济活动的共同控制以外,共同控制主体的经营方式与其他主体相同。"在我国,共同控制主体如果是设立公司的,称为合营企业,合营企业是由两个或两个以上的合营者(投资企业,下同)共同投资建立的实体,该实体的财务和经营政策按照各合营者之间合同约定而对其实施共同控制。

对合营企业投资的会计处理,其初始计量和后续计量通常与联营企业相同。在后续计量时,对合营企业投资采用权益法核算投资企业在合营企业中的权益份额,并确认相应的收益或者损失,对于合营企业与其投资企业之间发生的未实现内部交易损益,按照持股比例计算归属于投资企业的部分应当予以抵销,在此基础上确认投资损益,并且按照顺流、逆流、侧流交易,在个别和合并财务报表中分别进行处理。

合营中权益准则同时指出:"当合营者向合营提供或出售资产时,对这类交易所产生的利得或损失的任何部分进行的确认,均应当反映交易的实质。"投资企业以转移资产的方式投入合营企业以换取对合营企业的权益时,可以非货币性资产作为换取合营权益的支付对价。在这种情况下需要解决的问题包括:(1)投资企业如何在财务报表中确认对其投入合营企业中的非货币性资产以换取在合营企业中权益而产生的利得或损失?(2)如果存在额外获得的货币性或非货币性资产(指长期股权投资以外获得的资产),应当如何进行会

---

[*] 《财务与会计》综合版2009年第3期。

计处理？（3）在财务报表中如何列报未实现利得或损失？

通常情况下，投资企业投入合营企业的各项非货币性资产，在合营企业中按照公允价值计量，并在公允价值计量基础上确定投资各方应享有的权益比例。在投资企业的个别财务报表中，按投出的非货币性资产的公允价值确认为长期股权投资的初始计量金额，投出的非货币性资产的公允价值与其账面价值的差额，确认相应的利得计入损益。但在合并财务报表中，该部分利得中归属于投资企业的部分实质上是未实现内部交易损益，当投资企业以非货币性资产投入合营企业以换取其在合营企业中的权益时，投资企业应当在当期损益中确认归属于其他投资企业的利得或损失部分。即，投资企业将非货币性资产投入合营企业，在其个别财务报表中确认了投出非货币性资产的公允价值与其账面价值的差额所产生的损益并计入了当期损益，投资企业在其编制合并财务报表时，投出非货币性资产上的利得或损失仅能确认归属于其他投资企业的部分，确认的金额以归属于其他投资企业的权益为限，而不能够确认归属于投资企业的部分，归属于投资企业的部分应当在合并财务报表中予以抵销。但是，以下情况除外：（1）与投入的非货币性资产所有权相关的重大风险和报酬没有转移给合营企业；（2）以非货币性资产投入而换取合营企业中权益的相关利得或损失不能可靠计量；（3）投资交易不具有商业实质。如果投资企业以非货币性资产交换其在合营中的权益且该资产留归合营企业使用的，除上述所指的例外情况外，投资企业的会计处理如下：

1. 投资企业对合营企业的投资按照《企业会计准则第 2 号——长期股权投资》关于取得对合营企业投资的初始确认和计量的规定，确认和计量对合营企业的长期股权投资的价值。

2. 在投资企业的个别财务报表中，确认以非货币性资产投入合营企业以换取其在合营企业中的权益所产生的利得或损失。如果有证据表明所转移的非货币性资产发生减值损失的，投资企业应当全额确认该项资产相关的损失。

3. 在投资企业的合并财务报表中，对于以非货币性资产投入合营企业以换取其在合营企业中的权益所产生的利得或损失中归属于投资企业的部分予以抵销，冲减对合营企业投资的账面价值。

4. 如果除了取得合营企业权益之外，投资企业还取得了除在合营中权益（长期股权投资）以外的货币性或非货币性资产，投资企业应当在损益中确认由此产生的利得或损失。即，如果投资企业获得除在合营中权益以外的货币性或非货币性资产的，在合并财务报表中确认与此相关的损益。

例1：甲公司、乙公司、丙公司共同出资设立丁公司，注册资本为5000万元，甲公司持有丁公司注册资本的38%，乙公司和丙公司各持有丁公司注册资本的31%，丁公司为甲、乙、丙公司的合营企业。甲公司以其固定资产（机器）出资，该机器的原价为1600万元，累计折旧为400万元，公允价值为1900万元，未计提减值；乙公司以一项无形资产作为出资，该项无形资产的账面原价为1300万元，累计摊销为300万元，公允价值为1550万元，未计提减值；丙公司以1550万元的现金出资。假定甲、乙公司均有子公司，各自都需要编制合并财务报表，不考虑其他相关税费和所得税影响。

1. 甲公司的会计处理

（1）甲公司在个别财务报表中的处理

甲公司上述对丁公司的投资，按照长期股权投资准则的原则确认初始投资成本；投出机器的账面价值与其公允价值之间的差额700万元（1900－1200）确认损益（利得），其账务处理如下（金额单位：元。下同）：

①确认投资成本

借：长期股权投资——丁公司（成本）　　19000000
　　贷：固定资产清理　　　　　　　　　　19000000

②确认固定资产清理产生的利得

借：固定资产清理　　　　　　　　　　　12000000
　　累计折旧　　　　　　　　　　　　　　4000000
　　贷：固定资产　　　　　　　　　　　　16000000

借：固定资产清理　　　　　　　　　　　　7000000
　　贷：营业外收入　　　　　　　　　　　　7000000

（2）甲公司在合并财务报表中的处理

甲公司在合并财务报表中，对于上述投资所产生的利得，仅能够确认归属于乙、丙公司的利得部分，因此，在合并财务报表中需要抵销归属于甲公司的利得部分266万元（700×38%），应确认的上述甲公司投资利得434万元（700×62%）。即，甲公司所获得的在丁公司投资中除自身投资外的权益份额为1178万元（1550×2×38%），与甲公司为此项投资所付出的成本744万元（1200×62%）（相当于乙、丙公司获得或购买了甲公司投入资产的62%的份额，也表明甲公司为此放弃了该资产的62%的权利），甲公司为获得乙、丙公司投入合营企业中资产的公允价值份额1178万元而支付了744万元的对价之间的差额434万元，为在合并财务报表中应当确认的投资利得，归属于甲公司

的利得部分266万元为未实现的利得,在合并财务报表中作如下抵销分录:

  借:营业外收入   2660000
    贷:长期股权投资——丁公司   2660000

甲公司在以个别财务报表作为连续编制合并财务报表基础时,对于上述抵销应当调整年初未分配利润,其抵销分录为:

  借:年初未分配利润   2660000
    贷:长期股权投资——丁公司   2660000

同时,对于原投入丁公司的固定资产利得上的折旧在该资产使用期间内确认投资收益时作为内部交易损益进行后续处理。

上述在个别和合并财务报表中的处理,也可以比照权益法下顺流交易对未实现内部交易损益抵销进行处理的原则。假定丁公司投资当年实现净利润为零,甲公司在个别和合并财务报表中作如下处理:

(1) 甲公司个别财务报表上按照权益法确认投资收益时,对于因投出非货币性资产上的利得作为顺流交易未实现内部交易损益处理,因丁公司设立当年度实现净利润为零,在确认投资收益时,将零的净利润减去投出非货币性资产上的利得与所持股权比例计算应确认的投资损益。

应确认的投资收益 = (0 - 700) × 38% = -266(万元)

  借:投资收益   2660000
    贷:长期股权投资——丁公司(损益调整)   2660000

(2) 甲公司在其编制的合并财务报表中,对上述未实现内部交易损益在个别财务报表基础上作如下调整:

  借:营业外收入   2660000
    贷:投资收益   2660000

未来期间,该项投入丁公司的固定资产计提折旧时,前期投资时产生利得上的折旧部分在计算确认投资收益时作为内部交易损益进行后续处理。

2. 乙公司的会计处理

(1) 乙公司在个别财务报表中的处理

乙公司对丁公司的投资,按照长期股权投资准则的原则确认初始投资成本;投出无形资产的账面价值与其公允价值之间的差额550万元(1550 - 1000)确认损益(利得),其账务处理如下:

  借:长期股权投资——丁公司(成本)   15500000
    累计摊销   3000000

　　　　贷：无形资产　　　　　　　　　　　　　　　　　13000000
　　　　　　营业外收入　　　　　　　　　　　　　　　　5500000

（2）乙公司在合并财务报表中的处理

乙公司在合并财务报表中，对于上述投资所产生的利得，仅能够确认归属于甲、丙公司的利得部分，因此，在合并财务报表中需要抵销归属于乙公司的利得部分170.5万元（550×31%），应确认的上述乙公司投资利得379.5万元（550×69%）。即，乙公司所获得的甲、丙公司在丁公司投资中的公允价值份额为1069.5万元〔（1550+1900）×31%〕，与乙公司为此项投资所付出的资产账面价值（成本）690万元（1000×69%）之间的差额379.5万元，为在合并财务报表中应当确认的投资利得，并作如下抵销分录：

　　借：营业外收入　　　　　　　　　　　　　　　　　1705000
　　　　贷：长期股权投资——丁公司　　　　　　　　　　1705000

乙公司在以其个别财务报表作为连续编制合并财务报表基础时，以及按照内部交易未实现损益在确认投资收益并且在个别和合并财务报表中分别处理的方法，比照上述甲公司的会计处理。

例2：假定甲公司投出固定资产的公允价值为2000万元，乙公司和丙公司另支付给甲公司现金62万元，其他资料如例1。甲公司的会计处理如下：

因甲公司投出的固定资产的公允价值为2000万元，乙、丙公司各投资1550万元并支付62万元现金。丁公司的注册资本为5000万元，产生溢价100万元。甲公司获得丁公司所有者权益份额为1938万元（5100×38%），小于投出固定资产公允价值62万元，获得62万元的额外现金补偿。即，甲公司投入合营企业非货币性资产所取得的对价，不仅包括合营中的权益（对合营企业的投资），还包括货币性资产，这部分货币性资产是与收到的非合营中权益的对价相关的利得，并不依赖合营企业未来现金流量而实现，其盈利过程已经完成，因此，可以在当期损益中确认。

（1）甲公司在个别财务报表中的处理

①确认投资成本

　　借：长期股权投资——丁公司（成本）　　　　　　　19380000
　　　　银行存款　　　　　　　　　　　　　　　　　　　620000
　　　　贷：固定资产清理　　　　　　　　　　　　　　20000000

②确认固定资产清理产生的利得

　　借：固定资产清理　　　　　　　　　　　　　　　　12000000

    累计折旧   4000000
     贷：固定资产   16000000
  借：固定资产清理   8000000
     贷：营业外收入   8000000

（2）甲公司在合并财务报表中的处理

  甲公司在合并财务报表中，对于上述投资所产生的利得，仅能够确认归属于乙、丙公司的利得部分。由于在此项交易中，甲公司收取62万元现金，上述利得中包含62万元收取的现金实现的利得为24.8万元（62÷2000×800），需要抵销归属于甲公司的利得部分294.576万元〔（800－24.8）×38%〕，应确认的上述甲公司投资利得480.624万元〔（800－24.8）×62%〕。即，甲公司在交易中获得的乙、丙公司在合营中投入资产公允价值的份额为1201.56万元〔（1550＋1550＋62）×38%〕，与甲公司为此项投资所付出的成本720.936万元（1200×96.9%×62%）之间的差额480.624万元，为在合并财务报表中应当确认的投资利得，并作如下抵销分录：

  借：营业外收入   2945760
     贷：长期股权投资——丁公司   2945760

浅析授予限制性股票股权激励计划的会计处理[*]

近年来,越来越多的上市公司采取授予其员工限制性股票(普通股)的方式,以增强公司凝聚力,激励员工为公司创造价值提供服务。从目前上市公司公告的授予限制性股票的股权激励方案看,其主要特点有:一是上市公司以非公开发行的方式向激励对象授予一定数量的公司股票,并规定锁定期、解锁期和解锁条件;二是授予对象一般为董事、高级管理人员、高级技术人员及其他核心员工;三是锁定期和解锁期内,已发行给公司激励对象的限制性股票不得上市流通及转让。达到解锁条件的限制性股票予以解锁,可自由流通;未达到解锁条件的限制性股票将由上市公司按照事先约定的价格立即回购并注销。但某些情况下已解锁的限制性股票可能还存在其他相关限售规定,例如,有些公司在限制性股票激励方案中规定,持有限制性股票的员工在其任职期内每年转让的股份不得超过所持本公司股份总数的25%,离职后半年内不得转让所持本公司股份等;四是解锁条件通常包括服务期限条件(例如员工留任至解锁日并考核合格)和业绩条件(例如公司净利润、净资产或营业收入等业绩指标达标)。

由于限制性股票股权激励的上述特征,其会计处理存在一定的特殊性。按照限制性股票发行、锁定期和解锁期、解锁日等业务特点,其会计处理涉及股份支付的确认和计量、权益工具和债务工具的分类与计量、每股收益等不同准则的规定,具体涉及的会计问题主要包括:上市公司授予公司激励对象而发行股份如何进行会计处理(即授予日的会计处理)、等待期内(锁定期和解锁期)如何考虑与权益结算的股份支付的会计处理、上市公司分配与限制性股票相关的现金股利的会计处理,以及每股收益的计算等。本文将结合《企业

---

[*] 《中国注册会计师》2016年1月

会计准则第 11 号——股份支付》（以下简称《股份支付准则》）、《企业会计准则第 37 号—金融工具列报》（以下简称《金融工具列报准则》）、《企业会计准则第 34 号—每股收益》（以下简称《每股收益准则》）和《企业会计准则解释第 7 号》（以下简称《解释 7 号》）等相关规定，对此类股权激励计划各环节的会计处理进行分析。

一、授予日的会计处理

通常情况下，上市公司发行股份按照发行股份筹集的资金在确认资产的同时，按照股份面值和溢价分别确认为股本和资本公积。但根据上市公司授予公司激励对象而发行的限制性股票情况分析，虽然上市公司发行的限制性股票已由中央证券登记结算公司将上市公司的被激励对象登记为该公司的股东，但如未满足解锁条件，发行限制性股票的上市公司有义务回购已发行并授予激励对象的股票。为此，上市公司因发行限制性股票而收到的认股款（即授予日收到的认股款）如何分类和计量，主要有如下三种不同的观点：

第一种观点认为，从法律上看，上市公司发行的限制性股票与发行的普通股没有实质区别，应当采用相同的原则进行会计处理，并将发行的限制性股票筹集的资金在确认资产的同时，确认为权益工具；对于未满足解锁条件拟回购的限制性股票，待公司实际回购时再进行相应会计处理，授予日无需进行特殊的会计处理，即无需因可能存在的回购义务而确认一项负债。

第二种观点认为，上市公司发行的限制性股票与发行的普通股的经济实质不同。从金融工具角度分析，发行的限制性股票存在回购义务，即，当未来期间不能满足解锁条件，上市公司存在以现金回购该限制性股票的义务，表明上市公司不能无条件地避免交付现金或其他金融资产来履行一项合同义务。按照金融工具列报准则的规定："如果一项合同使发行方承担了以现金或其他金融资产回购自身权益工具的义务，即使发行方的回购义务取决于对手方是否行使回售权，发行方应当在初始确认时将该义务确认为一项金融负债"。据此，上市公司发行的限制性股票符合金融负债的定义，应当确认为一项金融负债，而非权益工具。在这种观点下，上市公司发行的限制性股票并非实际发行在外的股份，而是或有可发行的股份，员工于授予日认购的限制性股票支付的现金，视为预付款性质，上市公司收到员工支付的购股款应视为预收款性质，确认为一项负债，且负债应当按照合同中规定的回购金额的现值确定，不考虑未来回购的可能性。

第三种观点认为，金融工具列报准则第三条规定：由股份支付准则规范的股份支付，适用股份支付准则。上市公司发行的限制性股票属于以权益结算的股权支付，应当适用于股份支付准则，不适用金融工具列报准则。因此，在授予日无须就回购义务确认一项金融负债，在期后的每个资产负债表日，上市公司应就限制性股票能否达到解锁条件进行合理估计，当估计很可能无法达到解锁条件而需要回购股票的，按应付回购金额确认一笔预计负债，并在以后的每一资产负债表日，当估计需回购股票的数量与授予日或上一资产负债表日不同的，按照重新估计拟回购的股票数量相对应的回购金额调整预计负债和权益工具。

考虑到限制性股票的特殊性，在具体会计处理时，对于上市公司发行限制性股票筹集的资金，在确认一项资产并确认为权益工具的同时，按照回购义务的总额确认库存股和金融负债，即融合了上述第一种观点和第二种观点的处理思路。这种处理方法，一方面，反映了交易的法律形式。上市公司向激励对象发行限制性股票，需经过严格的注册登记，并履行增资相关的法律手续，中介机构对公司的新增注册资本和实收资本情况也进行了审验并出具了验资报告。因此，从遵循法律形式的角度看，应当作为增资进行会计处理；另一方面，反映了交易的经济实质。由于限制性股票发行时有明确的回购约定，意味着上市公司负有在一定情形下必须回购的义务，即存在交付现金的合同义务，且该结算是否发生并不在上市公司的控制范围内。因此，从经济实质角度看，在授予日，应当确认为一项金融负债，并不考虑未来回购的可能性，以合同中规定的回购金额的现值计量。

在具体会计处理时，对于此类授予限制性股票的股权激励计划，向职工发行的限制性股票按有关规定履行了注册登记等增资手续的，上市公司应当根据收到职工缴纳的认股款确认股本和资本公积（股本溢价），按照职工缴纳的认股款，借记"银行存款"等科目，按照股本金额，贷记"股本"科目，按照其差额，贷记"资本公积——股本溢价"科目；同时，就回购义务确认负债（作收购库存股处理），按照发行限制性股票的数量以及相应的回购价格计算确定的金额，借记"库存股"科目，贷记"其他应付款——限制性股票回购义务"（包括未满足条件而须立即回购的部分）等科目。

二、等待期内的会计处理

（一）与股份支付相关的会计处理

通常情况下，上市公司以较低价格向激励对象发行限制性股票，是为了获取其提供的服务而以其股份作为对价进行结算的交易，该交易符合股份支付准则中对股份支付的定义，且以股份作为支付对价，符合以权益结算的股份支付的定义。按照以权益结算的股份支付的规定，上市公司以权益结算的股份支付换取职工提供服务的，应当以授予员工限制性股票的公允价值计量，在完成等待期内的服务或达到规定业绩条件才可行权的换取职工的服务的情况下，在等待期内的每个资产负债表日，应当以对可解锁限制性股票数量的最佳估计为基础，按照限制性股票在授予日的公允价值，将当期取得的服务计入相关成本或费用和资本公积。这里，需注意三点：一是在每个资产负债表日，后续信息表明可解锁限制性股票的数量与以前估计不同的，应当进行调整，并在解锁日调整至实际可解锁的限制性股票数量；二是限制性股票分批解锁的，实际上相当于授予了若干个子计划，应当分别根据各子计划的可解锁数量最佳估计在相应的等待期内确认股份支付成本费用；三是如果等待期内修改股权激励计划的，应区分修改对与所授予工具公允价值和数量的有利和不利影响，对于等待期内取消股权或者因未满足可行权条件而被取消的股权激励计划，根据股份支付准则进行相应的会计处理。

（二）分配现金股利的会计处理

由于上市公司发行的限制性股票已在中央证券登记结算公司登记，并将被激励对象登记为上市公司股东。由于股权激励有关安排中通常规定，在锁定期内，限制性股票的持有者并不享有有关股东的投票权，在解锁前可能享有或不享有股票的股利。因此，这部分股票与真正意义上的普通股所享有的权利有一定的差别。关于等待期内分配给限制性股票持有者现金股利的会计处理，主要有四种不同的观点：第一种观点认为，既然限制性股票按照法律形式确认为权益工具，则与权益工具相关的分配也应当作为利润分配处理。第二种观点认为，应当区分现金股利可撤销与现金股利不可撤销两类情况，对于前者分配的现金股利应当冲减负债，因为等待期内可撤销现金股利的发放实质上减轻了公司今后回购相关股票时的支付义务；对于后者分配的现金股利应当计入相关成本费用，属于上市公司的人工成本。第三种观点认为，应当考虑未来解锁的可能性，对于预计未来可解锁限制性股票持有者应分配的现金股利作为利润分配处理，对于预计未来不可解锁限制性股票持有者应分配的现金股利计入相关成本费用处理。第四种观点认为，既然限制性股票对于发行该股票的上市公司而言本质上是一项债务工具，那么所支付的现金股利就应当视同利息，确认为相关的成本费用。

既然在授予日,兼顾了法律形式和交易实质,对于限制性股票现金股利的会计处理也综合了上述几种观点,即,首先,要区分现金股利是否可撤销;其次,鉴于限制性股票属于以权益结算的股份支付,应当按照股份支付原则估计未来解锁条件的满足情况进行相应的会计处理。

现金股利可撤销与现金股利不可撤销的限制性股票在会计处理上有其共同点:一是都要求对未来解锁条件的满足情况进行合理估计,并且这一估计与上述进行股份支付会计处理时,在等待期内每个资产负债表日对可解锁限制性股票数量进行的估计保持一致。二是对于预计未来可解锁限制性股票持有者应分配的现金股利,都视为对股东的利润分配。

现金股利可撤销与现金股利不可撤销的限制性股票的区别主要在于:不满足解锁条件的情况下,被回购限制性股票持有者是否有权享有原在等待期内应收或已收的现金股利,有权享有现金股利的,为不可撤销的限制性股票,否则为现金股利可撤销的限制性股票。这一区别直接导致两者在会计处理上存在以下两方面差异:一是对于预计未来不可解锁限制性股票持有者应分配的现金股利,如果现金股利可撤销,意味着今后在回购这部分限制性股票时,其激励对象需退还原已收到的现金股利,或者上市公司可抵减应支付的回购价款,也就是说上市公司就未来回购义务而承担的负债随之下降,因此应当冲减相关已确认的负债金额和相应的股存股;如果现金股利不可撤销,意味着这部分应分配的现金股利将成为上市公司不可避免的人工成本,应当在分派现金股利时,将相关的现金股利确认为期间费用,计入当期成本费用。二是对于预计未来可解锁限制性股票持有者应分配的现金股利,今后上市公司将无须回购这部分限制性股票,如果现金股利可撤销,同样意味着上市公司就未来回购义务而承担的负债随之下降。因此,在进行利润分配会计处理的同时,还应当冲减相关已确认的负债金额和库存股。

解释7号分别对现金股利可撤销和不可撤销作出了会计处理规定:

1. 现金股利可撤销。等待期内,上市公司在核算应分配给限制性股票持有者的现金股利时,应合理估计未来解锁条件的满足情况,该估计与进行股份支付会计处理时,在等待期内每个资产负债表日对可行权权益工具数量进行的估计应当保持一致。对于预计未来可解锁限制性股票持有者,上市公司应分配给限制性股票持有者的现金股利应当作为利润分配进行会计处理,借记"利润分配——应付现金股利或利润"科目,贷记"应付股利——限制性股票股利"科目；同时，按分配的现金股利金额，借记"其他应付款——限制性股票回购义务"等科目，贷记"库存股"科目；实际支付时，借记"应付股利——限制性股票股利"科目，贷记"银行存款"等科目。对于预计未来不可解锁限制性股票持有者，上市公司应分配给限制性股票持有者的现金股利应当冲减相关的负债，借记"其他应付款——限制性股票回购义务"等科目，贷记"应付股利——限制性股票股利"科目；实际支付时，借记"应付股利——限制性股票股利"科目，贷记"银行存款"等科目。后续信息表明不可解锁限制性股票的数量与以前估计不同的，应当作为会计估计变更处理，直到解锁日预计不可解锁限制性股票的数量与实际未解锁限制性股票的数量一致。

2. 现金股利不可撤销。等待期内，上市公司在核算应分配给限制性股票持有者的现金股利时，应合理估计未来解锁条件的满足情况，该估计与进行股份支付会计处理时，在等待期内每个资产负债表日对可行权权益工具数量进行的估计应当保持一致。对于预计未来可解锁限制性股票持有者，上市公司应分配给限制性股票持有者的现金股利应当作为利润分配进行会计处理，借记"利润分配——应付现金股利或利润"科目，贷记"应付股利——限制性股票股利"科目；实际支付时，借记"应付股利——限制性股票股利"科目，贷记"银行存款"等科目。对于预计未来不可解锁限制性股票持有者，上市公司应分配给限制性股票持有者的现金股利应当计入当期成本费用，借记"管理费用"等科目，贷记"应付股利——应付限制性股票股利"科目；实际支付时，借记"应付股利——限制性股票股利"科目，贷记"银行存款"等科目。后续信息表明不可解锁限制性股票的数量与以前估计不同的，应当作为会计估计变更处理，直到解锁日预计不可解锁限制性股票的数量与实际未解锁限制性股票的数量一致。

（三）每股收益的计算

每股收益包括基本每股收益和稀释每股收益两类：

1. 基本每股收益仅考虑发行在外的普通股，按照归属于普通股股东的当期净利润除以发行在外普通股的加权平均数计算。限制性股票由于未来可能被回购，性质上属于或有可发行股票，因此在计算基本每股收益时不应当包括在内。需特别注意的是，对于现金股利不可撤销的限制性股票，即便未来没有解锁，已分配的现金股利也无须退回，表明在分配利润时这些股票享有了与普通股相同的权利，因此，属于同普通股股东一起参加剩余利润分配的其他权益工具。在计算基本每股收益时分子应当扣除归属于预计未来可解锁限制性股票的净利润。

2. 稀释每股收益则是假定企业所有发行在外的稀释性潜在普通股均已转换为普通股而计算的每股收益。如果解锁条件仅为服务期限条件的，公司应假设资产负债表日尚未解锁的限制性股票已于当期期初（或晚于期初的授予日）全部解锁，并参照每股收益准则中股份期权的有关规定考虑限制性股票的稀释性。行权价格低于公司当期普通股平价市场价格时，应当考虑其稀释性，计算稀释每股收益。如果解锁条件包含业绩条件的，公司应假设资产负债表日即为解锁日并据以判断资产负债表日的实际业绩情况是否满足解锁要求的业绩条件。若满足业绩条件的，应当参照上述解锁条件仅为服务期限条件的有关规定计算稀释性每股收益；若不满足业绩条件的，计算稀释性每股收益时不必考虑此限制性股票的影响。其中：

行权价格＝限制性股票的发行价格＋资产负债表日尚未取得的职工服务的公允价值

稀释每股收益＝当期净利润÷（普通股加权平均数＋调整增加的普通股加权平均数）＝当期净利润÷[普通股加权平均数＋（限制性股票股数－行权价格×限制性股票股数÷当期普通股平均市场价格）]

限制性股票若为当期发行的，则还需考虑时间权数计算加权平均数。

三、解锁日的会计处理

对于未达到限制性股票解锁条件而需回购的股票，应进行股票回购和注销的会计处理。首先，履行的回购义务冲减相关的负债；其次，注销股本时冲减相关的权益。对于达到限制性股票解锁条件而无需回购的股票，应当按照解锁股票相对应的负债的账面价值与库存股的账面价值对冲，如有差额，调整股本溢价。

四、综合举例

例：甲公司为上市公司，采用授予职工限制性股票的形式实施股权激励计划。2013年1月1日，公司以非公开发行方式向500名管理人员每人授予100股自身股票（每股面值为1元），授予价格为每股8元。当日，500名管理人员出资认购了，总认购款项为40万元，甲公司履行了相关增资手续。甲公司估计该限制性股票股权激励在授予日的公允价值为每股15元。

激励计划规定，这些管理人员从2013年1月1日起在甲公司连续服务3年的，所授予股票将于2016年1月1日全部解锁；其间离职的，甲公司将按照原授予价格每股8元回购。2013年1月1日至2016年1月1日期间，所授予股票不得上市流通或转让；激励对象因获授限制性股票而取得的现金股利由公司代管，作为应付股利在解锁时向激励对象支付；对于未能解锁的限制性股票，公司在回购股票时应扣除激励对象已享有的该部分现金分红。

2013年度，20名管理人员离职，甲公司估计3年中离职的管理人员合计为75名，当年宣告发放2014年度实现利润的分配，每股分配现金股利1元（限制性股票持有人享有同等分配权利）；2014年度，又有22名管理人员离职，甲公司将3年离职人员合计数调整为60人，当年宣告发放现金股利为每股1.2元；2015年度，甲公司将3年离职人员合计数调整为75人，当年年末实际有15名管理人员离职，当年宣告发放现金股利为每股1.5元。假定离职人员都是在年末，且甲公司年度内对离职人员的估计不变。

根据上述资料，甲公司的会计处理如下（金额单位：元）：

1. 2013年1月1日授予日的会计处理

借：银行存款　　　　　　　　　　　　　　　400000
　　贷：股本　　　　　　　　　　　　　　　　50000
　　　　资本公积——股本溢价　　　　　　　350000

同时，

借：库存股　　　　　　　　　　　　　　　　400000
　　贷：其他应付款——限制性股票回购义务　400000

2. 等待期内与股份支付相关的会计处理

（1）2013年12月31日

借：管理费用　　　　　　　　　　　　　　　212500
　　贷：资本公积——其他资本公积　　　　　212500

（2）2014年12月31日

借：管理费用　　　　　　　　　　　　　　　227500
　　贷：资本公积——其他资本公积　　　　　227500

（3）2015年12月31日

借：管理费用　　　　　　　　　　　　　　　224500

         贷：资本公积——其他资本公积   224500

3. 等待期内分配现金股利及股票回购的会计处理

（1）2013 年分配现金股利

借：利润分配——应付现金股利   42500
         贷：应付股利——限制性股票股利   42500
借：其他应付款——限制性股票回购义务   42500
         贷：库存股   42500
借：其他应付款——限制性股票回购义务   7500
         贷：应付股利——限制性股票股利   7500

（2）2013 年 12 月 31 日回购限制性股票

表1	股份支付相关的费用和资本公积计算表		金额单位：元
年份	计算	当期费用	累计费用
2013	100×（500－75）×15×1/3	212500	212500
2014	100×（500－60）×15×2/3－212500	227500	440000
2015	100×（500－57）×15－440000	224500	664500

表2	现金股利计算表		金额单位：元
年份	预计未来可解锁限制性股票持有者的现金股利	预计未来不可解锁限制性股票持有者的现金股利	当年现金股利合计
2013	1×（500－75）×100＝42500	1×75×100＝7500	50000
2014	（1＋1.2）×（500－60）×100－42500＝54300	2.2×（60－20）×100＋20×1×100－7500＝3300	57600
2015	（1＋1.2＋1.5）×（500－57）×100－42500－54300＝67110	3.7×（57－20－22）×100＋20×1×100＋22×2.2×100－7500－3300＝1590	68700

借：其他应付款——限制性股票

         回购义务   14000

                                                  [20×(8－1)×100]

         应付股利——限制性股票股利   2000

                                                  (20×1×100)

         贷：银行存款   16000

借：股本   2000

　　　　　　　　　　　　　　　　　　　（20×1×100）
　　资本公积——股本溢价　　　　　　　　14000
　　　　　　　　　　　　　　　　　　　［20×(8-1)×100］
　　　贷：库存股　　　　　　　　　　　　16000
（3）2014年分配现金股利
　借：利润分配——应付现金股利　　　　54300
　　　贷：应付股利——限制性股票股利　54300
　借：其他应付款——限制性股票回购义务　54300
　　　贷：库存股　　　　　　　　　　　54300
　借：其他应付款——限制性股票回购义务　3300
　　　贷：应付股利——限制性股票股利　3300
（4）2014年12月31日回购限制性股票
　借：其他应付款——限制性股票回购义务　12760
　　　　　　　　　　　　　　　　　　　［22×(8-2.2)×100］
　　　应付股利——限制性股票股利　　　4840
　　　　　　　　　　　　　　　　　　　（22×2.2×100）
　　　贷：银行存款　　　　　　　　　　17600
　　　　　　　　　　　　　　　　　　　（8×22×100）
　借：股本　　　　　　　　　　　　　　2200
　　　　　　　　　　　　　　　　　　　（22×1×100）
　　　资本公积——股本溢价　　　　　　15400
　　　　　　　　　　　　　　　　　　　［22×(8-1)×100］
　　　贷：库存股　　　　　　　　　　　17600
（5）2015年分配现金股利
　借：利润分配——应付现金股利　　　　67110
　　　贷：应付股利——限制性股票股利　67110
　借：其他应付款——限制性股票回购义务　67110
　　　贷：库存股　　　　　　　　　　　67110
　借：其他应付款——限制性股票回购义务　1590
　　　贷：应付股利——限制性股票股利　1590
（6）2015年12月31日回购限制性股票
　借：其他应付款——限制性股票回购义务　6450

　　　　　　　　　　　　　　　　　　　　　[15×(8-3.7)×100]
　　应付股利——限制性股票股利　　　　　　　5550
　　　　　　　　　　　　　　　　　　　　　(15×3.7×100)
　　　贷：银行存款　　　　　　　　　　　　 12000
　　　　　　　　　　　　　　　　　　　　　(8×15×100)
　借：股本　　　　　　　　　　　　　　　　 1500
　　　　　　　　　　　　　　　　　　　　　(15×1×100)
　　资本公积——股本溢价　　　　　　　　　 10500
　　　　　　　　　　　　　　　　　　　　　[15×(8-1)×100]
　　　贷：库存股　　　　　　　　　　　　　 12000

4. 2016年1月1日解锁日的会计处理

　借：其他应付款——限制性股票回购义务　　190490
　　　贷：库存股　　　　　　　　　　　　　190490
　借：资本公积——其他资本公积　　　　　　664500
　　　贷：资本公积——股本溢价　　　　　　664500

5. 每股收益的计算（以2013年度为例，假定甲公司2013年度实现净利润为500万元，发行在外的普通股股数为200万股，当期普通股平均市场价格为每股32元）

基本每股收益 = [500-1×(500-75)×100]/200 = 2.48（元）

行权价格 = 8 + 15×2/3 = 18（元）

由于行权价格低于当期普通股平均市场价格，因此，应当考虑限制性股票的稀释性。

发行在外的限制性股份在2013年的加权平均数

= 500×100×(364/365) + (500-20)×100×(1/365)

= 49994.52（股）

稀释每股收益

= 5000000 ÷ [2000000 + (49994.52 - 18×49994.52÷32)]

= 5000000 ÷ 2021872.60 = 2.47（元）

五、思考

1. 我国实务中产生的特殊问题如何进行会计处理。在我国会计准则与国际财务报告准则全面趋同的背景下,当国际会计准则没有就限制性股票有关会计处理给出指导性意见,而我国实务中又发生此类交易时,如何进行会计处理没有可与之趋同的国际财务报告准则,导致不能及时解决我国实务中存在的特殊或新型交易的会计处理问题。

2. 国际财务报告准则本身内在逻辑缺乏一致性。就限制性股票而言,按照股份支付准则还是按照金融工具准则的原则计量都是可以接受。如果按照股份支付准则规定,在等待期内的各资产负债表日,对可解锁限制性股票数量进行最佳估计,后续信息表明可解锁限制性股票的数量与以前估计不同的,应当进行调整,并在解锁日调整至实际可解锁的限制性股票数量。而金融工具准则不要求预计限制性股票未来是否可解锁,对于附有回购条款的限制性股票按照其回购义务的总额确认为金融负债进行初始计量,不考虑解锁的可能性。但在初始确认和计量以后的每个资产负债表日,又按照股份支付准则的原则预计可解锁限制性股票数量。即,对于限制性股票的会计处理既要遵循金融工具相关准则的要求,又要遵循股份支付准则时,面临两个准则之间计量原则的内在不一致性,由此产生了诸多困惑。

3. 我国上市公司以及其他大中型企业应当行动起来,积极参与国际规则的制定。企业会计准则是我国上市公司以及其他大中型企业编制财务报表的主要依据,也是财务报表使用者评估上市公司对外披露的财务报表是否真实公允的主要评判标准。今年11月18日,中国财政部与国际财务报告准则基金会发表联合声明,联合声明指出:"中国企业会计准则实现了与国际财务报告准则的实质性趋同,并且中国企业会计准则的实施显著提升了中国企业财务报告的质量及其透明度",中国财政部将为"实现二十国集团所认可的全球统一的高质量会计准则这一目标的不懈努力,同时重申中国将通过与国际财务报告准则的全面趋同来实现这一目标的愿景。这与中国的改革和发展要求是相适应的"。同时指出:"双方试图探索中国进一步使用国际财务报告准则的可能途径。鉴于此,受托人和财政部将成立联合工作组,对推进国际财务报告准则在中国的使用及其他相关问题探索途径和方式,特别是针对国际化的中国企业"。面对国际国内形势,以及资本市场进一步开放的新形势,企业会计准则与国际财务报告准则全面趋同已成趋势。为此,为了维护国家利益,我国企业,特别是上市公司或者国际化的企业,应当以积极的态度参与国际规则的制定,在国际财务报告准则的制定中发挥积极的作用,以维护我国企业的利益。

安全生产费用会计处理沿革*

一、背景

加强安全生产监督管理，防止和减少生产安全事故，是政府管理部门长期关注的目标之一。2002年6月29日第九届全国人民代表大会常务委员会第二十八次会议通过，并于2002年11月1日施行的《中华人民共和国安全生产法》（中华人民共和国主席令第七十号，以下简称《安全生产法》）①。《安全生产法》的颁布，从法律上对生产经营单位的安全生产保障、从业人员的权利和义务、安全生产的监督管理、生产安全事故的应急救援与调整处理、法律责任等进行了规范。

2004年1月9日，国务院发布《关于进一步加强安全生产工作的决定》（国发〔2004〕2号，以下简称国发〔2004〕2号）第13条指出，"为保证安全生产所需资金投入，形成企业安全生产投入的长效机制，逐步建立对高危行业生产企业提取安全费用制度。企业安全费用的提取，要根据地区和行业的特点，分别确定提取标准，由企业自行提取，专户储存，专项用于安全生产"。

2004年5月21日，财政部、国家发展和改革委员会、国家煤矿安全监察局联合发布《关于印发〈煤炭生产安全费用提取和使用管理办法〉和〈关于规范煤矿维简费管理问题的若干规定〉的通知》（财建〔2004〕119号，以下

---

* 《当代会计评论》2021年第2辑。感谢厦门大学会计系刘峰教授对此文的建议和评论。

① 该法于2014年8月31日经中华人民共和国十二届全国人民代表大会常务委员会第十次会议通过修订，自2014年12月1日起施行（中华人民共和国主席令第十三号）。相关安全费用的规定见第二十条。

简称财建〔2004〕119号），规定了安全生产费用（以下简称安全费用）的定义：是指企业按原煤实际产量从成本中提取，专门用于煤矿安全生产设施投入的资金。在财务制度中确定了安全费用的提取标准，并规定安全费用在本办法规定的范围内由企业自行安排使用，专户存储，专款专用，年度结余资金允许结转下年度使用。2006年12月8日，财政部与国家安全生产监督管理总局（以下简称安全监管总局）联合发布《高危行业企业安全生产费用财务管理暂行办法》（财企〔2006〕478号，以下简称《财务管理暂行办法》），并于2007年1月1日执行。《财务管理暂行办法》规定，"企业应当建立安全生产费用管理制度。安全生产费用是指企业按照规定标准提取，在成本中列支，专门用于完善和改进企业安全生产条件的资金。安全费用按照'企业提取、政府监管、确保需要、规范使用'的原则进行财务管理"，并对不同行业安全费用的提取标准分别作出了规定。同时，《财务管理暂行办法》规定，"企业提取安全费用应当专户核算，按规定范围安排使用。年度结余结转下年度使用，当年计提安全费用不足的，超出部分按正常成本费用渠道列支。企业利用安全费用形成的资产，应当纳入相关资产进行管理"。另外，《财务管理暂行办法》还规定了安全费用的使用范围，包括完善、改造和维护安全防护设备，设施支出，配备必要的应急救援器材、设备，以及现场作业人员安全防护物品支出，安全生产检查与评价支出，重大危险源、重大事故隐患的评估、整改、监控支出，安全技能培训及进行应急救援演练支出，其他与安全生产直接相关的支出等。

2012年2月14日，财政部与安全监管总局联合发布了《关于印发〈企业安全生产费用提取和使用管理办法〉的通知》（财企〔2012〕16号，以下简称财企〔2012〕16号），主要做了如下调整：①扩大了安全费用的适用行业；②修改了安全费用的定义，是指企业按照规定标准提取在成本中列支，专门用于完善和改进企业或者项目安全生产条件的资金；③提高了提取比例，除规定的提取标准外，根据安全生产实际需要，可适当提高安全费用提取标准；④拓展了安全费用的使用范围，明确了财务管理要求，同时明确了对建设工程施工企业提取的安全费用列入工程造价等；⑤企业提取的安全费用应当专户核算，按规定范围安排使用，不得挤占、挪用。年度结余资金结转下年度使用，当年计提安全费用不足的，超出部分按正常成本费用渠道列支。

二、会计处理演变

（一）2004 年的会计处理

根据《安全生产法》及国发〔2004〕2 号和财建〔2004〕119 号要求，安全费用从成本中提取，提取的安全费用计入相关成本，在规范会计处理时，考虑到财务制度明确了提取的安全费用按规定的标准提取计入成本的要求，在按规定标准提取安全费用时，借记相关成本各科目的同时，贷方计入哪类科目？考虑到按财务制度规定提取的安全费用今后使用时冲减提取的安全费用，并且提取的安全费用的结余可结转使用的规定后，会计制度规定，在按规定标准提取金额确认相关成本的同时，确认为一笔负债。2004 年 5 月 28 日，财政部印发了《关于执行〈企业会计制度〉和相关会计准则有关问题解答（四）》的通知（财会〔2004〕3 号，以下简称财会〔2004〕3 号）专门作出规定：煤炭生产企业按照国家有关规定提取安全费用时，应将按照国家规定标准计算的提取金额，借记"制造费用（提取安全费用）"科目，贷记"长期应付款（应付安全费用）"科目。

煤炭企业未来期间使用累计已提取的安全费用，支出方向分为：费用性支出和资本性支出。对费用性支出，可以直接冲减提取的安全费用余额，财会〔2004〕3 号规定，实际发生相关安全费用支出时，属于费用性的支出，直接冲减长期应付款，借记"长期应付款"科目，贷记"银行存款"等科目；对于安全费用使用范围内有些属于资本性支出的，如能确定有关支出最终将形成固定资产的，应在"在建工程"科目下单列项目归集所发生的费用，待有关安全项目完工后形成固定资产的，应按实际成本，借记"固定资产"等科目，贷记"在建工程"科目；在确认固定资产的同时，由于安全费用原已从成本中提取（原已按提取标准计入成本），使用已提取的安全费用并确认为固定资产的成本在以后期间不能再以折旧的方式计入成本，否则安全费用将重复计入成本，也就是不能通过提取安全费用和固定资产折旧费用的方式两次计入成本。对此，在会计处理上，已提取的安全费用建成的固定资产在结转固定资产成本时，除了冲减提取的安全费用外，视同该资产于初始确认时已经提足折旧，在固定资产使用期间不再计提折旧，其账务处理为：按固定资产的实际成本，借记"长期应付款"科目，贷记"累计折旧"科目。这样处理的结果是用提取的安全费用构建的固定资产，于项目完工结转固定资产时，在资产负债表固定资产项目中所反映的金额为零。按会计处理一般原则，费用在实际发生时计入相关成本费用（或损益），固定资产在其预计使用年限内以折旧方式将其成本逐渐转移到相关的成本费用（或损益）中，而财会〔2004〕3号关于安全费用会计处理方法，导致在企业的安全费用在未实际发生时即按规定的提取金额计入成本费用，形成一笔负债，该负债不符合负债定义；使用安全费用时冲减原提取的负债，形成固定资产成本的部分在该资产预计使用年限内不能以折旧方式确认相关成本费用，与固定资产后续计量方法不一致。由此，导致同时在境内外上市的公司，安全费用会计处理在其境内和境外财务报表上形成差异。

（二）2007—2008年的会计处理

2006年，我国采取了与国际会计准则趋同的策略，财政部全面修改了原有的企业会计准则和相关制度。于2006年2月15日发布企业会计准则体系〔包括基本准则（财政部令第33号）和38项具体准则（财会〔2006〕3号）〕，该企业会计准则体系于2007年1月1日起首先在上市公司范围内施行。

在2007年上市公司全面实施2006年发布的企业会计准则时，《企业会计准则实施问题专家工作组意见》（2007年2月1日发布）问题四中，对在新旧会计准则转换过程中规定的安全费用会计处理，沿用了财会〔2004〕3号的规定。

2007年12月，在比较了我国内地2006年发布的企业会计准则体系及香港会计准则的基础上，除了长期资产减值损失转回等外，我国内地企业会计准则与香港会计准则实现了等效，也就是按照我国内地企业会计准则与香港会计准则编制的财务报表实质相同。在我国内地企业会计准则与香港会计准则实现等效后，同时在内地和香港上市的企业的财务报表的差异逐渐减少，但其中的安全费用会计处理有较大的差异。按照我国内地企业会计准则编制的财务报表，提取的安全费用计提相关成本，同时确认负债，在按照香港会计准则编制的财务报表中，提取的安全费用全部冲回，按照实际发生的安全费用确认相关成本费用，形成资产的确认相关资产的成本。香港会计师公会提出安全费用会计处理在两地会计准则等效会谈时并无提及这项差异。其后，在内地和香港同时上市的公司就安全费用会计处理的不同导致财务报表产生差异，香港方面认为，按规定标准提取的安全费用不符合负债定义，因为按照会计准则有关负债定义，负债是未来经济利益需流出企业，通常应有确切的债权人和到期日；另外，提取的安全费用也不属于或有事项范畴，与或有事项应确认的预计负债有本质差异，希望我国企业会计准则能修改原来的规定，以消除安全费用会计处理导致的财务报表差异。为此，经认真研究后，财政部决定修改安全费用会计处理原则，减少境内外财务报表差异，并拟对会计处理做如下调整：①安全费用于实际发生时计入相关成本，不再按财务制度规定的标准提取；②为了协调法律法规和财务制度的要求，避免企业超额分配，会计上要求企业按财务制度规定的标准提取的安全费用从未分配利润中转出，在盈余公积中单项设置"专项储备"明细科目，并在资产负债表的所有者权益中设置"专项储备"项目单独反映，待实际发生安全费用时，按实际发生额将专项储备转入未分配利润；③实际发生的安全费用，无论属于费用性质还是属于资本性质的，均按企业会计准则进行会计处理。2008年12月26日，财政部发布了《关于做好执行会计准则企业2008年年报工作的通知》（财会函〔2008〕60号，以下简称财会函〔2008〕60号）规定，"高危行业企业按照规定提取的安全生产费用，应当按照《企业会计准则讲解（2008）》中的具体要求处理，在所有者权益'盈余公积'项下以'专项储备'项目单独列报，不再作为负债列示"，并在《企业会计准则讲解（2008）》中做了具体的解释：企业按规定标准提取安全费用等时，借记"利润分配——提取专项储备"科目，贷记"盈余公积——专项储备"科目。按规定范围使用安全生产储备购建安全防护设备、设施等资产时，按应计入相关资产成本的金额，借记"固定资产"等科目，贷记"银行存款"等科目。对于作为固定资产管理和核算的安全防护设备等，企业应当按规定计提折旧，计入有关成本费用。按规定范围使用安全生产储备支付安全生产检查和评价支出、安全技能培训及进行应急救援演练支出等费用性支出时，应当计入当期损益，借记"管理费用"等科目，贷记"银行存款"等科目。企业按上述规定将安全生产储备用于购建安全防护设备或与安全生产相关的费用性支出等时，应当按照实际使用金额在所有者权益内部进行结转。借记"盈余公积——专项储备"科目，贷记"利润分配——提取专项储备"科目，但结转金额以"盈余公积——专项储备"科目余额冲减至零为限。企业未按上述规定进行会计处理的，应当进行追溯调整。按财会函〔2008〕60号和《企业会计准则讲解（2008）》规范的安全费用会计处理，消除了境内外财务报表中有关安全费用会计处理不同导致的差异。这种会计处理方法，保持了会计核算的一般原则；兼顾了财务制度的要求，仅在权益内部（盈余公积和未分配利润）做一些调整，即按财务制度规定的标准提取的安全费用从利润分配中预留并在盈余公积（专项储备）中单独反映，避免超额分配利润，待实际发生相关安全费用时按一般原则进行会计处理；同时，将实际发生额从原预留在盈余公积人（专项储备）中的安全费用转入未分配利润。由此，境内外同时上市的企业，有关安全费用会计处理在其境内和境外财务报表上能基本保持一致，仅在权益项目中的盈余公积和未分配利润期末余额中有些不同。

（三）2009 年的会计处理

财会函〔2008〕60 号发布后，有些煤炭企业召开不同形式的座谈会，邀请有关专家专题讨论安全费用会计处理的合理性，其结论为：财会函〔2008〕60 号对安全费用的会计处理违反了相关法律法规和财务制度规定，且因按照会计处理规定，从成本费用中提取的安全费用不再提取导致企业提取的安全费用不能在所得税前扣除，并将有关研讨情况向有关部门汇报，要求会计准则制定部门废止财会函〔2008〕60 号和《企业会计准则讲解（2008）》的规定，恢复原来（财会〔2004〕3 号）的会计处理。为此，财政部会计准则制定机构做了两方面的工作。一是与有关方面进行了沟通。会计准则制定机构认为，在目前我国会计准则与国际财务报告准则趋同的大背景下，希望财务制度不应再规范会计确认计量和披露原则，统一按照企业会计准则进行会计处理并编制财务报表。财务制度制定部门则认为，安全费用的财务处理是根据国家《安全生产法》、国务院文件规定所制定的规范，不能由于会计准则与财务制度不一致而违反国家法律法规和财务制度规定。二是与有关税务部门进行沟通。税务部门认为，从成本中提取的安全费用不得在税前抵扣，有些地方税务部门同意税前抵扣的做法违反了税法规定。经协调，考虑到会计核算既要满足国家法律法规和财务制度要求，又要与国际财务报告准则协调，实属两难。为适应当时环境需求，在会计核算上做了特别处理：①在所有者权益类科目中设置"4301 专项储备"科目，核算按规定提取并使用的安全费用；②除将提取并使用的安全费用在权益中反映外，其他核算与财会〔2004〕3 号基本相同。为什么将按国家规定标准提取的安全费用计入权益，主要是考虑按照国家法律法规和财务制度规定，从会计核算角度分析，采用借贷记账法下，借贷必须平衡，按规定标准提取的安全费用必须计入成本，在借记相关成本费用的同时，贷方不是计入负债就是计入权益，既然从成本中提取的安全费用不符合负债定义和确认条件，也不属于或有事项应确认的预计负债，唯一的出路是只能计入权益，虽然从成本中提取并计入权益并不符合会计原理，但也是无奈之举。鉴于此，财政部于 2009 年 6 月 11 日发布了《企业会计准则解释第 3 号》（财会〔2009〕8 号，以下简称财会〔2009〕8 号），修改了高危行业企业提取的安全费用的会计处理。首先要求高危行业企业按照国家规定提取的安全费用，应当计入相关产品的成本或当期损益，同时计入新设置的"4301 专项储备"科目；企业按规定使用提取的安全费用时，属于费用性支出的，直接冲减专项储备。企业使用提取的安全费用形成固定资产的，应当通过"在建工程"科目归集所发生的支出，待安全项目完工达到预定可使用状态时确认为固定资产；同时，按照形成固定资产的成本冲减专项储备，并确认相同金额的累计折旧。该固定资产在以后期间不再计提折旧。"专项储备"科目期末余额在资产负债表所有者权益项下"减：库存股"和"盈余公积"之间增设"专项储备"项目反映。并且要求安全费用会计处理与财会〔2009〕8 号不一致的，进行追溯调整。

财会〔2009〕8 号发布后，香港会计师公会相关专家与国际会计准则理事会技术总监韦恩·阿普顿（WayneSUpton，以下简称老温）[①]赴北京，与财政部会计准则制定机构沟通会计准则等效事宜，其中谈及安全费用会计处理与国际财务报告准则和香港财务报告准则原则不一致问题。当时，老温问了我们几个问题：①为什么要从成本费用中提取安全费用？②煤矿等企业是否实际发生了安全事故，如巷道塌方、渗水、瓦斯爆炸、人员埋入矿井？③是否需要救援？④安全费用是否已经发生？对于上述问题，我们认为，主要是为了安全生产，防止和减少生产安全事故，保障人民群众生命和财产安全，考虑到一些开采年限比较长的煤矿等企业，因其设备、巷道等老化等原因，为保证安全生产所需资金，允许在成本中提取安全费用。从成本中提取安全费用是我国法律法规规定的，属于法定义务，我国原来确认为负债应当更合理。同时，我们又问老温，当一个国家的法律要求与会计准则冲突时，在编制财务报表时应当遵循法律规定，还是应当遵循会计准则规定？老温认为，按照会计准则的原则，费用应当于实际发生时计入相关成本费用，在费用没有发生时不能从成本费用中提取，提取的安全费用不符合负债定义，也不符合权益定义。在编制财务报表时，当一国的法律法规规定与会计准则不一致时，仍然应当按照会计准则的要求编制财务报表。笔者认为，虽然老温的解释符合会计准则的原则，但考虑到我国特有的环境和实践，其后并未对财会〔2009〕8 号有关安全费用会计处理

---

① 韦恩·阿普顿（WayneSUpton）：曾在美国 FASB 工作了 17 年，后在 IASB 工作。

做出重新调整，导致境内外同时上市的企业财务报表仍然存在安全费用会计处理不同导致的差异。

三、安全费用会计处理引起的其他问题

（一）所得税会计处理

2011年3月31日，国家税务总局发布了《关于煤矿企业维简费和高危行业企业安全生产费用企业所得税税前扣除问题的公告》（国家税务总局公告2011年第26号）规定，"煤矿企业实际发生的维简费支出和高危行业企业实际发生的安全生产费用支出，属于收益性支出的，可直接作为当期费用在税前扣除；属于资本性支出的，应计入有关资产成本，并按企业所得税法规定计提折旧或摊销费用在税前扣除。企业按照有关规定预提的维简费和安全生产费用，不得在税前扣除"，并规定了在该公告实施前从成本费用中提取并已在所得税前抵扣的税务处理办法，主要精神是对于原从成本费用中提取并已在所得税前抵扣尚未使用的余额，于实际发生时继续冲减至零并不得在所得税前再抵扣；对于用提取的安全费用形成资产的，其计提的折旧摊销不得再在所得税前抵扣。

财会〔2009〕8号规定的安全费用会计处理，与企业所得税的税务处理不同，涉及的所得税会计处理问题主要有以下两个。①是否应确认递延所得税负债？企业在按规定标准提取并计入成本的安全费用时，资产的账面价值会大于其计税基础，产生应纳税暂时性差异，如果按规定标准提取计入当期损益的，纳税时需进行调整。安全费用的会计处理与所得税法规不一致产生的暂时性差异是否应确认递延所得税。考虑到安全费用会计处理的特殊性，是否可引用所得税会计处理中初始确认的豁免条款，对于在成本费用中提取安全费用时不确认相应的递延所得税负债或资产。②确认的递延所得税负债或资产是应计入权益还是计入损益？鉴于按财会〔2009〕8号规定提取的安全费用计入权益，按所得税会计准则规定，与权益相关的所得税影响计入权益，确认的递延所得税是否应当计入权益？

由于财会〔2009〕8号对安全费用会计处理的特殊性，且不属于递延所得税负债或资产初始确认中的豁免条款；另外，既然是特殊的会计处理，在提取安全费用时既涉及损益，也涉及权益，所得税会计也可采用特殊处理。因此，

对于从成本费用中提取且计入权益的安全费用在实务中不考虑所得税的影响，即不确认递延所得税负债或资产。2013 年，中国证券监督管理委员会（以下简称证监会）发布的《上市公司执行企业会计准则监管问题解答》（2013 年第 1 期〈总第 8 期〉）明确指出，按照企业会计准则及相关规定，已计提但尚未使用的安全生产费不涉及资产负债的账面价值与计税基础之间的暂时性差异，不应确认递延所得税。

（二）权益法的会计处理

根据《企业会计准则第 2 号——长期股权投资》（2014）第十一条规定，采用权益法核算的长期股权投资，"投资方对于被投资单位除净损益、其他综合收益和利润分配以外所有者权益的其他变动，应当调整长期股权投资的账面价值并计入所有者权益"。如果被投资单位将从成本中提取的安全费用计入权益，用实际发生的安全费用冲减权益的，会导致被投资单位的所有者权益的增减，对于投资方而言，是否应当按照权益法确认调整长期股权投资的账面价值并计入所有者权益？鉴于财会〔2009〕8 号对安全费用会计处理的特殊性，且安全费用的提取和使用变动较多，因此实务中对于这类权益变动，权益法下不确认调整长期股权投资的账面价值，也不确认投资方的所有者权益。

四、几点思考

（1）会计准则与社会环境。笔者认为，会计准则本身更接近社会学科，尽管 500 多年前意大利数学家帕乔利[①]在其《算术、几何、比及比例概要》中对借贷记账法做了全面的阐述，但并不表明会计本身完全具有自然科学的属性。一个国家的会计准则应当与其所依存的环境相适应，这种环境包括但不限于法律、政治、经济、文化等。新中国成立初期，我国的会计制度学的是苏联模式，适用于计划经济体制下的会计核算要求。改革开放以后，随着我国的企业走出去，又引进外资企业，经过四十多年的改革开放，我国的经济已与世界

---

① 卢卡·帕乔利（LucaPacioli，1445—1517 年），现代会计之父。他所著的《算术、几何、比及比例概要》（又叫《数学大全》）中有一部分篇章是介绍复式簿记的。这一部分篇章成了最早出版的论述 15 世纪复式簿记发展的总结性文献，集中反映了到 15 世纪末期为止威尼斯的先进簿记方法，从而有力地推动了西式簿记的传播和发展。资料来源：https：//baike. baidu. com/item/% E5% 8D% A2% E5% 8D% A1% C2% B7% E5% B8% 95% E4% B9% 94% E5% 88% A9/10683342？fromtitle = % E5% B8% 95% E4% B9% 94% E5% 88% A9&fromid = 8282990&fr = aladdin。

经济融为一体。我国企业走出去的同时，财务报表的真实、公允表达也成为不可或缺的条件。为此，企业会计准则的国际化也成为必然。但是，在企业会计准则国际化的同时，是否需要考虑社会环境的适应性，是值得思考的问题。

（2）原则导向与规则导向。会计准则的原则导向与规则导向一直以来存在不同的声音。笔者认为，会计准则最主要的任务是要及时解决实务中的问题，会计准则本身的目的是指导实务，但实务中存在的交易或事项的情况千差万别，存在大量的职业判断，会计准则无论是原则导向还是规则导向，都需要以解决实务问题为导向。因此，更多的实务指导成为会计实务界的期盼。

权责发生制政府综合财务报告制度改革*

第一章 权责发生制政府综合财务报告制度改革的启动

为了贯彻落实党的十八大关于全面深化改革的战略部署，2013年11月12日中国共产党第十八中央委员会第三次全体会议通过的《中共中央关于全面深化改革若干重大问题的决定》（以下简称《决定》），明确提出了建立权责发生制的政府综合财务报告制度的改革目标。

2014年9月26日，《国务院关于深化预算管理制度改革的决定》（国发〔2014〕45号）发布，对权责发生制政府综合财务报告制度的改革提出了具体的推进步骤，要求研究制定政府综合财务报告制度改革方案、制度规范和操作指南，建立政府综合财务报告和政府会计标准体系；待条件成熟时，政府综合财务报告向本级人大或其常委会报告；研究将政府综合财务报告主要指标作为考核地方政府绩效的依据，逐步建立政府综合财务报告公开机制等。

按照改革的目标和要求，2014年12月12日，由财政部起草、国务院批转财政部的《权责发生制政府综合财务报告制度改革方案》（国发〔2014〕63号，以下简称《改革方案》），对改革进行全面部署。《改革方案》是此轮政府会计改革的纲领性文件，肩负着科学、全面地规划和设计政府会计改革的重任，直接影响到后续改革的具体路径和成效。在起草《改革方案》时，改革

---

* 中南大财经政法大学潘晓波副教授为这部分论述提供了诸多帮助。在此，表示深深的谢意。

面临着来自国际和国内的迫切需求。国际上,权责发生制政府综合财务报告制度已成为公共财政管理的发展趋势,美国、英国、法国、澳大利亚等发达国家已多年编制政府综合财务报告,国际公共部门会计准则委员会(IPSASB)一直在致力于建立权责发生制的公共部门会计准则,世界银行、国际货币基金组织等国际机构也纷纷敦促各国政府尽快编制权责发生制政府综合财务报告,欧盟委员会面对欧洲主权债务危机问题,更是强制要求所有成员国编制权责发生制政府综合财务报告。同时在我国,以收付实现制为基础的政府决算报告主要反映政府预算收支情况,无法完整反映政府资产负债等存量信息,以及政府运行成本情况,不利于政府资产和债务的管理和规范,缺乏准确的政府运行成本信息,无法为政府绩效管理和提升国家治理能力提供全面的信息支持。

基于改革需求,我们全面梳理前期研究成果,在世界银行、国际货币基金组织、联合国开发计划署、亚洲开发银行等有关国际组织的支持下,组织了10多位国际专家和20多位国内专家,对建立政府财务报告制度的战略框架、基本理论以及政府财务报告主体范围、主要内容、资产负债项目范围、具体操作等方面进行了大量研究,厘清了改革需要解决的重要事项和关键环节。在立足我国制度背景和国情的基础上,借鉴国际先进经验,对国际上权责发生制政府财务报告制度改革的模式、权责发生制的引入程度、政府财务报告的主要内容、报告编制流程、会计科目和财务报告体系框架、财务信息系统设计、财务报告的审计等做了进一步研究,为形成我国政府综合财务报告制度改革目标模式、路径方法等提供了研究基础。

一、改革目标和路径

权责发生制政府综合财务报告制度改革是基于政府会计规则的重大改革。当时,我国政府会计以收付实现制为主进行会计核算,融合了部分权责发生制核算。例如,事业单位会计核算采用"双分录"的方法,同时核算收付实现制的收入、支出等预算会计信息和基于权责发生制的资产、负债和净资产等财务会计信息,权责发生制的收入和费用信息无法直接取得,这种方式导致权责发生制的完整信息无法系统、直接地获取,对权责发生制政府综合财务报告编制的效率和信息质量存在影响。因此,此次的政府会计改革,应通过构建统一、科学、规范的政府会计准则制度体系、建立健全政府综合财务报告编制办法、适度分离政府财务会计与预算会计、分离政府财务报告与决算报告功能,以系统、可靠、清晰地反映政府资产负债、收入费用、运行成本等财务信息和预算执行信息。

二、改革的主要任务

权责发生制政府综合财务报告制度改革涉及面广，政策性、技术性、操作性较强，改革部署需要全面、科学地对改革任务和内容进行规划。通过对改革目标进行分析，对改革的主要任务划分为四个方面：一是建立健全政府会计核算体系，建立财务会计与预算会计适度分离并相互衔接的新型政府会计体系，在完善预算会计功能基础上，增强政府财务会计功能。二是建立健全政府财务报告体系，明确政府财务报告的编报主体和主要内容。三是建立健全政府财务报告审计、公开机制，确保政府财务报告的真实性和完整性。四是建立健全政府财务报告分析应用体系，更好地利用政府财务报告信息，服务于政府加强财政财务管理的需要。

三、建立政府会计准则制度体系和政府财务报告制度框架体系

政府会计准则制度体系和政府财务报告制度框架体系是准确编制政府财务报告、确保报告数据含义明确、口径统一、真实可靠的重要保障。其组成部分主要包括政府会计准则、政府会计制度（包括会计科目设置、账务处理、财务报表和预算会计报表格式及编制方法）、政府财务报告审计和公开制度等。

政府会计准则体系包括基本准则、具体准则和应用指南。基本准则对政府会计目标、会计主体、会计信息质量要求、会计核算基础以及会计要素定义、确认和计量原则、列报要求等基本概念和原则作出规定。具体准则对政府发生的具体交易或事项引起的会计要素的确认条件、计量方法和披露方式等作出规定。应用指南对具体准则的实际应用作出操作性规定。

政府会计制度遵循政府会计准则的规定，满足提供政府财务会计信息和预算会计信息的双重功能。预算会计完整地反映政府预算收入、预算支出和预算结余等预算执行信息，财务会计全面地反映政府资产、负债、净资产、收入、费用等财务信息。

政府财务报告编制办法详细规定政府财务报告的主要内容、编制要求、报

送流程、数据质量审查,以及编制方法、分析方法等,以确保政府财务报告编制工作的规范和高效。

政府财务报告审计制度主要规定审计的主体、对象、内容、权限、程序、法律责任等,公开制度主要规定政府财务报告公开的主体、对象、内容、形式、工作程序、时间要求、法律责任等,以增强政府财务报告真实性、完整性。

四、政府综合财务报告的分析应用

有效应用政府综合财务报告信息,促进政府加强财政财务管理,是建立政府综合财务报告制度的一个重要目标。改革部署强调要以政府财务报告反映的信息为基础,采用科学方法,系统分析政府的财务状况、运行成本和财政中长期可持续发展水平。充分利用政府财务报告反映的信息,识别和管理财政风险,更好地加强政府预算、资产和绩效管理,并将政府财务状况作为评价政府受托责任履行情况的重要指标。为开展政府信用评级、加强资产负债管理、改进政府绩效监督考核、防范财政风险等提供支持,促进政府财务管理水平提高和财政经济可持续发展。

五、配套措施

建立权责发生制政府综合财务报告制度是一项基础性的变革,涉及面广,需要修订完善相关法律法规、财务制度、决算报告制度等,为改革提供制度保障。同时,还需要同步加强财政信息化建设,为统一、高效地编制财务报告提供信息化支持。建立健全内部控制制度机制,强化政府财务会计人员素质等,将为改革提供技术和人才支持。

六、改革实施步骤安排

政府会计改革肩负繁重而复杂的任务和改革内容,对改革进程进行合理的划分,明确各阶段改革任务是保障改革顺利有序推进的基础。《改革方案》按照先进行试点、由易到难的原则,规划了2014年至2020年的改革实施步骤,将改革进程划分为三个阶段。第一阶段(2014—2015年)的工作内容包括:

组建政府会计准则委员会，为改革做好组织、制度、资产管理、信息化系统等方面的准备工作，制定发布政府会计基本准则以确定政府会计的技术框架，并研究起草政府会计相关具体准则和应用指南。第二阶段（2016—2017 年）的工作内容包括制定发布政府会计相关具体准则及应用指南，开展政府财务报告编制试点，并研究建立政府综合财务报告分析指标体系。第三个阶段（2018—2020 年）要求基本完成政府会计相关具体准则及应用指南的制定发布，基本建成具有中国特色的政府会计准则体系，对相关财务制度等进行修订，全面开展政府财务报告编制工作，推进政府成本会计研究和政府财务报告分析应用体系的建立，制定发布政府财务报告审计制度、公开制度等。

《改革方案》的发布，标志着本轮政府会计改革正式揭开序幕，《改革方案》的起草过程，正是对实施政府会计改革的全面设计和部署过程，《改革方案》对改革目标进行了具体明确，使得改革具有了更清晰的愿景；对相关领域的配套措施进行了全面的规范，使得改革实施具有了更有力的保障；对改革内容进行了科学的界定，使得改革任务更加明确；对改革进程进行了合适的规划，使得改革的实施过程更加科学可行。

第二章 政府会计规范体系基本问题的确定

2014年,在起草《改革方案》的同时,我们开始着手《政府会计准则——基本准则》的起草工作。2014年初,在国家开发银行的会议室,邀请各方专家一起探讨政府会计规范体系最重要的一些基本问题。当时探讨的重点问题主要围绕《政府会计准则——基本准则》应当规范的基本技术问题,以及政府会计规范体系的构成。

一、财务会计和预算会计的应用模式

面对建立权责发生制的政府综合财务报告制度的改革目标,是保留原有的预算会计核算模式,仅制定财务会计核算模式,还是重构政府会计标准体系,采用财务会计和预算会计并行的模式。通过对原行政和事业单位会计制度中"双分录"模式的分析,专家们认为,权责发生制和收付实现制在同一系统中是不兼容的,无法提供科学、全面地提供政府的资产、负债、净资产、收入、费用等财务信息。在各方专家的讨论下,最终确定了"双功能"的模式,即既要采用财务会计核算功能,又要采用预计会计核算功能,因此,必须采用财务会计与预算会计适度分离又相互衔接的技术框架。这一"双功能"的技术框架,在《改革方案》中也进行了明确。此外,经过专家论证,此轮改革也确定了政府综合财务报告的编制要建立在证(凭证)、账(账簿)、表(报表)会计核算程序和勾稽关系上,政府综合财务报告要以科学、全面的会计核算数据作为基础。因此,最终确定建立健全财务会计与预算会计适度分离并相互衔接的"双功能、双基础、双报告"的新型政府会计标准模式。"双基础"为预算会计采用收付实现制,财务会计采用权责发生制,"双报告"为预算会计形成预算会计报告(决算报告),财务会计形成财务报告。预算会计和财务会计分别遵循不同的核算基础和科目分类原则,具有各自的功能,服务于各自的目标,预算会计服务于预算管理,财务会计服务于财务管理,从而形成在同一信息系统下,两者具有各自独立逻辑的会计处理体系。

二、制定《政府会计准则——基本准则》涉及的相关问题

基本准则定位是，为整个政府会计准则体系的概念基础和框架，具体准则和应用指南的制定应当遵循基本准则。基本准则对政府会计准则体系的构建发挥统驭的作用。

基本准则在内容上规范了适用范围、财务报告目标、会计基本假设、会计基础、信息质量特征、财务会计要素定义及其确认和计量原则、预算会计要素定义及其确认和计量原则、财务报告等政府会计基本问题。在对相关内容进行研究时，主要涉及以下问题。

（一）基本准则的定位

在制定基本准则时，有两种不同观点：第一种观点认为，基本准则应当原则，类似国际及其他国家的政府会计概念框架，其内容应仅对政府会计目标、主体、范围、会计基础、信息质量特征、会计要素定义及其确认条件和计量方法、财务报告内容及基本要求等重大政府会计问题进行规范，明确政府财务会计与预算会计的关系，以指导和统驭政府会计具体准则的制定，确保具体准则之间的一致性。第二种观点认为，基本准则应当具体，其内容不仅应该涵盖第一种观点中基本准则内容，还应当直接为编制政府综合财务报告提供标准。

第一种观点系统性强，符合国际惯例，可以与具体准则一起构成完整的政府会计准则体系。基本准则的发布，有利于协调好与预算会计和相关财务制度的关系，同时可以按照先急后缓的原则有序推进政府会计具体准则建设，在政府会计准则修订完善时也具有较好的灵活性。后续还需要制定相关应用指南，以保证准则实施的可操作性。第二种观点综合性较高，但内容过于庞杂，且制定周期长，协调难度大，受制于现行预算会计和相关财务制度，不利于会计准则的实施和应用，后续修订完善时也缺乏灵活性。

经过深入研究，在适度借鉴我国构建企业会计准则成功经验的基础上，广泛参考国际及相关国家政府会计概念框架，综合权衡利弊，决定采用第一种观点，基本准则定位于原则和重大政府会计问题，实际操作通过具体准则和应用指南来规范。

（二）基本准则是否包含预算会计

《改革方案》确立了适度分离政府财务会计与预算会计、政府财务报告与决算报告功能的新型政府会计体系框架。基本准则是否同时包含财务会计和预算会计是基本准则制定过程中讨论的问题之一。基本准则的功能定位是对政府会计目标、会计主体、信息质量要求、会计基础以及会计要素定义、确认和计量原则、列报要求等基本概念和原则作出规定，应该对政府会计的概念框架进行全面的规定，体现"双功能、双基础、双报告"的政府会计标准模式。因此，基本准则明确了政府会计由财务会计和预算会计构成，前者实行权责发生制，后者实行收付实现制，实行权责发生制的特定事项应当符合国务院的规定，将《改革方案》"适度分离政府财务会计与预算会计、政府财务报告与决算报告功能，全面、清晰反映政府财务信息和预算执行信息"的改革目标在概念框架中作出了界定，同时对财务会计和预算会计的目标、功能、会计要素等进行了规范，也为后续对财务会计和预算会计在同一会计主体的实现路径进行规范的政府会计制度提供了概念框架基础。

（三）基本准则的适用主体

规定基本准则的适用主体是基本准则重要的内容之一。基本准则规定的适用范围采取了与新《预算法》中各级政府、各部门、各单位的一致的表述，统称为"政府会计主体"，并参照《预算法实施条例（草案）》关于部门预算的定义对各部门、各单位进行界定。同时，将军队、"纳入企业财务管理体系的单位和执行《民间非营利组织会计制度》的社会团体"排除在外。军队属于部门预决算的范围，但《会计法》已明确军队适用会计制度的具体办法由中国人民解放军总后勤部制定，报国务院财政部门备案。已纳入企业财务管理体系的单位和执行《民间非营利组织会计制度》的社会团体，虽然纳入部门预决算管理，但在会计核算上，分别执行《企业会计准则》或《民间非营利组织会计制度》。这一适用范围，与现行财政总预算会计、行政单位会计和事业单位会计制度的适用范围一致。

（四）资产的定义

对政府资产的定义是否采用"控制"的标准，也是基本准则制定过程中重点讨论和多方征求意见的问题。

国际上，国际公共部门会计准则委员会（IPSASB）发布的《公共部门主体通用目的财务报告概念框架：财务报表的要素和确认》的定义，是资产是主体当前控制及因过去事项产生的、能够产生服务潜力或经济利益流入的资源。这一定义采用了"控制"的标准，并强调能够产生服务潜力或经济利益流入。经对当时我国资产管理及财务制度的相关文件进行进一步研究发现，《行政单位国有资产管理暂行办法》《事业单位国有资产管理暂行办法》《行政单位会计制度》《事业单位会计准则》均采用了"占有"或者"使用"的标准，《财政总预算会计制度》采用了"占有或控制"的标准，《企业会计准则》采用了"拥有或者控制"的标准。可见，相关文件在界定资产时，存在两类标准，一个是"占用""使用"，一个是"控制"。

就这一问题进一步向法律专家进行咨询。法律专家表示，对于资产的界定，如果仅使用"占有"和"使用"标准，只包含了两种权能：占有、使用，缺乏控制权，收益权、处分权归属于他人的，则不满足资产的定义。而"控制"一词的内涵和外延很丰富，包括了会计主体占有、使用、处分、收益（即所有权概念），也包括使用权等其他权力，也是编制合并报表的基础。

因此，基本准则对资产的定义最终采用"控制"标准，并强调产生服务潜力或者带来经济利益流入的能力。

（五）资产的范围

关于政府会计主体的资产范围，应该从政府权力、职能及资产管理等方面全面考虑。根据政府资产形态和管理主体不同，将政府资产分为行政事业单位资产、企业国有权益。行政事业单位资产包括占有使用资产、经管资产和受托代理资产。而经管资产是指虽然不属于行政事业单位占有使用，但由其直接支配，供社会公众使用并为公众提供服务的资产，具体分为政府储备物资、公共基础设施、自然资源资产、其他资产等。经研究发现，国内外会计准则制度中对于"经管资产"这一概念缺乏统一、明确的界定。因此，为了保证准则概念的准确性和科学性，基本准则在资产定义中未直接引入"经管资产"的概念，但在资产类别中明确了公共基础设施、政府储备资产、文物文化资产（文物资源）、保障性住房和自然资源资产等典型经管资产，一方面清晰地明确了政府资产范围，同时也有利于准则与资产管理制度相衔接，并决定通过政府会计具体准则和政府会计制度对公共基础设施等经管资产的会计处理进行规范。

第三章 政府会计规范体系的建立

2015年10月23日,楼继伟部长签署财政部令第78号发布《政府会计准则——基本准则》(以下称《基本准则》)。《基本准则》的发布,拉开了我国政府会计规范体系建立的序幕。之后,多项政府会计具体准则、应用指南、政府会计制度、衔接规定及补充规定等相继发布,我国进入了政府会计改革的高速推进期。

一、政府会计具体准则体系的建设

(一)存货、投资、固定资产和无形资产四项具体准则

从2015下半年开始,在大量调查研究和合理集成现行行政事业单位会计准则制度基础上,吸收和借鉴企业会计准则相关规定,立足编制权责发生制政府综合财务报告的需求,依据《政府会计准则——基本准则》,着手研究和起草存货、投资、固定资产和无形资产四项具体准则。在获取各方反馈意见和公开征求意见后,针对相关问题召开专家座谈会,来自教育部、科技部、农业部、水利部等部委、中科院、农科院、中国人民大学、中科院大学、北京工商大学、北京医院等单位进行了研讨和论证。在充分分析和吸收相关建议和意见的基础上,对四项具体准则进行进一步修改完善。财政部于2016年7月6日发布了上述四项具体准则(财会〔2016〕12号)。

四项具体准则依据和遵循基本准则,保证政府会计标准体系的内在一致性。借鉴企业会计准则制定和实践经验并充分考虑政府会计特点。对于与企业会计共性的业务和事项,吸收和借鉴企业会计准则相关规定,但并不是照搬照抄,而是在充分考虑政府会计主体特点及其面临的环境的基础上进行规范。四项具体准则的制定考虑了与相关法规制度的充分协调,贯彻会计法、预算法和《改革方案》等法律法规精神,并充分考虑与现行行政事业单位资产管理办法、财务规则制度等相关规章制度的协调。对于具体准则的制定,本着先建立权责发生制的理念、再逐步完善的原则。因此,在准则相关条款的制定时,权

责发生制的框架下，充分考虑到政府会计核算现状以及政府会计人员对权责发生制会计的接受程度，相关处理尽可能地采取了简化的方法，力求做到切实可用、简便易行，以提高单位层面的可操作性，降低改革实施难度。

在制定《政府会计准则第 1 号——存货》时，考虑到政府储备物资的取得、调拨、管理、处置、权属确定等，与政府会计主体在开展业务活动及其他活动中为耗用而存储的资产有较大不同，因此将其排除在存货准则范围外。另外，考虑到政府收储土地规模较大且具有不同于一般存货的显著特点，也对其进行了范围排除。

在制定《政府会计准则第 2 号——投资》时，为了加强政府资产管理，真实全面反映政府长期股权投资及其变动情况，结合相关反馈意见提出的尽量简化会计核算的建议。如，考虑到政府会计主体对外进行的股权投资，通常情况下对被投资单位具有影响，因此，准则规定，政府会计主体持有的长期股权投资在其持有期间通常采用权益法核算，当政府会计主体无权决定被投资单位的财务和经营政策或无权参与被投资单位的财务和经营政策决策时，采用成本法核算。投资准则在明确规定长期股权投资通常采用权益法的同时保留了成本法，主要考虑是如果政府会计主体没有决定或参与被投资单位的财务和经营政策的权力，股权投资对于政府会计主体的财务影响仅限于取得所分配的股利或利润，这种情况下采用成本法核算，不对被投资单位净资产的变动调整长期股权投资账面价值和确认投资收益，将会使会计核算结果更符合相关性原则，并同时简化核算。又如，对短期投资的核算不考虑已到期未支付利息，债券投资不考虑发行的溢折价等。

对固定资产进行全面、科学的核算是本轮政府会计改革的重点之一。《政府会计准则第 3 号——固定资产》对固定资产的确认、计量、披露进行了规范。为了科学地反映固定资产价值，固定资产准则根据权责发生制原则和企业会计的相关经验，规范了固定资产计提折旧的范围、折旧方法等，并明确要求固定资产应计提的折旧要根据用途计入当期损益或相关资产成本。同样秉承基于权责发生制理念，但尽量简化提高可操作性的原则，相关处理选择了较为简易的方法。如理论上，固定资产的折旧方法与固定资产有关的经济利益的预期消耗方式有关，每期折旧额的计算应考虑预计净残值，考虑到行政事业单位之前不进行计提固定资产折旧的账务处理，此次改革要求全面计提折旧，准则采取了简化的方法，规定政府会计主体一般采用最常见和简单的折旧方法——年限平均法或者工作量法计提折旧，且不考虑预计净残值。关于政府固定资产折旧年限，是推进权责发生制政府综合财务报告制度改革的一个关键问题，备受各方关注。相关事业单位和行政单位缺乏明确规定的固定资产折旧年限，建议能对各类固定资产折旧年限进行规定。综合各方反馈意见，固定资产准则对固定资产折旧仅做了原则性规定，即"政府会计主体应当根据相关规定以及固定资产的性质和使用情况，合理确定固定资产的使用年限"。与此同时，开始着手研究制定行政事业单位固定资产折旧年限表，拟后续以固定资产准则应用指南的形式单独印发。

《〈政府会计准则第3号——固定资产〉应用指南》（以下简称《固定资产准则应用指南》）对固定资产折旧年限和折旧计提时点进行了规范。对固定资产折旧年限的规范条款明确了单位具体确定固定资产折旧年限的方法和原则，为行政事业单位首次全面计提固定资产折旧提供实践支持。关于固定资产折旧计提时点的规定，《固定资产应用指南》规定，当月增加的固定资产，当月开始计提折旧；当月减少的固定资产，当月不再计提折旧。这一规定与现行企业会计准则的规定不同。在制定《固定资产应用指南》时，调研结果显示，现行企业会计准则的相关规定是基于改革开放前相关财务制度规定而形成的惯例的延续，即按照原财务制度规定，国有企业应当对企业固定资产采用综合折旧率，并按照月初固定资产的原值乘以综合折旧率计算当期应计提的折旧额。由此，折旧的计提必须建立在固定资产月初原值的基础上，由于当月增加的固定资产的原值未包含在月初固定资产的原值中，故当月增加的固定资产当月不计提折旧；而当月减少的固定资产的原值仍包括在月初固定资产的原值中，故当月减少的固定资产当月照提折旧。企业会计准则的这一规定与其无形资产摊销的开始与结束时点规定是不一致的（其规定当月增加的无形资产当月开始摊销，当月减少的无形资产当月不摊销）。这也为学术界和实务界带来了困惑。在制定《固定资产准则应用指南》时，考虑到信息技术已普遍应用于单位会计核算系统，各单位能够采用更为精准的方式（如个别折旧率等）计提折旧，实务中不会采用综合折旧率和月初固定资产原值计提折旧的方法。从固定资产计提折旧的基础看，当月增加的固定资产其固定资产已经存在，具有了计提折旧的资产基础；当月减少的固定资产，由于固定资产已经处置（如出售、调拨、毁损等），处置固定资产时已将相应的固定资产账面价值全部转销，计提折旧的固定资产的账面价值已不存在，计提折旧的基础也不存在。因此，当月增加的固定资产，当月开始计提折旧；当月减少的固定资产，当月不再计提折旧，与固定资产计提折旧的基础一致。因此，根据会计工作的最新制度背景和技术环境，《固定资产准则应用指南》对固定资产折旧的开始和结束时点进行了规定，这一规定与企业会计准则不同，但更符合当前会计工作的实际，与无形资产摊销开始和结束时点保持一致，从而更便于理解和实施。在当今信息技术普遍应用于会计核算的情况下，单位按日计提折旧已成为可能，因此，单位按日计提折旧也不违反准则的规定。

《政府会计准则第4号——无形资产》对于如何科学计量自行开发的无形资产进行了重点研究。《行政单位会计制度》《事业单位会计制度》规定，单位自行开发并按法律程序申请取得的无形资产的成本按照取得时发生的注册费、聘请律师费等费用确定。这一方法导致自行研发的无形资产账面成本远小于单位实际投入，会计信息相关性较弱，不利于科研成果绩效评价、促进科技成果转化以及按规定实施科技成果奖励，也不利于落实《改革方案》所提出的"推行政府成本会计"的要求。针对这一问题，准则在制定时，引入了企业会计中关于自行研发无形资产的会计处理规定，但为了便于实务操作，对相关内容进行了适度简化，即政府会计主体自行研究开发项目支出应当区分研究阶段支出和开发阶段支出。政府会计主体自行研究开发项目研究阶段的支出，应当计入当期费用；开发阶段的支出，先按合理方法进行归集，最终形成无形资产的，确认为无形资产；最终未形成无形资产的，计入当期费用。对于开发阶段的支出，准则没有采取企业会计准则需要多条件判断是否资本化的方法，而是采取了简化的处理方法，将项目进入开发阶段后至达到预定用途前所发生的支出总额计入自行开发无形资产成本。准则的这一创新规定，科学地引入了权责发生制的资产成本归集理念，提高了会计信息质量，同时采用了简化可行的方法，使得准则更具实操性。同时，为了与现行行政事业单位会计制度中的相关规定有效衔接，无形资产准则规定，自行研究开发项目尚未进入开发阶段，或者确实无法区分研究阶段和开发阶段的支出，但按法律程序申请取得无形资产的，可以按照依法取得时发生的注册费、聘请律师费等费用确定无形资产的成本。

此外，在制定这四项基本准则过程中，有关部门和单位建议借鉴《企业会计准则》的有关规定，引入资产减值的会计处理，如增加"存货跌价准备""短期投资跌价准备""长期投资减值准备""固定资产减值准备""无形资产减值准备"等相关内容。经研究最终未在准则中引入，主要考虑：第一，当前政府会计主体对各类资产计提减值的必要性不够充分，如政府会计主体持有的短期投资主要是国库券，价格波动不大；政府会计主体持有存货的主要目的是为了在开展业务活动时耗用而持有；持有固定资产的目的主要是满足自身开展业务需要。第二，计提减值准备增加了会计人员职业判断，减值驱动因素不易识别，如果引入资产减值要求，会大大增加政府会计工作复杂性，并可能造成不同行政事业单位间资产信息不可比，增加国有资产管理难度。第三，政府会计改革正处于从收付实现制向权责发生制转换的阶段，考虑到当前行政事业单位会计核算现状及会计人员接受能力，认为现阶段改革的重点是先考虑计提固定资产折旧、无形资产摊销，待政府会计准则制度体系基本健全、行政事业单位会计人员专业能力大幅提高后，再适时考虑以合适的方式引入资产减值的核算，这也符合"由易到难、分步实施、积极稳妥、有序推进"的政府会计改革基本原则。《政府会计准则第1号——存货》《政府会计准则第2号——投资》《政府会计准则第3号——固定资产》以及《政府会计准则第4号——无形资产》四项具体准则发布，标志着政府会计准则体系建设进入高速推进期。

（二）公共基础设施、政府储备物资准则

公共基础设施和政府储备物资是政府资产的重要组成部分。我国政府公共基础设施规模庞大，为经济社会发展提供了强有力的基础支撑。我国政府储备物资包含品种多样，对于保障国家安全、服务国计民生具有重要意义。但是，由于相关法规制度尚不健全及其他历史原因，通常情况下，由政府会计主体控制的、满足社会公共需要的大量的公共基础设施资产和政府储备物资并未入账核算或未恰当核算，导致政府投资形成的巨额公共基础设施资产和政府储备物资在政府会计主体资产负债表中未得到全面反映。研究制定政府公共基础设施和政府储备物资会计准则，规范这两类重要政府资产的会计核算问题，具有深刻的政策背景和迫切的现实需求。

2015年和2016年，分别启动了公共基础设施准则和政府储备物资准则的研究、起草工作，并分别在2017年4月17日（财会〔2017〕11号）、2017年7月28日（财会〔2017〕23号）发布。在两项准则起草过程中，我们进行了充分论证和大量的调查研究，先后赴交通部、住房和城乡建设部、国土资源部、水利部和国家物资储备局、国家粮食局等部门和单位进行了实地调研，充分了解了我国各类公共基础设施和政府储备物资的财务管理和会计核算现状，并与国内有关高校、行政事业单位的专家、学者就公共基础设施和政府储备物资会计问题进行了多轮研讨。

《政府会计准则第5号——公共基础设施》的制定过程中，有两大问题亟

需解决。第一，公共基础设施的会计确认主体。就政府公共基础设施而言，其在建造、管理和维护等方面往往涉及多个部门，很多时候还涉及多个政府级次，导致其会计确认主体并不十分明确。制定准则时，在相关课题研究的基础上，结合行政事业单位国有资产管理的最新动向，确立了"谁负责管理维护、谁入账"的原则。第二，存量资产的计量问题。当时除部分部门外，其他部门所"管理维护"的公共基础设施都没有该设施的原始账目，公共基础设施的资金来源、形成过程没有记录，导致资产成本难以确定。有观点提出存量资产应按照未来收益进行估值。但大部分专家认为按未来收益进行估值的方式在实际应用中会面临很多困难，可以采用重置成本等简单的方法更可行。

《政府会计准则第6号——政府储备物资》的制定过程中，我国政府储备物资的管理体制为制定准则带来了独特的问题。政府储备物资从管理体系来看，往往涉及多个层级的部门、单位，从职责分工角度包括行政管理部门和基层承储单位。通过大量调查研究结果表明，能够实质上对政府储备物资实施"控制"的是其行政管理部门而非基层承储单位。因此，政府储备物资准则规定对政府储备物资负有行政管理职责的政府会计主体为政府储备物资的确认主体；对政府储备物资不负有行政管理职责但接受委托负责执行其存储保管等工作的政府会计主体，应当将受托代储的政府储备物资作为受托代理资产核算。另外，由于政府储备物资的"行政管理职责"涉及收储计划、更新（轮换）计划、动用方案等的提出、拟定、审批等，而提出、拟定、审批职责有时存在由不同部门行使的情况，为了进一步明确储备物资的会计确认主体，政府储备物资准则充分考虑现行做法和实务可操作性，将会计确认主体限定为"提出或拟定收储计划、更新（轮换）计划、动用方案等"的主体。

此外，政府储备物资的发出业务相对于单位存货的发出业务，往往具有发出批量大、存在发出物资收回的情形，这使得政府储备物资发出业务的会计核算处理需要充分考虑其业务特征及实践可行性。因此，政府储备物资准则对于因动用发出需要收回或者预期可能收回的储备物资，政府会计主体在发出物资时不计入当期费用，而应当在按规定的质量验收标准收回物资时，将未收回的物资的账面余额予以转销，计入当期费用。这一规定区别于存货发出业务的处理，但对于大批量发出收回的政府储备物资，这一处理更符合实务需求，更具可操作性。

公共基础设施准则和政府储备物资准则的出台，是贯彻落实党中央、国务院关于建立权责发生制政府综合财务报告制度决策部署的重要举措，标志着政府会计准则体系建设工作继《基本准则》和存货、投资、固定资产、无形资产等 4 项政府会计具体准则出台后又向前迈进了一大步，对于进一步规范政府会计主体的会计核算，提高会计信息质量，夯实国有资产管理基础，保障权责发生制政府综合财务报告制度改革顺利推进具有重要意义。

（三）会计调整准则

2017 年，基于以下几点考虑，我们启动了会计调整准则的制定工作：一是，建立健全政府会计准则体系的需要。按照《改革方案》要求，2020 年之前要建立起具有中国特色的政府会计准则体系。无论从企业会计准则还是国际公共部门会计准则的经验看，关于会计政策、会计估计变更、会计差错更正和报告日后事项（以下统称"会计调整"）的会计处理规定，都是政府会计准则体系的重要组成部分。二是，规范各类会计调整事项处理的需要。现行财政总预算会计制度、行政事业单位会计制度中，对于会计调整的处理没有统一明确的规定，实务中对上述会计调整业务的处理方法很不规范，也很不统一，一定程度上降低了会计信息质量。三是，确保政府会计标准体系内在协调一致的需要。按照《改革方案》，政府会计标准体系采用了"准则＋制度"的模式，《政府会计制度——行政事业单位会计科目和报表》（以下简称《政府会计制度》）对会计差错等调整事项已经从账务处理角度进行了一些规范，《政府会计制度》与行政事业单位会计制度新旧衔接规定对国家法定会计政策、会计估计变更等事项也进行了规范，但这些规定不系统，缺乏统一的会计处理原则和方法，需要制定具体准则进行系统规范。制定会计调整准则主要遵循的原则包括：

1. 借鉴相关企业会计准则制度和国际公共部门会计准则的现有规范。现行企业会计准则制度和国际公共部门会计准则均对会计调整的处理进行了规定，很多原则与方法值得政府会计借鉴。因此，在起草过程中，结合政府会计主体特点，借鉴了《企业会计制度》《企业会计准则第 28 号——会计政策、会计估计变更和差错更正》《企业会计准则第 29 号——资产负债表日后事项》以及《国际公共部门会计准则第 3 号——会计政策、会计估计变更和差错》《国际公共部门会计准则第 14 号——报告日后事项》等会计准则制度中相关内容。

2. 立足我国政府会计主体实务，着力提高可操作性。从满足政府会计主体核算需要出发，坚持问题导向，对会计调整的处理进行规范；同时，考虑到政府会计主体的核算现状，在借鉴企业会计准则制度和国际相关准则时，力求原则明确、方法简化、语言接地气，尽可能减少专业判断，以提高准则的可操作性。

3. 与相关政策做好协调。会计调整不仅涉及会计账务处理和报表的调整，还涉及会计基础工作规范、预决算管理等政策。因此，在会计调整准则制定过程中，不仅着眼于会计调整事项，还充分考虑了决算管理等调整事项；不仅规定会计处理，还力求做好与相关政策的协调。

准则范围包括会计政策变更、会计估计变更、会计差错更正和报告日后事项的会计处理规定，这种体例安排借鉴了《企业会计制度》（2000年）第十章"会计调整"的写法，但在具体处理原则和方法上充分考虑了政府会计主体的特点。

在会计调整准则制定过程中，对一些重要事项作了如下考虑：

1. 关于会计政策变更及追溯调整法。现行企业会计准则和国际公共部门会计准则规定，会计政策变更能够提供更可靠、更相关的会计信息的，应当采用追溯调整法处理，但确定该项会计政策变更累积影响数不切实可行的，应当从可追溯调整的最早期间期初开始应用变更后的会计政策。在当期期初确定会计政策变更对以前各期累积影响数不切实可行的，应当采用未来适用法处理。考虑到"不切实可行"的规定需要会计人员有相当的专业判断，为了简化实务操作，会计调整准则适当简化了追溯调整法的会计处理，且没有引入"不切实可行"的规定。对于会计政策变更的影响或者累积影响数不能合理确定的，要求政府会计主体均采用未来适用法进行处理。

2. 关于会计差错重要性的判断标准。对于会计差错更正，现行企业会计准则和国际公共部门会计准则均分别重要性和非重要性作出不同规定，但并未在准则中明确重要性的判断标准。为了提高可操作性，会计调整准则对重要性标准进行了规定，即"重大会计差错，一般是指差错的性质比较严重或差错的金额比较大。该差错会影响报表使用者对政府会计主体过去、现在或者未来的情况作出评价或者预测，则认为性质比较严重，如未遵循政府会计准则制度、财务舞弊等原因产生的差错。通常情况下，导致差错的经济业务或事项对报表某一具体项目的影响或累积影响金额占该类经济业务或事项对报表同一项目的影响金额的10%及以上，则认为金额比较大"。此外还规定，政府会计主体滥用会计政策、会计估计及其变更，应当作为重大会计差错予以更正。

3. 关于重大前期差错的会计处理方法。现行企业会计准则和国际公共部门会计准则采用"追溯重述法"对重大前期差错进行会计处理，虽然追溯重述法与追溯调整法概念不同，但会计处理方法一致。为了减少新概念的出现，增强政府会计准则的可理解性，会计调整准则对于重大前期差错更正未引入"追溯重述法"，也没有引入"追溯调整法"，而是对相关会计处理方法直接作出规定，即"本期发现的与前期相关的重大会计差错，如影响收入、费用或者预算收支的，应当将其对收入、费用或者预算收支的影响或累积影响调整发现当期期初的相关净资产项目或者预算结转结余，并调整其他相关项目的期初数；如不影响收入、费用或者预算收支，应当调整发现当期相关项目的期初数。经上述调整后，视同该差错在差错发生的期间已经得到更正"。

4. 关于报告日后事项。由于现行政府会计准则制度中没有明确提出"资产负债表日"这一概念，因此，会计调整准则借鉴国际公共部门准则的规定，采用了"报告日后事项"的概念，并将其界定为"报告日（我国《会计法》规定，会计年度自公历1月1日起至12月31日止，年度报告日通常为12月31日）至报告批准报出日之间发生的需要调整或说明的事项，包括调整事项和非调整事项两类"。

5. 关于预算会计调整。考虑到实务中预算会计涉及的会计政策变更和会计估计变更情形很少，即使存在，一般也是法定政策变更，国务院财政部门会在变更同时统一规定相关会计处理，因此会计调整准则关于会计政策变更、会计估计变更的会计处理原则仅适用政府财务会计。另外，会计调整准则关于预算会计前期重大会计差错的处理未要求调整可比期间的预算结转结余，主要考虑决算报告经人大批准后不应再做调整。此外，鉴于财政总预算会计及部门决算工作的特殊要求，会计调整准则在附则部分规定，财政总预算会计中涉及的会计调整事项，按照《财政总预算会计制度》和财政部其他相关规定处理。行政事业单位预算会计涉及的会计调整事项，按照部门决算报告制度有关要求进行披露。

2018年10月21日，《政府会计准则第7号——会计调整》（财会〔2018〕28号）发布。会计调整准则的制定与《政府会计制度》协调，对会计调整业务的处理进行了系统规范，为统一、规范会计调整业务的处理，提高会计信息质量具有重要意义，也为改革的新旧制度衔接的相关处理提供了科学的指导，有助于新旧制度顺利完成过渡。

（四）负债准则

2018年11月9日，财政部发布了《政府会计准则第8号——负债》（财会〔2018〕31号），对政府负债的会计确认、计量、列报原则进行了规范。政府负债问题是这一轮政府会计改革的重点问题。制定关于负债的单独具体准则，对政府负债进行统一规范，主要基于以下考虑：

1. 制定负债准则是提高政府负债信息质量，满足会计信息使用者需求的现实需要。长期以来，各有关部门对政府负债的范围并未形成统一认识，所提供的政府债务信息不尽一致，且现行各类政府债务报表中的政府债务并未全部经过确认、计量、记录等会计处理程序，所提供的政府债务数据不够准确，无法满足会计信息使用者对高质量政府负债信息的需求。因此，制定负债准则，从会计角度全面核算并提供可靠的政府负债信息，有助于政府会计信息使用者全面了解政府的负债情况、债务风险和偿债压力，评价政府偿债能力，有助于政府相关部门加强政府债务风险管理。

2. 制定负债准则是完善政府会计准则体系，规范政府负债会计处理的内在要求。从政府会计标准体系完整性角度看，现有的标准一方面缺乏与负债相关的具体准则，对负债的确认、计量和相关信息披露缺乏系统规范，另一方面不能完全覆盖不同政府会计主体的负债，对一级政府举借债务的会计处理缺乏准则规范。因此，制定负债准则，对政府负债的范围进行明确界定，对政府负债的类别进行科学划分，在此基础上明确规定各类政府负债的确认、计量和披露，是健全政府会计准则体系的内在需要。

负债准则在制定时主要遵循了以下原则：

1. 依据和遵循基本准则。《政府会计准则——基本准则》（以下简称《基本准则》）将"负债"作为一项会计要素进行了定义。负债准则依据《基本准则》制定，其适用范围与《基本准则》保持一致，在负债确认标准、计量要求等方面也遵循了《基本准则》的基本原则。

2. 与相关法规制度相协调。负债准则贯彻会计法、预算法和担保法等法律精神，并充分考虑了与现行政府债务管理规范和《财政总预算会计制度》《政府会计制度》等相关法规制度的协调。

3. 借鉴企业会计改革经验并充分考虑政府会计特点。负债准则立足于建立政府负债的一般性会计处理规范，对于与企业会计共性的业务和事项，适当吸收和借鉴了企业会计准则相关规定。同时，负债准则充分考虑了政府会计主体的业务特点及其面临的政策环境,在负债确认计量方法、借款费用处理等方面,与企业会计准则规定有一定差别。

4. 着力提高准则可操作性。负债准则在制定过程中坚持问题导向,充分考虑政府负债会计核算的实际需要和政府会计改革所处发展阶段,注重准则语言的通俗易懂和相关会计处理的可操作性,着力确保准则可理解、可落地、可执行。

在制定负债准则过程中,重点研究了以下方面的问题:

1. 确定负债主体。负债准则所规范的负债是会计意义上的负债,具体指各类政府会计主体所承担的符合会计上负债定义及确认条件的负债,区别于政府债务、政府性债务等相关概念。负债准则界定的负债主体与《基本准则》保持一致,即包括各级政府、各部门、各单位。

2. 确定负债内容。负债准则所规范的负债为满足会计上负债定义及确认条件、纳入会计账簿核算并列入政府会计主体的个别或合并资产负债表中的负债,包括举借债务、应付及预收款项、暂收性负债和由或有事项形成的预计负债。这一负债内容的界定与国际通行会计惯例相一致,但与其他文件或资料中的政府债务或政府性债务的内容可能不完全一致。

3. 确定"政府债务"与"政府负债"的关系。负债准则中的"政府债务"主要包括政府财政部门以政府名义发行的政府债券,以政府名义向外国政府、国际经济组织等借入的款项,以及向上级政府财政借入转贷资金形成的借入转贷款,其口径与预算法基本一致。负债准则中的"政府债务"与"政府负债"是两个不同的概念。负债准则中,"政府负债"是包括"政府债务"在内的政府会计主体所有负债的总称,既包括举借债务,也包括应付及预收款项、暂收性负债和预计负债;"政府债务"仅为"政府负债"中举借债务的一部分,是政府的举借债务,不包括事业单位等政府会计主体的举借债务。因此,"政府负债"范围大于"政府债务"。

4. 确定负债类别的划分。负债准则的一个创新是对负债类别的划分。《基本准则》将政府会计主体的负债按照流动性分为流动负债和非流动负债。由于我国政府会计主体负债的成因比较复杂,不同经济业务或事项所形成的负债使得政府会计主体面临不同程度的偿债压力,并带来不同程度的债务风险,负债准则在遵循《基本准则》将负债按流动性分类的基础上,先将负债分为偿还时间和金额基本确定的负债和由或有事项形成的预计负债;再将偿还时间与金额基本确定的负债按照政府会计主体的业务性质及风险程度进一步划分为融资活动形成的举借债务及应付利息、运营活动形成的应付及预收款项和运营活动形成的暂收性负债，并对不同类别负债的构成、确认和计量等做出了更为具体的规定。这一划分有助于按照负债的类别揭示不同程度的偿债压力和债务风险，促进相关方面更为科学地开展政府会计主体的债务风险分析和管理。例如，融资活动形成的举借债务是政府会计主体因资金短缺而主动举借的债务，受债务合同或协议的约束，使政府会计主体面临的偿债压力较大；应付及预收款项是政府会计主体在运营过程中形成的应当支付而尚未支付的款项及预先收到但尚未实现收入的款项，包括应付职工薪酬、应付账款、预收款项、应交税费、应付国库集中支付结余和其他应付未付款项。这类负债需要政府会计主体在未来运用自身的资产或服务来偿还，但其在偿还期限和偿还方式方面，相对于举借债务一般具有更大的弹性，使政府会计主体面临的偿债压力相对较小；运营活动形成的暂收性负债是政府会计主体暂时收到、随后应上缴或者退还、转拨给其他方的款项，这类负债由暂收的款项来偿还，因而使政府会计主体未来面临的偿债压力很小、基本不存在债务风险。

5. 明确举借债务借款费用资本化的问题。负债准则规定，政府以外的其他政府会计主体为购建固定资产等工程项目借入专门借款的，对于发生的专门借款费用，应当按照借款费用减去尚未动用的借款资金产生的利息收入后的金额，属于工程项目建设期间发生的，计入工程成本；不属于工程项目建设期间发生的，计入当期费用。政府会计主体因举借债务所发生的除负债准则第十二条规定外的借款费用（包括政府举借的债务和其他政府会计主体的非专门借款所发生的借款费用），应当计入当期费用。对于一级政府用于公益性资本支出所发行的政府债券，如收费公路专项债券等，准则未要求将相关借款费用资本化，而是计入当期费用。这种处理主要基于以下考虑：一是政府债券借款费用资本化的会计主体难以确定。政府债券由政府财政部门统一发行，借款取得的资金拨付建设部门使用，举借债务和使用资金的会计主体不同，且使用资金的建设部门可能涉及政府、企业等各类主体。二是政府债券借款费用资本化在实务中难以操作。政府债券的利息由财政部门统一计算和支付，建设部门既不负责支付债券利息，也难以掌握利息的计提、支付时点和金额信息。

6. 明确与或有事项相关的不确认为负债的义务的会计处理。负债准则规定，政府会计主体不应当将与或有事项相关的潜在义务或与或有事项相关的不满足负债准则规定的确认条件的现时义务确认为负债，但应当按照准则规定进行披露。此类潜在义务或现时义务并不同时符合负债的定义和确认条件，因此不属于政府负债的范畴。但此类潜在义务或现时义务在未来有可能会转化为预计负债，增加政府会计主体的债务风险。为帮助会计信息使用者全面地掌握和分析政府会计主体的债务风险状况，准则对此类潜在义务或现时义务的披露提出了要求。

7. 明确受托代理业务的会计处理。我国政府会计主体存在大量的代管资产业务，为加强对代管资产的监督和管理，《政府会计制度》规定，政府会计主体应将收到的代管资产计入"受托代理资产"科目。对于政府会计主体收到代管资产所形成的义务，《政府会计制度》规定应按政府会计主体收到代管资产的成本计入"受托代理负债"科目。考虑到受托代理资产和负债并不严格符合《基本准则》中资产和负债的定义，因此在负债准则中未将受托代理负债纳入准则规范范围。

8. 适当简化会计处理。负债准则在制定时，对相关具体技术问题的处理也秉承了借鉴企业会计经验并充分考虑政府会计特点的原则，并着力提高准则可操作性。如对于发行的政府债券，考虑到现实中溢折价发行的情况很少，出于简化处理的目的，将发行债券发生的折价和溢价都直接计入当期费用。此外，关于举借债务利息的计提，也未采用企业会计准则基于折现的实际利率法，而是采用了直接按照借款本金（或债券本金）和合同或协议约定的利率（或债券票面利率）进行计提的方法。

《改革方案》指出，权责发生制政府综合财务报告制度改革目的之一就是为了全面、准确地反映政府负债信息，有效防范财政风险。负债准则界定了政府负债的概念、范围，系统规范了政府负债的会计核算方法，为全面、可靠地反映政府负债信息提供了统一、科学的基础。有效防范财政风险，需要利用政府负债信息对政府偿债风险进行科学地评价，负债准则对政府债务按照偿债压力和债务风险进行划分，为科学地使用政府债务信息，开展政府债务风险分析和管理提供有力支持，进一步提高政府会计信息的相关性和有用性。

（五）财务报表编制与列报准则

2018年12月26日，财政部发布了《政府会计准则第9号——财务报表编制和列报》（财会〔2018〕37号，以下简称列报准则），该准则对于健全政府会计标准体系、实现建立权责发生制政府综合财务报告制度的改革目标具有重要意义。

新《预算法》明确要求，各级政府财政部门应当按年度编制以权责发生制为基础的政府综合财务报告。《改革方案》规定，各单位应在政府会计准则体系和政府财务报告制度框架体系内，按时编制以资产负债表、收入费用表等财务报表为主要内容的财务报告。各部门应合并本部门所属单位的财务报表，编制部门财务报告。各级政府财政部门应合并各部门和其他纳入合并范围主体的财务报表，编制以资产负债表、收入费用表等财务报表为主要内容的本级政府综合财务报告。县级以上政府财政部门要合并汇总本级政府综合财务报告和下级政府综合财务报告，编制本行政区政府综合财务报告。因此，需要通过列报准则来规范政府会计主体个别财务报表和合并财务报表的编制和列报，为编制权责发生制政府综合财务报告奠定基础。财务报表是财务会计确认和计量的最终结果体现，有关规范财务报表编制和列报的会计规定是会计准则体系的重要组成部分，国际公共部门会计准则和我国企业会计准则体系均对财务报表列报及合并财务报表进行了规范。2015年我国发布的《政府会计准则——基本准则》对政府财务报表的内容和结构进行了原则性规定，明确要求政府会计应当根据相关规定编制合并财务报表。2017年我国发布的《政府会计制度》对行政事业单位个别财务报表的格式及填制说明进行了规定，但并未对财务报表编制的基本要求以及合并财务报表的编制和列报等进行规定。因此，需要通过列报准则进一步规范单位个别财务报表和合并财务报表的编制及列报要求。政府财务报表、特别是政府合并财务报表的编制问题，是国内外政府会计理论界和实务界公认的会计难题，也是权责发生制政府综合财务报告制度改革的关键问题。准则在制定时，秉承立足国情、适度借鉴的原则，并重点研究了下列相关问题：

1. 列报准则的适用范围。现行企业会计准则体系和国际公共部门会计准则体系中，对于财务报表列报和合并财务报表分别两项准则进行规范，但财务报表列报准则的规定既适用于个别财务报表，也适用于合并财务报表。考虑到目前政府会计相关制度中已经对个别财务报表的格式和编制等要求进行了规定，为更好地协调会计准则制度的关系，列报准则将财务报表列报和合并财务报表两部分内容有机结合在一起，主要规定财务报表（包括个别财务报表和合并财务报表）列报的基本要求和合并财务报表的编制与列报。此外，为了与其他政府会计准则制度协调，列报准则规定，行政事业单位个别财务报表的编制和列报，还应遵循《政府会计制度》的规定；其他政府会计主体个别财务报表的编制和列报，还应遵循其他相关会计制度。其他政府会计准则有特殊列报要求的，从其规定。

2. 合并财务报表的组成。新《预算法》第九十七条规定，各级政府财政部门应当按年度编制以权责发生制为基础的政府综合财务报告，报告政府整体财务状况、运行情况和财政中长期可持续性，报本级人民代表大会常务委员会备案。《改革方案》明确提出，各级政府财政部门应合并各部门和其他纳入合并范围主体的财务报表，编制以资产负债表、收入费用表等财务报表为主要内容的本级政府综合财务报告。因此，列报准则规定的合并财务报表由合并资产负债表、合并收入费用表和附注构成。

3. 合并范围的确定。合并范围的确定是合并财务报表的关键。企业合并财务报表的合并范围以控制为基础予以确定，而控制一词主要基于投资方与被投资方的股权控制关系，如何判断控制在实务中存在一定困难。由于政府会计主体之间通常并不存在类似企业的投资控制关系，因此，政府合并财务报表合并范围不能直接以控制为基础确定。为了提高政府合并财务报表的可操作性，本准则没有引入控制概念及其判断标准，而是在立足我国国情基础上，对不同级次合并财务报表的合并范围进行了原则性规定，即部门（单位）合并财务报表的合并范围一般应当以财政预算拨款关系为基础予以确定，部门（单位）所属的企业不纳入部门（单位）合并财务报表的合并范围；本级政府合并财务报表的合并范围一般应当以财政预算拨款关系为基础予以确定；行政区政府合并财务报表的合并范围一般应当以行政隶属关系为基础予以确定。

4. 合并财务报表项目及格式。报表项目及格式是列报准则的重要内容，本准则对部门（单位）、本级政府、行政区政府合并资产负债表和合并收入费用表至少应该单独列示的项目进行了明确规定。但是，在合并报表具体格式上，列报准则仅规定了部门（单位）合并资产负债表和合并收入费用表的格式，关于本级政府合并财务报表、行政区政府合并财务报表的格式以及部门（单位）合并财务报表附注的披露格式将由财政部另行规定。

列报准则主要对政府财务报表的编制和列报进行了原则性规定，但从合并财务报表编制角度而言，还有很多问题亟待明确。如明确各级合并财务报表的具体合并范围、明确本级政府合并财务报表和行政区政府合并财务报表的格式等。

二、《政府会计制度》及相关规定的发布

（一）《政府会计制度》的起草与发布

在《改革方案》的研究起草过程中，已经确立了"准则+制度"的政府

会计准则制度体系架构,并认识到制度在改革实施落地过程中的重要作用,因此,在 2015 年着手制定《基本准则》的同时,启动了《政府会计制度》的研究起草工作。制定过程秉承归并统一原则,即从行政事业单位通用或共性业务会计处理,以及单位财务报告信息和决算报告信息的可比性出发,归并统一现行行政单位、事业单位和各项行业事业单位会计制度。

2015 年 5 月,我们组织成立了《政府会计制度》起草小组(以下简称制度起草小组),由我牵头,杨海峰(时任制度一处副处长)王瑜处长(西苑医院)、武雷副处长(中国人民大学)、朱丹副教授(上海国家会计学院)、赵爱萍教授(山西省财政税务专科学校)组成。起草小组借用中注协会议室作为工作和讨论地点,以集中办公一个月的方式对制度起草的关键问题进行了研讨。首先对如何通过《政府会计制度》实现"双功能、双基础、双报告"、如何将行政和事业单位会计制度以及建设单位会计制度融入《政府会计制度》中、如何就事业单位行业特殊性进行会计规范、如何确定各项会计科目的名称及核算内容等问题进行了专题研讨,确立了《政府会计制度》目标,并按照会计要素进行分工起草。

2015 年 7 月,在系统分析和梳理现行行政单位、事业单位和行业事业单位会计制度(以下简称原制度)基础上,结合前期课题研究成果,通过深入研讨,形成《政府会计制度》(草稿)。随后,又邀请全国人大常委会预算工作委员会副主任冯淑萍、中南财经政法大学政府会计研究所张琦教授、中国人民大学林钢教授、国家机关事务管理局财务司龙洁处长等学术界专家、实务部门领导、信息使用部门领导,从核算层面、需求层面对讨论稿的结构和内容进行全面研讨,并在此基础上修改完善,于 2015 年底形成《政府会计制度》(讨论稿)。2016 年 8 月,形成了征求意见稿,广泛征求意见。《政府会计制度》(征求意见稿)印发后,社会各方通过多种方式积极反馈意见,征求意见过程中收到的书面反馈意见 142 份,其中提出具体意见和建议的 100 份,共计 889 条意见和建议,反馈意见总字数达 20 余万字。

为了提高《政府会计制度》的可操作性,2016 年 11 月至 2017 年 3 月,我们组织 14 家中央级单位和 26 家地方单位开展了《政府会计制度》征求意见稿模拟测试工作,并在公开征求意见和模拟测试的同时,赴多个中央部门、单位和地方财政部门、行政事业单位进行实地调研,当面听取有关各方对《政府会计制度》的意见和建议,并会同部内相关司局就《政府会计制度》修改过程中的重点和难点问题进行座谈和讨论。在对各方反馈意见进行汇总、分析和反复讨论的基础上，充分吸收了合理的意见和建议，对《政府会计制度》征求意见稿进行了较大幅度的修改和完善，并于2017年7月形成《政府会计制度》（草案）。

2017年10月24日，财政部正式发布了《政府会计制度——行政事业单位会计科目和报表》（财会〔2017〕25号），并要求"自2019年1月1日起施行。鼓励行政事业单位提前执行"。正是认识到《政府会计制度》对于"双功能、双基础、双报告"落地的重要意义，《政府会计制度》的起草工作与《基本准则》和其他具体准则的起草同步进行，于改革的第一时间启动。《政府会计制度》经历研究、起草、模拟测试、征求意见等诸多阶段，历时两年多。《政府会计制度》的形成，源于对改革实施落地途径的敏锐判断，凝聚了多方的辛勤付出，得益于科学的研究方法和周详的起草步骤。广泛的意见征求和多样化的调研、模拟测试，使得《政府会计制度》充分吸收有益建议和意见，为其科学性、可操作性提供保障。《政府会计制度》的发布，为全新的政府会计核算模式在改革部署时间内切实落地提供有力抓手，为编制权责发生制的政府合并财务报表提供技术保障。

在《政府会计制度》制定过程中，对以下相关问题进行了充分的研究和论证。

1. 财务会计与预算会计"平行记账"

为了满足财务会计与预算会计"双功能、双基础、双报告"核算的需要，《政府会计制度》要求单位对于纳入预算管理的现金收支进行"平行记账"，即在采用权责发生制进行财务会计核算的同时，采用收付实现制进行预算会计核算。

"平行记账"与之前会计制度中的"双分录"处理有本质区别。之前会计制度一般以收付实现制为核算基础，通过五个会计要素核算，融合预算会计和财务会计，即在反映预算收支的同时要反映财务状况，因此需要两笔会计分录核算一笔经济业务，如事业单位通过授权支付方式购买固定资产时，借记"固定资产"科目，贷记"非流动资产基金——固定资产"科目，同时借记支出类科目，贷记"零余额账户用款额度"科目。在后续计提折旧时，借记"非流动资产基金——固定资产"科目，贷记"累计折旧"科目。"非流动资产基金——固定资产"科目主要作用是使分录借贷平衡，而且由于没有费用类科目，计提的折旧无法归集为费用进行成本核算，是一种虚提折旧。因此，'双分录'虽然实现了资产负债与收入支出的同时核算，但是会出现很多类似"非流动资产基金——固定资产"科目这样的"虚科目",并且无法准确核算单位的费用与运行成本。而"平行记账"是在财务会计下核算资产负债、收入费用,在预算会计下核算预算收支、结转结余,两者各司其职,互为补充。"平行记账"的目的是在同一会计信息系统中分别生成财务报告和决算报告,而"双分录"核算虽然试图兼顾财务状况和预算执行情况的反映,但无法通过会计核算提供"收入费用表",进行科学、完整的成本核算。

2. 预算会计下"资金结存"科目

《政府会计制度》根据基本准则确定的预算收入、预算支出、预算结余三个要素,确定了"预算收入－预算支出＝预算结余"的会计平衡公式,并据此设计了预算收入类、预算支出类和结转结余类三大类预算会计科目。其中,预算收入类科目和预算支出类科目基本遵循原有的以收付实现制为主要核算基础的会计制度。

结转结余类科目设计时,为了保证会计平衡,体现收付实现制下预算资金流入、流出和结存情况,除设置了"财政拨款结转""财政拨款结余""非财政拨款结转""非财政拨款结余""专用基金"等结存类科目,还专门设置了"资金结存"科目来反映各结存类科目对应的资金形态。年末结账后"资金结存"科目余额为借方余额,反映单位预算资金的累计滚存情况,上述结存类科目余额为贷方余额,两者方向相反、金额相等。

3. 预算收支科目和收入费用科目的设置

《政府会计制度》在已有行政事业单位收支会计科目的基础上,按照以下原则对预算收支和收入费用科目进行了细化:一是满足新《预算法》"政府的所有收入和支出要纳入预算"的要求;二是兼顾行政单位和事业单位具有普遍性的典型业务需要;三是满足部门单位进行成本核算的需要,在费用要素中设置了相关科目。

对于原制度中的"其他收入"科目,由于其核算的业务庞杂,影响了报表质量和财务透明度,因此,《政府会计制度》将其拆分成"非同级财政拨款预算收入""投资预算收益""捐赠预算收入""利息预算收入""租金预算收入""其他预算收入"等科目。同时,为了完整反映部门预算收支,增设了"债务预算收入""债务还本支出"和"投资支出"科目。

4. 财政拨款收入的确认

对于权责发生制财务会计中财政拨款收入的确认,有观点认为,根据权责发生制，应于获取收入的权力形成时作为确认时点，即应于单位预算批复时进行财政拨款收入的确认。经研究后，我们认为已有制度中虽然基于收付实现制在收到财政拨款时进行收入确认，但在年末，会通过"财政应返还额度"科目将单位预算申报批复金额中未下达部分确认财政拨款收入，"财政拨款收入"科目年末实质是按照权责发生制进行了核算。现行做法，即平时采用收付实现制确认财政拨款收入，年末通过"财政应返还额度"实现财政拨款收入的权责发生制确认，一方面简化了日常账务处理，同时也能保持年度财政拨款收入的权责发生制确认基础。因此，《政府会计制度》在财务会计中，对财政拨款收入的核算沿用了已有制度的做法。

5. 基本建设会计核算

按照原行政事业单位会计准则制度规定，单位对于基本建设投资的会计核算应当按照国家有关基本建设会计核算的规定单独建账、单独核算，但同时应将基建账相关数据并入单位"大账"。《政府会计制度》从单位会计信息质量的"全面性"出发，依据最新《基本建设财务规则》和相关预算管理规定，设置了"基建工程"会计科目要求，要求直接在单位"大账"统一核算基本建设业务。

在《政府会计制度》制定过程中，主要遵循了以下原则：

1. 归并统一原则。从行政事业单位通用或共性业务会计处理，以及单位财务报告信息和决算报告信息的可比性出发，归并统一现行行政单位、事业单位和各项行业事业单位会计制度。

2. 继承创新原则。立足当前行政事业单位核算现状，充分继承现行制度中合理的、共性的内容。同时，为满足政府财务会计和预算会计适度分离并相互衔接的核算需要，在会计科目设置和报表体系设计上力求创新。

3. 充分协调原则。《政府会计制度》依据会计法、预算法和《基本准则》等法律法规、规章制定，在严格贯彻《改革方案》要求、着力实现改革目标的前提下，力求与现行行政事业单位财务规则、财务制度、部门预决算制度、行政事业单位国有资产管理规定、基本建设财务规则等要求保持协调。

4. 提升质量原则。从财务报告和决算报告的目标以及信息使用者的需要出发，全面提升会计信息质量。在会计核算内容和范围上着力提高会计信息的可靠性、全面性，在财务会计中全面引入权责发生制，着力提高会计信息的相关性，在会计科目设置、账务处理说明上力求内在一致，着力提高会计信息的可比性，在报表设计及填表说明、附注披露中着力提高会计信息的可理解性。

5. 务实简化原则。考虑行政事业单位会计工作基础、会计人员接受程度和当前改革所处的阶段，以及核算系统中引入财务会计内容带来的复杂性，在会计科目设置、核算口径和方法、计量标准、账务处理设计、报表设计和填制等方面，力求做到贴近实务、方便操作、简便易行。

6. 适当借鉴原则。在充分考虑我国政府财政财务管理特点的基础上，适当吸取我国企业会计改革的成功经验，适当借鉴国际公共部门会计准则的最新成果以及国外有关国家政府会计改革的先进经验和做法。

（二）《政府会计制度》衔接规定、补充规定等的发布

《政府会计制度》要求行政事业单位从 2019 年 1 月 1 日起采用全新的"双功能、双基础、双报告"模式进行会计处理，对新模式的应用需要单位首先实现新旧会计制度顺利过渡。2018 年 2 月，财政部发布了新旧制度衔接规定。

执行行业事业单位会计制度的事业单位，由于其行业事业单位会计制度的特殊内容，对部分特殊经济业务事项的处理需要进一步明确、行业特定的信息需要通过明细科目进一步规范、原制度与《政府会计制度》的衔接也需要有自身的特殊处理，因此，后续又针对医院、基层医疗卫生机构、高等学校、中小学校、科学事业单位、彩票机构、测绘事业单位、地质勘查事业单位、国有林场和苗圃等 9 个行业事业单位发布了补充规定和衔接规定。

《政府会计制度》的衔接规定和补充规定，是《政府会计制度》按照改革进程落地实施必不可少的要件。衔接规定确保会计数据的顺利过渡，其保障新制度的核算起点具有正确的数据基础。补充规定则充分考虑了事业单位行业的特性问题，作为《政府会计制度》的有益补充，进一步提升了会计信息的有用性。

（三）《政府会计制度》的重大创新

1. 重构了政府会计核算模式

通过系统总结分析传统单系统预算会计体系的利弊，《政府会计制度》按照《改革方案》和《基本准则》的要求，构建了"财务会计和预算会计适度分离并相互衔接"的会计核算模式。所谓"适度分离"，是指适度分离政府预算会计和财务会计功能，决算报告和财务报告功能，全面反映政府会计主体的预算执行信息和财务信息。主要体现在以下几个方面：一是"双功能"，在同一会计核算系统中实现财务会计和预算会计双重功能，通过资产、负债、净资

产、收入、费用五个要素进行财务会计核算,通过预算收入、预算支出和预算结余三个要素进行预算会计核算。二是"双基础",财务会计采用权责发生制,预算会计采用收付实现制,国务院另有规定的,依照其规定。三是"双报告",通过财务会计核算形成财务报告,通过预算会计核算形成决算报告。所谓"相互衔接",是指在同一会计核算系统中政府预算会计要素和相关财务会计要素相互协调,决算报告和财务报告相互补充,共同反映政府会计主体的预算执行信息和财务信息。主要体现在:一是对纳入部门预算管理的现金收支进行"平行记账"。对于纳入部门预算管理的现金收支业务,在进行财务会计核算的同时也应当进行预算会计核算。对于其他业务,仅需要进行财务会计核算。二是财务报表与预算会计报表之间存在勾稽关系。通过编制"本期预算结余与本期盈余差异调节表"并在附注中进行披露,反映单位财务会计和预算会计因核算基础和核算范围不同所产生的本年盈余数(即本期收入与费用之间的差额)与本年预算结余数(本年预算收入与预算支出的差额)之间的差异,从而揭示财务会计和预算会计的内在联系。这种会计核算模式兼顾了现行部门决算报告制度的需要,又能满足部门编制权责发生制财务报告的要求,对于规范政府会计行为,夯实政府会计主体预算和财务管理基础,强化政府绩效管理具有深远的影响。

2. 统一了现行各项单位会计制度

《政府会计制度》有机整合了《行政单位会计制度》、《事业单位会计制度》和医院、基层医疗卫生机构、高等学校、中小学校、科学事业单位、彩票机构、地勘单位、测绘单位、林业(苗圃)等行业事业单位会计制度的内容。在科目设置、科目和报表项目说明中,一般情况下,不再区分行政和事业单位,也不再区分行业事业单位;在核算内容方面,基本保留了现行各项制度中的通用业务和事项,同时根据改革需要增加各级各类行政事业单位的共性业务和事项;在会计政策方面,对同类业务尽可能作出同样的处理规定。通过会计制度的统一,大大提高了政府各部门、各单位会计信息的可比性,为合并单位、部门财务报表和逐级汇总编制部门决算奠定了坚实的制度基础。

3. 强化了财务会计功能

《政府会计制度》在财务会计核算中全面引入了权责发生制,在会计科目设置和账务处理说明中着力强化财务会计功能,如增加了收入和费用两个财务会计要素的核算内容,并原则上要求按照权责发生制进行核算;增加了应收款项和应付款项的核算内容,对长期股权投资采用权益法核算,确认自行开发形成的无形资产的成本,要求对固定资产、公共基础设施、保障性住房和无形资产计提折旧或摊销,引入坏账准备等减值概念,确认预计负债、待摊费用和预提费用等。在政府会计核算中强化财务会计功能,对于科学编制权责发生制政府财务报告、准确反映单位财务状况和运行成本等情况具有重要的意义。

4. 规范了政府资产负债核算

《政府会计制度》在现行制度基础上,扩大了资产负债的核算范围。除按照权责发生制核算原则增加有关往来账款的核算内容,在资产方面,增加了公共基础设施、政府储备物资、文物文化资产(文物资源)、保障性住房和受托代理资产的核算内容,以全面核算单位控制的各类资产;增加了"研发支出"科目,以真实反映单位自行开发无形资产的成本。在负债方面,增加了预计负债、受托代理负债等核算内容,以全面反映单位所承担的现时义务。此外,为了真实反映单位资产扣除负债之后的净资产状况,《政府会计制度》立足单位会计核算需要、借鉴国际公共部门会计准则相关规定,将净资产按照主要来源分类为累计盈余和专用基金,并根据净资产其他来源设置了权益法调整、无偿调拨净资产等会计科目。资产负债核算范围的扩大,有利于全面规范政府单位各项经济业务和事项的会计处理,准确反映政府"家底"信息,为相关决策提供更加有用的信息。

5. 改进了预算会计功能

根据《改革方案》要求,《政府会计制度》对预算会计科目及其核算内容进行了调整和优化,以进一步完善预算会计功能。在核算内容上,预算会计仅需核算预算收入、预算支出和预算结余。在核算基础上,预算会计除按《预算法》要求的权责发生制事项外,均采用收付实现制核算,有利于避免原制度下存在的虚列预算收支的问题。在核算范围上,为了体现新《预算法》的精神和部门综合预算的要求,《政府会计制度》将依法纳入部门预算管理的现金收支均纳入预算会计核算范围,如增设了债务预算收入、债务还本支出、投资支出等。调整完善后的预算会计,能够更好贯彻落实《预算法》的相关规定,更加准确反映部门和单位预算收支情况,以满足部门、单位预算和决算管理的需要。

6. 整合了基建会计核算

按照原制度规定,单位对于基本建设投资的会计核算除遵循相关会计制度规定外，还应当按照国家有关基本建设会计核算的规定单独建账、单独核算，但同时应将基建账相关数据按期并入单位"大账"。通过对原基建会计制度的深入研究发现，《国有建设单位会计制度》规定的单独建账的核算模式是特定历史背景下的产物，适用于早期我国财政出资委托施工单位进行新单位建设的体制安排。在这一体制下，基建项目早于单位存在，在基建项目完工交付、单位注册后，被建单位才成立。在这一情形下，基建项目建设期缺少主体单位，只能采用单独建账、独立核算的模式。目前我国行政事业单位基建项目一般是在单位层面设立的，原要求基建项目单独建账、独立核算的模式不再适用。因此，《政府会计制度》依据《基本建设财务规则》和相关预算管理规定，在充分吸收《国有建设单位会计制度》合理内容的基础上，对单位建设项目会计核算进行了规定，即单位对基本建设投资按照《政府会计制度》规定统一进行会计核算，不再单独建账。这一方式不仅更加符合当下的制度背景，也大大简化了单位基本建设业务的会计核算，有利于提高单位会计信息的完整性。

7. 完善了报表体系和结构

《政府会计制度》将报表分为预算会计报表和财务报表两大类。预算会计报表由预算收入表、预算结转结余变动表和财政拨款预算收入支出表组成，是编制部门决算报表的基础。财务报表由财务报表和附注构成，财务报表由资产负债表、收入费用表、净资产变动表和现金流量表组成，其中，单位可自行选择编制现金流量表。此外，《政府会计制度》针对新的核算内容和要求对报表结构进行了调整和优化，对报表附注应当披露的内容进行了细化，对报表重要项目说明提供了可参考的披露格式、要求按经济分类披露费用信息、要求披露本年预算结余和本年盈余的差异调节过程等。调整完善后的报表体系，对于全面反映单位财务信息和预算执行信息，提高部门、单位会计信息的透明度和决策有用性具有重要的意义。

8. 附录列表增强了制度的可操作性

《政府会计制度》在附录中采用列表方式，以《政府会计制度》中规定的会计科目使用说明为依据，按照会计科目顺序对单位通用业务或共性业务和事项的账务处理进行了举例说明。在举例说明时，对同一项业务或事项，在表格中列出财务会计分录的同时，平行列出相对应的预算会计分录（如果有）。通过对经济业务和事项举例说明，能够充分反映《政府会计制度》所要求的财务会计和预算会计"平行记账"的核算要求，便于会计人员学习和理解政府会计八大会计要素的记账规则,也有利于单位会计核算信息系统的开发或升级改造。

(四)《政府会计制度》及相关规定制定中的难点问题

1. 自然资源资产的会计处理

(1) 确认范围缺乏统一标准

有反馈意见认为,《基本准则》已提出了自然资源资产的概念,建议在《政府会计制度》中对其会计处理予以规定。经研究发现,自然资源资产的核算范围和计量问题十分复杂。

自然资源资产的定义及范围在国际国内相关领域和研究中缺乏统一的观点。国民经济核算体系(SNA 2008)指出,自然资源指自然形成的资源,如具有经济价值的土地、水资源、未开垦的森林和矿藏资源等。《政府财政统计手册》(2014)指出,自然资源包括土地、矿藏和能量资源,以及其他自然形成的自然资源资产。维基百科认为,自然资源是具有服务潜力或产生经济利益、天然形成的具有价值属性的资源或物资,包括阳光、空气、水、土地、矿藏、植物、动物等,其强调没有人为活动的干预,比如在开采、种植、收割之前。这些定义都强调了自然形成,排除人类活动的干预。国际上,大多数国家对自然资源的界定都以国民账户体系(SNA)以及环境经济核算体系(SEEA)为基准。SNA 是一套按照基于经济学原理的严格核算规则进行经济活动测度的国际公认的标准建议。SNA 指出只要机构单位能够对自然资源行使有效的所有权,即确实能从自然资源中获得经济利益,那么自然资源就应该包括在资产负债表中。SNA 对于资产的划分侧重点在所有权,因此土地、矿产和能源储量、非培育性生物资源、水资源、其他自然资源(包括无线电频谱、其他)等所有权明确的自然资源资产纳入了该体系的核算范围,而空气、公海等无法行使所有权的自然资源以及尚未发现或开采的矿藏和能源储备不在此范围之内。中国国民经济核算体系(2016)界定自然资源资产是指纳入核算范围的具有稀缺性、有用性及产权明确的自然资源,包括土地、矿产、能源、林木和水等。对于无法有效确认所有权的大气等自然资源以及尚未发现或现有条件下难以开发利用、短期内不能为其所有者带来任何经济利益的矿藏等不纳入自然资源资产核算范围。可见,自然资源资产目前缺乏确定其范围的统一标准和原则。

(2) 计量存在困难

自然资源资产由于其本身特性,采用货币计量常常存在困难。如开采量尚未明确的油田、不用于交易目的的水资源、自然保护区的天然森林资源等。同时，从信息需求角度，自然资源资产的管理责任监督也需要实物量信息的支持。在实践中，实物量也广泛用于对自然资源的计量。如 SEEA 根据自然资源的特殊属性提出了实物耗减的概念，主要强调在某个核算期间由于经济单位对自然资源的开采量大于再生量而使自然资源存量减少，对于因意外事件如天灾造成的损耗则不在此之内。我国 2015 年国务院办公厅发布了《编制自然资源资产负债表试点方案》指出，自然资源资产以统计调查数据为基础，反映主要自然资源实物存量及变动情况。中国国民经济核算体系（2016）指出自然资源资产核算表反映自然资源资产（如土地、矿产、林木、水资源等）期初期末存量水平，以及核算期间的变化量。对于计量方式则采用实物量核算和价值量核算，价值量核算是在实物量核算的基础之上。即使采用价值量核算，历史成本法往往不适用，需要涉及市场价格估值、重置成本法或更为复杂的未来收益净现值法等方法估值。

(3) 确定确认主体的困难

2019 年 4 月，中共中央办公厅、国务院办公厅印发《关于统筹推进自然资源资产产权制度改革的指导意见》指出，我国自然资源资产存在所有者不到位、权责不明晰、权益不落实、监管保护制度不健全等问题，健全自然资源资产产权制度极为迫切。我国自然资源资产产权制度不健全也为自然资源资产会计确认主体的确定带来现实困难。随着我国自然资源资产产权制度的逐步完善、自然资源资产产权主体的明确、自然资源确权登记的逐步实现，自然资源资产的会计确认主体问题也将逐步清晰化。

2. 关于资产减值会计

《基本准则》规定政府财务会计实行权责发生制，具体会计处理则由具体准则和制度规定。单位资产在持有或使用过程中可能会发生减值，对于政府会计主体控制的资产是否要考虑减值，经研究，并充分考虑当前政府会计改革所处阶段、行政事业单位的会计核算现状和减值会计的复杂性，《政府会计制度》除要求对事业单位有关应收账款和其他应收款计提坏账准备外，未全面引入减值会计，拟待未来政府会计发展达到一定阶段后再予以考虑。

对于研发支出资本化的金额，于年度终了，应考虑是否可以继续研发，如果该研发项目不能达到预定目标，则已资本化的研发支出支出立即费用化，这种简化处理方法，也能达到既定的目标。

3. 关于现金流量表

很多反馈意见认为行政事业单位没有必要编制现金流量表，建议删除；但医院等单位认为现金流量表能够反映单位现金流量的增减变动情况，有必要保留。经研究，《政府会计制度》保留了现金流量表，但规定单位可以根据实际情况自行选择编制，从而兼顾不同行业的需求。

4. 借款费用资本化确认条件

企业会计准则中，借款费用需要同时满足相关条件才能开始资本化，这一判断较为复杂，需要财务人员进行系列的判断。出于简化处理、便于操作的考虑，《政府会计制度》规定，为建造固定资产、公共基础设施等借入的专门借款的利息，属于工程项目建设期间发生的利息，计入工程成本，即行政事业单位为建造固定资产、公共基础设施等借入的专门借款的利息，在建设期间内全部予以资本化，不需考虑企业账务处理中的开始与终止时点问题。

5. 未纳入部门预决算管理范围的事业单位

《政府会计制度》规定，对于纳入部门预算管理的现金收支业务，在进行财务会计核算的同时也应当进行预算会计核算；对于其他业务，仅需要进行财务会计核算。因此，未纳入部门预决算管理范围的事业单位，不存在纳入部门预算管理的现金收支业务，可以不执行《政府会计制度》中的预算会计内容，只执行财务会计内容。

第四章　需要厘清的各种关系

一、政府会计准则与《政府会计制度》的关系

从 2014 年开始，我们就着手研究政府会计标准体系构成，重点研究政府会计准则与《政府会计制度》的关系，最终确定政府会计标准体系由政府会计基本准则、具体准则、应用指南及《政府会计制度》构成，并明确了准则和制度互为补充的功能。基本准则属于"概念框架"，统驭政府会计具体准则和《政府会计制度》的制定；具体准则主要规定政府发生的经济业务或事项的会计处理原则；应用指南主要对具体准则的实际应用作出操作性规定；《政府会计制度》主要规定会计科目设置及其使用说明、报表格式及其编制说明等。

对于是否在准则体系外还单独建立《政府会计制度》，是政府会计标准体系研究的一个重点问题。有观点认为，是否可以借鉴企业会计准则体系，仅以会计准则体系对政府发生的经济业务事项规范会计处理原则。也有观点认为，"准则+制度"的架构是基于此次改革背景与实践的最佳模式。此次政府会计改革是基于会计规则的重大改革，其变革之大前所未有，引入的"双功能、双基础、双报告"的架构，不但在我国行政事业单位是首次，即使是对于企业会计领域来说，也是全新的技术框架。无论是从现有的教科书还是实践中，都没有行政事业单位财务人员可以直接借鉴的资料和经验，从概念框架到改革落地实施，对于财务人员来说具有相当的难度，如何为财务人员提供最具实务参考性的指引是此次改革是否能够顺利落地的关键问题。会计准则是基于原则性的规定，对于具体的核算实操内容（如会计科目设置、财务报表格式和编制方法等）只有会计制度才能进行全面的规范和统一。更为重要的是，会计准则往往是针对特定业务、事项等的会计处理的规范，具有局部性，对于全新的"双功能、双基础、双报告"的体系，无法提供全局的视图。《政府会计制度》通过对会计科目设置及使用、报表编制等进行具体的规范，为行政事业单位的会计核算工作提供统一的实务环境和操作指导，并以"双功能、双基础、双报告"模式对主要业务和事项的账务处理进行举例，将全新的财务会

计与预算会计"平行记账"的模式完整地展示出来，最大程度地为行政事业单位会计人员应用新的核算模式扫清障碍。

"可以说，没有《政府会计制度》，政府会计改革就缺少了切实落地的抓手。"准则与制度并不矛盾，准则对概念、框架、原则进行规范，制度为准则的落地实施提供保障，两者相辅相成，互为补充，都是政府会计标准体系必不可少的构成要素，共同助力于全新的政府会计核算模式顺利实施。

此外，权责发生制政府综合财务报告制度的改革目标要求编制以资产负债表、收入费用表等财务报表为主要内容的政府综合财务报告。合并财务报表的编制需要合并主体的个别报表使用相同的科目和报表项目。原行政事业单位会计制度和行业事业单位会计制度存在科目设置不一致、科目内容不一致、科目核算基础不一致的情况，从而导致无法有效地进行单位报表合并。《政府会计制度》一个重要作用就是统一规范行政事业单位的会计科目和报表，为编制权责发生制的政府合并财务报表提供技术保障。

此轮政府会计改革是基于政府会计规则的重大改革与重构，基于当下行政事业单位会计人员的工作基础，"双功能、双基础、双报告"的新模式只能在会计制度基础上实现，且会计制度更加具有操作指导性，能引导和帮助行政事业单位会计人员熟悉、应用新的核算、报告模式，从感性的操作层面来提升实务人员的理论认知，并为改革在可期的时期内有效落地提供保障，也为政府综合财务报告的信息质量提供保障。在起草《改革方案》的过程中，已深入研究并明确了"准则+制度"的政府会计标准体系。

经过充分研究和论证，政府会计标准体系最终确立了准则和制度相互补充的架构。从政府会计改革实施层面，《政府会计制度》是改革在行政事业单位层面切实落地的重要抓手。因此，在制定《基本准则》的同时，开始着手政府会计制度的研究制定。准则与制度并行的架构成为我国此次政府会计改革的一大亮点，也为改革能够切实、有效的落地实施提供了技术保障。

二、管理体制与会计核算的协同

对于会计要素的核算方法会受到相关管理模式等的影响。各类现实的管理需求、特定的制度背景、历史原因等形成了错综复杂的管理现状。这往往对相关会计要素的核算带来难点问题。在这轮政府会计改革中，政府会计标准体系的设计如何应对这类问题成为了不可忽视的挑战之一。公共基础设施和政府储备物资准则制定过程中,这一挑战尤为突出。

(一) 公共基础设施的会计核算主体问题

公共基础设施是政府资产的重要组成部分。我国政府公共基础设施规模巨大,为我国经济社会发展提供了强有力的基础支撑条件。但是,受多方面因素影响,这轮政府会计改革之前,大部分行政事业单位负责管理维护的公共基础设施并没有纳入单位会计核算,政府投资形成的巨额公共基础设施在政府会计主体资产负债表中未得到全面反映。

由于各种原因,我国公共基础设施的管理状况复杂,存在诸多情况。如公共基础设施管理主体,有行政事业单位负责的,有企业负责的,有多个主体共同负责的,公共基础设施在建造、管理和维护等方面往往涉及多个部门,很多时候还涉及多个政府级次,导致其会计核算主体也不十分明确。在准则制定过程中,结合行政事业单位国有资产管理的最新动向,对于公共基础设施确立了"谁负责管理维护、谁入账"的原则,即政府会计主体应当确认按规定由其直接负责维护管理的公共基础设施。公共基础设施由多个政府会计主体共同管理的,应当由对该资产维护管理负有主要责任的政府会计主体进行确认。公共基础设施分多个组成部分由不同政府会计主体分别管理的,应当由各个政府会计主体分别对其负有直接维护管理责任的公共基础设施的相应部分进行确认。由于《基本准则》将企业、军队、已纳入企业财务管理体系的单位和执行《民间非营利组织会计制度》的社会团体排除在政府会计主体之外,因此,上述会计主体控制的公共基础设施不适用公共基础设施准则,应当按照各会计主体适用的相关会计准则制度进行核算。这可能使得我国部分公共基础设施未纳入政府资产核算,在政府综合财务报告中未能进行披露。如果考虑将来把这部分公共基础设施纳入政府资产,其中部分公共基础设施建造过程中形成的负债如何处理也是一个难点问题。

(二) 政府储备物资的会计核算主体与发出的后续计量问题

从政府储备物资管理体系来看,往往涉及多个级层的部门、单位,从职责分工角度包括行政管理部门和基层承储单位。行政管理部门负责政府储备物资收储、存储保管、更新(轮换)、动用等的组织管理工作;基层承储单位根据行政管理部门指令进行具体执行与运作。大量调查研究结果表明,能够实质上对政府储备物资实施"控制"的是其行政管理部门而非基层承储单位。因此,政府储备物资准则规定对政府储备物资负有行政管理职责的政府会计主体为政府储备物资的确认主体，对政府储备物资不负有行政管理职责但接受委托负责执行其存储保管等工作的政府会计主体应当将受托代储的政府储备物资作为受托代理资产核算。另外，由于政府储备物资的"行政管理职责"涉及收储计划、更新（轮换）计划、动用方案等的提出、拟定、审批等，而提出、拟定、审批职责有时存在由不同部门行使的情况，为了进一步明确储备物资的会计确认主体，政府储备物资准则充分考虑现行做法和实务可操作性，将会计确认主体限定为"提出或拟定收储计划、更新（轮换）计划、动用方案等"的主体。

政府储备物资发出业务往往具有发出批量大、存在发出物资收回的情形，这构成了其发出业务独有的特征。这些特征使得对于政府储备物资发出业务会计核算处理的规定需要同时考虑其业务特征及实践可行性。政府储备物资发出业务按照发出时预期是否存在物资收回规定了不同的核算方式。对于因动用而发出需要收回或者预期可能收回的政府储备物资的，充分考虑操作可行性，规定在物资发出时并不确认费用，而在政府会计主体按规定的质量验收标准收回物资并确定未收回的物资时，将未收回物资的账面余额予以转销并计入当期费用。这一发出的计量方式与存货核算不同，正是应对政府储备物资业务实际情况的创新。

三、政府会计资产核算与国有资产管理的关系

政府会计准则制度对政府会计主体控制的、符合确认条件的资产进行核算和报告，同时，国家要求通过国有资产管理系统对国有资产进行全面的管理。国有资产的会计核算和管理有联系也有区别。

（一）范围不同

全面、科学地反映政府资产是建立政府综合财务报告制度的改革目标之一。《基本准则》对政府会计主体的资产进行了定义，即资产是指政府会计主体过去的经济业务或者事项形成的，由政府会计主体控制的，预期能够产生服务潜力或者带来经济利益流入的经济资源。对于同时符合以下两项确认条件的资产才能予以确认入账：（1）与该经济资源相关的服务潜力很可能实现或者经济利益很可能流入政府会计主体；（2）该经济资源的成本或者价值能够可靠地计量。政府会计系统中核算和报告的资产需要满足资产确认的条件。在现

实中，由于某些政府资产具有的特殊性，如文物文化资产（文物资源）、自然资源等，使得对其难以进行可靠地计量，也为其进行科学的会计核算带来困难。此外，政府会计从政府会计主体角度对政府资产进行反映，从政府会计主体角度，政府持有的国有企业股权以长期股权投资进行反映，按照国有企业权益价值反映，并不直接以国有企业资产作为核算和披露的对象。

国有资产管理系统中，国有资产的范围与政府会计存在差异。国有资产管理系统除了价值管理的要求外，也重视实物的监督管理责任，价值计量的困难不影响纳入国有资产管理的范围，如土地、国有森林、全国水资源、领海等都是国有资产管理范围。此外，国有企业的资产也直接构成国有资产管理的对象。

（二）计量方式不同

政府会计基于交易事项对资产采用以货币价值为基础的计量方式。国有资产管理系统除了价值管理外，出于对资产实物管理和资产配置效率评价的要求，还会采用统计的方法获得资产的相关数据，如土地面积、水资源体积、领海面积、计算机数量、床位数量等。

可见，政府会计能够入账的资产仅构成国有资产管理的一部分。国有资产管理系统的资产范围大于政府会计确认入账的资产。政府会计对资产采用货币计量的方式入账，国有资产管理系统在管理手段上，除了利用政府会计系统中的资产价值信息外，还需要借助更多其他的方法，如统计方法、实物状态清点等。

四、政府债务与政府负债的关系

（一）概念与范围上的差异

长期以来，对于政府负债、政府债务、政府性债务等相关概念及其范围在学术研究和实务中均未形成统一的认识，从而导致不同部门提供的政府债务统计口径和数据不尽一致。明确政府负债的定义与范围，规范其会计确认、计量、记录、报告等处理方法和程序对提供高质量政府负债信息、服务于政府财政风险管控具有迫切的现实意义。

在财政部、审计署等相关部门发布的文件中使用到政府债务、政府性债务等概念。如财政部发布的《关于做好2018年地方政府债务管理工作的通知》（财预〔2018〕34号）同时使用了"地方政府债务""地方政府性债务"。这两个不同的概念，涉及的债务范畴并不相同。地方政府债务主要指地方政府举借的债务，地方政府性债务除包括政府举借的债务外，还包括事业单位、融资平台公司等举借的各类政府具有最终义务的债务。政府债务主要是通过政府融资活动所发生的，如银行借款、外债、国债等。政府性债务则将融资平台公司债务等也包含在内。

此次政府会计改革，《基本准则》和《政府会计准则第8号——负债》对政府负债的概念进行了明确。负债是指政府会计主体过去的经济业务或者事项形成的，预期会导致经济资源流出政府会计主体的现时义务。现时义务是指政府会计主体在现行条件下已承担的义务。未来发生的经济业务或者事项形成的义务不属于现时义务，不应当确认为负债。负债在确认时，需要同时满足以下两个条件：（1）履行该义务很可能导致含有服务潜力或者经济利益的经济资源流出政府会计主体；（2）该义务的金额能够可靠地计量。

政府负债与政府债务、政府性债务的范围存在差异。政府负债是会计概念，按负债准则，政府负债边界大于政府债务，政府负债包括政府会计主体通过融资活动借入的债务，即包括政府债务概念的范畴。在负债准则中，这一类负债被划分为举借债务。政府负债除了政府举借债务外，还包括其他类型的债务，如应付及预收款项、暂收性负债。对于融资平台公司债务，其并不符合作为政府会计主体确认入账的标准，因此，并不包含在政府负债的范畴内。此外，对于政府或有债务，目前政府债务统计中不包含，但从会计核算角度，符合特定条件的或有负债应确认为预计负债，计入政府负债。

政府债务中主体——"政府"的边界并不清晰，而且很难确定，国有企业（或公益性国有企业）债务是否也纳入政府债务有不同的看法。而政府负债的主体为"政府会计主体"，其范围在《基本准则》中予以明确。

（二）信息使用上的差异

由于政府负债与相关概念在定义与范畴上的差异，使得其在信息使用上也存在差异。

政府债务与政府负债中的举借债务对应，其主要用于评价政府融资活动形成的借入债务，在实务中，主要用于反映中央政府举借外债、发行国债，地方政府发行债券，以及事业单位向银行贷款等活动形成的负债。

地方政府性负债以政府会计主体围绕举借债务的活动,将政府具有最终支付义务的融资平台公司债务也纳入其中。这一概念可用于全面评价地方政府将面临的偿付压力,但对于融资平台公司债务的准确计量一直是实务中的难点问题。此外,根据《国务院关于加强地方政府性债务管理的意见》(国发〔2014〕43号)、《关于做好2018年地方政府债务管理工作的通知》(财预〔2018〕34号)等相关文件的规定,融资平台公司不得新增政府债务,着眼未来发展,融资平台公司形成的政府性债务主要在于存量的逐步消化。

政府负债范畴不包含融资平台公司债务,但包含其他形式的政府负债,如应付及预收款项、暂收性负债。负债准则将政府负债划分为三个类别,每个类别的负债对政府会计主体的偿债压力具有差异。举借债务使政府会计主体面临的偿债压力较大,运营活动形成的应付及预收款项其在偿还期限和偿还方式方面,相对于举借债务一般具有更大的弹性,特别是对于行政单位,其应付款项一般与单位的支出预算对应,其主要由于支付义务确认的时点和实际支付时点的差异形成,政府会计主体面临的偿债压力相对较小;运营活动形成的政府会计主体暂收性负债由暂收的款项来偿还,偿付义务形成的同时已有对应资产流入,因而使政府会计主体未来面临的偿债压力很小、基本不存在债务风险。

五、政府综合财务报告与国家资产负债表的关系

面对复杂的国内外环境和压力,全面反映国家及政府的资产、负债等信息具有迫切的现实需求。政府综合财务报告、国家资产负债表都是应对这一需求应运而生。两者具有联系,但也存在着区别。

在数据内容上,政府综合财务报告和国家资产负债表都包含资产、负债、净资产的数据,政府综合财务报告还通过合并收入费用表提供政府会计主体在特定会计期间内发生的收入与费用数据,为评价政府运行成本提供信息支持,服务于政府成本管控、优化财政资金使用效率。

在报告主体上,政府综合财务报告和国家资产负债表也存在差异。国家资产负债表以一国总体经济存量为考察对象,因此,按照联合国、国际货币基金组织、OECD以及欧共体委员会共同制定的国民账户体系(SNA 2008),国家资产负债表按非金融企业、金融部门(包括中央银行)、政府(包括各级政府、社保基金以及政府控制的非营利机构)、居民(也称住户)、面向居民的非营利单位以及非住户部门(即国外部门)6大部门分别编制,再进行合并加

总生成整体的国家资产负债表，其最终目标报告主体为国民总体。政府综合财务报告制度旨在全面、准确反映各级政府整体财务状况、运行情况和财政中长期可持续性，因此，政府综合财务报告仅以政府会计主体为报告主体。根据政府会计准则，政府会计主体包括各级政府、各部门、各单位。各部门、各单位是指与本级政府财政部门直接或者间接发生预算拨款关系的国家机关、军队、政党组织、社会团体、事业单位和其他单位（军队、已纳入企业财务管理体系的单位和执行《民间非营利组织会计制度》的社会团体除外）。最终通过各级政府、各部门、各单位等报告主体财务报表的合并，生成国家整体、中央政府、地方政府等的综合财务报告。

在数据获取方法上，政府综合财务报告和国家资产负债表的数据来源并不相同。国家资产负债表在编制时，其数据来源主要为各渠道可获取的公开数据（如相关部门发布的报告数据、年鉴统计数据等），并借助相关理论假设，采用估算的方法得到报表最终数据。政府综合财务报告的编制要求单位按照统一的政府会计准则制度进行会计核算，并在单位根据会计核算数据编制的单位财务报告的基础上，按照合并财务报表的方法和步骤对相关政府会计主体的财务报表进行合并而成。政府综合财务报告的数据建立在真实业务基础上，按会计处理原则、程序和方法对各项会计要素进行会计确认、计量、报告的结果，具有内在的一致性和逻辑性。

六、预算会计核算范围与财政拨款的关系

政府会计采用了"双功能、双基础、双报告"的模式，适度分离政府财务会计与预算会计。权责发生制的财务会计反映单位的财务信息，收付实现制的预算会计反映单位的预算执行信息。从技术实现层面，财务会计与预算会计的核算范围也不尽相同。

《政府会计制度》第五条第三款规定，单位对于纳入部门预算管理的现金收支业务，在采用财务会计核算的同时应当进行预算会计核算；对于其他业务，仅需进行财务会计核算。这一条款明确了预算会计的核算范围为纳入部门预算管理的现金收支业务。2003年10月党的十六届三中全会所通过的《中共中央关于完善社会主义市场经济体制若干问题的决定》中，提出了"实行全口径预算"，要求将政府所有收支全部纳入预算统一管理。单位财政拨款的收支仅为单位纳入预算管理的收支的一部分，在全口径预算管理的要求下，单位

应该将纳入预算管理的所有收支均在预算会计中进行核算，因此，预算会计是面向全面预算的口径，核算包括财政拨款收支在内的、应纳入部门预算管理的全部收支业务。根据这一标准，对于未纳入部门预决算管理范围的事业单位，其不存在纳入部门预算管理的收支业务，因此，可以不执行《政府会计制度》中的预算会计内容，只执行财务会计内容。

七、财务会计与绩效管理的关系

党的十九大报告明确提出了"全面实施绩效管理"的要求，提出了加强政府绩效管理的改革方向，以提升国家治理能力。政府绩效管理强调政府的资源配置行为需要按"3E"的标准进行管理和评价，即经济性（economy）、效率性（efficiency）、效益性（effectiveness），以提升财政资源配置和使用效率。"3E"标准要求评价财政资源配置和使用过程中，其投入资源获取成本的经济程度、资源使用过程中的投入产出效率，以及资源最终产出形成的效果与收益。这一绩效管理和评价过程需要成本数据的全面支持，而科学的成本核算需要以权责发生制进行。政府会计此次改革，引入了以权责发生制为基础的财务会计，财务会计的费用要素提供了更为科学、全面的行政事业单位成本数据，能更有力地支持绩效管理。如财务会计要求对固定资产、无形资产、公共基础设施、保障性住房等计提折旧或摊销，计提的折旧和摊销是成本数据的一个部分。与预算会计相比，对单位自用的固定资产、无形资产计提的折旧或摊销，提供了更为全面的单位运行成本，为准确、科学地评价单位运行效率提供数据支持；对于直接服务于公众的公共基础设施、保障性住房计提的折旧或摊销，提供对应年度政府向公众直接提供相应公共服务的财政资源的代价，为效率性、效益性评价提供数据支持。

第五章 政府会计改革的挑战与展望

一、合并财务报表的相关问题

权责发生制政府综合财务报告的主体是政府合并财务报告。政府合并财务报表是此轮政府会计改革重要成果之一。然而,我国行政事业单位数量众多、涉及行业广泛、管理体制复杂多样等特点,都为我国编制政府合并财务报表带来实践困难。关于合并财务报表主体,企业集团中的事业单位、非营利组织,以及基金等主体的合并问题。关于合并报表抵销处理,在实践中多级层、众多主体之间抵销业务信息的传递、识别和抵销业务的处理,需要操作层面设计高效的支持体系才能让改革切实落地,相关信息系统的设计和整合具有挑战性。面对基于权责发生制的部门合并报表,与以收付实现制为基础的财政总预算会计报表应如何调整和协调,以与部门合并财务报表进行有效的合并。

二、政府财务报告审计与公开的问题

建立健全政府财务报告审计和公开机制是《改革方案》确定的重要任务,也是政府综合财务报告制度的重要内容。关于审计,首先,谁来审计?政府审计还是注册会计师审计?从国外情况来看,引入注册会计师审计是大势所趋。其次,审计标准有待进一步规范。随着政府会计标准体系的建立和健全,审计标准也应适时跟进。再次,决算审计与政府综合财报审计的差别到底在哪里?关于公开机制,按照《预算法》规定,政府综合财务报告要报本级人民代表大会常务会员会备案。最后,部门财务报告是否要公开,目前尚未规定。公开的形式及规则、方式、内容还需要研究、确定。

三、政府财务报告的分析应用问题

政府会计改革的目标就是要全面、清晰反映政府财务信息和预算执行信息,为开展政府信用评级、加强资产负债管理、改进政府绩效监督考核、防范财政风险等提供支持。因此，如何分析应用政府财务报告信息至关重要。这就涉及两个重要的基本问题：第一，谁是信息使用者？按照《预算法》规定，政府综合财务报告要报本级人民代表大会常务会员会备案。但是，要实现改革目标，仅向人大常委会备案是不够的，还应包括评级机构、债权人、投资者等主体。第二，未来政府财务报表到底用到什么地方？如何分析应用政府财务报告信息？值得进一步研究。

四、政府成本会计问题

《改革方案》提出，要在2018—2020年适时推行政府成本会计，规定政府运行成本归集和分摊方法等，反映政府向社会提供公共服务支出和机关运行成本等财务信息。《党政机关履行节约反对浪费条例》（2013）提出，要推进政府会计改革，完善政府会计准则制度体系，准确核算机关运行经费，全面反映行政成本。《中共中央、国务院关于全面实施绩效管理的意见》（2018）提出，要以预算资金管理为主线，统筹考虑资产和业务活动，从运行成本、管理效率、履职效能、社会效应、可持续发展能力和服务对象满意度等方面，衡量部门和单位整体及核心业务实施效果，推动提高部门和单位整体绩效水平。将政策和项目全面纳入绩效管理，从数量、质量、时效、成本、效益等方面，综合衡量政策和项目预算资金使用效果。因此，改革接下来的一个重要任务是研究如何推进政府成本会计。成本会计以权责发生制为基础，科学、准确的成本核算以政府会计准则制度的有效实施为前提。成本会计的研究，也体现了此次政府会计改革的目标，即有效利用政府财务会计信息服务于政府活动的评价和管控，提升行政事业单位管理会计水平，以提升政府治理水平。

五、政府会计信息系统建设

目前，行政事业单位信息化系统还未进入系统、数据整合的阶段。管理部门、各单位的各方面的信息化系统主要都还呈现割裂的状态，如国库支付系统、资产管理系统、预算控制系统、会计核算系统等。这一现状一方面无法为单位提供高效的管理模式，一方面也无法为财政管理提供大数据分析的支持平台。

此轮政府会计改革采用了财务会计与预算会计的"双功能、双基础、双报告"模式,同时为财务管理和预算管理提供信息支持。"平行记账"的方式提供了更为全面的会计信息,同时也不可避免地使得会计核算工作量增加。科学引入"业财融合"模式的信息系统可以切实减轻人工工作量,提高会计信息质量,充分发挥信息系统的优势。

"业财融合"模式下,在信息系统中完成业务的执行过程,业务信息便会存储于系统中,系统通过对完整的业务信息的一系列逻辑判断,自动触发和完成相关业务会计记账凭证的生成,大大降低记账凭证填制的人工工作量。同时,业务信息驱动的财务信息生成模式下,对业务执行过程的内部控制和系统控制,业务信息质量的提高、信息二次输入的避免都会使得会计信息质量得到保障。"业财融合"系统将业务信息完整保存在系统中,也可以为单位成本核算、绩效管理等提供更为全面的数据支持。

政府综合财务报告以政府合并财务报表为主体。根据《政府会计准则第9号——财务报表编制与列报》,合并财务报表按照合并级次分为部门(单位)合并财务报表、本级政府合并财务报表和行政区政府合并财务报表。各级各类行政事业单位参与合并,按照财政预算拨款关系进行合并,生成部门合并财务报表;部门合并财务报表再与各级财政总预算会计报表合并,生成本级政府合并财务报表;各级政府本级政府合并财务报表再根据行政隶属关系合并,生成行政区政府合并财务报表。在各级合并过程中,抵销业务的识别和处理是重点工作,也是难点工作。这一工作具有以下特点:一是涉及的主体数量众多,包含我国各级各类行政事业单位,由此带来合并数据量的巨大;二是涉及不同结构的财务报表,在生成本级政府合并财务报表时,部门合并报表根据《政府会计制度》以权责发生制为基础编制,参与合并的财政总预算会计报表采用《财政总预算会计制度》,报表基础和项目构成等存在差异,由此使得合并过程复杂,需要协调不同会计制度生成的报表;三是抵销业务可能需要跨多级次后才能被识别,这使得合并过程中,各报表需要一直附带大量有待抵销的明细业务信息。以上的特点都大大增加了合并报表的操作技术难度,从而对合并报表的编制效率和质量提出挑战。以信息技术作为支撑,借鉴企业集团管控系统的架构和思路,建立跨单位的合并财务报表系统,实现合并标准的自动判断,抵销业务的存储和自动识别,不同于会计制度报表编制的部分自动判断协调对接等,将能有效缓解合并财务报表操作的难度,提高编制效率,提高合并财务报表会计信息的及时性和可靠性。

六、会计准则制度与财务制度、资产管理制度的协调

(一) 厘清会计准则制度与财务制度的关系

行政事业单位会计核算制度、财务制度、资产管理制度等对行政事业单位相关活动进行规范。这些制度具有各自的定位和管理目标,但相互之间又存在着关联性。科学的管理制度体系中,相关制度按照整体的逻辑,各自的定位,应该一方面有着各自明确的规范范围和边界,一方面又与相关制度之间具有合理的关联和逻辑。行政事业单位执行的会计核算制度,与财务制度、资产管理制度等具有较为密切的关联。但在实践中,这些制度各自的边界需要进一步的厘清。如财务制度重点在对单位财务业务活动的执行进行全面地规范,如资金管理、资金账户管理、投资活动管理、采购活动、项目管理、结转结余管理等。在单位业务活动按规定完成后,相关信息如何进行会计核算、进行会计信息报告和披露,应该由会计准则制度进行系统地规范。

(二) 厘清会计准则制度与资产管理制度的关系

资产管理制度的目标和范围与会计准则制度规定确认、计量、披露的资产存在差异。中共中央于2017年12月30日印发《关于建立国务院向全国人大常委会报告国有资产管理情况制度的意见》(以下简称《意见》),是党中央加强人大国有资产监督职能的重要决策部署,是党和国家加强国有资产管理和治理的重要基础工作。根据《意见》,国有资产管理情况报告包括企业国有资产(不含金融企业)、金融企业国有资产、行政事业性国有资产、国有自然资源等国有资产管理情况。具体内容上,企业国有资产(不含金融企业)、金融企业国有资产报告重点是:总体资产负债,国有资本投向、布局和风险控制,国有企业改革,国有资产监管,国有资产处置和收益分配,境外投资形成的资产,企业高级管理人员薪酬等情况;行政事业性国有资产报告重点是:资产负债总量,相关管理制度建立和实施,资产配置、使用、处置和效益,推进管理体制机制改革等情况;国有自然资源报告重点是:自然资源总量,优化国土空间开发格局、改善生态环境质量、推进生态文明建设等相关重大制度建设,自然资源保护与利用等情况。从数据的形式上看,同时需要会计核算、统计口径的数据。

此外，会计核算与资产管理对于资产信息的要求也不一样。资产管理以资产实体为管理对象，一般以实现完整功能的资产作为独立的管理对象。在会计核算中，由于价值计量属性的差异，实现完整功能的资产其构成部件可能由于具有不同的计量属性和计量方法，而需要作为不同的对象采用不同的方法进行核算。如一架飞机，在资产管理中作为一项固定资产进行统一的整体管理；但在会计核算中，组成飞机的不同零件、部件的价值消耗方式存在差异，在计提折旧时，不同类型的零部件可能需要按照不同的年限确定折旧金额。

可见，资产管理制度规范的资产范围大于会计准则制度核算的资产范围；其关注的内容和重点除了资产价值披露外，还包括更为全面的资产管理活动和评价；在管理的粒度上，资产管理以实现完整功能的资产为管理的单位，会计准则制度则从会计核算的角度对资产采用更小的核算单元。因此，从不同信息需求出发的资产管理类报告与会计核算的资产信息会在对象范围、信息内容、信息形式、资产分类等方面存在差异，服务于各自的目标和定位。

后　　记

　　无数的清晨,当天际的一缕阳光穿过窗户照进我的房间,一夜休眠的思绪重新开启,虽然我不太了解别人醒来时首先会想到什么,但"感恩"两个字会时常浮现在我的脑海,有一句话我一直铭记着:"感恩是美德中最微小的,忘恩负义是恶习中最不好的"。

　　之所以有我的存在,那是因为我的父母,他们生育并且养育了我,给予我爱的抚慰、家庭的温暖和阳光雨露的滋润,让我知道世间父母无私奉献的伟大胸襟,以及不图回报、无怨无悔地为子女的付出精神,看着他们日渐老去的背影,我从内心里感谢他们。正是由于他们的存在,才能让我来到人世间,享受人间的美好时光,体会人间的欢乐与幸福,品尝人生的喜怒哀乐;才使我能在有限的生命里做一些有利于社会、报效祖国的实事。"羔羊跪乳,乌鸦反哺",对于也已身为人母的我,有更深切的感受。"子欲奉,亲还在",我常常地祝福我的父母,并将用心去奉答。

　　人是世间最聪明、最有创造力的生物。人可以做很多事,这世界因为有了人而得到很大的改变,而人与人不知是由于什么根本原因,会呈现巨大的差异性。这种差异性的结果,就是人世间的千姿百态。对于这种差异性,有人会说是地理环境造成的,有人会说是文化属性所致的,也有人会说是社会、历史、宗教、生活环境等背景综合因素所成,更有人会简单归结为智商、情商。我不够聪明,闲来无事时,偶尔也会想想,感觉都有些道理,却也都可以用反证推翻,但我明白一点,人的一生不仅仅是活着,活着的意义在于做一些对社会、对人类有意义的事情。

　　我是一个平凡之人,从小到大,老老实实不敢逾规矩半步,生活经历也很简单,实在没有什么值得夸耀的。我不是什么文人,更没有多少学问,但中国历史文人所追求的所谓"淡泊、宁静"思想却常常影响着我,虽然我也知道

"独善其身"所谓的最高境界也许并不是当今社会所倡导的,因为我们这一代人的肩上还有时代的责任。

也许是天缘相巧,恢复高考填写入学专业时,第一志愿填了会计专业。当时的想法很简单,自己一个瘦弱女子,性格又不张扬,交际能力也不强,虽然并不确切地理解会计是什么,但晓得那是一个对着账本就能干的活儿。又是机缘巧合,大学毕业后便进入了财政部会计司工作,虽不是直接对着账本做财务工作,却也与会计打交道至今,并乐此不疲。

之所以到今天我仍然对会计孜孜以求,那是因为无数会计界的前辈们培养、教导的结果。曾几何时,石人瑾、徐逸星教授严谨的教学态度,使我从一个对会计的无知者成为对会计充满感情并愿意为之付出一生的钟爱者;老一辈会计学家杨纪琬、莫启欧先生对刚刚踏入会计领域的我给予了悉心指引,让我渐渐懂得了会计的领域充满了斑斓的世界;冯淑萍的言传身教,使我慢慢体会了会计求真务实的道理。正是由于他们,让我懂得会计的地位和作用、懂得在什么环境下应当如何确立会计的目标、作为一个会计人应当为我国会计事业做些什么。我要感谢他们对我的耳提面命,让我对会计世界的领域充满了好奇,并愿意为之付出我最美好的时光。"借得大江千斛水,研为瀚墨颂师恩",表达了我永久的心声。

之所以我能为我国会计的改革与发展添一份砖瓦,那是因为在我所成长的道路中,正是我们的国家处于改革与发展的时代,改革与发展给会计人带来了机遇和挑战。我要感谢时代赋予我的机会,让我成为我国会计改革与发展历史进程中的一份子,从中让我深切地感受到,人需要怀着一颗感恩的心才能涌现出无尽的力量去思考、去创造、去奋斗。然而,在我全身心投入我国会计改革的过程中,却因常常奔波在外,很少顾及家庭,特别是无法陪伴我最心爱的儿子,使小小年纪的他已饱受思亲之苦。曾经看着我远去的车,儿子在车后大声哭喊着要妈妈的场景,宛如昨天发生般清晰地展现眼前,每每想起此事泪水都会情不自禁的蓄满眼眶。在此,要特别感谢狄愃、闫建平女士为照看我儿子所付出的辛苦。我要以最真切的感激之情,感谢我的丈夫始终不渝对我的理解与支持,感谢家庭给我带来的幸福以及这种幸福给予我的无穷力量。

之所以会变成今天的我,那是因为生活的磨练改变了我的习性、思维和行为。职业生涯和生活的历练改变了我,使我不再那么腼腆、不再那么胆小。让我知晓事业和生活会改变人的很多习性,并且会提升人的内涵。在我人生最艰难的时光中,是会计界的老朋友们伸出了关爱之手,让我感受到人间的温暖与真爱，一封便信、一个短信、一份问候、一次探望、一份传话，表达了深切的关怀，让我为之倍受感动。在此，我发自内心地、真诚地感谢那些在我的人生旅途中盼望阳光的日子里无私帮助过我，并且默默地为我祝福，引导我重塑希望的会计界同仁们，以及其他熟悉和不熟悉的朋友们。正是他们，让我度过了一段艰难的人生旅程。从中我深深地体会到，一颗感恩的心需要生活来滋养；同时，我也要感谢那些曾经磨练过我心灵的人和事，是他们让我变得坚强和勇敢，让我的人生境界得以升华，也让我懂得人生如画，有时也如梦。

之所以我能对会计专业技术有较深的理解和体会，是当代会计学者冯淑萍、张为国、陈毓圭、杨志国、陈信元、黄世忠、刘峰等的鼎力相助，高一斌、焦晓宁、狄恒、高大平、夏文贤、唐建华、杨征、朱琳、黄赟、戎越、薛杰、陈喻、俞善敖、童登书、杨梁、陈燕华、孙玫、郭航翔、张青波、唐昆、胡剑飞、程江等会计同仁和专家曾经给予的极大支持和帮助，正是这些会计界专业人士的无私奉献，成就了今天的我。之所以我能对会计信息化有所了解和取得一定的研究成果，得益于杨周南、李红霞、覃东、冷冰、赵金光、刘勤、李超、吴沁红、潘丽靖、朱建国、胡仁昱等专家的指导、支持和帮助。之所以我能对我国政府会计准则制度的创建有所作为，是张琦、潘晓波、武雷、朱丹等教授，以及张娟、杨海峰等的默默付出给予了我巨大的动力。之所以我能时至今日仍能坚持在注册会计师考试中做一些力所能及的事情，得益于陈毓圭、万文祥、殷德全、骆小元、姚东萍、王珺、周萍等相关人员的信任，以及业界杨绯、储燕涛、张宇鹏、郑德润、张娴婕等青年才俊的助力，才能一次次完成艰巨并具有挑战性的工作。对于这些曾经帮助和支持过我的朋友们，借此机会，表示深深的谢意。

之所以有如今的我，是领导、同事、朋友的相助相伴，在此，对于长期共事、同甘共苦的冯淑萍、陈毓圭、狄恒、焦晓宁；对于一直以来给予我关心帮助的夏大慰、吴云飞、顾文贤学兄；对于时时关心我的刘红薇、向月华、胡兰芳、曹文建等同行同乡姐妹；对于徐华、朱建弟、李尊农、胡少先、王越豪、李扣庆、卢文彬、张各兴、刘丽华、田志心、李莉、郭兆旭、王云、刘明辉、陈箭深、高伟、李勇、李连瑛、张志明等专家好友，以及一直在默默支持、给我信心、力量和勇气的其他朋友们，任何感激的话语都难以言表我的感恩之心，只有默默祝福他们身体健康、顺心如意。我还要感谢我的学生给我带来的惊喜以及相聚时的欢乐。

后　记

　　我还要感谢我的儿子徐昕玮、儿媳曾韵婷，既使我较早的享受了奶奶的欢乐，又使我能够在退休后的四年多里，有充分的时间继续思考和研究会计准则问题，写出和发表了 40 万字左右的专业文章，已全部收录本丛书之中。

　　最后，感谢中国财经出版传媒集团、中国财政经济出版社给予本丛书出版发行的大力支持，尤其要感谢李磊的高效协调，感谢责任编辑段钢的辛勤工作。

　　托尔斯泰说过："我幸福并不是我拥有我所爱的一切，而是我所拥有的一切皆为我爱"。当人们怀疑人世间的真情时，真情却时时处处地呈现在我们的身边；当人们沉浸于痛苦、彷徨时，阳光般的温暖始终伴你左右；当人们因付出大于回报而抱怨时，若用心感受和体会所带来的回报会让心中充满欢乐；当生活充满艰辛而得不到幸福惠顾时，"爱我所有"可以成为生活的座右铭。珍惜生命，珍惜真情，珍惜爱你的人们，珍惜所拥有的一切。

　　在本丛书即将完成之际，感恩的心久久难以平静。特别值得一提的是，此丛书是在我丈夫的提议并且在他的指导、修改下完成的，没有他的陪伴和指点，我可能不会动手整理自己走过的会计历程。

　　当阳光洒满了整个房间时，每个角落都渗透着生机，屋内弥漫着欢乐，我的内心亦如阳光般的灿烂。"淡看世事去如烟，铭记恩情存如血"。感恩怀德，常怀感恩之心，常念感恩之人，以感恩的心回报曾经并且继续关爱我的人，以感恩的心回报社会，让世间充满爱的滋润和雨露，这就是一个阳光明媚的上午，我此时此刻的心境。

应　唯

2024 年 8 月 12 日